国家出版基金项目
NATIONAL PUBLICATION FOUNDATION

20世纪中国科学口述史

风雨百年

——陈学溶口述自传

A CENTURY OF WEATHERED PRESEVERANCE:
THE ORAL AUTOBIOGRAPHY BY CHEN XUERONG

陈学溶◎口述　樊洪业◎执笔整理

湖南教育出版社

《20世纪中国科学口述史》丛书编委会

陈学溶先生

主编的话

以挖掘和抢救史料为急务

自文艺复兴以来，西方经过宗教改革、世界地理大发现、科学革命和产业革命，建立了资本主义主导的全球市场和近代文明。在此过程中，科学技术为社会发展提供了最强大的动力，其影响至20世纪最为显著。

在从传统社会向近代社会的转型中，国人知识结构的质变，第一代科学家群体的登台，与世界接轨的科学体制的建立，现代科学技术学科体系的形成与发展，乃至以“两弹一星”为标志的一系列重大科技成就的取得，都发生在20世纪。自1895年严复喊出“西学格致救亡”，至1995年中共中央、国务院确定“科教兴国”的国策，百年中国，这“科学”是与“国运”紧密关联着的。百年中国的科学，也就有太多太多的行进轨迹需要梳理，有太多太多的经验教训需要总结。

关于20世纪中国历史的研究，可能是格于专业背景方面的条件，治通史的学者较少关注科学事业的发展，专习20世纪科学史者起步较晚，尚未形成气候。无论精治通史的大家学者，或是研习专史的散兵游勇，都共同面临着一个难题——史料的缺乏。

史料，是治史的基础。根据 20 世纪中国科学史研究的特点，搜求新史料的工作主要涉及文字记载、亲历记忆、图像资料和实物遗存这四个方面。

20 世纪对于我们，望其首已遥不可及，抚其尾则相去未远。亲身经历过这个世纪科学事业发展且做出过重要贡献的科学家和领导干部，大都已是高龄。以 80 岁左右的老人为例，他们在少年时代亲历抗日战争，大学毕业于共和国诞生之初，而国家科学事业发展的黄金十年时期（1956—1966）则正是他们施展才华、奉献青春、燃烧激情的岁月。这些留存在记忆中的历史，对报刊、档案等文字记载类史料而言，不仅可以大大填补其缺失，增加其佐证，纠正其讹误，而且还可以展示为当年文字所不能记述或难以记述的时代忌讳、人际关系和个人的心路历程。科学研究过程中的失败挫折和灵感顿悟，学术交流中的辩争和启迪，社会环境中非科学因素的激励和干扰等等，许多为论文报告所难以言道者，当事人的记忆却有助于我们还原历史的全景。

湖南教育出版社欲以承担挖掘和抢救亲历记忆类史料为己任，于 2006 年启动了《20 世纪中国科学口述史》丛书的工作计划，在学界前辈和同道的支持下，成立了丛书编委会，于科学史界和科学记者群中招兵买马，认真探索采访整理工作规范和成书体例。通过多方精诚合作，在近两年中已出版图书 20 种，得到了学术界和读者的认可。

近年兴起的口述史（Oral History）热潮，强调采访者的责任，强调采访者与受访者之间的互动，强调留下“有声音的历史”。不过，口述史内容的“核心”是“被提取和保存的记忆”（唐纳德·里奇《大家来做口述历史》）。把记忆于头脑中的信息提取出来，方法上有口述与笔述之差别，但就获取的内容而言，并无实质性的差别。因此，本丛书当前在积极组织从事口述史采访队伍的同时，也积极动员资深科学家撰写回忆文本，作为“笔述系列”纳入本丛书中来。

科学，作为一种社会事业，除科学研究之外，还包括科学教育、科学组织、科学管理、科学出版、科学普及等各个领域，与此相关的人物和专题皆可列入选题。

本丛书根据迄今践行的实际情况，在大致统一编辑规范的基础上，将书稿划分为5种体例：

1. 口述自传——以第一人称主述，由访问者协助整理。

2. 人物访谈录——以问答对话方式成文。

3. 自述——由亲历者笔述成文。

4. 专题访谈录——以重大事件、成果、学科、机构等为主题，做群体访谈。

5. 旧籍整理——选择符合本丛书宗旨的国内外已有文本重新编译出版。

形式服务于内容，还可视实际需要而增加其他体例。

受访者与访问整理者，同为口述史成品的作者。忆述内容应以亲历者的科学生涯和有关活动为主线展开，强调以人带史，以事系史，忆述那些自己亲历亲闻的重要人物、机构和事件，努力挖掘科学事业发展历程中的鲜活细节。

书中开辟“背景资料”栏，列入相关文献，尤其注重未经披露的史料，同时还要求受访者提供有历史价值的图片。这些既是为了有助于读者更好地理解忆述正文的内容，也是为了使全书尽可能地发挥“富集”史料的作用。

有必要指出，每个人都会受到学识、修养、经验、环境的局限，尤其是人生老来在记忆力方面的变化，这些会影响到对史实忆述的客观性，但不能因此而否定口述史的重要价值。书籍、报刊、档案、日记、信函、照片，任何一类史料都有它们各自的局限性。参与口述史工作的受访者和访问者，即便是能百分之百做到“实事求是”，也不能保证因此而成就一部完整的信史。按名家唐德刚先生在《文学与口述历史》一文中的说法，口述史“并不是一个人讲一个人记的历史，而是口述史料”。史学研究自有其学术规范，不仅要用各种史料相互参证，而且面对每种史料都要经历一个“去粗取精，去伪存真”的过程。本丛书捧给大家看的，都是可供研究20世纪中国科学史的史料，囿限于斯，珍贵亦于斯。

受访者口述中出现的历史争议，如果不能在访谈过程中得以澄清或解决，可由访问者视需要而酌情加以必要的注释和说明。若对某些重要史实有不同的说法，则尽可能存异，不强求统一，并可酌情做必要的说明或考证。因此，读者不必视为定论，可以质疑、辨伪和提出新的史料证据。

本丛书将认真遵循求真原则和史学规范，以挖掘和抢救史料为急务，搜求各种亲历回忆类史料，推动20世纪中国科学史的研究！

欢迎各界朋友供稿或提供组稿线索，诚望识者的批评指教。谨以此序告白于20世纪中国科学史的研究者和爱好者。

樊洪业

2011年元月于中关村

CONTENTS 目录

导　言

一

在中国近现代科学事业发展的进程中，气象学是继地质学和生物学之后实现本土化的重要学科。在20世纪的二三十年代，以竺可桢为学术领袖，以中央研究院气象研究所为基地，与国际学术接轨的气象学得到了全面、迅速的发展。与具有“普遍性”的数、理、化学科相比，地质学、生物学和气象学具有明显的“地域性”，因此也有更强的满足社会需求的实际应用价值，最明显的就是天气预报。在幅员辽阔、人口众多而又积贫积弱的中国建立起国家规模的气象事业，这是中国气象学界先驱者们的梦想。

气象研究所成立于1928年。草创时期，竺可桢一方面抓气象学术研究的基本建设，另一方面联络全国各相关单位，抓气象预报的台站建设。当时最紧要的问题是气象人才的缺乏，在等待大学专业学生而远水不解近渴的情况之下，他着手办起了气象练习班，即相当于“专科”培训的速成班，招考高中或旧制中学毕业生，半年后，分发到各地测候所，承担气象观测任务。

1934年10月，在竺可桢举办的第三届气象练习班中，走进来一位高个子的18岁青年。1935年4月，他登上东岳泰山的测候所，在泰山顶上观风测雨，开始了他的气象生涯。2016年，年近百岁的他，住在南京的蜗居中，还在案头潜心梳理有关“竺可桢年表”的资料。

他就是这本书的主人公——陈学溶。

二

陈学溶，1916年3月2日（农历正月廿九）生于南京。出生之时，祖上的发达已成往事。自他记事起，与父亲相伴的是失业，是穷困潦倒。他自幼聪明好学，但有多次因家中衣食之忧而面临辍学。起初从报纸上看到气象练习班的招生广告时，在他心中只是点燃了养家糊口的希望，却未料到在18岁这个人生选择的拐点上，他不仅从这次机遇中得到了安身立命的职业，还得到了令他百岁陶然的精神家园。

从1935年4月到1944年2月的9年中，陈学溶经历了泰山顶上艰苦环境的磨炼之后，又跟随研究所经历了战争中的临危坚守和辗转内迁。他在气象研究所长期从事天气预报的第一线工作，积累了丰富的实践经验，成为十八般武艺样样通的多面手。

太平洋战争爆发之后，大西南唯一的国际后勤补给通道是“驼峰航线”，它也成为国际反法西斯中国战场的生命线。从1944年2月起，陈学溶供职的中国航空公司（由中国官方与美国民营公司合资），就是负责这条航线的飞行任务，而陈学溶担任气象员的岗位工作，正是为这条航线的飞行安全做气象服务的。此期间，他曾被派赴印度加尔各答的达姆达姆机场工作一年多。抗战胜利后，他继续服务于中国航空公司，曾任上海龙华机场气象台台长。

在新中国的最初五年，陈学溶曾在上海防空司令部和华东气象处的分分合合变动中奔波于上海与南京之间。这期间他在制度建设和学术研究上各有可圈可点的贡献。在制度方面，从前的天气预报在操作程序上实行一种个人负责的轮值制度，陈学溶最早提出应该采取集体商议的办法，经过集思广益之后商定预报方案，这样效果会更好。这个办法被采用了，后来由在中国科学院地球物理研究所和军委气象局合办的联合天气分析预报中心担任主任的顾震潮先生提出了“会商”这个概念，这成为一种沿用至今的工作制度。

陈学溶在华东气象处这几年，整天埋在事务堆里，再加上“镇反”“审干”“三反”“五反”之类的政治运动不断，单位内也没有学术气氛。但有一次副处长程纯枢向他提出：分析1953年梅雨期间的4次暴雨过程，是否每次暴雨都一定有冷空气的作用？他抓住了这次偶然的机会，经过对大量数据的仔细分析，认为1953年梅雨期间的第3次暴雨过程肯定没有冷空气的参与，写出了论文《1953年梅雨季节六月江淮地区和长江两岸的暴雨》。陶诗言等在学科评述文章中认为“这个研究可以说是我国有关副热带中小尺度系统分析的开端”；程纯枢在1979年的评语中，认为这篇文章“是我国暴雨成因研究的开端，指出暴雨与中小尺度天气系统密切相关，这一贡献极为可贵。最近20多年暴雨的研究都是沿着这一方向进行的”。

陈学溶于1954年10月奉调到中央气象局任职，在北京工作了7年。他在此期间主要是从事民航气象管理工作，与民航部门密切合作，检查台网设施建设，主持测候人员培训等。

1956年夏，他紧急受命起草《民航气象服务规范》，充分利用自己留心积累的业务经验，并以高度的责任心研究“民航”与“气象”交集的各种实际工作环节，高速高效地完成了任务。这份文本的出台和基本条款的长期采用，见证了陈学溶为我国民航气象管理事业做出的奠基性贡献。

1961年10月，中央气象局将陈学溶精简下放到江苏省气象局。领导让他负责全省大约100个气象台站的业务管理工作，涉及高低空气象测报，气象通讯，天气预报，资料整编和出版，气象服务，等等。他把所面对的全新的工作看作是一次全新的学习机会。与此同时，只要有时间，他会积极参与省局预报员的“会商”，提出具体的分析意见和建议。

1963年春，为制定全国农业科学十年规划，国家领导部门决定江苏搞高产田的样板试点，地点在太湖地区。接着省里下达了农业区划的任务，省气象局指派陈学溶参与农业区划气象组的工作。这样一来，他又转身于自己生疏的农业气象领域，但他全身心地投入进去，不懂就学，向行家虚心请教，积极参与了江苏省农业气候区划的科研和组织工作。他与有关单位合作，综合各方面研究成果，1964年4月执笔撰写出《江苏省农业气候区划（初稿）》，引起了中央气象局领导的重视，认为它是紧密结合江苏耕作制度的实际情况提出来的地方农业气候区划，走在了全国的前列。

“文化大革命”中，他被打倒，被抄家，被下放劳动，被长期审查……

从1972年6月起，陈学溶被安置到南京气象学院（后为南京信息工程大学），这又是一个全新的岗位，起初只是做实习台的预报员，有时带工农兵学员的毕业实习。在1975年带学生到广西的实习中，经50多天的观察，他体会到旱涝灾害对农业生产和人民生活的重大影响，心里产生了探索暴雨发展过程及其成因的想法。天赐机缘，这正是邓小平主持中央工作抓整顿之时，校中实习台的负责人想在研究工作方面有所作为，与陈学溶一拍即合。他的想法是：天气现象具有复杂性和多样性，中国五十年代由于资料条件有限，当初学者根据短短几年的资料进行研究得出的结论，随着时间的推移，发现有些结论存在一定的局限性。因此他认为可以抓住梅雨这个在中国带有重要特点的天气现象进行研究，首先是要花大力量做好长时间尺度（新中国成立后二十几年）的资料汇集工作。根据他的提议，实习台全员投入了梅雨资料的大调查。

有研究愿望却基本上没有施展机会的陈学溶，终于等到了这一天，而这时他已入花甲之年。1976 年春，他还奉命参加了由中央气象局组织的河南“75・8”特大暴雨研究的大会战，具体落实在南京会战组中的“中小尺度小组”，结果由他参与撰写了《75・8 河南特大暴雨研究》（后获 1978 年全国科学大会奖）。

在中国政治舞台天翻地覆的这一年里，他在实际主持梅雨资料调查的同时，也开始着手利用 14 年的资料撰写《东亚副热带高空西风急流的位移同长江中下游入出梅关系的初步探讨》，在前人论述的基础上有所发展，也得出了若干与前人论述不尽相同的观点。此后他虽然还发表过几篇有关梅雨的文章，但更多的精力还是用在了对调查资料的整理上。他和他的同事们经过多年的艰苦努力，到与梅雨有关的省份，抄录了 30 年的降水资料和高空风资料，汇集起来进行整理、分析和总结。通过降水量资料发现梅雨期暴雨中心的活动，利用 1954—1970 年的降水资料编纂成书，于 1995 年出版了由他和周允中署名的《中国梅雨图集》，成为对气象、水文、水利、农林、交通、防洪防汛、减灾防灾和建设等方面实际工作和科研、教育等都具有实用或参考价值的独有基础资料。

三

中央研究院被设定为国家最高学术机构，在气象研究所的人才群体中，练习班出身的陈学溶属于低学历。他原本打算要在工作几年之后考大学的，但抗日战争的爆发击碎了这个梦想。低学历，是他长久的心痛，也是砥砺他平生自强不息的磨刀石。陈学溶珍惜研究所的学术环境，抓住一切学习提高的机会，向师友学，向书本学，更是在工作实践中得悟其道。俗语谓“师傅领进门，修行在个人”，陈学溶对中国气象事业的许多贡献，都带有他个人修行的浓重色彩。

为了改变低学历的“出身”，他在1942年参加当时政府举办的“高等文官考试”，在1943年正式考试前夕被动员集体加入了国民党，因此，他后来享受了几十年“有历史问题”的政治待遇，影响了他大好年华的学术进路和人生轨迹。在阶级斗争为纲的年代中，他明哲保身，尽最大努力躲避政治风险，工作上不求有功，但求无过。

但他又像一匹行进在沙漠中的骆驼，始终不放弃心中那片未知何处的绿洲。一旦有了机会，哪怕是来去匆匆，随风一荡，也都尽力施展其一技之长，在国家气象事业发展的画卷中留下了自己的足迹。

陈学溶从第一线测候起步，一生中西奔东跑，北上南下，岗位多变，任务多变，长期没有学术上定向发展的空间。到1980年代后期，刚刚能有所施展时，却受制于宏观环境的资源条件，个人也到了退休的年限。

然而，从气象研究所、中国航空公司，到华东气象处、中央气象局、江苏省气象局、南京气象学院等机构；从天气预报的测候员、预报员，到航空气象服务管理、农业气候区划，再到暴雨天气研究……平生历经各种岗位的经历，以及多领域业务的知识和经验积累，使他晚年在不经意间实现了向气象学史领域的华丽转身，正可谓——失之东隅，收之桑榆。

由于近代以来中国科学的长期落后，事关民族自尊；也由于20世纪中国政治舞台的国共长期对峙，在“政治-学术”的交集中影响到对科学人事的评价；更由于自然科学家大多不关注自己狭小专业范围之外的历史记述，而通常的史学家们因专业屏障而难于把科学史研究纳入到他们的工作视野，因此，对中国现代科学史的书写，长期呈现一片空白。

1978年全国科学大会前后，掀起过对科学家的宣传热，1980年代由官方发动编纂《当代中国丛书》，随之带动了1990年代全国性的编写行业科技史和地方科技志的修史潮。在此期间陈学溶顺势而行，默默用力，潮涨之时，他不是站立涛头手把红旗的弄潮儿，潮落之后，当人们用史学规范的眼光来拾海捡宝时，却发现了他在气象学史界的滩头上撒下的一地珍珠。

四

陈学溶在科学史方面的工作，主要是中国现代气象学史，大体包括“气象学科史”和“气象事业史”两大部分，前者侧重于学科知识体系方面，而陈学溶的工作侧重于后者。

1984年2月7日，是中国现代气象学一代宗师竺可桢逝世十周年的纪念日。科学界、教育界要筹划举办大型纪念活动，受江苏省气象学会的委托，要陈学溶负责撰写《竺可桢先生在北极阁》。他很快撰述成文，在北京的大会上做了报告，效果很好，由此引发了其后的连锁行动。

传记，以人为中心。由于竺可桢主导了中国现代气象学实现本土化的历史进程，当把他涉足的每一方面作为加以扩展时，实际上就转换成了对国家气象事业发展的探究和叙述。可以说，陈学溶参与竺传的写作操练，通过梳理众多散乱史料而抓住了中国现代气象事业发展史的“纲”，从《竺可桢传》中“为中国现代气象事业奠基”这一章，延伸为研究中国现代气象事业全方位的发展，如台网建设、人才培养、规章制度、学术团体、书刊出版、国际交流等等。

陈学溶从小喜欢读书，长期养成习惯而致博览群书。他记忆力极佳，文史典故，皇号纪年，人名地名，诗词曲目，心算妙诀，棋谱残局……不晓得他肚子里装了多少。记得多，记得牢，有比较，有鉴别，看书时爱给作者挑毛病，形成了怀疑批判的习惯。对于一般书籍读过疑过也就罢了，对于气象学史方面的错讹记述，就要较真了。处世，他与人无争；治学，他为文不让。他看重史料的真实性，要为追求历史“真相”而斗争，这种使命感是他研究气象学史的一种动力，也构成为一种宝贵的学术品格。

陈学溶从撰写竺可桢传记和订正出版物有关史实错误起步，通过史料挖掘和考证，梳理历史人物、机构、事件的来龙去脉，一步一个脚印，把先后文章串联起来，即为中国现代气象事业早期发展的历史奠定了史料和叙述文本的坚实基础。

他平生乐天知命，随遇而安，从无豪言壮语。在倾力于气象史研究之后，他投身于校审《竺可桢全集》，热心于两岸气象学界的交流，扶助各地气象史志撰写和博物馆建设，支持老科学家学术成长资料采集工程的事业，年近百岁，仍在蹒跚前行。他沉潜在史料的发掘、整理、考证和表述中，似乎在这座精神家园中，每天都可以与竺师对话，每天都可以与老友相伴，每天都会有对旧历史的新发现……

陈学溶在“文革”中被隔离审查时，项下曾被挂过“反动学术权威”的大牌子，红卫兵问他有什么意见，他脱口而出：“反动则有之，权威倒未必。”在高压之下，这庄谐相参却令人哭笑不得的回答，反映了他对待政治的无奈和屈服，更反映出他对学术的尊崇和谦恭。

与诸多著名的气象学家相比，陈学溶是“非著名的气象学家”。但他从18岁步入气象学界起，从一而终，是在世老气象学家中最长寿者，因其博闻强记，堪称中国现代气象学史的“活字典”。他的个人经历和所见所闻，堪称中国现代气象事业的宝贵史料。不仅如此，他关于“驼峰航线”和中航公司气象员经历的回忆，也是著名的“驼峰航线”为数不多的亲历者重要见证之　。

五

20多年前，我同陈学溶先生相识，他年长我很多，但我们非常投缘。他领着我上北极阁，谈起气象学界的往事，如数家珍。后来竺可桢研究会推荐我负责《竺可桢全集》的编纂工作，我就聘请他为“特约校审”。《竺可桢全集》编纂中的各种问题，不只气象学方面的事情，都向他请益多多。这样一来，我们经常通电话，信也写得比较多，有一百多封，后来都交给“采集工程”了。

陈老阅历丰富，博闻强记，许多亲历亲闻，他都记得清清楚楚。由于我正在主编《20 世纪中国科学口述史》丛书，就跟他提出做一本自述。但他坚决不同意，说他并没有什么大成绩，做传记是会被别人耻笑的。

后来中国科协启动了“老科学家学术成长资料采集工程”，我考虑陈老掌握的史料非常珍贵，建议把陈老纳入，他们很欢迎。“采集工程”是组织行为，有红头文件。陈老原来的工作单位南京信息工程大学组织了由大气科学学院领导牵头的采集小组，制订了计划认真地做起来，陈老也认真地配合。

为了更深入地反映陈老的学术人生，并尽量发挥他阅历丰富、博闻强记的优势，我考虑以陈老个人经历为主线，更充分地扩展他所亲历、亲见、亲闻的历史记忆，写出一个有别于科学家学术传记的新文本。

这本口述自传文字有三个来源。

一是传主过去公开发表的回忆性文章，尽量保留了原有内容，又由他本人做出新的补充和修改；二是在这次采集期间对他的访谈，经过整理和考证，并由他本人认可；三是由我为传主“代拟”初稿，最后由传主修改和认可。

百岁老人健康状况已不胜繁劳，但头脑很清醒，只要我们严格地按史学规范操作，这种“代拟—认可”的方式应该是可行的。起步时，我根据采集小组已有研究报告的内容，根据我对 20 世纪中国社会史、科学史和气象学史的认知，重新搭建了自述文本的框架，提炼出不同历史阶段的叙事主题。然后扩展阅读，按时序追索各种文献，对一些带有关键性的史料做新一轮的挖掘和考证，在相应的社会背景和科学背景之中考察事件的因果关系，形成较为完整的叙事表述。由陈德红（陈老之长女）和陈德东（次子）做一道资料核实和文字修订，最后再由陈老修改、认可和定稿。大概的工序是如此，过程中是经常为一个小问题而反复多次才能最后肯定或否定的。当然，一向较真的他，仍然很较真。当当然，最后是他老人家说了算。书中也收录了几篇基本上不属忆述性质的文章，有助人们对传主和中国现代气象学史的了解。陈老不愿他的子女在这部书上署名，所以这次在湖南教育出版社出版，就成了现在的署名样式。

陈老特别愿意跟我聊天，我跟他的子女处得也很好。陈老胆小怕事，一说点政治上的事，他都噤若寒蝉，但说到业务上的事，他都能娓娓而谈。我摸着他的脉搏走，陆续挖掘出不少重要史料。其实还有一些内容可以写一些的，遗憾的是书整理出来后不久我就病倒了，眼下无力再作补充了。

需要说明的是，农业出版社的《中国气象史》（洪世年、陈立言编著，1983 年）出版后，陈老看了，对其中一些内容不大满意。后来他在庐山的一个气象学会议上作了一个发言，指出了该书的一些问题。对此他一直耿耿于怀，几乎成了他的心病。他特别不愿意在自己写的书中公开批评别人，然而他认为这是一件大事，基本史实不能以讹传讹，因此本书把陈老的《〈中国气象史〉一书中某些近代史实的商榷》一文作为附录收进来，以了他多年的一个心愿。

陈老很重亲情，但世道多艰，回忆有时太沉重。说起“文革”中不幸去世的老母亲等亲人，陈老几次都难过得说不下去。陈老去世后，他女儿陈德红写下了《远去的奶奶、父亲和母亲》一文，消释了书稿中后半部分谈家庭家人较少的的缺憾；陈老的孙女陈未翔应邀写作的《我和爷爷》一文，以细腻的笔触勾勒出自己成长过程中的“爷爷形象史”，让人读来别有一番感动。现将两文附录于后，读者与陈老的自述参看对读，可收相得益彰之效。

本书的访问整理修改，始终得到了陈德红先生和陈德东先生的精诚合作。出版过程中，则得到李小娜女士、曹卓卓女士等人的大力帮助。书此鸣谢！

樊洪业

2015年3月初稿

2018年1月改定

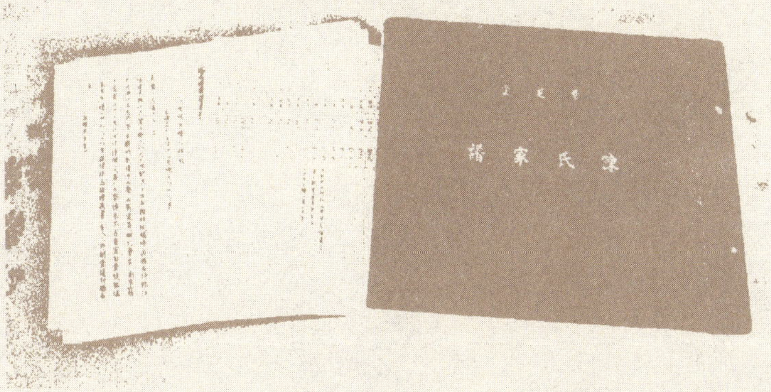

七家湾西头的严家岗子已并入七家湾，说到这严家岗子，也非等闲之地，它不仅曾是明清时期南京最繁华的地区之一，更有一段传奇。它原来叫“年家岗子”，是雍正宠臣年羹尧曾住之地。后来年羹尧事发，家道败落，改“年”为音近的“严”，以图避祸。七家湾是南京有名的回民聚集地，现在南京大街小巷的小吃，凡牛肉锅贴店，必称“七家湾”。陈家祖宅在仓巷90、92号，紧邻七家湾，在2010年已拆为一片平地。保留较完整的只有最南边的一对“爪子”——安品街和木屐巷了。

第 1 章 家世

紫芝堂陈氏

关于祖上的情况，在我家存藏的《紫芝堂陈氏家谱》中可略有所知。

谱中记先祖玉畤公陈琳是福建莆田人，在明朝弘治九年（公元 1496 年）进士及第后，开始做官。他在弘治、正德和嘉靖年间做了多年的官，最后在嘉靖年间去世，去世时是南京兵部右侍郎任上。他秉性忠耿，屡因仗义执言，为太监刘瑾等所忌恨，以谤罪调降官职，到广东揭阳去当县丞。正德五年秋（公元 1510 年）刘瑾谋反事败，获有确凿证据，因此伏诛。玉畤公陈琳复召升调，任浙江嘉兴府同知（知府的佐官）。其事迹见于《明史》（附《赵佑传》内）。

今南京中华路市立第一医院所在处，在科举时代为下江考棚，考场大门内右手边原立有石碑，碑铭所记与《明史》文大致相同。

玉畤公是紫芝堂系陈氏的一世祖。“紫芝堂”系的堂号由来，据家谱

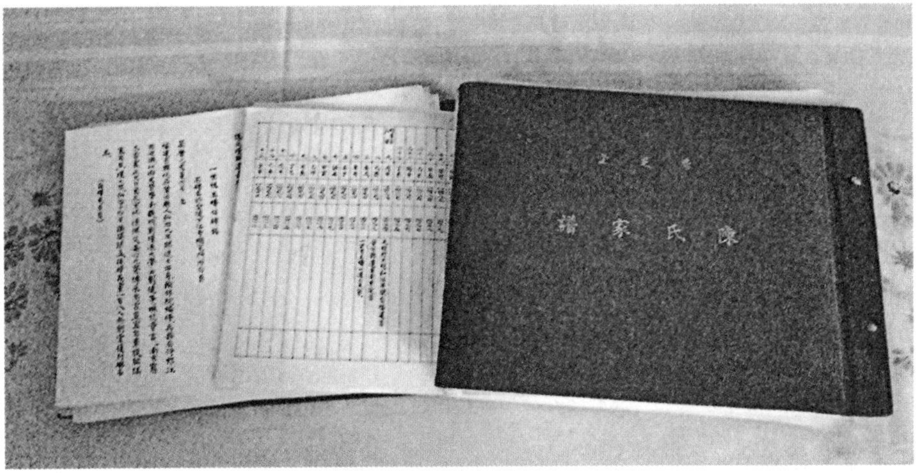

《紫芝堂陈氏家谱》

记载：南京东城外，有一大山名曰“紫金山”，亦名“钟山”，传山中产有灵芝草，“紫芝”又名“灵芝”，古以为瑞草，含吉祥之意。陈姓以总堂号的居多。我们这一支的姓氏取用“紫芝”为堂号，可能是先世祖在南京为官，以发祥地或是基于功名科第而自创立的。

在记述玉畴公生平行迹之后，谱文中称：“自此陈氏历代（紫芝堂系）的后裔，就世居在南京，以迄于今。”（续谱止于1981年）

我家历经明、清、民国而今，仍住在南京，是地地道道的“老南京”了。

仓巷祖宅

陈氏的祖宅位于朝天宫正南的仓巷。早在三国时期，仓巷北接皇仓，是当时的运粮通道。明朝时，南京城内西边一条主要的街道，长两百米左右。以仓巷为轴，两边形成八条小巷，呈“八爪金龙”之形。自北向南，西边是东止马营、丁家巷、朱状元巷、木屐巷，东边是大牛首巷、严家岗子（七家湾）、月牙巷、安品街。

延至清朝，仓巷两侧商肆林立，曾是明清时期南京最繁华的地区之一。街巷格局数百年来一直稳定存在至前不久。南京的灯市，也是先在仓巷开始的，后来才移至夫子庙举办。吴敬梓在《儒林外史》中多处提及仓巷，将之形容为“人文萃聚之区也，冶山之气钟毓所凝，户列簪缨，家兴弦诵”。

我家先祖在仓巷建宅的时间很可能是在入清朝之后。当年在严家岗子南侧买了一亩九分地，造了五进房子（现在为仓巷 90 号和 92 号）。第一进全是门面房（5 间），后有高墙。第二进是大厅，第三进到第五进住家，都是一明两暗（中间堂屋，两边卧房）。再后面还有厨房、柴房和院子等，后门开在严家岗子。另外在严家岗子还有几间房子。

据说仓巷在鼎盛时期有“八大家，十三支半笔”，陈家应该算是其中的一支笔。八大家中，我记得的有朱状元家、黄状元家（90 号对面）、杨家（朱状元巷对面）、桂家（90 号南边，88 号）、李家（止马营附近）、雷家（大牛首巷）、龚家（安品街、木屐巷一带）。

1927 年国民党北伐军到南京后，在仓巷的西边开辟了一条与之平行的莫愁路，之后仓巷才逐渐冷落下来。现在“八爪金龙”的最北一对“爪子”——东止马营已并入建邺路；大牛首巷的东部被新建的高楼拦腰斩断，只剩了和仓巷相连的一半，成了死胡同，这条断头路现在也鱼目混珠地被叫作“七家湾”。

七家湾西头的严家岗子已并入七家湾，说到这严家岗子，也非等闲之地，它不仅曾是明清时期南京最繁华的地区之一，更有一段传奇。它原来

南京仓巷陈家祖宅旧址处

叫“年家岗子”，是雍正宠臣年羹尧曾住之地。后来年羹尧事发，家道败落，改“年”为音近的“严”，以图避祸。七家湾是南京有名的回民聚集地，现在南京大街小巷的小吃，凡牛肉锅贴店，必称“七家湾”。陈家祖宅在仓巷90、92号，紧邻七家湾，在2010年已拆为一片平地。保留较完整的只有最南边的一对“爪子”——安品街和木屐巷了。

我小时候印象最深的是：每天傍晚，牛群从家后门口经过，去范家水塘（现在莫愁路处）饮水，几十头牛，那阵势浩浩荡荡，所过之处尘土飞扬。莫愁路边过去的那些池塘、菜园、空地现在都已消失了。

八大家中，我比较熟悉的是杨家和黄家。我与黄家的黄建衡和黄尔定在小学同过学。1980年我曾和杨家驺去黄尔定家叙谈，得知他作为战犯，1975年放出来了。我和黄鑫魁也在南京一中同过学，他后来考上了军需学校，搞后勤，1949年去了台湾。

杨家是一个大家族，与我同时代的有四女四男。大姐杨家鹤，嫁给夏承枫教授。二姐杨家鹏嫁给李清悚教授，李是南京一中创始人，第一任校长。三姐杨家麟嫁给南京一中教师、后为浙江大学地理系教授的袁庄伯（寿椿）。大哥是杨家骢。二哥杨家骆，从无学历，自学成才，是竺可桢先生都钦佩的卓有成就的文史辞典专家。老三是我的一中同级学长，后为沈阳农学院教授的杨家驺。男孩里最小的杨家驷也是我一中的校友，著名柑橘专家，“文革”中和我在江苏省“五七干校”（在江苏句容县石山头）一块受审查。1977年我大儿子陈德群和我“五七干校”的“战友”袁鸿钧到苏州东山游玩，在橘园里与果农谈到杨家驷，无人不晓，都很感谢他对当地经济发展做出的贡献。最小的姑娘杨家雏，终身未婚。

祖辈、父辈与同辈

据家谱记载，太平天国进南京以前，陈氏家族基本在朝廷做官，不过，官是越做越小。在太平天国运动兴起以后，家道逐渐衰落，转向经商。传至第十一世是我祖父这一辈。祖父名泰来，号紫阳（1843—1905），祖母魏氏（1850—1923），育四子四女。长子名延龄，号锡九（1879—1914），四子名鹤龄，号松涛（1887—1948），二子、三子均早故。长女适杨仲义，次女适胡星五，三女适刘家，四女适柯栗斋。

锡九公为我伯父，松涛公即我父亲。我有四位姑姑，后文涉及姑表亲者，提及姓氏即可知其系属。

关于我父辈这兄弟二人，家谱有文记述：“锡九公继承祖业，仍于原址南京城内评事街所开设之‘集丰钱庄’与幼弟松涛共同续自经营金融商务。嗣又扩张业绩，另在南京挹江门外下关大马路设立分号。”因锡九公“长袖善舞”，精明能干，当时我们父辈的生活还算富裕。

1913 年（民国二年）7 月，国民党人发动“二次革命”，后在南京发生的混战中，张勋的“辫子军”趁机大肆抢掠。陈家经营的钱庄总号及分号被焚劫一空，资产损失殆尽，复业无望。同时仓巷家宅也遭到败兵搜抢。当时败兵没有劫到钱财，就四处搜寻。陈家众人躲在后园的窄巷子里，窄巷子同隔壁桂家及卧佛寺的墙相连，不幸被败兵发现。败兵挟持了我伯父锡九公，威逼、勒令他交出钱饰，伯父说：“家中所有悉听尊便……”但是败兵不要衣物，只要钱饰，见伯父不依从，就用枪托击打他的头部，又把军刀架在他脖子上，声言：“如果不把钱币首饰交出就杀你全家!”万般无奈之下，为了保全一家老小的性命，伯父只得把藏在水井里的所有钱饰取出，悉为劫去。家人才幸免于难。但伯父头脑受击过重，后来脑神经经常痉挛，伴随呕吐、血压升高等症状，虽经医治，还是于第二年（1914 年）4 月去世，留下三个幼儿需要抚育，小儿子陈学鋆（士陶）才两岁。

堂兄陈学鋆（1912—2002），幼年失父，后来实在没有办法，只好送给住在白酒坊街上他的姨父濮家收养。濮家较守旧，送他读私塾，我的堂哥人很聪明，学得不错，文笔很好，古文功底较深厚。十五六岁时被送到承福寺街（现在的建康路）上的“瑞丰和”布店学徒。学徒两三年后成为店员。

这时我的柯树声大表哥当了国民政府副官处的科长，需要助手，觉得学鋆能干，于是把他找去当了副官处的小职员，从此改名陈士陶，学鋆这个名字反而不用了。1937 年国民政府迁都重庆，因柯大表哥家中孩子多没有随单位西迁，由陈士陶负责单位搬迁的所有事宜。在重庆，陈士陶没能处理好同事间的关系，只好频繁更换单位，如：甘肃油矿局、国民政府社会部、国民党中央党部等。抗战胜利后回到南京，一度失业生活困难。1947 年经人介绍去台湾烟酒公司工作。直到 1979 年陈士陶回南京探亲，堂兄弟们见面时才得知，他退休后去了加拿大与子女们团聚。我们兄弟同时谈到陈氏家谱的续写，以后为续写家谱我与他通了许多信。这里还有一事可提：我奶奶魏氏家没有男性继承人，按照奶奶的意愿，陈学鋆兼祧魏、陈两房，因此他还叫魏则陈。

我的大姑父杨仲义（1873—1934），只有一子，名伟源。杨表哥曾在律师事务所做助手工作，后来成为律师。抗战胜利后，我回到南京见到他，当时他非常害怕被当成汉奸清算，一直躲在家中不出门，但之后并没出事。

我的二姑父胡星五（1870—?），育有双胞胎儿子，长子亚衡，次子二鼎。

胡亚衡南京高等师范毕业，是竺可桢先生的学生，在省立南京中学教书。国民政府成立后，又到军校任教，工资有一百多元。先住南京牛首巷，后搬至评事街，再搬至牛市。过去胡家家境很差，自亚衡发达后，胡家很是神气。我们一中的国文教师郦仲廉曾在课堂上谈到邻居胡家的盛况时说道："家中座客满，杯中酒不空。"抗战爆发后，因家中子女多，物价飞涨，生活变得窘迫，他有洁癖，身体也不好，1940 年 43 岁就去世了。

胡二鼎在冶城私立中学教书，冶城私立中学的大股东是仓巷雷家。抗战前他的月薪 80 元，家境很好；抗战开始后生活变得困难了，妯娌间不和。我的奶奶与二姑父同住，胡家家境差的时候，我奶奶经常接济他们。但他们发达后，我父亲向他们借 10 块钱，只能借到 5 块，我母亲很生气地对父亲说："他们在牌桌上输赢几十块都不在乎，借 10 块只给 5 块，你真不该拿回这5块钱！过去他们不是常用我们母亲的钱吗?!”

我的三姑父刘××虐待三姑妈，使她很早就去世了。他们没有子女，因此以后我们两家再不来往。

我的四姑父柯栗斋在我上初中时就去世了，他育有三个儿子。长子树声、次子振声、三子永声。柯树声后来在蒙藏委员会做科长，抗战胜利后以汉奸罪在苏州坐牢四年，新中国成立后到山东做了教员。柯振声是中学教员，听说新中国成立后出了事，不知什么原因1960年左右就去世了。柯永声高中毕业后去铁路上工作，但不久即生肺病去世。

我母亲陈祁氏（1888—1968），南京人。我的父系亲属上的都是洋学堂，而母系都是上的私塾。全面抗战爆发后，母亲的二堂哥逃难先到湖北沙市，后又到重庆，在那里开了一间肥皂铺子，每月有七八十块钱的收入，在当时还是很不错的。

我外婆家的亲戚大都是做小生意谋生的，平时很少来往。

我弟弟陈学洵（1919—2007），像我的老父亲，对人唯唯诺诺、忠厚老实，老实到无用，有时甚至到令人生气的地步。他在一中学习时成绩也很好，靠奖学金读完高中后，到中国银行做练习生。1943年秋，参加了考试院的高等文官金融科考试，1944年得到高考复试及格证书。新中国成立后，在南京秦淮区人民银行担任副股长一职。他一辈子

陈学溶父母合影（摄于1948年）

跟金融打交道，勤勤恳恳、认认真真，在银行金融管理方面有著述，他提出的有些管理条例至今仍在使用。他人缘很好，与世无争。“文化大革命”期间，因为在和同事开玩笑时说了当时被认为是大不敬的话，上纲上线为“恶毒攻击”，被抄家、隔离审查。出事后，了解他的人都认为不可思议，说：“鬼附在他身上了！”后来没有查出什么严重问题，被从宽处理，全家下放到农村劳动。“文化大革命”后，1978 年底银行系统在召开的大会上公开宣布给学洵彻底平反，并补发了工资，恢复工作。1979 年退休。

他育有一子两女，都在逆境中勤奋努力地学习工作。他的晚年生活还是平静幸福的。

好景不长，不久我父亲又失业了，家庭又一次陷入困境。在我读高二时，一次家里米缸存的米只够吃七八天了。七八天后怎么办？父亲只有一件皮袍，总是在夏天送到当铺，到了冬天再赎回来。家里再没有值钱的东西可以当、可以卖了，亲友也借遍了，不好意思再开口。在我十六七岁时，这种愁云惨雾穷日子的印象太深刻了，让我铭记了一生。在以后几十年中，不管任何时期，家庭遇到什么困难，我都会平静地想：比起我十几岁时那种日子，这些算什么呢，会过去的……

第2章 艰难求学路

私塾与小学

我出生在1916年3月2日，是在陈宅遭劫的三年之后。

那时父亲在白酒坊这条街上的濮家老太爷主办的平民工艺厂当账房，因为人忠厚老实，深得老太爷的信赖，在这里做了十几年事。但是他的月薪很低，只有十来块钱。陈家祖宅第一进的门面房每月房租有十块钱左右，必须拿出一部分给伯母家，因为伯母家的生活已经十分艰难。到我10岁时，73岁的濮家老太爷去世了，平民工艺厂停办。自此父亲经常失业在家，家里经济状况就更糟糕了，常常过着吃了上顿愁下顿的日子。

我学认字较早，四岁的时候，已随远房的二叔陈柏森学习，认得一千多个字了。有一天，随父亲上街，看到茶馆窗户上的招贴，便随口念出“全俱应一点茶”，父亲听了，先是一愣，再定睛一看，笑了，说：“字是全部都识得，只是顺序搞反了。”原来那上面写的是“茶点一应俱全”。

后来柏森二叔去铁路上工作，我从六岁开始，在一个由三叔祖父陈旭孙开馆的私塾里读书，从《三字经》《百家姓》《千字文》开始，再读《论语》《孟子》等。书本之外，还学了些天干地支之类的知识，我能根据小伙伴们的年龄推算出他们的属相，类近智力游戏，其实也是很好的学习。

直到1923年虚8岁时，我才从私塾转进“学堂”，插班进了仓巷公立第二小学三年级。这所小学主要招收女学生，但在初小招收了三四个男学生。这几个男生调皮得不得了。那时小学分为初等小学和高等小学，初等小学为一、二、三、四年级，高等小学相当于现在的五、六年级。

刚入学，我对新的学习生活还不适应，对有些事情还不明就里。例如，一进学校，每个学生都发了张表格，我不知道做什么用，就稀里糊涂地在表格上面写上自己的姓名。还是别的同学告诉我，说这是课程表，要把表上排好的课程抄下来，知道星期一上哪几堂课，星期二上哪几堂课……

最初，我有些功课常常跟不上。表哥柯永声（四姑妈的三儿子）为我辅导过数学，加、减、乘、除都教过。他还送了一本小册子给我看，里面讲了“鸡兔同笼”“父子年龄”“植树问题”“老和尚与小和尚分馒头”等趣味题。我对此非常有兴趣，这使我直到初小毕业数学都学得很好，但是其他功课学得不怎么样。可以说，那时我是糊里糊涂地读了两年，初小是懵懵懂懂毕业的。

因为仓巷公立第二小学的高小不收男学生，所以我在初小毕业后进了府西街的江宁县第一高等小学。第一高小共有八个班，它们的名字分别叫“笃、实、勤、勉、智、勇、美、洁”。当时前四个班为五年级，后四个班为六年级，我被分在“实”字班。这时，我稍微懂事了，但成绩还是一般化，只是数学较突出些，当然这与永生表哥有一定关系。当时表哥在读高中，因家中经济条件不太好，就做家教带了几个学生，晚上补习功课时就把我也叫去跟着听。分数、带分数、比例（正比例、反比例）、循环小数（真循环、假循环）、代数、小公约、大公倍……这些数学知识深深地吸引着我，对数学的兴趣也越来越大。

学校老师经常在课堂上出题目，叫大家上黑板做，但班上往往没人敢上去，只有我举手。尽管有我举手，但是老师也很头疼，因为我的字写得不清楚，这块写写，那块擦擦。不过，由于没有其他人举手，老师也只好叫我了。

江宁县第一高等小学对学生的管教是非常严格的。学生因犯错误或学习不好等，都要用木板或竹板打手心，一般要打五下或十下。老师抓住挨打学生的右手，让另外一个学生抓住挨打学生的左手。调皮的同学也有经验，知道要打手心了，就事先在桌子角上磨手，磨得手麻木了，打的时候就不疼了。我一贯老老实实，从没挨过打。体罚固然不对，但对学生严加管教，还是有一定用处的。

1927年夏天，我顺利毕业。2013年我写过一篇《琐忆首都中区实验学校前身的“一高”》①，登在南京一中办的《校友通讯》（第113期）上，文中说了当时的学习生活。我们一高教员的教学能力都是很强的。语文老师姓刘，教我们五、六年级。每隔两个星期或一个月要写一篇作文，题目有“水的功用”“饥不择食”等等。当时小学三年级就开始教英语了，英文教师有两位，一位是校长的弟弟，一位是校长的女婿，教我们学习pen，pencil，desk，blackboard……算术老师叫蒋锡琦（慕韩），是艺术家舒强（蒋树强）的父亲。我和舒强曾有远亲关系，我四姑妈的儿媳妇（孙姓）柯二表嫂的妹妹是舒强哥哥的原配夫人。地理老师姓郭，除了教

① 陈学溶：《琐忆首都中区实验学校前身的“一高”》。南京一中：《校友通讯》第113期。

课外还教我们画地图。历史老师记不清姓名了，教我们中外历史，如古巴比伦、古希腊等等。另外还有体育、手工、图画、音乐这些课程的老师，我至今还能记得他们，可见他们当时对我们的影响很深。

考进首都中区实验学校

我高小毕业后家中困难，家里打算送我去做学徒，但因为年龄太小，虚岁也仅有 12 岁，没人要，只好又到朝天宫小学再读一次六年级。所以我小学毕业了两次。

1928 年夏天，我四姑妈家的二表哥柯振声介绍我到中华书局当学徒。门市部主任看我很勤快，想把我留下，但考虑到我的学历还太低，认为至少应该初中毕业才行，把我退了回来，没有当成学徒。这样，家里只得让我去读初中。

当时南京一共设立了五所公立的实验学校，分别以“东、南、西、北、中”区命名，其中四所学校只有小学，唯有首都中区实验学校设立了初中。另外还有一所省立的南京中学，其余的中学皆是私立的。我能选择的学校太少了。公立学校的学杂费较便宜，首都中区实验学校每学期只收十二块钱的学杂费，其余的私立学校有十几所，但收费要贵几倍。所以我只能报考首都中区实验学校。这次招生考试已是学校本年度的第二次招生了，很幸运，我被录取了。

在首都中区实验学校，我的学习成绩仍然只有数学比较好，其他课的成绩平平。在初中的时候，我的英语老师教课教得非常好，他教《泰西三十轶事》《泰西五十轶事》，如哥伦布发现新大陆等故事，让学生听得津

首都中区实验学校大门

津有味。当时因为我买不起书，上课时只能频频回头看同学的书。老师发现后，了解了我的情况，很快就送了一本英文的教科书给我。从此，我对英语也有了兴趣。这位程老师四十多岁，出身书香门第，因满脸大胡子，同学们都称呼他“程胡子”。他给我的帮助，我一直记在心中。

有一次，我偶然发现图书馆有《英语周刊》可借，里面的内容很丰富。例如，在第三人称现在式单数动词后面要加 s，有时候加 es，还有时候需要把 y 改成 i 再加 es，有一定的规律。这本《英语周刊》很便宜，只要几分钱，书店有售，我尽量省下早饭钱去买来学习。在这样的努力下，我的英语水平提高很快，阅读英文书籍逐渐不成问题。到了高中时，我的英语成绩已经升到班上前三名。

学数学是要有悟性的，数学题中已知条件等相互间的逻辑关系可以进行推理，比较好懂。英语则需要花大量功夫，词汇量是靠一个个单词的记忆，慢慢累积起来的。一个人聪明固然好，但是获得知识仅靠聪明是不行的。

我的兴趣爱好很广泛，十岁开始学下象棋。初中时，学校旁边有个图书馆，里面有象棋书。像很有名的中国象棋大师谢侠逊编的《象棋谱大全》等，我都阅读过。我后来看棋谱时不看全局只看残局，还用纸把棋谱画下来，兴趣很浓。以后棋艺大进，一生都爱下棋。“文化大革命”期间在“五七干校”接受审查时，不能下象棋了，我就回忆过去背过的棋谱，琢磨象棋残局，其中有些残局的走法，至今都能记得清清楚楚。

在学校里，我常听同学们谈论《三国演义》中的某些故事情节，诸如桃园三结义、关云长过五关斩六将、草船借箭、六出祁山……还听同学们经常争论《红楼梦》里的人物，有人赞同林黛玉，有人佩服薛宝钗，他们争得面红耳赤，吵得有滋有味，而我却听得莫名其妙，不知出处，非常自卑。家里困难啊，无法满足我读课外书的要求，所以只能偶尔向同学借阅。

我很喜爱体育运动，十几岁时，就喜欢打乒乓球，那时叫台球。上初中时，踢足球、打篮球。上高中时，个子高，身体灵活，排球打得不错。在当时一中排球打得好的学生中，我可以排到前几名。跳高的成绩是一米四五，获得过全校的第二名。几十年后我的校友潘朴生[①]在《一中六年之忆》这篇文章中提道：“谈到一中的体育方面，也颇值一叙，先谈篮球，当时学校里最出风头的要算商辰校友那一班的‘先锋队’里的几位虎将，陈学溶、秦复三、杨家驺、商辰、刘昌祥、余建寅等，每次比赛，校钟下的球场总是挤满了人。”[②] 当时我们班的球队还是挺有名气的。

少年时代的恩师——江菊人

初中一年级时，最初的算术课老师是一位四川籍老师。这位算术老师

① 潘朴生：1937 年高中普通科毕业生，毕业后升入中央大学水利系，1941 年大学毕业后，一直从事水利、电力工作，是台湾的电力专家。

② 此文收入《南京第一中学六十周年纪念册》，1987 年，第 29 页。

江菊人先生

教了一学期后就离开了。第二学期来了一位新老师教算术，这位老师就是江菊人先生。江先生在一年级下学期除教算术外，还担任级任（班主任）。

在上课的第一天，为了了解学生们的学习情况，他发卷子进行了一次测验，试题由简到繁。第二天上课时，江先生突然问："哪一个是陈学溶啊？"我吃了一惊，不知是怎么回事，赶紧站了起来。江先生微笑点头说："很好，很好！下了课你到教师休息室来找我。"我心怀忐忑，一下课就赶紧去了。江先生说："你的数学根底不错，很好。"又问了我的家庭情况，谈得很随便。我如实地把家中的情况讲了，并说因家庭经济实在困难，预备这个学期读完就不再读下去了。

江先生听了之后，隔了一段时间，让另外一位同学陪同，一起到我家做家访，和我父母交谈，了解到我所说的情况属实。他认为很可惜，认为至少也该读到初中毕业呀，将来才好找份工作。他向我父母承诺，有什么困难，他将尽力设法帮忙解决。我父亲人比较保守，胆子很小，对江先生的热情相助始终不敢应承，说："学了两年之后怎么办呢？"他认为自己经常赋闲在家，儿子能找到一份稳定的工作就行了。而我母亲虽是家庭妇女，识字不多，但为人有见识，也好强。她看到我的表哥们在师范毕业后能在一些中、小学里教书，常常觉得自家低人一等，在听到江先生愿助一臂之力帮助大儿子继续念书时，非常感激，连声说："好，好，好！我们尽量让他读吧，读到初中毕业。"此后我母亲典当什物、房产，勉强撑着支持我继续读下去。如果没有江先生的主动帮助，即使我想不辍学，恐怕也不行。

首都中区实验学校的校长李清悚先生也是位爱才心切的教育家。江先生同李校长商量，希望下学期能免除我的学费，李校长立即着手办这件事，与教育局商量，最后得到同意。这样我就成了首都中区实验学校免交学费的学生，很可能也是最早免交学费的学生。

江先生为什么对我特别地关心呢？除了我的数学根底较好，江先生惜才外，还因为他很不满意自家的那些侄子，家境不错，本可安心读书，却很不用功，不求上进，让他非常生气却又无奈。当他看到我连吃饭都犯愁，而读书却很认真，也很用功，成绩蛮好，便有特别的怜爱，决心帮我一把，以致许多同学都说我是江先生的干儿子。也正是在江先生的帮助下，我终于把初中读完了。

有关江先生对我的关心，还有一个小插曲。前面说了，我的兴趣很广泛，年龄小嘛，还不会合理利用课外时间，太贪玩了，以至于在初中三年级时的成绩波动很大。有一次平面几何测验成绩只得了八十几分，过去的数学成绩都是排名第一，很少会排到第二，而这次居然降到第十名左右。江老师随即在我的作业本上写了十四个字“近来学业似退步，幸努力勿落人后”。

这十四个字顿使我惊醒，让我牢记了一生。

我毕业离校后，江先生一直在南京一中（原中区实验学校）教书，直到 1937 年抗战全面爆发。南京沦陷后，江先生逃难到了昆明市，担任中学校长、云南省教育厅督学，兼任云南省主席龙云的儿子龙绳文的家庭教师（1979 年 10 月，龙绳文随“全美华人国庆参观团”来到北京，曾约请江先生在北京饭店见面）。1939 年 7 月江先生去四川灌县（现都江堰市），参与为抗日创办的空军幼年学校的建校工作，并任教育处副处长（文职）。1945 年，他前往在成都的金陵大学，任训导处学生生活指导主任，任职期间曾保护过不少地下党学生，深受学生们爱戴。抗战胜利后，1946 年江先生随金陵大学返宁。后来又随同李清悚先生到中华教育电影制片厂任秘书（李清悚任厂长），不久又去“三女中”担任教导主任。

1949 年新中国成立初期，江先生生活很困难，曾主动到我家要借 20 块钱。过去像江先生这样的老知识分子，如果不是认定对方为至交，是绝不会开这个口的。能有这个“待遇”，当时我很高兴，立即拿出 20 块钱交给江先生。江先生说：“我将来一定还你！”当时一定要打借条。他还不是写借 20 块钱，而是写借多少“单位”。那时候是折实“单位”，“单位”要涨了呢，将来借的钱就跟着涨。这样，江先生硬是写个条子给我。大概是 1954 年之前，他来还钱。师恩难报啊，我当然坚决不肯收，但是江先生硬是不同意，认定如果我不收就是大不敬！他这人心里怎么想就怎么做，非常单纯，也非常固执，我如果硬是不收，就会伤害他的自尊心。

1979年5月南京一中建校初期的老师们聚会于南京。后排左起：李清悚、章柳泉、喻鉴清，前排左起：陆子芬、江菊人

新中国成立后，南京五中校长张逸之邀请江先生转到南京五中任教导主任。张逸之是前金大的学生，也是中共地下党员，了解江先生的人品、学识。1951 年刘伯承创办南京军事学院，初期需要军事教官以外，也需要大量讲授科学文化基础理论的教员，江先生被聘为该院的理化教师。江先生有记日记的习惯，“肃反”期间，他交出全部日记，供组织审查。他是第一批搞清历史问题的教授，受到表扬，出席了先进分子大会。1957 年“鸣放”期间，他代表教研组发言，但像他这样只会说老实话，不知道转弯的人，终于在 1958 年被补划为右派分子！受到了清除出部队、自谋生活的处理。随后，江先生经人介绍到南京铁道医学院任教。

1959 年我奉中央气象局之派到地方民航气象台站检查工作，6 月间到南京，我特地去看望恩师，已与先生好几年没见了，十分想念他。这次与他见面时才得知他被定成右派，已赋闲在家多时。我想起《西厢记》中红娘有段精彩说辞：“言出如箭，不可乱发；一入人耳，有力难拔。”老师怎么就忘记了呢？我真为老师的遭遇心痛。当时别的忙帮不上，我很想在经济上帮帮他，但无奈江先生无论如何都不肯接受。

1961 年江先生摘除右派帽子后，经介绍聘用到扬州苏北农学院教授英语。“文化大革命”开始后，被解聘回南京；1969 年作为有历史问题的城市居民，还拖累江师母一同被遣送苏北泗洪县农村安家，被监督劳动。1979 年 5 月，南京军区政治部为他平反落实政策，恢复了教授职称及工资待遇，办理退休手续，重回南京生活。1988 年江苏省人民政府聘请他担任省文史研究馆名誉馆员。1991 年 1 月 11 日江菊人先生在南京逝世。

那时我的妻子刚刚去世月余，我身心俱痛，但恩师西去，我一定要送他最后一程。我参加了恩师的追悼会，并致了悼词。

上高中时的穷日子

在江先生的帮助下，我终于把初中读完了。

从 1929 年开始首都中区实验学校办了一个高中师范科，到 1931 年师范科已经有二年级、三年级，暑假后又要招收一年级学生了。在我们这一班，1931 年的初中毕业生中，许多学生希望读普通科而不想进师范科。李校长觉得这些学生是自己亲自培养出来的，而且成绩都很好，也希望能够办普通科。于是他向教育局要求增加一个高中普通科一年级，但教育局认为：经费已定，无法增加。经过协商，决定停办一年师范科，改办一个普通科一年级，到第二年高中招生时，再各办一个班。

1931 年我初中毕业，此时弟弟陈学洵小学毕业，且成绩很好，母亲

首都中区实验学校建于1929年的和平院

主张兄弟两人要平等，大儿子读了初中，小儿子也应上。但学洵是新生，学费不能免，制服非做不可。我虽可免学费，但制服费等别的费用还是要交的。两人合计第一学期需要百元左右，在当时这可是一笔巨额支出啊。

本来以为是绝对没有办法了，家里的经济状况却有了变化。一位老房客在陈家前面店铺做生意失败，交不起房租，就搬走了。而新房客除了交的房租略有增加外，还要另交押租。父母要求重押租而轻行租，因此新房客的押租交得比较多，这样我们家就可以渡过这一道难关了。这一变化使得我们兄弟两人继续上学的愿望得以实现。

在弟弟升学面试时，首都中区实验学校的李清悚校长得知陈学洵是我弟弟，成绩也很好，非常高兴地说："哦，你就是陈学溶的弟弟，好！好！"

好景不长，不久我父亲又失业了，家庭又一次陷入困境。在我读高二时，一次家里米缸存的米只够吃七八天了。七八天后怎么办？父亲只有一件皮袍，总是在夏天送到当铺，到了冬天再赎回来。家里再没有值钱的东西可以当、可以卖了，亲友也借遍了，不好意思再开口。在我十六七岁时，这种愁云惨雾穷日子的印象太深刻了，让我铭记了一生。在以后几十年中，不管任何时期，家庭遇到什么困难，我都会平静地想：比起我十几岁时那种日子，这些算什么呢，会过去的……

熬些日子，父亲又找到了工作，同时我也得到了一个做家教的机会。原来当时在汉西门外有个木炭店王老板，他儿子在金陵中学初中读书，人还算聪明，就是不用功，所以留级了。我在一中的同班同学余建寅就住在汉西门，王老板找余建寅做家庭教师，辅导他儿子。经过辅导，小孩子升级了，之后王老板就没有再请余建寅。哪知道第二年，他儿子的成绩又下来了，他只好再次来请余建寅做家教。余建寅来气了，"由你招之即来，

南京一中大门

挥之即去啊，不干！”王老板再三请求，余建寅转而推说他很忙，就介绍我去。这个王老板很精明，随即向住在汉西门附近的一中学生了解情况，得知我的学习成绩也很棒，才决定聘请我。

每天晚上，我教这个王老板儿子两小时的功课，每月有十块钱的报酬。那时十块钱可以买两百斤大米，在当时也算是不小的数目了。以后直到去泰山工作为止，这份家教差事从未间断，对家庭经济颇有裨益。只是由于功课繁忙，空闲时间不多，虽然学校隔壁有市立图书馆，但也很少能去读课外书籍。万幸的是，家庭经济状况得到了改善，上学已无忧。

首都中区实验学校是当时唯一的市立中学，功课重，考试频繁，很少有课外活动。只在1931年读高一时，“九一八”事变发生后学校组织男生参加军训，女生学习看护。在这期间，从不过问政治的我参加过几次请愿活动。

我在整个中学时期，除了在高中时同学请我看过一次电影《桃李劫》以外，从来没有看过其他电影。不看就不知道影片中的故事情节，所以有时候同学们在讨论电影里的事情，我根本就没有插嘴的余地。他们叫我“哈兰根”，我以为是个外国的电影明星。后来我才知道是中国的喜剧明星“韩兰根”的名字，经常扮演那种畏畏缩缩的寒酸角色。他们都认为我虽

南京一中1934年第一届高中普通科毕业生的毕业照。前排右起：教师王敏时、教师陶乐之、吴玉珍、易淑梅、谭蕙珍、朱蕙芳、王佩瑚、邱倢、孙冠群、校长李清悚、教务长章柳泉、教师×××、教师程柳南；二排右起：教师江菊人、教师喻鉴清、孙毓华、商辰、刘昌祥、张奇珍、夏烇、高学文、李向辰、陈祚修；后排右起：陈学溶、王旭东、夏定焘、张家驹、余建寅、黄鑫魁、林焕森、黄云波、周宏埙、胡寿荣

然是个城里人，简直就是个“土包子”。在别人是常识的事，我却糊里糊涂什么都不知道。在高中毕业之前，我没有出过南京一步。高三时毕业班曾经组织到杭州去旅游，除我之外所有同学都去了。因为要花十几、二十几块钱，我就没有去。

1933 年首都中区实验学校改组为市立第一中学。我于 1934 年夏高中毕业，我们是南京一中的第一届高中普通科毕业生。上面这张照片中，28 位毕业生中有三位未参加拍摄，他们是：杨家驺，伍必龙，顾润华。

回顾以往经历，虽然一个“穷”字压得我们全家喘不过气来，求学路上多次临近“无望”，但是，总的说来，自己的运气还是好的，每个关口都能平安渡过。这一次，正当我在考虑暂时去做代理小学老师而不知一年后该怎么办的时候，又来了一次影响我终生的机会：1934 年 9 月 10 日，中央研究院气象研究所在报纸刊登出招生广告，要招收气象练习班学员。

第3章 第三届气象练习班

北极阁与气象研究所

上古观象仪器与观象台址，迄今渺不可考，其自中古以降，有典籍可稽，基址可按，绵延相续，在世界天文气象学史上有卓越之价值者，莫过于金陵钦天山之观象台。

钦天山，或名鸡鸣山，亦名鸡笼山，今俗称北极阁。①

北极阁位于南京城墙边缘的内侧，是一个海拔 67 米的山丘，北瞰玄武湖，南眺市区，山巅平坦，四周无障碍，符合建台的要求。早在南北朝的刘宋年间，钦天山就设有司天台并设专职官员观天象、测风候，提供数据，编制历法。明洪武十四年（1381 年），朱元璋在此建立天文观测机构，名为观象台，又称钦天台。清康熙八年（1669 年），所有观测仪器全

① 《钦天山气象台落成纪念刊》第 1 页

1928年的北极阁

部迁往北京，该台才逐渐倾废。到了1928年初，这里已经是一个荆棘遍地的荒山。顶上尚存的北极阁道观颓垣断壁、木柱朽腐、楼板洞穿，已不可登临。

1927年11月，在南京召集中央研究院筹备会议，制定组织条例，确定中央研究院为中华民国最高科学研究机关，先行筹设理化实验研究所、地质研究所和观象台等研究机构。观象台分为天文、气象两组，旋改为筹设两个研究所。1928年2月竺可桢先生担任了气象研究所筹备处主任。他巡视了南京各地，最后确定在北极阁建立气象研究所。

所址虽经选定，但如何把荒山变成气象基地却成为竺师面临的艰难任务。从气象研究所的各种专门的和办公用房的建造，到山道的修筑、山上用水的解决，以及如何绿化等，都得由竺师来操心。

竺师全力以赴为建成北极阁气象基地奔走了整整一年。随着气象研究所基建工程大体完成，于1929年初正式定居北极阁。经过他几年惨淡经营，钦天山已建成当时相当理想的一处科学研究基地，后来国立中央研究院将总办事处和各研究所尽量集中到钦天山周围。

气象研究所的业务工作不失时机地相继扩展。在竺师领导下，除了原已进行的地面气象观测外，先后开拓了高空气象观测、天气预报和气象广播、物候、日射、空中电气、微尘以及地震等项观测业务和研究工作。从1930年起，经竺师多方宣传接洽，先后在南京、北平等地开展了测风气球、探空气球、飞机探测和气象风筝等项业务。1936年3月16日下午在北极阁施放的探空气球升高达17 714米，获得了东亚各国第一次进入平流层的压、温、湿气象资料，弥足珍贵。气象研究所及其下辖的某些气象台站还先后开展了物候观测（南京、北平等地）、日射（南京、泰山）和紫外线观测（泰山）、空中电气观测（南京）、微尘观测（北平、南京、上海）等项业务。1935年竺师还派了吕炯等人随中央研究院海洋调查团对黄海、渤海进行过海洋气象观测。所有这些业务，在我国都是首创。在他的积极筹组下，1932年下半年起，还在北极阁开始了地震的记录，它也是我国最早的极少数几个地震台之一。

按竺师用人的方针和办法，任用的职员90%以上是科技人员，所中许多事务性工作都是由科技人员分担。到1929年元旦，气象研究所建成，正式成立定居北极阁时，全所职员连兼职的在内共13人，没有一个专职的行政事务人员。以后各年，随着业务的增加和扩充，职员也有所补充。但是在北极阁所本部的职员从未超过30人，其中专职的事务人员只有一或二人。

为了办好气象研究所，竺师从一开始就很注意人员的使用和培养。他所延揽的人才，都能各司其职。对所中半数以上的职员则公开招聘，经过培训，然后任用。报考人员除了笔试以外，竺师还亲自面试，直接掌握考生各方面的情况，做到全面衡量，择优录取。一经任用，只要恪尽职守，就无解雇之虞。成绩优秀者，特予晋级加薪。

竺师在领导创建一批测候所和大力协助有关单位筹建测候所时，深感气象专业人员缺乏。当时在高等院校攻读气象课程的学生真是“屈指可数”；另外，国内又没有培训气象人员的专门学校。因此，竺师一方面陆续接受了各机关、单位派来从事气象工作的人员几十名，给他们在气象研究所实习、进修的机会，以便提高他们的理论水平和业务技术能力；另一方面又开办气象练习班（即培训班），以便把毕业学员充实到各个气象部门中去。

我第一次去北极阁是在 1928 年，那年我 13 岁，农历六月十九日是观世音菩萨的成道日，信佛的母亲带我去鸡鸣寺烧香，我们从水西门仓巷一直走到鸡鸣寺，路过北极阁。当时气象台正在建造中。我对石工拿凿子凿石头、凿出一道道的条纹印象很深。

1928 年气象研究所在北极阁山顶建成后，用原先购得的旧城砖砌成了三百余级的道路，由保泰街北上，可登台阶直达山顶，但车马难通，运输不便。因此，在 1930 年又修筑了环山公路，东自鸡鸣寺路南口，环绕

中央研究院气象研究所

一周，直至山顶，全长计约1 050米，宽7米多，坡度2%~5%，山顶设有圆形停车场。这条山路是1930年4月10日开工，当年8月30日建成验收的。

在环山公路与登山石阶交叉处的北侧，台阶150级左右处，造了一个亭子叫半极亭。朝南的柱子上刻有国民党元老吴敬恒（稚晖）篆书题写的对联“当亭环赤道，拾级上天枢”，亭内设有石桌、石椅，可供游人休息。

1945年抗日战争胜利后不久，竺先生返回北极阁，见刻在樱桃木上的对联仍在，尽管朱漆已完全褪色，但是樱桃木不仅没有破碎，而且平直如故，感到很欣慰。但遗憾的是，这副对联在“文化大革命”期间被红卫兵铲除掉了。

气象研究所的大门一直到了20世纪50年代后，才改成现在坐东朝西的江苏省气象局大门位置。若徒步，可由北极阁的西边上山入内。原来气象研究所的旧铁门，在1958年大炼钢铁时被拆下后化成铁水了。

气象研究所刚成立时，原来的首都南京市政府把整个北极阁都给了气象研究所，地契上都标得清清楚楚。后来国民党军政部的电台在半山造了二十几间房子，这个无线电台与气象研究所的电台互相干扰，气象研究所建议它搬走。但军队不肯搬，谈了三四年也没谈成功。最后气象研究所给了四万元钱，军队的电台才搬走。

1930年8月由新金记营造厂承建，在靠近鸡鸣寺路侧的三亩空地上盖了气象研究所两层宿舍楼，竹篱围之，宿舍位于中，竺先生住在里面。1935年竺家在南京珞珈路的房子盖好后，竺先生搬走，房子就空在那里。抗战胜利后，担任中央大学校长的吴有训先生曾在那里面住过。20世纪八九十年代房子还在，后来建古生物博物馆时就拆掉了。

宋子文公馆(《南京史志》杂志特约记者摄)

1930年以后，气象研究所在北极阁上已初具规模。中央研究院扩大办公用房，在南京城内选不到合适的地方盖房子，看中了北极阁这块风水宝地。于是在山脚下，1931年10月建成社会科学研究所；1933年6月建成地质研究所；1934年10月建成历史语言研究所。到1936年12月，社会所与总办事处的办公楼又在山脚下建成。总办事处在楼上办公，社会所在楼下办公，楼房的房檐瓦上有“社会”两字，现在还能清楚地看见。抗战前，承建国民政府行政院办公大楼的建筑商准备送行政院院长宋子文一栋房子，宋子文又看中北极阁山顶一块平地，最终盖了别墅（现为北极阁1号）。气象研究所拿他没办法。房子全部盖好后，抗战爆发了。1937年，张学良曾被软禁在这里。

报考练习班

高中毕业后有些同学选择考大学，我也是很想的，但不现实。这时弟弟学洵初中毕业了，虽然他已获得免费保送升高中的资格，但若上高中仍需一笔不小的费用。有些经常帮助我家的亲戚认为，能把我供到高中毕业已经很好了，不该再考虑进一步上大学，应该先工作补贴家用，再帮弟弟读高中。等弟弟高中毕业后，由弟弟负担家庭，再考虑我上大学，这样两人互助共同完成大学学习才可行。父亲已老迈，急需我挣钱养家。

高中毕业出来找工作，仍然很不容易。一般高中毕业生愿意考邮局、铁路、银行，认为工作稳定，收入尚可，但僧多粥少，竞争激烈。再加上1934 年国内形势很糟糕，内乱厉害，工作异常难觅。

我大姑妈的儿子杨伟源表哥在小教界有些声望，曾为自己的堂弟杨伟龙留了一个小学教师的位子。这位堂弟在南京一中师范科读书，比我低一年级，1934 年他还不能去教书。杨表哥同我家商量，如果这一年我找不到工作，可不可以为杨伟龙代一年课，但一年后必须把这个位子让出来。大家都同意这个办法，毕竟人家堂弟比我这表弟要近一些啊。

回顾以往经历，虽然一个“穷”字压得我们全家喘不过气来，求学路上多次临近“无望”，但是，总的说来，自己的运气还是好的，每个关口都能平安渡过。这一次，正当我在考虑暂时去做代理小学老师而不知一年后该怎么办的时候，又来了一次影响我终生的机会：1934 年 9 月 10 日，中央研究院气象研究所在报纸刊登出招生广告，要招收气象练习班学员。

1928 年气象研究所成立后，1929 年初国民党的航空署要求气象研究所能代他们培训几个气象人员。另外陕西、甘肃、河南三省的建设厅也希望气象研究所能培训他们的工作人员。因此，在 1929 年上半年，气象研究所陆续对航空署的 8 位学员和陕、甘、豫三省每省的两位学员进行了训练。训练的时间大概是一两个月，开学时间上有些不一致。以后就称之为第一届练习班。

第二届练习班是 1931 年办的，对外公开招生。最初预备招 30 人，但是后来根据考试成绩只有 27 个人比较合格，研究所的原则是宁缺毋滥，录取 27 人办了练习班，同时也接收了一些省派来的学员旁听。练习班规定：毕业后作为测候生（相当于技佐），遵守测候生服务条例，填写志愿书和保证书等。学习期间每人每月 10 元生活费，六个月共发 60 元生活费，膳宿自理，保送学员不发津贴。毕业后三年内，学员要遵守气象研究所的服务条例，到气象研究所指定的测候所服务，不得推诿。服务期间月薪 40 元，成绩佳良、服务勤劳的，每两年增薪一次，每次 10 元直至 80 元为止。如果服务满六年而成绩特别好的可以升为测候员（技士），月薪 80 元。根据成绩可以每年增薪一次，每次 10 元直至 180 元为限。

气象研究所的第三届气象练习班招生规定：高中或者近似中学毕业、年龄在 30 岁以下的才可以报考。录取 30 名学员。9 月 23 日考试，学习两个学期，学习期间膳宿自理，毕业后要派到全国各地的气象站去工作，月薪 40 元开始。其他规定与第二届练习班一样。

但也有不同之处，就是不发津贴了。还规定：在学习期间如果自行退学或品行不端、成绩过劣、缺席过多而被勒令退学，或是毕业后不到指定测候所服务（除特殊情况外），由所长核准后追缴津贴（指第二届学员）及相当的教育费，金额由所长定。保送学员毕业后由保送单位分配工作。

这些，在当时是非常优惠的条件待遇。因为那时经济萧条，就业非常困难，从国内形势讲，在北方东四省（辽宁、吉林、黑龙江、热河）已经沦陷，华北危机四伏；在南方则内战连连，经济困难，失业者众多，就业相当不易。

9 月 10 日见招生消息之后，我决定去报考，代课的事情不考虑了。9 月 13 日，我与南京一中的同学余建寅、孙毓华、高学文等六七人就去报名了。我们是从南面的台阶走上北极阁的。

当时报名的人不仅有应届毕业生，还有大学一、二年级的在校生，甚至有在江苏某县做了几年教师的人。北边有山东、河南的，西北有陕西、甘肃的，中南有湖北、湖南的，甚至有西南四川的。至于江苏、浙江、安徽，报名的人就更多了。像扬州中学、苏州中学、杭州中学这些全国名校都有很多人来报名。南京一中第一届高中毕业的 28 人中有 7 人报名。报名者的文化程度高，地域分布广，总数达 531 人。原来报纸招考广告上讲录取 30 人，最后实际改为正取 40 人，备取 10 人，一共录取了 50 人。报名时有人托中央委员写介绍信希望能被录取，但最终竺先生仍然按照成绩排名录取考生。

考试定于 1934 年 9 月 23 日在考试院（现南京市政府所在地）进行，当天考完，共考四门，数学、党义、国文常识、英文。作文的题目是“气候与人生”。9 月 28 日五百多人的考卷全部改完，公布揭榜。可见当时气象研究所的工作效率是非常高的。

我在考生中是考试成绩最好的，竺先生怕有什么花样，在正式公布前派他的秘书诸葛麒（振公）到南京一中看望李清悚校长，来了解一下我的情况。李校长与诸葛麒都是竺先生在南京高等师范时的学生。李校长介绍说我的成绩确实很好，中学几年都是免学费的。因此李校长在正式揭榜之前就已经知道我被录取了。9 月 28 日在北极阁气象研究所门口用一张大纸贴子发榜。南京第二历史档案馆收藏的气象研究所的档案中有这张榜文的底稿，现抄录于下：

榜　示

国立中央研究院气象研究所气象练习班录取学生揭晓

正取四十名

陈学溶　许鉴明　胡世桢　叶祖融　段　龙　李　健　刘世海

顾钧禧　胡铁岩　尹世勋　朱翠芳　顾金甫　孙毓华　徐勉钊

高学文　杨鉴初　徐延煦　陈禾章　张根炳　冯天荣　薛铁虎

姚善炯　张　立　黄大鲁　严之永　戚启勋　周桂林　蒋瑞生

何明经　李启锋　王之耀　徐守谦　曾广琼　顾　侠　孙以诚

朱启奎　斯　杰　杜靖民　左效光　贺其华

备取十名

李成章　陈五凤　李振慧　贺师培　涂翔甲　侯位贤　黄祖福

陈遵民　邹家泽　曾玉昌

所长　竺可桢

中华民国二十三年九月二十八日

我的名字列在榜首。名单中的孙毓华和高学文是我南京一中的同学，后面还会说到他们。

我在 10 岁以后，对父亲失业在家的印象极为深刻，他一年之中甚至会有半年时间赋闲。我从小就幻想将来要找一个稳定的工作。这次被录取了，认为自己今后只要在气象研究所好好工作，一生的饭碗就安排妥了，因此心情格外愉快。当时的认识，首先就是饭碗问题，而不是兴趣问题，还没有把气象工作当作自己一生的事业。不过，饭碗问题一旦有了着落，兴趣问题也就来了。

10 月 1 日、2 日，竺先生对被录取的学员，根据成绩排名进行面试。我最先进入竺先生的办公室，心中非常高兴和紧张。

竺先生提了两个问题问我，首先问："为什么要考气象练习班？是不是对气象有兴趣?"我老老实实地回答："我过去不晓得气象，现在才晓得气象。我喜欢科学，希望找到一份稳定工作，而这份工作待遇又很好。"

竺先生接着问第二个问题："将来分派到全国各地去，甚至要到边疆去，愿意吗?"我很坚决地回答："愿意!"

竺先生高兴地点点头，对我的面试就通过了。

听竺可桢先生讲课

1934 年 10 月 3 日在气象研究所图书馆举行第三届气象练习班开学典礼，借用中国科学社生物研究所二楼为教室。教室在成贤街的文德里，离气象研究所有一两公里距离。陕西、湖南、浙江、山东等省的 13 名保送生和练习班正取学员一起上课。

我们在练习班学习气象学、实用气象学、物理学、微积分、无线电收发等课程。上午有四堂课，竺师都是第一堂授课，用汽车由北极阁把他送到成贤街，然后第二次用汽车把金咏深先生接来教物理学时，竺师就坐车回气象研究所上班。

练习班中的南京学员不到 10 人，都住在自己家里。其他几十名同学

借用中国科学社生物研究所二楼为气象练习班教室

在成贤街附近合租了许多民房，且自己开伙，解决了膳宿问题。南京的冬天很难熬，晚上天黑得早，早上 7 点天才蒙蒙亮。我家住仓巷，每天晚上还要走到汉西门外的木炭铺子里当家庭教师，上两小时课。有时遇到这个学生贪玩，吃了晚饭跑出去，还要等找他回来再上课。上完课再走回家，往往已是晚上 10 点以后了。由于睡得比较晚，家里又没有闹钟，所以第二天早上 6 点醒不了，容易睡过头，常常因为怕迟到而早饭都来不及吃一口。从水西门仓巷走到成贤街有五六公里路，快步走也要个把小时，在寒风凛冽的冬日里却走得满头大汗。有时出门稍晚一点，急急忙忙走，走到离成贤街不远的地方就看到后面有两三辆自行车追上来，是练习班的同学何明经、李健，他们很快就把我超过去了。他们能赶得及，我却有时会迟到。第一学期我曾迟到几次。竺师都是上第一堂课的，他已经从同学那儿知道了我的家庭情况，也知道我还要做家教补贴家用，晚上睡得迟，所以没有批评过我。但是我心里总觉得非常不安。

下午，练习班学员们要分批到北极阁山上去实习，实习观测、放高空气球、画天气图等。四五十个学生要分成许多批上北极阁实习，其余学生则自修。许多同学都买了“蜂鸣机”，滴答、滴滴答的，互相练习收发报。年轻的同学反应快，收发得好；年长些的同学就有点跟不上了。我没钱购买“蜂鸣机”，影响到无线电收发课的成绩。这也影响了我毕业成绩的名次，排在了第四名，前三名是曾广琼、杨鉴初、薛铁虎。

在学习期间，竺师一般是不点名的。上课以后只偶尔点过几次，点名的时候都是很客气的，都是 Mr. 某某，Ms. 某某，点到名的学生就站起来答应“到”，然后竺师再回应“请坐，请坐”。大概点过几个人之后，就不全部点名了。他待人很客气，对学生也一样，他与学生通信都是称“同学”、道“友生”的。当时有的学生除了名字还有号，竺师都是叫这个学生的号而不叫他的名字。这种礼貌待人、尊重别人的习惯，也深深地影响着我们这些学生。

第三届练习班一共学习两学期，竺师只教了上学期的气象学，每周从周一到周六来班上上课。因为他工作太忙，下学期则由 1934 年底从德国回来的吕炯先生负责气象学的授课。其他物理学、微积分、实用气象学课程都有书本，分别由金咏深和朱文荣两先生讲授。

1934 年的讲义残本

竺师教我们气象学，编有《气象学》讲义，我手中珍藏了这份 80 年前的讲义。我已经把它捐赠给“老科学家学术成长资料采集工程”了。

竺师为我们教授气象学，共三个多月。每星期上五六个学时，排在早

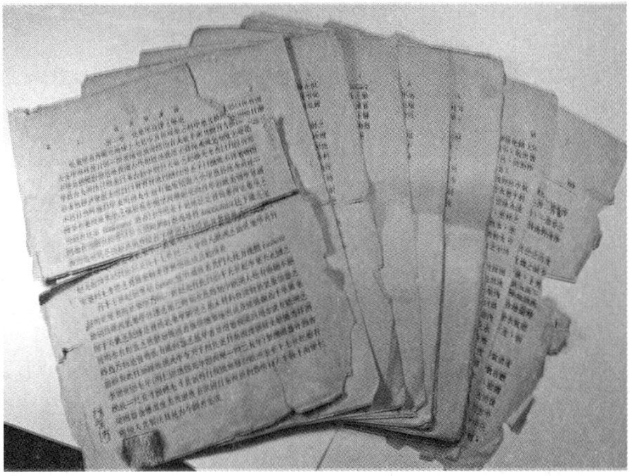
竺可桢《气象学》讲义残本(1934)

上第一节课，共计 60 余学时。他是先讲课，后编发讲义。学生在听竺先生课时都做了笔记，我也记了几本笔记，可惜我的笔记本在“文化大革命”抄家后散失了。

1966 年“文化大革命”开始不久，江苏省气象局的红卫兵和造反派到我家抄家，抄走的物品包括书刊、文稿、信件和笔记本等。这些东西与他们从别人家中抄来的东西混放在气象局的一间空房子里，没有专人保管和处理。“文化大革命”结束后，我已调离气象局，后经多次要求，才陆陆续续地拿回一部分被抄走的物品，对这些返还的物品我只做了一些初步的整理。最近，为了“老科学家学术成长资料采集工程”，需要搜集和整理相关材料，在这个过程中，重新找出了 1934 年竺可桢先生为我们教授气象学时编写的讲义。这本铅印讲义原本就是散页，没有装订。现存的是第 1 页到第 86 页和后面 2 页（第 123 页和第 124 页），少了第 87 页到第 122 页，成了残本，非常遗憾。

最近我有时间把残本读了一遍。

我知道在《竺可桢全集》里收录了两篇竺先生的《气象学》（竺可桢，2004）。一篇是 1920—1921 年发表的，刊登在《竺可桢全集》第 1 卷第 261 页到第 329 页，共 69 页；另一篇是 1923 年发表的，刊登在《竺可桢全集》第 1 卷第 429 页到第 455 页，共 27 页。残本与《竺可桢全集》

中两篇《气象学》有怎样的关系？我对此做了一点比较。

根据时间，我推测第1本1920—1921年版的《气象学》，是竺先生留美学习回国后从武昌高等师范转到南京高等师范以及后来的东南大学地学部教授气象学时编写的讲义，作教学之用，估计有8万4千字；而第2本1923年商务印书馆收入《万有文库》出版的《气象学》较简要，为科普性质，估计不到3万字。

比较用于教学的1934年版《气象学》讲义（下称“34年本”）与1920—1921年版《气象学》（下称“20年本”）的内容，我发现，竺先生在“34年本”中已经比“20年本”做了相当多的修改和补充。因此可以说，“34年本”是在“20年本”基础上的完善。

对比两个版本发现，“34年本”前3章的内容变动不大，第1章只在文字上做了一些增加，“20年本”第3章中的“天之色何以青”在“34年本”中被删掉了。在后面的“温度”“气压”“风”等章节中，“34年本”就增加了很多内容，粗略统计，其篇幅较“20年本”增加约一倍。

竺先生在编写“20年本”时，是刚从美国回来后的两三年，编写讲义主要是根据欧美的一些材料。而为我们编写“34年本”的时候，竺先生已经在国内不但进行了多年教学，而且主持气象研究所工作已经6年多，积累了南京6年多的气象观测资料。所以在讲授温度部分时，就把南京的许多温度资料分析结果（每小时温度、日平均温度、月平均温度、日较差和年较差等）加入到讲义里面。在“温度的记载”一节中，还专门增加了一小节“地温”的内容，如地下5 cm、10 cm温度的变化等等。总之，温度这一章有了大量的内容增加。

“34年本”的气压部分也增加了很多的内容，例如增加了沸点高度表的一段。另外还增加了关于气压为什么要订正到海平面，也作了详细的说明，并且列出很多的公式讲解如何进行计算。这在“20 年本”中是比较简略的，篇幅也增加了 1 倍甚至更多。

“风”的这一章，“34 年本”增加了风在南京观测的资料，如南京冬天和夏天的风以及四季的风和春、夏、秋、冬的风有什么不同之处。同时增加了北平、香港等许多地方的风的资料。还讲述了白贝罗（Buys Ballot）定律，也讨论了高空风如何循环等内容，较“20 年本”仅讲山风、谷风、信风增加了很多的内容。

此外，有关高空空气成分构成的内容，“20 年本”认为，高空的高度越高空气中氢气就越多，而根据若干年观测的结果，并非如此。高空空气的结构随高度增加变化不大，这些新的发现都补充到了“34 年本”中。

关于空气的用途，“20 年本”只讲了 5 种，而“34 年本”则讲了 8 种，把臭氧的用途、高压空气的用途和液体空气的用途添加进去。

湿度方面讲得不太多。

后来竺所长因公务烦重，无暇继续授讲，讲义也没有继续改编下去。这是非常可惜的事。但就已经编写完成的八九万字这些部分而言，在当时已是一本相当完整的教材了。之后，由吕炯先生代替教授气象学课程，吕先生没有编讲义。

竺先生是我国气象学教育的奠基人，两个版本的《气象学》讲义是他在气象学教育中完成的两部著作。比较两个版本的《气象学》讲义可以看出他把气象学研究与气象学的教学紧密结合起来，当时外国的气象书籍很少，气象学发展得又很快。在这样的大背景下，竺师一边进行科研，一边进行教学。他在教学中强调研究，又把实际研究成果迅速融于教学，传授给学生，彰显了竺师与时俱进的科学态度和对学生认真负责的精神。留存下来的这份《气象学》讲义残本仍具有历史文献价值和中国气象学史研究的意义。

毕业照上的这些人

1935年3月22日第三届练习班举行大考；3月26日举行毕业典礼，典礼结束前，发放了第三届气象练习班毕业证书。录取的学员中除1名学员外，其余都顺利毕业，领取了毕业证书。保送的学员中只有4名领取了毕业证书，其他保送学员都发了结业证书。典礼当日，雷电交加，暴雨倾盆，国立中央研究院总干事丁文江先生亲临致词。师生在气象研究所大门

第三届气象练习班毕业师生照，摄于1935年3月（原件已捐赠）

前合影留念。

这帧毕业照历经 78 年的风风雨雨，虽有些破损，我还是把它保存下来了。“文化大革命”中这张照片被江苏省气象局的红卫兵抄走，后来又随被抄的许多东西一起送到了南京第二历史档案馆。“文化大革命”后我提出应归还当时抄走的书籍、资料等。气象局派人与我一起到第二历史档案馆寻找，档案馆的工作人员找到这批东西时，翻开扉页发现几乎全部有我的签名或印章，因此同意归还给我。在整理这些很不容易才回到我手中的书籍时，意外发现这帧毕业照夹在《中央研究院总报告》的书中。

这张照片上的老师和学生，现在只有我还活着。这些人大多为中国气象学和气象事业的发展做出了贡献。我把照片中人的名字都标示出来了，

第三届气象练习班毕业师生照人员编号注释

对其中的某些人，在后面还会有较多的介绍。

本届气象练习班毕业者共 28 人，根据本人志愿和工作需要分配的服务地点如下（姓名前数字为在合影中标示的序号，分配服务地点置于姓名后的括号中）。

2. 顾金甫（浙江水利局）、11. 薛铁虎（本所）、17. 陈学溶（泰山测候所）、19. 杨鉴初（炮兵学校）、20. 蒋瑞生（定海测候所）、21. 高学文（南平测候所）、22. 姚善炯（浙江水利局）、23. 李成章（江汉工程局）、24. 徐勉钊（浙江水利局）、25. 何明经（浦城测候所）、26. 徐守谦（海洋渔业调查团）、28. 严之永（浦城测候所）、29. 周桂林（郑州测候所）、30. 李健（浙江水利局）、31. 戚启勋（南平测候所）、34. 涂翔甲（本所）、36. 斯杰（本所）、38. 冯天荣（宁夏测候所）、39. 顾侠（贵阳测候所）、40. 朱启奎（浦城测候所）、41. 杜靖民（包头测候所）、42. 孙以诚（长汀测候所）、45. 贺其华（本所）、46. 曾广琼（本所），未参加合影的另有徐延煦（长汀测候所）、孙毓华（本所）、顾钧禧（先期毕业，分配到上海测候所）、许鉴明（先期毕业，分配到本所）。

分配后，少数毕业生因故未就职或辞职，乃以 1. 钟侃（保送学员，结业）调长汀，27. 王之耀调浦城，36. 斯杰调海洋渔业调查团。

保送学员毕业者 4 人；3. 陈遵民、15. 欧阳楚豪、16. 赵春吾、37. 杨则久；另 8 人期满结业，1 人（顾庆云）在学习期满前两旬的 3 月 6 日因咯血暴卒于大纱帽巷 22 号客寓。

气象练习班中正取的 40 名和备取的前 5 名有 10 名没来报到，他们是胡世桢、叶祖融、段龙、刘世海、陈禾章、张立、黄大鲁、李启锋、李振慧和贺师培。另有朱翠芳、陈五凤、胡铁岩、43. 尹世勋这 4 个人，当时因为研究所的工作需要，尚未参加学习或只学习了一段时间就到所里从事统计工作去了。在学习期间还因为所里工作需要，提前把顾钧禧分配到上海，把许鉴明安排到所里工作。

除了以上提到的毕业名单中的28名以外，另有2名（王之耀、左效光）当时未列入毕业和分配名单；张根炳中途退学；保送学员中，除顾庆云在学习期间病故外，其余12名皆如期毕业（4名）或结业（8名）。

根据我粗略的统计，在录取学员中，除了李健、李成章、徐勉钊、姚善炯、贺其华和涂翔甲等6名，毕业后先后考入大学攻读其他专业因而改行外，其余20余名多长期从事气象本职工作，其中顾钧禧、何明经和孙毓华3人于1939年或1940年毕业于国立西南联合大学气象专业或物理专业；高学文攻读了农业气象，于1942年毕业于西北农学院。到1949年新中国成立时，这20余人中已故的有：薛铁虎、朱启奎、周桂林和王之耀4人；去台湾省的有：许鉴明、严之永、戚启勋、斯杰和徐守谦5人；由香港或台湾返回内地（大陆）的有：顾钧禧、蒋瑞生和何明经3人；留在内地（大陆）的有：曾广琼、杨鉴初、徐延煦、高学文、孙毓华、尹世勋、冯天荣、杜靖民和陈学溶9人；情况不明的有3人，他们是孙以诚（1935年在长江测候所工作）、顾佥甫（1936—1941年曾先后在内江、遂宁测候所工作）、顾侠（1935年起在贵阳测候所工作，1938年后不明）。

保送学员中只有杨则久1名去台湾省；至少有3名（欧阳楚豪、赵春吾和钟侃）在新中国成立后，仍留在大陆气象队伍中。其余8名，新中国成立前多在各自保送的各省（四川、陕西等）所属测候所工作，后来情况不明。

毕业照中4. 朱文荣（教授实用气象学）、5. 樊翰章（教授无线电）、6. 金咏深（教授微积分和物理）、7. 涂长望（气象研究所专任研究员）、8. 竺可桢（教授气象学）、9. 吕炯（教授气象学）、10. 诸葛麒（气象研究所秘书）为气象练习班的教师。

毕业生中的顾钧禧、许鉴明已在毕业前分到气象研究所工作未参加拍照，徐延煦、孙毓华当时不知跑到哪里去了，因此漏掉了拍照。

各单位保送的学生 13. 杜登汉（陕西省水利局）、14. 佘彭年（云南省教育厅）、18. 刁纯益（四川省政府）、32. 斯之和（浙江省建设厅）、33. 刁钦奎（四川省政府）、35. 赵卓（陕西省水利局）、44. 文君毅（陕西测候所）参加了毕业照的合影。12. 秦化行原在北京测候所工作，自行来第三届练习班旁听。毕业后分配到兰州测候所工作。1936 年春调派他去西宁筹建测候所，后又改派他随同班禅入藏，去加强拉萨测候所的工作，西宁测候所的筹建工作乃暂停。由于班禅到拉卜楞后逗留很久，入藏无期，8 月竺所长又嘱咐秦化行再去筹建西宁测候所，11 月上旬筹建完成。新中国成立后竺先生曾遇见秦化行，得知他去过延安，以后就没有他的消息了。

还有一点，到泰山工作的人，还是属于气象研究所的职员。这对我后来的发展是很重要的。有的人干了一辈子观测员，端着铁饭碗，一辈子舒舒服服的，死死地拴在地方上，观测能力虽是一流的，但没有机会提高，一辈子不会做预报。而我选了泰山，回过头来看，好极了。人的编制在气象研究所，能有机会调回气象研究所本部，就有机会提高，有后来的发展。

竺师不但办事效率极高，考虑问题十分周到，而且卓有远见。没有奠基仪式，但是这一座碑及碑文却已静悄悄地矗立在泰山之巅，见证着早期气象工作者创建我国第一个高山气象台的艰辛与日后的辉煌。历经八十年的风风雨雨，至今此碑文仍然清晰地贴在日观峰气象台大门口的墙上，给中国现代科技史留下了一段佳话。

第4章 初习泰山顶

分配工作

毕业之后就是分配，分配主要是根据个人的志愿，然后再根据成绩来安排。

当时资源委员会要出版几本中国气象资料，首先出版一本《中国之雨量》，就是把1935年以前各地方的雨量资料收集整编起来。1934年1月气象研究所为此专门录用了5名统计生开始从事这些工作。到了1934年10月，气象研究所为了加速此项任务的进度，同时也为了满足练习班录取的朱翠芳和陈五凤两人的工作要求，让她们作为《中国之雨量》的统计生，不再跟班学习了（朱翠芳一天课都没上，陈五凤也仅上了10天课）。

分配时，情况很复杂。福建省建设厅要6人，但那里的社会秩序较乱，交通不便，很少有人愿意去。浙江省水利局要人较多，湖北省长江水利委员会要1人，山东省泰山测候所要派1人。包头、银川、郑州、贵阳这四处是与欧亚中航两个航空公司合作，都要派 1 人。也就是说，28 人不一定每个人都能立刻分配到工作。

所里决定把我派到泰山测候所去。

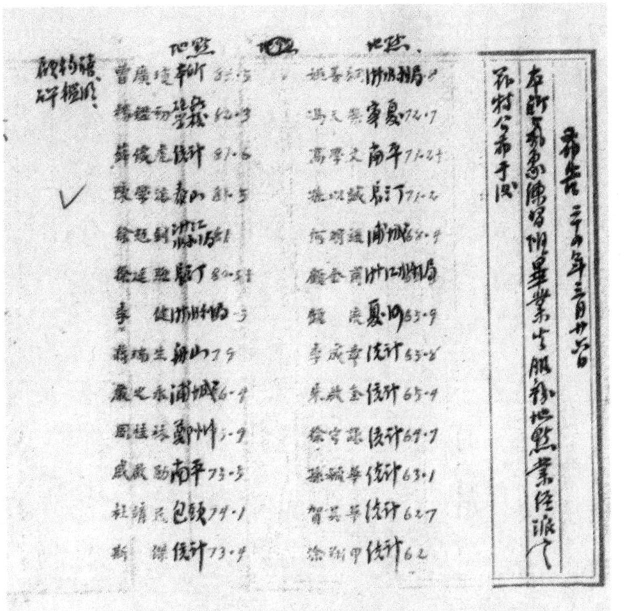

气象研究所档案中有关第三届练习班学员派遣地点布告的底稿

关于泰山测候所的情况，事先我已有了初步了解。1929 年，有 34 个国家代表出席的国际气象会议在丹麦首都哥本哈根举行。考虑到上届国际极年测候距当时已有 50 年，积累了不少有待解决的问题，有必要再进行一次更全面的第二届国际极年测候。会议决定 1932 年 8 月 1 日至 1933 年 8 月 31 日共 13 个月为观测时间。会后组成国际极年委员会，由丹麦气象局局长考尔博士主持。1931 年考尔博士专函我国气象研究所邀请参加，担任中国部分的极年测候工作。气象研究所在 1931 年 12 月 3 日召开的第 32 次所务会议上，决定接受邀请，为此，在四川峨眉山和山东泰山设立高山测候所。

第二次国际极年测候结束后，考虑到四川境内群雄割据，关卡林立，供应困难，生活条件很差，又路途遥远，瓜代困难，气象研究所决定如期从峨眉山撤回。泰山测候所则继续办理，并另造房屋，予以扩建，使之成为我国一个永久性的高山气象台。

当时毕业学员中几乎没有人想去泰山。1935年日本人在华北祸害得很厉害，已经成立冀察委员会，让宋哲元当冀察委员会委员长，华北要“自治”了。而在冀东的通州专区和唐山专区，1934年也已经成立殷汝耕冀东伪政府。华北地区如此不稳定，这是大家都不愿意到山东去的主要原因。另外，那时山东比较穷苦，不如江苏富庶，很多山东人在南京当苦力，养家糊口。我的想法呢，很实际，是一心要立即工作，挣钱养家，随便派到哪里我都去。

还有一点，到泰山工作的人，还是属于气象研究所的职员。这对我后来的发展是很重要的。有的人干了一辈子观测员，端着铁饭碗，一辈子舒舒服服的，死死地拴在地方上，观测能力虽是一流的，但没有机会提高，一辈子不会做预报。而我选了泰山，回过头来看，好极了。人的编制在气象研究所，能有机会调回气象研究所本部，就有机会提高，有后来的发展。

家里人对我远去泰山是怎么看的呢？有些人觉得我胆小，因家庭经济困难一直没出过南京城一步，没见过什么世面，特别是外婆家的亲戚们都觉得我母亲心太狠了，居然让儿子去那么远的地方。但是，我母亲却很有胆识，她认为根据家中的处境怎能不去泰山呢？坚决支持我去。

我要出远门了，需要做些衣裳和棉被，母亲硬着头皮去与布店的老板商量能不能赊点布，总共要花一百多元钱，未曾料到布店老板满口答应下来了。原来街坊邻居们都知道了，陈家的大儿子有了一份不错的工作。

自从我工作后，家里的经济状况有了显著改善。1937年，弟弟学洵在高中毕业后考取了中国银行练习生，派在扬州工作。父亲也刚刚找到一份工作。这样，在不到两年时间里，我们家就把过去零零星星借的钱还掉了不少，家中的经济状况换了天地。但可恨的是，苦日子没有缓过来多久，这一切很快就被日寇的铁蹄踏得粉碎。这种生活经历，使我切身感到：每个家庭的命运都是和国家的、民族的命运紧紧相连的。

到泰山测候所

1935 年 4 月 7 日，我离开南京城，第一次过长江到浦口。那时火车还没有过江轮渡，乘津浦铁路火车去泰安，要到南京江北的浦口站。这时，我气象练习班的同学杜靖民被分配到包头测候所，要先去北平测候所实习几个月，之后再走平包铁路去包头。我们俩就结伴到浦口坐火车，一路上彼此能够相互照应。

当时的火车速度很慢，从浦口到泰安要走十多个小时。火车到泰安时已是傍晚，我与杜靖民告别，一个人下了火车，站台上有许多陌生人一拥而上，有的拿箱子，有的拎包，争着要把我送到旅店。我从没见过这种场面，一时毫无主意，任由他们拽着送到泰安旅店。旅店姓武的老板说，他与玉皇顶测候所的人相熟，明天可以帮我雇个轿子送上去，这才使我定下心来住了一夜。

第二天细雨蒙蒙，我执意要上山。一路上，偶尔有人下山，便好奇地问道："啊？这天还上山啊，到哪里去啊？"我说要到玉皇顶。他们见我带着行李冒雨上山，不像游玩的，也不像烧香的，都觉得很奇怪。我坐在滑竿上，每走两三百级台阶，都主动下来让轿夫休息休息，然后自己往上走一段。在腾腾云雾中，我们走到了中天门，这时天气有了好转。遥望南天门像挂在天上一样，觉得很有意思。在南天门休息时，轿夫与我商量，不从天街登玉皇顶，而是从后山上去，这样近些。后来我才知道，一般人都是从南边的大路上玉皇顶的，而他们这次是从西边的斜坡上去。以后的一年中，我也多是抄这条近路上上下下。

时近中午，我们终于赶到了玉皇顶。山顶的东厢有三间房子是玉皇顶道观借给测候所的，每间约 10 平方米，主要做办公室和卧室。办公室放一个水银气压表，卧室里放了一个穿房顶而出的自计风向风速仪。我来之前，原来在这的有殷来朝和金加棣，我来了，小房子里放上三张床，很拥挤。

在上山时，我看见沿途背阴旮旯处还多有积雪，虽已是清明时节，山上还很冷，办公室里要用牛粪做燃料烧火炉取暖。我更是没想到，后来到了六七月的时候，山顶上仍然需要生火。自南天门以上，泰山那么大的范围内好像连一棵树都没有，只有草。农民从后山上来放牛，整个暖季里山上都有牛吃草，当然就有很多牛粪。农民把牛粪收集起来晒干了，就可以卖给测候所当燃料，1935 年之前都是这样。我们平时烧饭则用煤油炉子，煤油花费可在气象研究所报销。

休息一两天后，我就开始投入工作了。

高中毕业后，我原是为了找一份稳定的职业才报考气象练习班的，等参加了气象练习班的学习后，我知道今后只要认真工作，吃饭就不再是一个问题。毕业分配时，为了既不脱离气象研究所，又可救家中燃眉之急，我决定选择上泰山工作。泰山上的生活条件在逐步改善，自家的经济状况也大有改观，我感到很满足，就心无旁骛地进行气象观测、统计，做好每份报表。

每天进行的白天十六个时次的逐时观测，是人工观测；夜间八个时次的压、温、湿、风和降水的逐时记录，是用自计仪进行记录。白天能见度按照 10 个等级（0~9）进行记载，其中“1”到“9”级的“标准物”分别为青帝宫、日观峰、月观峰、傲来峰、泰安火车站、卧马峰、徂徕山、兖北某山、蒙山。工作是重复、繁琐的，要求却是严格、精确的。每月的观测记录，要从观测簿的记载中整理和抄录两份气象月总簿，一份自存，一份寄送气象研究所。此外，还要报送气象研究所 9a 表（即填写逐日气象要素平均）一份和各项气象要素（气压、温度、相对湿度等）每日逐时统计表各一份，所有以上的簿、表皆须于次月 5 日前抄录、校对、统计

泰山1935年9月的9a 表（即填写逐日气象要素平均，金加棣抄录，陈学溶校对）

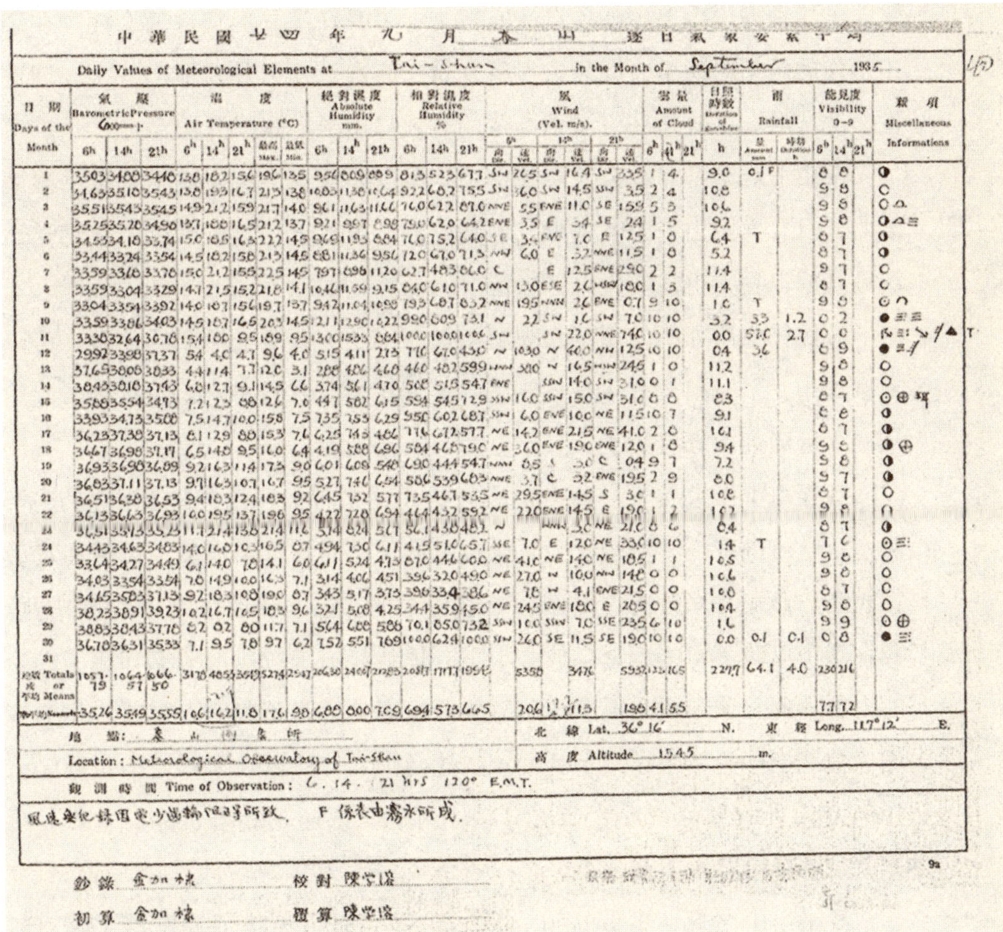
中華民國廿四年九月泰山逐日氣象要素平均

Daily Values of Meteorological Elements at Tai-shan in the Month of September 1935

日期 Days of the Month	氣壓 Barometric Pressure 600mm+ 6h	14h	21h	温度 Air Temperature (°C) 6h	14h	21h	最高 Max.	最低 Min.	絕對濕度 Absolute Humidity mm. 6h	14h	21h	相對濕度 Relative Humidity % 6h	14h	21h	風 Wind (Vel. m/s) 6h 向 Dir.	6h 速 Vel.	14h 向 Dir.	14h 速 Vel.	21h 向 Dir.	21h 速 Vel.	雲量 Amount of Cloud 6h	14h	21h	日照時數 Duration of Sunshine h	雨 Rainfall 量 Amount mm	時間 Duration h	能見度 Visibility 0–9 6h	14h	21h	雜項 Miscellaneous Informations
1	35.03	34.88	34.40	13.8	18.2	15.6	19.6	13.5	9.56	8.09	8.89	81.3	52.3	67.7	SW	26.5	SW	16.4	SW	33.5	1	4		9.0	0.1F		8	8		◑
2	31.63	35.10	35.43	13.8	19.3	16.7	21.5	13.8	10.03	11.30	10.64	92.2	60.7	75.5	SW	6.0	SW	14.5	SSW	3.5	2	4		10.8			9	8		○
3	35.51	35.43	35.45	14.9	21.2	15.9	21.7	14.0	9.61	11.63	11.66	76.0	62.2	87.0	NNE	5.5	ENE	11.0	SE	15.9	5	3		10.6			9	8		○ △
4	35.25	35.20	34.90	13.7	18.8	16.5	21.2	13.7	9.21	9.97	8.98	79.0	62.0	64.2	ENE	3.5	E	3.4	SE	2.4	1	5		9.2			9	8		◑ △ ≡
5	34.55	34.10	33.74	15.0	18.5	16.5	22.2	14.5	9.69	11.93	8.84	76.0	75.2	64.0	SE	3.4	ENE	7.0	E	12.5	1	0		6.4	T		8	7		◑
6	33.44	33.24	33.54	14.5	18.2	15.8	21.3	14.5	8.81	11.36	9.56	72.0	67.0	71.3	NW	6.0	E	3.2	NNE	11.5	1	0		5.2			8	7		◑
7	33.59	33.68	33.78	15.0	21.2	15.5	22.5	14.5	7.97	8.96	11.20	62.7	48.3	86.0	C		E	12.5	ENE	29.0	2	2		11.4			9	7		○
8	33.59	33.04	33.29	14.7	21.5	15.2	21.8	14.1	10.46	11.59	9.15	84.0	61.0	71.0	NW	13.0	ESE	2.6	WSW	18.0	1	3		11.4			8	7		○
9	33.04	33.54	33.92	14.0	18.7	15.6	19.7	13.7	9.42	11.04	10.98	79.3	68.7	85.2	NNE	19.5	NNW	2.6	ENE	0.7	9	10		1.6	T		9	9		⊙ ∩
10	33.59	33.86	34.03	14.5	18.7	16.5	20.3	14.5	12.11	12.90	14.22	99.0	80.9	73.1	N	2.2	SW	1.6	SW	7.0	10	10		3.2	3.3	1.2	0	2		● ≡ ≡
11	33.30	32.64	30.78	15.4	18.0	9.5	18.9	9.5	13.00	15.33	8.84	100.0	100.0	100.0	SW		SW	22.0	NNE	74.0	10	10		0.0	57.0	2.7	0	0		≡ ↘ ▲ T
12	29.92	33.98	37.37	5.4	4.0	4.1	9.6	4.0	5.15	4.11	2.13	77.0	67.0	43.0	N	103.0	N	40.0	NW	12.5	10	10		0.4	3.6		8	9		● ≡
13	37.65	38.08	38.33	4.4	11.4	7.7	12.0	3.1	2.88	4.86	4.60	46.0	48.2	59.9	NNW	38.0	N	16.5	WSW	24.5	1	0		11.2			9	8		○
14	38.45	38.10	37.45	6.8	12.7	9.1	14.5	6.6	3.74	5.61	4.70	50.8	51.5	54.7	ENE		SSW	14.0	SW	31.0	0	1		11.1			9	8		○
15	35.88	35.54	34.73	7.2	12.3	8.8	12.6	7.0	4.47	5.82	6.15	59.4	54.5	72.9	SSW	16.0	SSW	15.0	SW	31.0	0	0		8.3			8	7		⊙ ⊕
16	33.93	34.73	35.08	7.5	14.7	10.0	15.8	7.5	7.35	7.53	6.29	95.0	60.2	68.7	SSW	6.0	ENE	10.0	NE	11.5	10	7		9.1			8	8		◑
17	36.23	37.38	37.13	8.1	12.9	8.8	15.3	7.6	6.25	7.43	4.86	77.6	67.2	57.7	NE	14.2	ENE	21.5	NE	41.0	2	0		10.1			8	7		◑
18	36.67	36.98	37.17	6.5	14.8	9.5	16.0	6.4	4.19	5.88	6.96	58.4	46.5	79.0	NE	36.0	ENE	19.0	ENE	12.0	1	8		9.4			9	8		◑ ⊕
19	36.93	36.98	36.89	9.2	16.3	11.4	17.3	9.0	6.01	6.09	5.48	69.0	44.4	54.7	NNW	8.5	S	3.0	C	0.4	9	7		7.2			9	8		◑
20	36.83	37.11	37.13	9.7	16.3	10.7	16.7	9.5	5.27	7.40	6.54	58.6	53.9	68.3	NNE	3.7	C	3.2	ENE	19.5	2	9		8.0			9	7		◑
21	36.51	36.38	36.53	9.4	18.3	12.4	18.3	9.2	6.45	7.52	5.77	73.5	46.7	53.5	NE	29.5	ENE	14.5	S	3.0	1	1		10.8			8	7		○
22	36.13	36.63	36.93	14.0	19.5	13.7	19.6	9.5	4.22	7.28	6.94	46.4	43.2	59.2	NE	22.0	ENE	14.5	E	19.0	1	2		10.2			9	8		∩
23	36.51	35.73	35.23	11.1	21.4	13.8	21.4	11.6	3.74	8.24	5.61	56.1	43.0	48.2	N		NNW	3.0	NE	21.0	8	6		0.4			8	7		◑
24	34.43	34.63	34.83	14.0	16.0	10.3	16.5	8.7	4.94	7.30	6.11	41.5	51.0	65.7	SSE	7.0	E	12.0	NE	33.0	10	10		1.4	T		7	6		⊙ ≡
25	33.64	34.27	34.49	6.1	14.0	7.8	14.1	6.0	6.11	5.24	4.73	87.0	44.6	60.0	NE	41.0	NE	14.0	NE	18.5	1	1		10.5			9	8		○
26	34.03	33.54	33.54	7.0	14.9	10.0	16.3	7.1	3.14	4.06	4.51	39.6	32.0	49.0	NE	27.0	N	10.0	NW	14.8	0	0		10.6			9	8		○
27	34.65	35.03	37.13	9.2	18.3	10.8	19.0	8.7	3.43	5.17	3.73	39.6	33.4	38.6	NE	7.8	N	4.1	ENE	21.5	0	0		10.0			8	7		○
28	38.23	38.91	39.23	10.2	16.7	16.5	18.3	9.6	3.21	5.08	4.25	34.4	35.9	45.0	NE	24.5	ENE	18.0	E	20.5	0	0		10.4			9	8		○
29	38.83	38.43	37.78	8.2	8.2	8.0	11.7	7.1	5.64	6.88	5.88	70.1	85.0	73.2	SSW	10.0	SSW	7.0	SSE	23.5	6	10		1.6			9	9		○ ⊕
30	36.78	36.31	35.33	7.1	9.5	7.8	9.7	6.2	7.52	5.51	7.69	100.0	62.4	100.0	SW	24.0	SE	11.5	SE	19.0	10	10		0.0	0.1	0.1	0	8		● ≡
31																														
總數 Totals	1057.79	1064.57	1066.50	317.8	485.5	349.5	527.4	294.7	206.30	246.07	212.83	2081.3	1717.7	1995.8		535.8		347.6		593.2	123	165		227.7	64.1	4.0	230	216		
平均 Means	35.26	35.49	35.55	10.6	16.2	11.8	17.6	9.8	6.88	8.00	7.09	69.4	57.3	66.5		20.6		11.5		19.8	4.1	5.5					7.7	7.2		

地點：泰山測候所　北緯 Lat. 36°16′ N.　東經 Long. 117°12′ E.

Location: Meteorological Observatory of Tai-shan　高度 Altitude 1545 m.

觀測時間 Time of Observation: 6. 14. 21 hrs 120° E.M.T.

風速變化係因電力過弱所致　F 係表由霧水所成

9a

鈔錄 金加棣　校對 陳學溶

初算 金加棣　覆算 陳學溶

无误后寄出。

简单的事，重复去做，通过两个月时间的磨炼，天天仔细观测、认真统计，我的气象业务水平提高很快。

在泰山工作，我的感觉很好。测候所有自己用的房子，不像杜靖民去的包头测候所那边为了新建房子要与人打很多交道。与人打交道的事，我真不会做。生活上这里有工友买菜、烧饭。工作上，每天的观测任务也不重。虽然别人说山上生活单调、寂寞，但是我好像并不觉得怎么样。在泰山工作的两年时间里，我只去过泰安城三四次，几个月才下山一次，理理发，洗洗澡。平时是在气温稍高些的时候只用湿巾擦擦身子。

泰山上夏季常有积云笼罩在山顶，湿度非常大，衣服被子常常是湿漉漉的，只有太阳出来时晒一晒，但晒好的衣服被子一收进屋里，又感觉是湿漉漉的，夏天也需要生火、去湿。

按照气象研究所的规定，观测人员一年之中有两个星期的长假，可以回家探亲，平时则没有休息日。第一年，我没有请假回家，而我母亲竟然从南京赶到泰山来看我了。

我在高中做家教时，远房亲戚家的表妹朱杏如刚从外地到南京上学，跟不上学习进度，学得较吃力。朱杏如的父母同我母亲商量，可否在我做家教时，让女儿来旁听，母亲一口答应下来。后来朱杏如高中顺利毕业。我在泰山放假不回家，母亲放心不下，想到泰山来看我。朱家知道了，当时朱杏如的父亲在铁路上工作，每年可以享受两张免费的火车票。作为答谢，他就把这免费票送给了我们家。这两张二等往返火车票，票价 80 元；1936 年南京的米价每斤才要五分钱，可见车票还是相当贵的。这样，母亲就带着我弟弟看望我来了。

我来泰山之后，营养也好，空气也好，很快长胖了，长到 77 公斤，是我这一辈子最胖的时候。母亲原本是担心我吃苦的，上山见到我长胖了，心里很是高兴。母亲年近 50 岁了，是双小脚，从未出过南京城。我本想留母亲和弟弟在泰山上多待些日子，但因为她惦记着南京家中的事情，没住几天就急急忙忙回南京了。

我从小家庭贫困，能吃苦。在泰山上，有吃，有住，有工作，我非常知足。那时玉皇顶测候所每星期派工友下山买东西，主要是买菜、柴、米、油、盐，买来一次的蔬菜要吃一个星期。泰山上伙食便宜，每月花八九块钱就吃得很不错了。买四十几只鸡蛋，只需花 1 块钱。蔬菜也不贵，面粉一袋 50 斤只需 5 块钱。我们都是南方人，爱吃大米，大米比南京价格高些。1936 年金咏深到泰山出差，他告诉测候所的工友韩继盛说："山下的梨子只卖 5 分钱一斤。"于是老韩下山买东西时，又顺带买了一大堆梨背上山来。我吃了泰山地区产的梨，才知道天下还有这样价廉物美的水果。从此，梨就成了我一生钟爱的美味。

但究实而论，泰山的生活还是很艰苦的。

先说雷电。在山顶上从事测候工作，常常有雷电绕室，会有生命危险的。赵树声（赵恕，第二届练习班学生）就曾经被震得身体麻木，许多时间都恢复不过来。

在我到泰山不久的 1935 年 7 月 31 日下午 5 时 10 分，建筑日观峰气象台的工人霍积成被雷击毙于碧霞祠东神门上，面如焦炭，其状甚惨，不忍目睹。同时另一工人刘振泰亦被震伤，面目浮肿，鼻孔流血，所幸捡了一条命。事后都由气象研究所给予抚恤。当年《气象杂志》栏目还有记载说，7 月 20 日左右晚间，山中有 32 头耕牛为雷震下的大石所击毙，无一幸存。①

① 见《气象杂志》，1935 年第 11 卷第 2 期所载"气象消息"，第 91 页。

测候所人员、仪器设备的安全也存在问题。在我到泰山之前，测候所曾经遭到过一次土匪抢劫。泰山每年一到冬天就几乎没有游人了，如果下雪，中间只有一条小路能通行，基本上就等于封山了。山顶上测候所有两个观测员、一个工友，还有玉皇顶、碧霞祠的几个道士，从南天门到碧霞祠的天街沿途只有几家店铺的看房人，这时南天门以上总共还不到20个人，且相互不大往来。直到第二年春节前都是这样。1934年4月5日清明节这一天，山上游人很少，但有十几个北平师范大学的师生来泰山春游，被三个土匪尾随，抢走了他们的金戒指、手表和钱钞。在此之前，19时45分，先有两个土匪顺便“光顾”了一下测候所，看到测候所挂着的水银气压表，误以为是枪，就把它打碎了。接着抢了罗月全（罗素人）和金加棣的一些钱和物，然后听到院中放哨的土匪一声口哨，他们就消失在茫茫夜色中了。第二天早上，罗月全到山下泰安县政府报案，无济于事。他只好给气象研究所发电报（当时山顶没有电话），告知被抢劫之事。气象研究所赶紧派徐宝箴送来水银气压表。在泰山的观测记录中，这几天的气压没有被观测记录下来，很是遗憾。

很久以后，泰安当局才装了一个直线电话，从山下一直通到中天门的泰山旅馆，后来又接到了日观峰气象台。泰山旅馆是山东省主席韩复榘造的，他夏天来避暑，其余时间空下来就做旅馆。当时韩复榘虽已脱离冯玉祥，投靠蒋介石，并被蒋介石任命为山东省主席，但他不是蒋的嫡系，而且后来又迎接冯玉祥驻扎在泰山普照寺，难免引起蒋的警觉，因此韩复榘时常对蒋介石保持足够的警惕。据山上的道士说，气象研究所在泰山之巅的永久性建筑曾引起韩的重视，他几度派员明察暗访该台是否暗藏了为蒋介石搜集情报的特务。后来得知气象台未设无线电台，没有发报任务，才放松了监视。

韩复榘得知气象台被抢之事后，同意将由泰安通到中天门的泰山宾馆的电话线延伸到山顶日观峰气象台内，以便今后再有事故，可以及时向山下传递信息。

泰山顶上，如果没有风，太阳也很好的话，感觉不太冷。因为一个人的冷暖感觉，不仅取决于温度，还受到空气湿度、太阳辐射、风速等许多因素的影响。有一天，气温是零下 9℃，没有风又有阳光，在走廊上，杨鉴初故意赤膊让我给他照了一张照片。可惜的是，这张珍贵的照片也被毁于“文化大革命”期间。

如果有风，即便零上 9℃也吃不消的。冬天太冷了，在观测期间，最低温度曾经达到零下 21℃。玉皇顶外面竖了一个很高的铁塔，铁塔上装有一个杯状的风向风速计。山上经常刮大风，最大时平均风速达到 100 千米每小时，不得了！可惜当时没有极大风速的记录设备。如果到了冬季下雨下雪，有了雾凇，风杯与连接杆就会冻结成一体，杯子也就转不了了，风再猛地一吹，就会把杆子弄断，以致杯子掉下来。如果掉到后山就糟糕了。玉皇顶是尖的，前山从乾坤亭到日观峰山势平缓，后山较陡，乱石很多。风杯掉到石缝里，下陡坡顺着乱石头寻找，就十分危险。找到后，还要把风杯送下山，再焊接起来，好麻烦的。

一想起当年顶着刺骨的寒风，冒着滑下山崖的危险去寻找风杯的情况，现在都觉得可怕。

到日观峰气象台建成之后，就再也没有出现过这种情况了。后来新装的风速计是从西班牙买来的，可以通电使它保温，不会结冰。科学技术在进步，每一个微小的进步都会造福人类。

竺师来视察，山上话风雨

1933年8月国际极年计划停止以后，气象研究所和山东省政府商量，山东省政府最后决定把日观峰地块给气象研究所造房子。当时铁路局也想在日观峰造招待所，再三商量后铁路局才同意在玉皇顶与日观峰之间的一块平地乾坤亭处建造。实际上直到我离开泰山，铁路局也没动工。

1935年4月1日，日观峰气象台开工建设。我是4月8日到的。6月6日，竺可桢所长同设计建造日观峰气象台的工程师刘福泰，一起到泰山视察气象台的建设情况，停留了几天。我们让出两张床给竺师和刘工程师住，自己住到碧霞祠旁边的孔庙去了。我还记得庙门两边有副对联，上联是“仰之弥高钻之弥坚可以语善也”，下联是“出乎其类拔乎其萃宜若登天然”。气象研究所聘请的日观峰气象台建造工程的监工高琪珊就一直住在这座孔庙里。这座孔庙后来失火烧掉了。

当时在泰山测候所的三个测候生中，殷来朝去北平，金加棣在值班，只有我陪着竺师视察。竺师除了检查建筑质量外，休息时就同我聊天。

关于泰山的气象情况，竺师曾问我：“泰山下雨的时候是什么风?”

我那时到泰山才两个多月，对情况还不太熟悉，我的印象似乎是刮西南风下雨的机会多一些，回答得有点含糊，就说：“大概是西南风。”

他想了想说：“在中国沿海省份一般都是东北风容易下雨，有一句谚语‘东北风，雨太公’或者‘东北风，雨祖宗’，你说泰山是西南风?哦！泰山离海平面有1 500米，大概在高空是西南风，下面是东北风，这样也对。西南风爬到东北风上面去，上升的过程中水汽凝结就下雨，西南

竺可桢1935年6月视察建设中的日观峰气象台

风应该是对的。”

听了他的分析，我心里有些得意，也更加佩服先生的学问。

后来又谈到下雨的过程，我向他汇报说：

从前我们学习时，对下雨体会不深，总以为下雨之前最初都是高层云从西边移过来，我们在西风带。先有高积云、高层云，高层云逐渐加厚，慢慢地太阳光透不过来了，厚到一定的程度就下雨了。但是，我们在玉皇顶上观测的情况是这样的，下雨之前泰山的能见度很好，但是随着下雨，相对湿度越来越大，能见度就变得模糊，雨在空中蒸发了。下到一定的时候，能见度越来越坏，最后玉皇顶罩在云里了。这样继续下雨，下下停停。天气的转变有时需要几小时，有时需要一两天。转变的时候觉得天上忽然有阳光下来了，露出了一点光，然后露出阳光的机会越来越多，最后天空布满阳光。天上面没有云，再一看自己面前有一层云，这层云比玉皇顶要低一些，是层积云的顶，它基本上是平的。层积云是一排，看起来就像云里面的波浪一样，就是云海。哦！云海就是层积云的顶。过去我们想象：下过雨后，云就向东边移走，移走之后天就好了。哪知道云向东边移走的速度很慢，这个云居然下沉，忽然云层更低了，慢慢地南天门也看见了，升仙坊也看到了。几个钟点之后，云海一方面向下沉，一方面就破碎了，不成为云海了，变成一团一团的碎积云或碎层云，碎积云要多一些。再往后，这些云继续下沉，很明显，几个钟点之后下沉了几十米、几百米，慢慢消掉了，没有整个的移走而是全部消掉了，很有意思。我们学习的时候没有想到，总以为云是移走的，所以不下雨了。哪晓得是云下沉了就不下雨的。

竺师听了我的讲述，觉得很有意思，说：在山上的这些事情，地面观测员是不能领会到的，因为在地面上观测云的稍微下沉是看不出来的。

到泰山工作的学步阶段，我能得到竺师的直接指点和鼓励，幸莫大焉！

蔡元培题字（陈德群摄于2013年7月15日）

邵元冲题字（原载《风云前哨第一站80年》）

在山上，竺师看到当时建筑已经造了一部分，便要求在墙上预留一个位置。返回南京后，他请中央研究院院长蔡元培题写碑文，得到首肯。6月30日，蔡院长把写好的碑文交给竺师，碑文为“中华民国廿四年六月廿六日，国立中央研究院日观峰气象台奠基，蔡元培谨记”。竺师马上将碑文寄给我，我立即交给建筑队的工头，让他们先雕刻好，等房子造好后贴在墙上。竺师还请国民政府立法院副院长、竺师的连襟邵元冲题写了大门横匾——“日观峰气象台”。

竺师不但办事效率极高，考虑问题十分周到，而且卓有远见。没有奠基仪式，但是这一座碑及碑文却已静悄悄地矗立在泰山之巅，见证着早期气象工作者创建我国第一个高山气象台的艰辛与日后的辉煌。历经八十年的风风雨雨，至今此碑文仍然清晰地贴在日观峰气象台大门口的墙上，给中国现代科技史留下了一段佳话。

1935年夏、秋的山上生活并不寂寞，建筑工人有100多人。吃、喝、用、运器材等，每天有人上下山来来往往，书信报纸也有人顺便从邮政局带上山来。而到1935年10月建设工程基本告一段落，建筑工人们离开后，又只能每星期下山一次采购东西了。我记得，有关“双十二事变”（西安事变）这样的大事，我们是在发生几天后才从报纸上看到的。没有想到在这次事变中邵元冲先生被枪击身亡，他是国民党方面在西安事变中损失的唯一一位大员。

新住房基本造好，生活条件大大改善了。但奇怪的是，新房子里没有造厕所，而且设计时就没有。大便只能用痰盂，找时间去后山倒掉，或是用报纸裹住扔掉。

泰山测候所改称为日观峰气象台后不久，气象员只有我和杨鉴初两个人。天气好时，一个人当班，另一个人可以出去爬山，拿根拐杖带条狗就跑到南天门等处。记得1936年暑假期间，经常会遇到清华大学的地质学家冯景兰教授（冯友兰之弟）。他带着研究生小王在山上到处敲石头，找地质标本，做泰山地质的研究工作。休息时，他们喜欢到气象台来聊天，天南海北，什么都谈。

发文章，入学会

竺师视察日观峰气象台时与我的谈话，使我意识到他提醒我珍惜这样难得的机会，很希望我能充分利用别人没有的“山上”优势，这使我对泰山气象的观测就更加有兴趣了。很幸运，在竺师走后，我接连在泰山观察到了“峨眉宝光”，7月看到4次，11月看到3次，12月又看到3次，一共是10次。峨眉宝光，俗称“佛光”，是一种气象奇观。这种现象在我国以峨眉山为最著名。此种佛光，德国勃乐根山（Brocken Mountain）也常有发现，称之为Glory，或Brocken Bow。光环中心的黑影（多为观察者的影子或其他物体的影子）则称之为Brocken Specter，或Mountain Specter。佛光的产生是分光所致，与彩虹的形成原理相同，在山的一面有浓的云雾，山的其他面有强烈的阳光的条件下，才有出现佛光的可能。

作为《气象杂志》的通讯员，我向《气象杂志》的编辑张宝堃先生提及此事，他要求我就此事写一篇报告。后来这篇报告刊登在1936年《气象杂志》第12卷第1期上。这应该算是我生平在第一级台阶上发表的第一篇学术性文章。因此，可以调侃地说，我的学术生涯是在泰山顶上起步的。

日观峰气象台是头等测候所，观测项目和记录项目要格外多些、复杂些。例如，玉皇顶以上的云，以下的云、云海、雨滴大小、“峨眉宝光”

等都要记录。因此，一般情况下泰山是由两到三个观测员值守，但常因人员请病假或事假而只有两个人。1936年1月8日，金加棣胃痛剧烈，工友立即送他下山。下山也止不住疼痛，只好急送南京。日观峰气象台上就只剩下我一个人了。每小时都要进行气象观测、记录，从早上六点到晚上九点，还要自己做饭，也要喂建筑气象台的工人留下来的狗，这是我在泰山期间最忙的一段时间，直到研究所派了杨鉴初来，才有了伙伴。

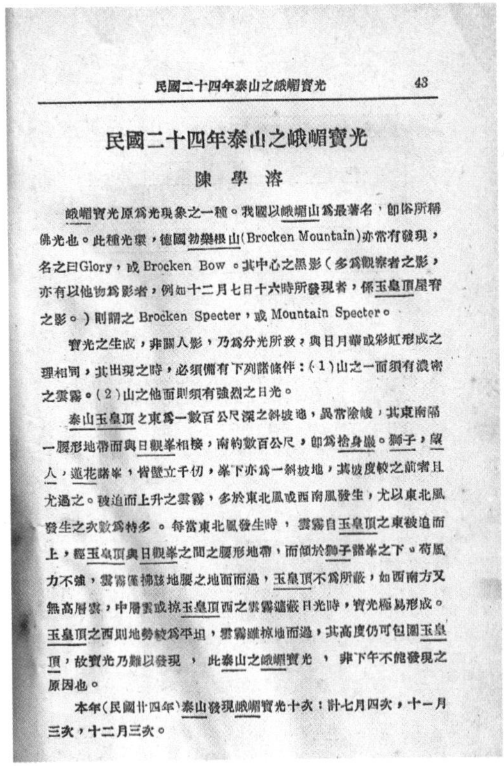
民國二十四年泰山之峨嵋寶光　43

民國二十四年泰山之峨嵋寶光

陳學溶

峨嵋寶光原爲光現象之一種。我國以峨嵋山爲最著名，卽俗所稱佛光也。此種光環，德國勃樂根山(Brocken Mountain)亦常有發現，名之曰Glory，或 Brocken Bow。其中心之黑影（多爲觀察者之影，亦有以他物爲影者，例如十二月七日十六時所發現者，係玉皇頂屋脊之影。）則謂之 Brocken Specter，或 Mountain Specter。

寶光之生成，非關人影，乃爲分光所致，與日月華或彩虹形成之理相同，其出現之時，必須備有下列諸條件：(1)山之一面須有濃密之雲霧。(2)山之他面則須有強烈之日光。

泰山玉皇頂之東爲一數百公尺深之斜坡地，異常險峻，其東南隔一腰形地帶而與日觀峯相接，南約數百公尺，卽爲捨身巖。獅子，臯人，蓮花諸峯，皆壁立千仞，峯下亦爲一斜坡地，其坡度較之前者且尤過之。被迫而上升之雲霧，多於東北風或西南風發生，尤以東北風發生之次數爲特多。每當東北風發生時，雲霧自玉皇頂之東被迫而上，經玉皇頂與日觀峯之間之腰形地帶，而傾於獅子諸峯之下。苟風力不強，雲霧僅拂該地腰之地面而過，玉皇頂不爲所蔽，如西南方又無高層雲，中層雲或掠玉皇頂西之雲霧遮蔽日光時，寶光極易形成。玉皇頂之西則地勢較爲平坦，雲霧雖掠地而過，其高度仍可包圍玉皇頂，故寶光乃難以發現，此泰山之峨嵋寶光，非下午不能發現之原因也。

本年（民國廿四年）泰山發現峨嵋寶光十次：計七月四次，十一月三次，十二月三次。

《民国二十四年泰山之峨嵋宝光》

气象研究所图书馆把多余的气象书籍包括十几本国外编写的气象书刊送到山上。还为我们俩订了十份杂志，现在还记得的有商务印书馆的《东方杂志》、中华书局出版的《新中华》、胡适之主编的《独立评论》。另外订了《良友画报》《宇宙》（后来改称《天文爱好者》）等，还订了《旅行杂志》。报纸也订了一两份吧，够了，看不完。我觉得在泰山上并不像别人说的那么寂寞，比峨眉山高山测候所的条件好得多。

当时，各气象台站的观测员每月都要写通讯稿，交给《气象杂志》，主要讲述一些重要的天气事项（如降雨偏多偏少等等）。但是金加棣不喜欢写，或者说不擅长写，因此多半是由我写。写作能够促进总结，促进思考，促进扩展学习，这对我后来积极从事各种气象业务工作是非常有利的。

在《气象杂志》上发表我的第一篇文章后，我还根据在泰山的观测资料撰写了一篇《泰山之温度与雨量》。1937 年 4 月 1 日，中国气象学会第十二届年会在南京气象研究所图书馆举行，当时我还在泰山上，就由杨鉴初代替我在会上宣读了这篇文章，《气象杂志》第 13 卷第 4 期刊载了这篇文章的目录。

在这次年会上，经由许鉴明、杨鉴初介绍，我加入了中国气象学会。屈指算来，至今已将近 80 年了，存世者中，我大概算是入气象学会最早的会员，因为活得长，我也算是年岁最大的会员了吧。

日观峰气象台的故址与故人

测候所根据设备的繁简、观测的详略，分为五级。

头等测候所也称气象台。气压、气温（干球和湿球）、风速、风向、日照、降水量、能见度、云量、云状、云向等，以及天气特征，均需每小时观测一次。其余如日射、最高最低温度、草温地温及蒸发量等也要记录。并且应该有高空观测的设备，每天早上 7 点进行测风气球观测。此外头等测候所必须从事所负责区域未来 24 小时内天气变迁的预报工作。

二等测候所也称标准测候所。至少必须有每 3 小时一次的气压、气温（干球和湿球）、风速、风向、降水量、能见度、云量、云状、云向与天气状况等记录。并应观测最高最低温度，附志天气特征等。其余如日照、蒸发量之类，可以观测记录但不做硬性要求。观测的时间为每小时一次，或者每日 3、6、9、12、14、18、21、24 时观测八次。

泰山日觀峯氣象臺(側影)

Tai-Shan Observatory(side view)

日 照 台

The Building for Sunshine & Insolation Observations

雪 量 計

The Snow Guage

百 葉 箱

The Temperature Shelter, Tai-Shan Observatory

日观峰气象台建成(吕炯摄)

三等测候所也称辅助测候所。测候事项与标准测候所相同。所不同的是观测稍见简略，而且每日仅观测 6、9、12、14、18、21 时六次，如进行八次的观测，其观测时间与标准测候所同。

四等测候所观测项目为温度（干球和湿球）、降水量、蒸发量、最高最低温度等。每日观测6、14、21时三次。

五等为雨量站，仅观测降水量，每日9时观测一次。

日观峰气象台属于头等测候所。建筑规格和仪器设备都比较完善。气象台落成后，竺可桢先生派吕炯先生上泰山验收工程，1936年6月18日吕先生所摄的四张照片发表在《气象杂志》第12卷，第7期上。

我来介绍一下图上的建筑。

左上图是日观峰气象台当年的大门和门前的台阶。

右上图是日照台，在楼梯顶平台处站立的人是杨鉴初，日照台楼梯中间转弯处站立的人就是我。

左下图，在与走廊相连的屋顶上安装了西班牙生产的两台风向风速计。

右下图，走廊前安装了一个百叶箱，走廊左起第二个门洞是个过道，过道是走廊前面的观测场与走廊后院的通道。走廊左起第三个门洞所对应的房间，当年我就住在里面。

在1953年重建气象台以前，气象研究所共有12人在玉皇顶泰山测候所和日观峰气象台工作过。下面按他们上岗的时间分别来介绍。

我在1996年发表的《三十年代泰山气象观测事业的回顾》文中介绍，在1953年重建气象台以前，气象研究所共有12人在那里工作过。他们是：赵树声（赵恕）、罗月全（罗素人）、金加棣、范惠成、殷来朝、陈学溶、杨鉴初、周桂林（周政国）、程纯枢、朱岗昆、邹祥伦、王履新。

赵 恕

1932年8月1日至1933年8月31日，在国际极年计划设立玉皇顶泰

赵恕在玉皇顶百叶箱旁（原载《风云前哨第一站80年》）

山测候所后，最早被派到泰山测候所的是赵恕和罗月全，两人都是第二届气象练习班的学员。在泰山上，生活枯燥、寂寞，而赵恕较活跃，屁股坐不住。我听玉皇顶的小道士说，赵恕常常和罗月全打个招呼，就一个人拎个包，跑出去游玩几天。有几次竟跑到冯玉祥将军在泰山的隐居处——四贤祠，还与将军相谈甚欢。等到 13 个月的国际极年计划期满，赵恕一再要求调离，于 1933 年 10 月 12 日离开泰山。

赵恕，原名树声，字儒深，浙江省乐清人。1933 年起为气象学会会员，多次参加学会的年会宣读论著。极年期满后调到北平测候所。不久清华大学在施放风筝时出了事，史镜清牺牲，他去顶了史的位子，成了黄厦千的部下。1937 年 5 月到杭州笕桥中央航空学校气象台任职。抗日战争开始后不久，杭州危急，中央航空学校内迁昆明，他和测候士刘振山留守杭州。上海沦陷后，中央航空学校留守人员撤退到浙江衢州的机场，成立了衢州空军总站，他出任测候班班长。1941 年底，太平洋战争爆发后不久，离开衢州空军总站到温州建立空军气象台，并任台长。1945 年抗日战争结束后，调到汉口空军测候区台工作。1946 年 1 月，他出任南京空军总部气象处统计科科长。1947 年 1 月 1 日，国民政府航委会气象总台扩编为气象总队，任命了陆鸿图为总队长，2 月 1 日在气象总台之下，全国设立了第一至第五气象大队及台湾独立气象中队。各气象大队驻地分别在沈阳、北平、西安、重庆、汉口。赵恕被派去重庆担任空军第五气象大队队长。1949 年 11 月 30 日，他随国民党空军第五军区司令晏玉琮从重庆白市驿机场飞到成都凤凰山机场，12 月 2 日再随五军区副司令沈延世飞往昆明。国民党要他们赶快去台湾，原来准备第二天就走，而当天晚上云南省政府主席卢汉起义，没走成，留了下来。他在台湾很有名，大家都晓得第五气象大队的大队长赵恕。新中国成立后他调到贵州任省气象局工程师。我是在 1958 年出差到贵阳才认识他的，以后又曾多次交往。赵学长学识渊博，又健谈，对往事如数家珍，每次晤面总能获得教益。退休后在贵州省气象局颐养天年，于 2009 年 3 月 12 日在贵阳去世。

罗月全

罗月全

罗月全，字素人，以字行，四川省汉源人。1933 年加入气象学会。当年上海法国租界以广播气象报告和天气预报为由，在上海顾家宅私设无线电台，并暗收商电，侵犯我国权益，应设法取缔。1931 年竺可桢所长和交通部国际电讯局商定了合作办法。办法是，一方面利用上海海岸无线电台由我们自己广播气象报告，另一方面考虑在全国各无线电台内附设一个测候所，报告当地天气，准备从 1932 年元旦起实行。气象研究所为此做了大量的准备工作。1931 年 2 月在南京正式开班招生，培训建所人员。当时招生颇为严格，竺所长亲自监督、密封评卷，被录取学员还需取保才能入学。罗月全偶然去报考，竟被录取。学习一年后，因“九一八”事变发生不久，又是淞沪战争，国民政府有迁洛阳之议，因此在 1932 年初毕业时，仅少数人留所实习，其余都各走东西。以后为参加 1932 年 8 月 1 日起至 1933 年 8 月 31 日止共 13 个月的国际极年测候中国部分的工作，1932 年 7 月竺所长派黄逢昌带领赵恕和罗月全到泰山建所。

因为气象研究所与山东省政府已经联系好了，并取得了泰安县府和泰山庙主持道士的同意，建所工作很顺利。主持的道士让出玉皇顶东厢三间房屋，中屋办公，南屋做气压室，北屋为寝室。室外仪器安装在大门外台阶上，秦始皇的无字碑就在台阶下层。安装就绪就开始进行观测。除进行地面观测项目，还增加了高山雨滴直径、雪片形状、云海、光象等项目。

罗学长忠厚老实，沉默寡言，工作认真负责。他一直坚守观测岗位，哪怕只有他一个人在泰山上接连工作几天，也安之若素，没有什么怨言。竺师对他的印象非常好。1934 年 5 月 10 日罗素人离开泰山回南京休假，一个月后调到北平气象台工作。1936 年因气象台移交北平研究院，原定他和范惠成一同押运仪器回南京，但北平研究院希望能留下一人协助施放气球及绘制图表等工作，所以竺先生留了罗素人在北平。在此期间，罗素人编写了一本高空测风仰角水平距离表，改进了观测工具，后来这份计算表作为礼品上呈航委会了。

1937 年“七七”事变日寇占领北平，7 月 28 日宋哲元退出后，北平研究院领导潜离，气象台经费无着，敌伪军大批跑来泡子河气象台内接管，最初罗素人等三人（其中两人是北平老居民）在西屋躲避；后来在北平实在无法工作了，9 月 23 日他自费乘火车到了天津，次日买到英商航票从天津乘船到青岛，然后从青岛乘火车到济南再到南京。到南京时大概已是 11 月份了。那时竺可桢所长已经在杭州，罗素人写信与竺所长联系。原来竺所长打算派他去定海测候所工作，但他不愿去定海，想回四川。他辗转到了汉口后，在一位川东青年的帮助下到了宜昌，买到轮船“黄鱼票”当天即上了船，终于回到成都。罗素人先在四川省测候所周朝阳同学处代训学员，后经赵恕等同学介绍，到航委会工作，曾任职于成都机场、空军军士学校和西安空军总站。1939—1940年期间，他在西安空军总站任测候班班长。1943年9月经程纯枢介绍，罗素人由中央气象局任命为康定测候所主任，奉派接受康定测候所。1944年秋，经上级同意他又自筹自建了富林测候所。富林测候所在今四川省汉源县富林镇，此地在抗战时期是滇缅、昆渝飞机必经之地，但缺乏气象资料。罗素人借其兄香圃农场场地、房屋、家具，招聘人员进行观测，所有观测技术、记录报表均按规定执行。新中国成立后，他与其兄主动把富林测候所献给国家，后改名为“汉源县气象站”。

1945年抗战胜利，中央气象局迁返南京，重庆沙坪坝测候所改为重庆气象台。该台在1947年接收了中美合作所存放在沙坪坝的气象器材，又接收了钟家山气象站。1948年1月调罗素人前往重庆气象台任台长，进行统一管理。1949年2月上级派李良骐前来任重庆台台长，罗素人任技正。因李到职几天便回老家贵州，台内工作仍由罗素人代理。

1949年11月30日重庆解放，气象台被军管。1950年开始做天气预报。1951年1月罗素人等迁往成都，成立西南气象处。重庆气象台即改名为沙坪坝气象站。

1954年年底他从成都调到中央气象局人事处教育科当科长，1960年中央气象局在湛江成立湛江气象学校，调他去湛江工作，直到1971年在湛江气象学校退休。1995年7月9日罗学长因病与世长辞，享年87岁。

金加棣

赵恕调走后，气象研究所派金加棣来接替他。金加棣是第二届气象练习班的保送期满练习生（浙江东阳教育局），业务水平一般，只能做观测工作，而且他的脾气有些固执，与他人交往不多。在殷来朝调走后，测候所的报销等行政事务就都由我来处理。金加棣的字写得非常好，阿拉伯数字写得更是漂亮，表格做得整整齐齐。1936 年 1 月 8 日，他胃病突发，被送回南京医治，从此就离开了泰山，他是在泰山工作时间最长的观测员（1933 年 10 月—1936 年 1 月 8 日）。离开泰山后等胃病休养好些了，1936 年 5 月 16 日调到郑州测候所工作，接周桂林的班。因为他的身体还是不太好，于是气象研究所又派了杜靖民去帮助工作。1938 年在郑州测候所工作期间，金加棣因胃癌去世。

范惠成

第四位观测员范惠成因身体不好，于 1935 年 3 月 7 日离开泰山，奉调到北平气象台工作。1937 年 11 月 20 日患伤寒病故。

殷来朝

殷来朝，字明廷，浙江省淳安人，第二届气象练习班学员，1933 年为气象学会会员。1935 年 1 月 17 日殷来朝从北平测候所调到泰山测候所，任当时泰山测候所的负责人。1935 年 4 月初，我被派到泰山测候所服务时，他和金加棣在那里工作。6 月底因健康原因，气象研究所把他调回到北平测候所。我和他只有不足 3 个月的缘分，但得到他的教益很多，至今仍未忘怀。殷来朝人比较精明，竺先生对他既喜欢又不喜欢。回到北平测候所不久，湖北省建设厅需要一位气象负责人，待遇较好，殷来朝主动请竺所长介绍他去，竺所长不放心，怕他去后给人家印象不好。但他的活动能力很强，大约是在 1936 年，他还是去了湖北江汉工程局主持该局的气

殷来朝

象业务，对湖北省气象台站的建设和健全，做出了可贵的努力。他对湖北省的降水进行了研究，撰写了《湖北省雨量之分布》，刊载在《气象杂志》第 12 卷第 12 期上。抗战以后，因朱国华先生在航委会气象总台负责，他到航空委员会当了科员。1945 年 8 月，抗日战争胜利结束，殷学长与戚启勋、严之永、杨则久等许多人一起被送到美国学习，两年后在加州理工学院（CIT）获得硕士学位回国，任气象总队第三科（气象业务科）科长；1948 年随总队迁往台湾，最高做到空军联队副总长。退休后，曾在台湾大学兼任教授，后任民航局气象中心主任，并升任民航局飞行服务总台副台长。

在北平测候所工作时，殷来朝谈了一个女朋友黄月如。殷来朝上泰山工作后曾溜回北平看望女朋友，黄月如的父亲黄二南老先生，是小有名气的舌画家，用舌头蘸墨汁在纸上作画，栩栩如生。我刚到泰山与家中通信，父亲回信时信封上写着“陈学溶小儿收”，工友韩继盛从山下把信带上山，正巧被殷来朝看见，以后他就经常与我开玩笑：“陈学溶小儿来拿信啊。”

1935 年 6 月 6 日竺师来泰山视察时，没见到殷来朝，就问殷来朝哪里去了，我们说殷来朝生胃病，去北平看病了。竺师说：“你们在山上饮食是否有些问题？”他 6 月 10 日回南京，6 月 30 日就把殷来朝调到北平去了。这给我留下了很深的印象，可见竺师对下属的关心、爱护，以及办事效率之高。

陈学溶

我 1935 年 4 月 8 日到达，1937 年 4 月初离开，工作整整两年。

杨鉴初

杨鉴初

金加棣离开后，杨鉴初 1936 年 1 月上山接替他的工作。杨鉴初是我第三届气象练习班的同学，又是练习班学习成绩最好的学员之一，生性豪爽健谈，善于学习，在泰山的一年时间里把四大本《气象学大全》（SHAW. 编著）都看完了，还撰写了一篇关于泰山温度与气压的论文参加"史镜清纪念征文"，并获得第四名。在泰山工作的一年时间里，我们两人相互配合得很好，两人交接班时，还经常在最西边的大房间里打一小时的乒乓球。在练习班同学中，我与杨鉴初最接近，一生都保持着联系。1937 年 2 月 1 日杨鉴初调离日观峰气象台。在以后漫长的岁月中，杨鉴初一直没有离开过气象研究所。新中国成立后，历任中央军委气象局与中国科学院地球物理研究所联合资料中心主任、大气物理研究所研究员。1951 年他提出了用气象要素的历史演变做长期天气预报的方法，对我国气象台站的长期预报起了推动作用。从 1960 年代起他从事太阳活动影响天气方面的研究，是我国这一研究领域的开拓者。

我每次到北京都要到他家去，最后一次是 1987 年 11 月 21 日。那时他的身体很不好，每天要自己打针、熏艾条治疗。他根本不能爬楼走动，但为了陪我到三楼张宝堃先生家看望，坚持要上去，爬上三楼人已经喘得不得了了。后来又坚持要把我送到汽车站，怎么劝阻都不行。哪晓得这竟是我俩此生最后一次见面啊！1990 年 8 月 3 日他就去世了。

周桂林

周桂林，字政国，湖南省长沙人。1935 年 5 月 5 日被气象研究所派到郑州与欧亚航空公司合作在机场成立的郑州测候所。1936 年 5 月或 6 月因患轻微肺结核需要休息疗养，周桂林被调往泰山日观峰气象台。上泰山后气象研究所发给他半薪 20 元，我和杨鉴初照顾他，不要他观测。10 月他就离开泰山。1937 年到新成立的南岳（衡山）测候所工作。我不知道他是何时投效航委会的。据气象研究所大事记，1940 年 6 月 22 日至 6 月 27 日和 1941 年 1 月 20 日到 2 月 9 日，他被空军第一司令部两次派到气象研究所实习测风气球、绘制天气图和天气预报等业务。听说他在抗战胜利前就病逝了。

朱岗昆

朱岗昆

1937 年 2 月，朱岗昆来接替调离的杨鉴初。朱岗昆是第四届气象练习班毕业生，在泰山日观峰气象台工作不久即于 1937 年夏考上大学，离开了泰山。1941 年他毕业于中央大学地理系气象专业。1949 年获英国牛津大学物理学部哲学博士学位。学成回国后，任中国科学院地球物理研究所副研究员、研究员兼中国科技大学研究生院教授。

他很能干，多次出国学习、工作，一生带出了几十名博士生。他在开拓气象、气候学的研究方面取得了显著的成绩，在地磁和高空物理领域也多有建树。然而他也很自傲，谁也不放在眼中。这种性格使他一生受累。

邹祥伦

1937 年 4 月，气象研究所从南京派邹祥伦到泰山接替我的工作。他家境较好，不能吃苦，为人很随便，受不了寂寞，在泰山上待了不到十天就擅自离岗回无锡老家了。

他是江苏无锡人，是第二届气象练习班的学长，1937 年加入气象学会。他是个“宝贝”，自第二届毕业后，不晓得换了多少单位。每到一个单位不合适就回家，有时还是不告而别回家，但过一段时间又找到竺先生要求工作，竺先生就再替他找一份工作。从泰山回家后，后来去了国防二厅做翻译日本密码的工作，不知什么原因又离开了。以后到航委会工作也没干多久就不干了。1948 年又到中航公司龙华气象台工作。1954 年调中央气象局所属北京气象学校当教师，1957 年后又调他去云南省民航气象台，临时被派往水文班做水文气象，后又回到云南省局当预报员。在云南还是没处理好人际关系、工作问题，但这时不可能闹着回家，也根本回不了家了。1965 年因突患高血压，眼球出血被迫退职，一次性领取了 2070 元，在家休养了五年。1970 年 12 月曾写信给竺可桢先生，请他帮助介绍工作。

王履新和程纯枢

邹祥伦离开泰山后，气象研究所派了王履新来接替。程纯枢于 1936 年清华大学地学系毕业后，10 月来到泰山担任日观峰气象台主任。关于他们两人坚守泰山的故事，本书在第十四章中予以介绍。

再登泰山

1979 年 3 月 6 日至 8 日，我到北京参加“长江流域暴雨计划讨论会”，有陶诗言、程纯枢等参加会议。会后 9 日至 20 日我在中央气象局复制资料准备返回南京气象学院时，当时也在北京的章基嘉找到我，说他原准备也回南京的，但突然得到一个消息，中央气象局副局长张乃召因病去世了，他要留京参加追悼会。当时章基嘉是南京气象学院的负责人之一，一时回不去了，要向单位报告一下。而信件往返比较慢，打电话也不是很方便，他就让我如期回南京向学院领导汇报。

3 月 20 日，我独自一人乘坐夜车返回南京。上车后，突然想上泰山去看一看泰山日观峰气象台现在的状况。

自从 1937 年离开泰山后，在动荡的战争年代，我始终没有再经过山东省。1954 年至 1961 年，在北京工作七年期间，我经常出差，虽然曾经路过泰安，也一直没有机会到泰山去看一看。“文化大革命”中接受审查，工作机会都失去了，更别说出差了。“文化大革命”后为搞暴雨研究搜集资料，曾往返北京多次，每次都是集体行动。这次是我单独一个人在路上，我想：从 1937 年到现在，转眼间，离开泰山已经 42 年了，这时我 64 岁，再不上泰山，恐怕今生再没有机会了。于是下决心，上！

那时铁路有规定，北京到南京车票 3 日内有效，中途下车去泰山，可以重新签票再上车回南京，只要不耽搁时间，就会及时赶回南京，不影响工作。当时卧铺票很紧张，自己下了卧铺车后，中途要补卧铺票的人多得很。于是我与列车员打了招呼，21 日早上 5 点左右来叫醒我准备在泰安下车。

那时候，“文化大革命”刚结束不久，大规模的基础建设还没展开。下车后，眼前见到的景物，都还比较熟悉。我先步行到岱宗坊，7 点钟径直登山。因时间较紧，无暇细看沿途风景，只是感觉比起当年来，泰山上的人多了，比原来多出了纪念塔。沿途没有卖食品的，到了中天门还是没有卖吃的、喝的。我一路坚持着，毕竟年过花甲，不如当年了，到了下午 1 点才登上日观峰。

我记得日观峰气象台的台阶出了大门原来是向北下去的，现在却是出了大门向西下去了。进了气象台大门，一转弯就到了值班室，当时有一位观测员刚好观测完，正在做记录。我怕他受惊，“怎么会突然闯进一个人来”，便主动向他介绍自己是南京气象学院的老师，曾经在这里工作过，很怀念在泰山工作过的日子，今天故地重游，进来看看。那位同志很热情，告诉我站长现在不在家。我表示不一定见站长了，因时间关系，看一眼就要走的。我要了一杯水，边吃着自己带的干粮，边与观测员闲谈。很巧，站长侯振西正好回台里，看到了我，很热情，还说：“早几年程纯枢主任也曾到泰山来过……你多待几天玩玩吧，看看日出。”我说还有事要赶回学院汇报，待以后有机会再来。

我与侯站长谈起往事，记得其中谈到了当年在建台时搞储水坑的位置，谈的人、听的人都很投入，意犹未尽，不经意间已是下午 2 点，因为受章基嘉之托，要早一点回校，我赶快告别下山。真是累得走不动了，走到山口是傍晚 6 点，泰安城已是万家灯火了。

我很庆幸在车上突然之间做出的“英明”决定，如果错失这次重上泰山的机会，就要抱憾终身了。

再以后，是新一代的泰山气象人陈建昌、徐德力等来到南京相见，接连“迫使”我回忆泰山往事，他们也同时带给我有关泰山气象台的新消息。2012 年 1 月 6 日，泰安市气象局张兴强副局长为日观峰气象台建台八十周年庆祝活动一事，专程到南京来看望我，并邀请我参加八十周年庆祝活动。学溶老矣！如果这把骨头扔到泰山，虽然也是一个不错的归宿，但那岂不是坏了大家的好事而落骂名。我这“鲁殿灵光”还是守在长江边上遥贺泰山之庆吧！

天气预报组与航委会的合作没有成功，但我们四人还是留在南京坚守岗位。南京的气象测候是从 1928 年 1 月 1 日开始的，如果能维持到 1937 年 12 月 31 日就有整整十年的气象资料了。竺所长在 9 月以后回南京看望了大家，特别是对气象观测这部分提出了希望，希望我们能坚持到年底再撤退。

第 5 章 气象研究所内迁

担任天气预报助理

至 1937 年 4 月，我在泰山工作将近两年了，接连两年都没有休息过，更没有请过假。因此当年 3 月曾写信给气象研究所，要求回南京休假并希望调到南京工作。竺师回信说，同意派人接替，并且同意我暂时调到南京，但今后还是有外调的可能。4 月初，气象研究所从南京派邹祥伦学长到泰山接替我。

我回到南京后，在家休息了一个星期左右，亲朋好友也都见过了，在家里没有什么事情可做。人刚刚从工作中停下来有点不习惯，在这繁华的首都大城市里，我反而感觉有点不自在，于是没等假期结束就到北极阁气象研究所报到了。

与我两年前离开南京时相比，所里发生的一个重大变化是，竺师虽然仍兼所长的职务，但主要精力和时间已经放在杭州的浙江大学校长职务上。所里一切重要事情仍是由他决策，但日常工作则由吕炯先生代行办理。1936 年 10 月吕师被正式任命为代理所长，当时所里在业务方面的机构设置和人员的分工基本没有变化。

刚报到，就有同学告诉我说，邹祥伦因不耐泰山的寂寞艰苦已不辞而别，回到老家无锡，或是到上海了。所里赶快又派了王履新去泰山，因为日观峰气象台只剩下程纯枢和朱岗昆两个人了。

这时天气预报组的许鉴明要调往武汉头等测候所从事天气预报业务，所以就派我到天气预报组接替他的工作。我匆忙上阵，担任了天气预报组的助理，这个工作主要是帮助预报员收集天气报告。国内的许多天气报告都是通过有线或者无线电传到南京的鼓楼电信局，再由电信局转发到北极阁。由于天气电报要快速传递又是陆陆续续收到的，如果每次派人送，在人力和时速上是难以想象的事，所以从鼓楼电信局到北极阁山上装了一条专线电话，电信局收到天气报告后通过电话报给天气预报组，我就负责把电报抄下来。当时天气电报都是编成五六组，每组五个数目字，全国各地将近有一百个气象站发来电报。电信局的工作人员已很熟练，报给气象研究所时读得速度很快。由于对方是苏州一带的人，用带方言的普通话口述地名，我刚刚接手，有许多地名也不熟悉，如：蒲圻、樟树……所以就来不及抄收，以致对方很不耐烦。幸亏当时许鉴明还未走，他见此情景，就赶快过来帮助抄收。我刚刚上班时简直狼狈不堪，几乎是食不甘味，夜不安寝。当然气象研究所也向对方作了一些解释："新来上任的，请你们谅解。"经过一两个星期后，我终于能初步胜任这项工作了。

当时气象研究所的天气预报是每天两次。第一次，根据国内外各测候所 6 时（120°E）观测的天气报告（包括气压、温度、湿度、降水量、风向风速、云量云状、能见度、3 小时变压等）填写、绘制地面天气图，并利用最新的和以前的天气图，依据气象学原理作未来24小时的天气预报。第二次预报的发布时间、发布内容是根据14时（120°E）各地方的报告作出的。

当时规定，每年到了台风季节，从6月1日起至9月30日每天增加一次天气预报。增加的这次天气预报，是根据21时各地方发来的气象报告绘制天气图而作出的。我回到研究所后不久，每天的两次预报就变成了三次预报。这种状况一直维持到上海“八一三”淞沪抗战以后。

自东北“九一八”事变后，中国就有面对严重战争威胁而采取对策的问题。从1935年4月开始，作为军事禁区，北极阁已不允许任何游客游玩，气象研究所的员工也必须凭证件才能进出。在山下面已经挖好防空洞，并成为防空司令部的办公所在地（现在这个洞叫“北极会堂”，每年到了夏天还开放给南京市民乘凉）。

1937年7月发生卢沟桥事变，接着是上海“八一三”抗战。8月15日，敌机开始轰炸南京。与我工作紧密相关的是，各地方的气象报告也已改成密码，所以必须多翻译一道，增加了很大的工作量。

8月19日19时前后，日寇对南京狂轰滥炸，有三架敌机掠过北极阁，轰炸了近在咫尺的中央大学大礼堂等处，气象研究所也窗破、电停。在这种情况下，观测员李恒如晚上19点照常去值班观测。竺所长看到这一幕非常感动，在日记上记载：“可谓尽职矣。气象所同仁精神极佳，到危难临头仍能团结一气，希望以后继续努力。”

后来我还知道，泰山上的程纯枢、王履新一直坚守至1937年12月28日才撤离，距日寇侵占泰安仅差3天。

这时，我弟弟学洵高中毕业后已考取了中国银行的练习生，派在扬州工作。我过去本来在内心一直怀揣着美好的梦想：等弟弟毕业工作后可以维持家庭生活，我和他就可以轮流考大学深造了。而此时战争一来，这个梦想被无情地粉碎了。

坚守与撤离

中央研究院在北极阁被轰炸的当天（8 月 19 日）开始疏散职员，暂不需要的部分人员留职停薪，补发三个月的薪水。8 月 15 日，竺师刚好从浙江大学回到气象研究所，立即召开所务会议，决定把气候部分迁到金陵女子文理学院，观测、预报部分仍留在北极阁，并考虑与航委会的气象部门合作。气象研究所代理所长吕炯因资历较浅，对所内事情有时指挥不动。有鉴于此，竺所长在 20 日所务会议后决定成立一个所务委员会，主持他不在南京时的日常所务工作。这个委员会由 9 人组成：竺可桢、吕炯、涂长望（他们三人是研究员）、张宝堃、宋楚白（文书）、金咏深（管地震的）、卢鋈（预报员）、陈士毅（事务员）、何元晋（报务员）。

竺所长刚刚回到杭州的浙江大学，北极阁的第一次所务会议就发生了争论：吕代所长与预报部分的人、气象观测人员主张留在南京；而其他人员主张内迁汉口。竺所长原准备 9 月 6 日回南京处理此事，但没等到他回来，9 月 2 日就有 12 个人随身带了一些公物坐了轮船匆匆忙忙到汉口去了。这 12 个人中，5 位是搞资料统计的，金咏深是搞地震的，何元晋、樊翰章、王毅是搞电信的，宋楚白是文书，钱逸云是图书管理员，陈士毅是事务员。此时日本侵略军尚在上海，所里的不少精密仪器没有带走，也未处理。地震仪的记录中断了，很可惜。图书报刊更是没有人过问。敌人还在 300 公里以外，他们就急忙离开，一走了之。

吕炯代所长对所中这些人不做任何准备就走的做法是非常不满的，一气之下回无锡乡间养病去了。涂长望先生迟了两天后也携眷搭乘轮船离京去汉口。

天气预报组是由两个预报员（卢鋈、么枕生）、两个助理（曾广琼、我）和三个报务员组成的。三位报务员离开南京后，天气预报组的报务并未被迫停止，因为两位助理都能收发气象电报，这样，天气预报组留在南京才能继续工作下去，并且曾与航委会合作。

南京国民政府成立后，始建空军。1928 年 11 月，军事委员会航空处改组为航空署，隶属于军政部，主持全国民航事务。1934 年，在军委会下设航空委员会于南昌，蒋介石任主任委员，宋美龄、陈庆云副之。抗战爆发后，周至柔任空军前敌司令部指挥官，宋美龄任航空委员会秘书长。1946 年 6 月，国防部成立后，原航空委员会改组，于 8 月 16 日正式成立空军总司令部，空军中将周至柔任总司令，受参谋总长指挥。①

全面抗战开始时航空委员会的气象部门只有气象观测人员，没有气象预报人员。竺所长在南京时，已同航空委员会联系过，愿与他们合作，把预报部分搬到航空委员会去上班。口头上还订了许多约定："人还是气象研究所的人，工资由航空委员会发，将来一旦不再合作，这些人员还是要回到气象研究所。"并约定好卢鋈工资从 70 块加到 120 块，么枕生工资从 60 块加到 100 块，陈学溶、曾广琼工资从 50 块加到 70 块。

到 1937 年 9 月初，航委会来催了，合同还没有签字，但有口头协议（当时的口头协议是去七人，但三位报务员已赴汉口，只剩下四名预报员、助理预报员）。一切都是为了工作，9 月 9 日我们四人到航委会去了。当天下午，航委会测候所派人送来四份委任状"兹委卢鋈……"。大家一看

① 参见陈济民主编的《民国官府》。金陵书社出版公司 1992 年 10 月出版，第 160-162 页。

不对头，明明协议好四位同仁仍是气象研究所的人，要接受航委会这样的委任怎么行呢？大家都不肯签收，并决定返回北极阁气象研究所。回来后经过商量，四位同仁决定：这是抗战期间，还是要为航委会服务，他们在北极阁做的预报、画的天气图每天照样送过去，直到将来航委会自己做预报为止。并且他们不仅为航委会服务，还为防空司令部服务。

当时航委会的两位气象官员高振华和陈嘉棪（原都是蒋丙然先生的学生）官腔十足。气象研究所的四人甩袖而去让他们下不了台，于是恶人先告状，他们告到了中央研究院。

而气象研究所的四位同仁再次商量后决定，由卢鋈把事情的经过报告给在南京的中央研究院代理总干事傅斯年。听卢鋈说，傅斯年没有弄清原委便勃然大怒："抗战期间你们敢得罪航空委员会啊？不许离开南京，听候处理。"他可能是慑于航委会的压力不敢据理力争。卢鋈在南京吓得不敢行动，听候处理，但忍到 9 月 14 日，他还是偷偷跑到杭州向竺所长汇报事情的经过。竺所长说："那是他们不对啊！"随后考虑把卢鋈调到舟山群岛定海测候所避避风头。但是由于当时中央研究院的经费已经缩减至三成，定海测候所系气象研究所与浙江省建设厅合办，经费更少，如果卢鋈夫妇去定海，发了他们的工资后，定海测候所的经费就没有了，所以最终卢鋈也没有去成。

几十年后洪世年①先生为写中国气象史，他到南京第二档案馆查资料，无意中查到了当年航委会对卢鋈、么枕生、陈学溶、曾广琼四人发的一纸通缉令。真好笑！当时，我们就在南京，就在北极阁，天天还送东西给他们，要抓我们不是手到擒来吗？其实，他们只是要找台阶下，对中央研究

① 洪世年（1922—），中国气象局高级工程师，曾任中国气象学会副秘书长。著有《中国气象史》（农业出版社，1979 年出版）。

院施加压力，做做样子罢了。

天气预报组与航委会的合作没有成功，但我们四人还是留在南京坚守岗位。南京的气象测候是从1928年1月1日开始的，如果能维持到1937年12月31日就有整整十年的气象资料了。竺所长在9月以后回南京看望了大家，特别是对气象观测这部分提出了希望，希望我们能坚持到年底再撤退。

天不遂人愿，11月中旬上海、苏州相继失守，日寇对南京城虎视眈眈。11月20日国民政府宣布正式迁都重庆，并下令南京城内凡是没有必要留下的人员和单位一律疏散。此时气象研究所里只剩下5位职员，杜靖民、郭晓岚、李恒如、薛铁虎和我。

11月23日，我们带了两位工友最后撤离北极阁，只留下一位自愿看守气象研究所的工友刘福藩。他后来侥幸躲过了日寇的屠城。抗战胜利，气象研究所重新回到北极阁后，为表彰他忠于职守的操行，将他提升为事务员加以重用。

1938年4月16日竺所长由武汉飞抵重庆，到曾家岩气象研究所，这是该所自1937年9月内迁以后他第一次亲临所本部检查工作。从汇报中，他“始知气象研究所此次损失之重，凡贵重仪器如地震仪、Sliding barography 滑动气压计、Calibrating apparatus 标定装置，甚至小件如 Dust counter 尘粒计数器均未取出，可叹之至。以价值论，取出者不过十之一二而已。图书方面则西文书全拿出，唯中文书及各国报告未拿出，亦可惜耳”（竺可桢1938年4月16日日记）。

撤离北极阁时，每人只能随身带一个箱子和一件行李。我的书箱内装有竺先生1934年为我们授课编写的《气象学》讲义和散落在图书馆地上的书籍、刊物，其中有一套《气象杂志》，还有日后成为珍本的《钦天山气象台落成记》等等。那些年代，我的工作四处辗转，这些书刊也始终随身。这些“宝贝”在“文化大革命”期间抄家曾被抄走，“文化大革命”后我极力寻找，才有幸将其中的大部分索要回来。

从南京到汉口

我必须随气象研究所撤离，而家中父母本是没有条件去逃难的。我把身上所有的钱都留给父母做生活费，并把家中事务略做安排，托付给在扬州的弟弟陈学洵照料。谁知仓巷邻居全家准备到汉口避难，动员我父母一同到汉口，说来说去竟然说动了老两口，于是他们匆匆忙忙收拾一番，也踏上了逃难之途。我家的其他亲朋好友没有选择逃难，都留在了南京。

卢鋈夫妇 11 月 18 日从南京走的时候还有轮船可乘，到 23 日我们撤离时，长江上的客轮已经停航。我们六人渡江到浦口，乘坐难民车到徐州。沿途警报频传，遭日机几次轰炸，幸而有惊无险。无巧不成书，我在浦口遇上了与邻居一块逃难的父母，以后父母就随我一路赴汉口。

我们在徐州候车走陇海线到郑州，在郑州再候车走平汉路去汉口，车时停时开，车中人满为患，几无立锥之地。历经周折，七天七夜很少合眼，11 月 30 日，我们终于安抵汉口。气象研究所第一批职员 12 人和工友 4 人在 9 月 2 日乘三北公司龙兴轮到汉口后，已租赁了扬子街广东银行四楼 12 间房屋为办公地点和集体宿舍。我进了气象研究所，刚停顿下来，立刻睡着了，鼾声大作，所中人员看到后笑得前仰后合。我太疲倦了！

薛铁虎和他未婚妻迟走了一天，他俩是骑自行车到芜湖再乘木船到汉口的，比我们更辛苦。

在汉口，兵荒马乱，物价飞涨，仅靠我菲薄的薪水赡养父母很困难。与父母商量后，两位老人去沙市找母亲的堂兄家暂时安顿下来。12 月中旬我们气象研究所预报组六位同事迁往重庆时，因船夜间不航行，第一天晚上停泊在沙市码头。我上岸在码头附近闲逛时，竟然发现堂舅舅家就在附近，于是赶紧去看望了父母。第二年 3 月，学洵弟也从扬州逃到沙市和父母团聚。

1937 年 11 月底、12 月初，当南京气象研究所的工作人员全部陆续迁到汉口后，中央研究院又要求第二次疏散员工。凡是自愿留职停薪者，发三个月工资。留下的员工不再发工资而只发 20 元生活费（实际上这条规定后来并没有执行）。宣布以后，金咏深、陈俊玉夫妇，徐延煦、赵海、斯杰、李恒如 6 人自愿离开。

非常遗憾的是，李恒如这样一位认真负责、不畏艰险的气象研究所早期同仁，回到湖南湘西老家后竟再也没有任何消息了。

徐延煦，江苏省苏州人，比我们要年长 10 岁以上，是我们这一届气象班上的老大哥，性直率而谦恭有礼，我们称之为“老夫子”而不名。他考入气象班以前已在中学执教多年，功底深厚，为师友所钦敬。1935 年 5 月 11 日，被派往福建省长汀测候所任职。约一年后调回气象研究所，作为研究员涂长望先生的助理。激于爱国热情，他和赵海于 1937 年 12 月一同离所，参加了战地服务团。而战地服务团中人员成分复杂，他们很不习惯，遂退出。以后徐延煦投效航委会，在气象总台任职。徐学长工作一贯积极，为层峰所称道，但性耿介，难以处理好复杂的人事关系，遂于 1942 年离开航委会，9 月 7 日返回气象研究所。1944 年 5 月 1 日赵九章先生到气象研究所代理所长一职，在竺可桢先生的大力支持下，整顿所务，派遣徐延煦管理所中图书馆的图书和资料。徐延煦工作认真负责，1976 年我出差北京地球物理研究所，听他的同事说：“这个老夫子，你要什么资料，他都能知道在哪本书里，立即找出来。”徐延煦管理图书资料直到退休。

赵海，江苏省苏北人。当年国民政府资源委员会要编书，由气象研究所负责编辑，气象研究所为此事，代资源委员会招聘了5名统计生，工资由资源委员会承担。赵海是他们5人的领头。参与完成《中国之雨量》和《中国之温度》的编辑任务后，赵海深得张宝堃先生的喜爱，被留在所里担任统计生。听说，1949年以前他得了肺病，辞职回苏北老家休养。1958年左右他曾写信给竺可桢先生请求工作。

斯杰，字庚寿，浙江省东阳人，与诸葛振公是同乡。他性格活跃，“交游四海”。1935年5月27日气象研究所研究员吕炯和测候生徐守谦赴山东威海卫，参加中央研究院渤海海洋渔业调查团工作，因晕船无法工作，徐守谦辞职。1935年6月7日至11月7日斯杰奉派接替徐守谦，乘定海号军舰在渤海南部和黄海北部从事海洋气象的观测，备亟辛劳，并曾遇险。返气象研究所后，主要任务是作为朱文荣师高空测候的助手。1937年4月我自泰山日观峰气象台调回气象研究所后和他同事了几个月。抗日战争爆发后，上海时局紧急，气象研究所派员至各重要省市电信管理局担任管制气象电报和变密工作，他奉调广州电信局负责气象广播的加密工作。1937年8月9日他离宁赴沪准备搭船去广州，当时票很难买，他想方设法上了船。8月13日船到汕头时，日寇已经开始进攻上海，抗日战争全面展开。斯杰在广州电信局服务三个月期满，回到已经迁移至汉口的气象研究所。当年12月国立中央研究院决定第二次疏散职工，他自愿离所，领取了三个月薪俸，另谋出路。不久，他就投效航委会，在衢州空军总站任观测员，后来调到空军气象总台。1948年航委会改组后，他是气象总队的监察室主任。年底，调到台湾，接任卢桢的气象551中队队长。退伍后，转业台湾“中央气象局”，担任阳明山竹子湖气象台台长多年。①

第一次疏散时，我因接替许鉴明工作任预报助理，工作需要我坚守岗位；到第二次疏散时，又是同样原因留职。我庆幸自己运气好，没有失业；同时我也认识到：只有刻苦钻研业务、勤勤恳恳工作，才是立身之本。

再迁重庆

吕炯代所长离开南京回到无锡后很长时间没有去汉口，竺所长也函催多次，曾希望中央研究院从南京派车到无锡接吕先生。但是中央研究院的司机都不肯去无锡，觉得很危险。最后竺所长甚至讲：“如果吕先生在11月10日前还不到汉口去，就留职停薪。”后来才知道，吕代所长曾经离开过无锡，但是走到半路遭遇日机轰炸，不得不又折回，竺师在11月12日致宋兆珩函中有：他“已于九日到京，日内即可来汉，此信抵达时当可到矣”。

南京失守后，武汉形势日紧，敌机常来汉口骚扰轰炸，无法正常工作。1937年12月初，吕炯等5人曾去长沙考察，想选新址办公，结果不满意又返回汉口。气象研究所的天气预报部门深受敌机轰炸干扰，一有警报就无法抄收电报，于是决定两位预报员卢鋈、么振生，两位助理曾广琼和我，两位报务员何元晋、樊翰章（另一报务员王毅已提前离职）迁往重庆。1937年12月中旬，我们六人带着两位工友先行离开汉口赴重庆。

那时到重庆没有铁路，公路也不通，轮船票非常难买。只能先买票到

① 参见斯杰《朱师教导我的片断回忆》，见《朱文荣先生九秩嵩庆纪念文集》第87页。

宜昌，宜昌已是人满为患，旅馆也别想住进去，只好在澡堂挤了一个星期左右，好不容易弄到船票才到了重庆。托重庆的朋友在七星岗附近租到通远门外兴隆街 19 号的房子，是一梯三层楼的房子。气象研究所第一批六人加两位工友，自己做饭，这样预报组的住宿、吃饭问题都解决了。由于托运的收发报机直到 1938 年 1 月下旬才收到，因此之前预报组的工作未能开展起来。

待气象研究所所有人员在 1938 年 1 月底、2 月初陆续迁到重庆时，房子又成了大问题，另外又租了几间房子，还有许多人只好到不远处神仙洞街一个庙里打地铺。好在不久中央研究院总办事处也迁来重庆，于是两家合租中四路 139 号“颍庐”。“颍庐”是一梯一楼两层，每层十间房。二

颍庐，抗战初期气象研究所在重庆曾家岩的临时所址，竺可桢摄于1938年4月。陈学溶注：左图为颍庐正门，门口左右挂牌分别为气象研究所和中研院总办事处。右图为颍庐整体建筑，房东姓陈，与竺可桢先生是哈佛大学校友，住楼下。图上二层的右侧为总办事处用房，后面是研究所办公用房，左侧是集体宿舍，我等即住其中

楼十间全部租给中央研究院和气象研究所。兴隆街19号仍保留着住一部分人，后来这部分人陆续搬到曾家岩去了。1938年3月之后，气象研究所第一次安定下来，在那里工作了一年多时间，直到1939年5月重庆大轰炸才被迫匆忙迁往80公里外的北碚。

四川阴天多，雾气沉沉，因此敌机不常去，相对较安定，物价较低廉，橘子非常便宜。四川人不大吃猪肝，两斤猪肝抵一斤猪肉，而我们这些“下江人”（四川人称呼宜昌以东的人）很爱吃，一到四川便大吃猪肝，以致猪肝的价钱慢慢涨了上去。待半年后我离开重庆去西安的时候，猪肝已与猪肉同价了。

常有人讲“不要死记，现在查起来容易得很”。要知道，到用的时候，什么东西都查，是很费时间的。而且你脑子里面如果不牢牢记住一些数据性的东西，阅读时碰到问题引不起兴趣，也想不起来去查对错。所以重要的东西还是应该记得，历史上发生的事情前后顺序要记清楚，不能闹关公战秦琼的笑话。比如淝水之战是公元383年，赤壁之战是公元208年。明、清两代皇帝在位的时间，我都要求自己要记得很清楚，在以后读书时遇到相关地方，立刻就能知道对错。这个训练，到我九十多岁校勘《竺可桢全集》时颇有作用。

第6章 西安头等测候所

筹建缘起与人员派遣

1936年，国民政府经济委员会的水利处同气象研究所商定了一个合作办法，就是在长江流域、黄河流域合作各建立一个头等测候所，负责两流域的天气预报以及水文预报工作。测候所的经费由水利处拨付，其他各项如场地、建筑、人员、器材、管理等皆由气象研究所负责。长江流域的头等测候所决定设在武汉。1937年气象研究所在武昌购买了场地造了房子，建立了武汉头等测候所。黄河流域的头等测候所决定设在西安，但是气象研究所因人员较缺而暂时无法建立。当时陕西省水利局有3个测候所，分别在西安、榆林、南郑（汉中）。陕西省水利局原来希望西安头等测候所由他们来兼办，但是竺所长考虑到两个单位合到一处，将来许多事情搞不清，所以始终没有同意。气象研究所决定先派两个测候生金廷秀和高学文到陕西省水利局的西安测候所去帮忙。

时任陕西省水利局局长的李仪祉先生是水利专家，又是中央研究院评议员，位高权重，十分清廉，人品堪与竺可桢先生相比。在他任上，陕西省水利局要为陕西省农业灌溉计划开八条水渠。这个消息被水利局的同事以及测候所的所长[①]李毅艇知道了。他们明白，水渠一开地价必定上涨，所以就赶紧在计划开渠附近的地方买地。等地价上涨后再卖地，这样他们发了不少财。李毅艇遂用这笔不义之财在甘肃老家大买土地，新中国成立后被划为地主成分，成为管制对象。这个人是陕西方面派到气象研究所学习的，但在气象研究所只实习了很短的时间。他在西安测候所口口声声说是“为科学工作”，实际上私心太重。李毅艇曾想把两个测候所合并，使自己的权力更大。竺先生明察秋毫，坚决反对，使他的企图没能得逞。令人叹息的是：李仪祉先生在1938年就因病去世了。这样好的一个人，手下却不争气，大肆贪腐。李先生九泉之下，怕也心有不甘吧！

到了1938年初，全国经济委员会改为经济部，水利处改为水利司，同时通知气象研究所务必在1938年成立西安头等测候所，否则不再拨发经费。气象研究所不得不急急忙忙正式成立西安头等测候所，并委派从泰山日观峰气象台撤退下来的程纯枢去当主任，另外尚需委派预报人员等。

当时中国预报员是很少的。全国做过天气预报的气象从业人员不超过十位，上海徐家汇天文台只有一两个外籍预报员，青岛观象台也只有一两个预报员。气象研究所只有两位预报员（卢鋈和么枕生）与四名助理预报员（许鉴明、薛铁虎、杨鉴初和我）。许鉴明经培养当时已在武汉头等测候所为负责人，是不能动的。薛铁虎刚刚结婚不久，太太快要生孩子了，所以不愿意去西安。杨鉴初虽是单身汉，但他正在一个练习班里读俄文，且成绩很好，不久即将毕业，不愿离开。再者，1937年8月气象研究所第

① 水利局测候所负责人称“所长”；西安头等测候所负责人称“主任”。

一次疏散就把他疏散回家了。他刚到家，所里 12 个人匆忙撤至汉口，因为预报员和助理都没去汉口，预报无法做，不得已又把他从宜兴家中请到汉口。所以杨鉴初认为是气象研究所请他来汉口的，现在又要他去西安，说不过去，也不愿意去。这样，吕炯代所长考虑再三，准备派我去西安。

当时，我的双亲避难在湖北沙市的亲戚家，我到重庆后，他们正准备到重庆来，二老年事已高，从未出过南京，身体也不怎么样，身边必须有人照料，所以我也不想到西安去。吕炯先生当时很不高兴，发了脾气说："在气象研究所，连几个学生都调动不了，我这个代理所长还干什么呢？"

在这种情况下，薛铁虎、杨鉴初和我等几个人在一起商量，结果还是我去吧。父母来重庆之后，租房子、安排生活等，由杨鉴初他们负责照料一切。

蒋瑞生（第三届气象练习班学员）从气象练习班毕业后，分派在上海测候所工作，因患肾脏病留职停薪，回家乡治疗休养。1938 年三四月间，他正巧刚从常州老家逃难到重庆，要求气象研究所安排工作。得到答复："所中现在不缺人，要工作只能去西安。"蒋瑞生同意了。于是气象研究所决定派程纯枢和我，加上蒋瑞生，到西安去筹建头等测候所。为在西安做预报，我在重庆气象研究所培训了几个月后，终于走马上任。

气象研究所技术人员的职级由低至高为：测候生、测候员、副研究员、研究员。气象练习班毕业的人员为测候生，一般服务满六年而有特殊成绩者，得升为测候员，少数测候生因去生活和工作条件艰苦地区，可提前升为测候员。如胡振铎调到峨眉山测候所当主任，王廷璋由西宁调到拉萨，皆由测候生升为测候员。派我到西安头等测候所当预报员时，因才任三年测候生，资格还不够，因此给了技术员职称。许鉴明派到武汉测候所负责时，也给的技术员职称。1942 年以后，所有的测候生改称技佐，测候员改称技士（再高为技正）。

1938 年 7 月 31 日我们三人离所，动身前往西安。

从重庆到西安，一路没有直达车，我们三人计划先去成都，由成都坐公路车经广元到汉中、宝鸡，再由宝鸡坐火车到西安。从重庆到成都走了两天，第一天就在内江停了下来。虽然中央军队已进入四川，但四川那些军阀统治地区存在的老问题还是没有解决，苛捐杂税、“烟、赌、娼、虫”泛滥。老百姓苦不堪言。有副对联写得入木三分，“自古未闻粪有税，而今只剩屁无捐”。

内江是当时四川产糖的地方，是所谓的甜都，市面相当繁华。吸食鸦片烟在四川非常普遍，危害极大。在内江几乎到处都可以闻到鸦片烟的气味。轿夫骨瘦如柴，但抽足了烟照样抬轿子。三轮车、人力车的车夫都一样要抽烟，抽足了才能起步。我们在内江的旅馆住了一个晚上，那个旅馆里到处是打麻将的“哗啦哗啦”声，整夜不绝于耳，吵得人不得安宁。旅馆里游娼很多，这些娼妓哭啊，唱啊，闹啊，一夜不得安生。旅馆里的臭虫多极了，咬得人没法睡觉。第二天我们由内江出发，一路上几乎都在车内昏昏沉沉睡觉，稀里糊涂地到了成都。

我们在成都等了两三天才弄到长途汽车票。在汽车穿过剑门关到广元时，李白的“蜀道难”诗句自然而然地浮上了我的心头，我不禁低声吟诵起“……剑阁峥嵘而崔嵬，一夫当关，万夫莫开……”。车厢外路况险峻，真是步步惊心动魄。

到广元后还需等待换车，经宁羌至汉中，我们坐的是敞篷大卡车，人货混装，连我们三人在内拢共不到十人。听着同行人叽叽喳喳说话，才知道其中有一位竟是陕南某县县长，县太爷也坐这样的车子，我们心里似乎平衡了一些。还有一位是西北大学的教授，不停地与这位县长大人争论着什么。还有几位都是在成都做了几年生意回家的，非常健谈。我心里想：他们挣钱真不容易啊！食宿不定，甚至还会被敲诈；而我能有一份稳定的职业，虽然远离父母，但困难还是可以克服的，也知足了。

到汉中后再换车，穿过凤县的双石铺，过秦岭就到了宝鸡，从宝鸡坐火车到西安才算方便一些。我们这一路走了半个多月，备尝艰辛。

蒋瑞生的肾脏病还没全好，在路上吃菜不能有盐，要免味。每次吃饭都要和饭馆讲好免味。蒋瑞生就这样免味，一直免到西安，在西安依然坚持免味，后来他的肾脏病居然神奇地好了。

到西安已是1938年8月中旬，我们借了水利局的西安测候所办公，在9月1日起开展了预报。但实际情况是，预报已很困难，沿海的气象站没有了，西北仅有榆林、西安、南郑（汉中）、兰州、天水、酒泉六个站的气象报告，海拔较高，把气压订正到海平面上也不很准确，即使将四川的台、站全部合起来也不过20来个，所以利用天气图的分析来做天气预报，实际上很难行得通。此外陕西当局好像也不大需要天气预报。

疏散到汉中

当时，日本侵略军在山西一直冲到风陵渡，好像马上就要过黄河打潼关。陕西省政府紧张了，令西安所有不必要的机关和人员一律疏散，西安头等测候所也成了要撤退的对象。当时西安头等测候所的5位职员中，高学文考取西北农学院走了，拖儿带女的金廷秀疏散到了南郑（汉中），西安头等测候所就剩下我和程纯枢、蒋瑞生三人了。

1938年12月，陕西省水利局紧缩机构，决定停办南郑和榆林两个测候所。程纯枢即向气象研究所申请把这两个测候所由西安头等测候所接收下来，很快获得同意，所以金廷秀一到南郑就有了工作。榆林测候所无法派人去，因为中间隔着共产党的根据地，只能请原职工刘约留职。12月再次疏散时，就把蒋瑞生疏散到了汉中。又过不久，因为西安经常遭到敌机骚扰，预报再也没有办法做了，气象研究所希望在汉中测候所继续做天气预报，所以把我也调到了汉中。

1938年底，我到达汉中，原想在汉中恢复画天气图、做预报，哪知汉中根本就没有电，晚上照明还要靠煤油灯。当时汉中只有一家电影院能发电，但是电影院门口用来照明的依然是煤油灯，这盏大煤油灯全城数它最亮。没有电就无法做预报，如果买干电池则非常贵，且汉中那儿不容易买到。测候所同空军商量，在他们发电时帮助测候所充电。但空军不是商业机关，不是给钱就行的。最初他们还是很客气地帮忙充了一两次电，但后来就不同意帮忙了。在这里，我做不成天气预报了，平常只能做观测。

汉中测候所位于汉台，据说是韩信拜相时造的一个台子。那里是陕南军区司令部，司令部的一个宣传单位和汉中测候所靠在一起，宣传部的人常到测候所办公室来闲谈。他们对天气预报很好奇，我就尽可能详细耐心地回答他们提出的问题，彼此相处得非常融洽。陕南军区司令叫祝绍州，祝司令有个侄女要补习数学，要我为她补习。为了搞好关系，我当然不能推辞。因此在汉中我每天要花1~2个小时替祝司令的侄女补习三角函数、大代数、解析几何等。

我在南京一中的同学余建寅也由陕西省政府派到汉中帮助县里搞财政工作，同县长很熟，这个县长后来调到了陕西省民政厅当副厅长。余建寅知道一些官场内幕，告诉我："闲谈也罢，补习也罢，很可能他们是来了解测候所的情况，怀疑测候所是不是国民党其他派系来监视他们的。"

汉中那里的风俗不太好，当时有个说法："铁门槛，纸裤裆。"意思就是，你想进一户人家的门很难，但是一旦进去后同女人发生关系却很容易。仅从这点可以想见当地百姓求生之艰难，物价虽低，但收入很有限。当时汉中只有一两条主要街道，东西很便宜，也很少有敌机来干扰，生活平淡得不得了。我日常观测事务很少，除帮祝司令的侄女补习功课外，其他剩余时间也没什么事情好干。我也不会游泳，只能经常到汉江边洗洗澡。

汉中有个规模不大的图书馆，仅 10 多平方米，但也有几千本书刊。我经常去借书看。图书馆规定每本书只能借两个星期，过期必须续借。当时在汉中，图书馆没有什么人去借书，总是我去续借。在汉中虽然待了差不多有一年时间，但实际上真正有时间看书也只有半年多，总共看了几十本书。其中有《浮生六记》《老残游记》等，鲁迅的书也看过几本。印象最深的是《东周列国志》，我看得很有兴趣。《东周列国志》是编年体的，一年一年地叙述历史，前面内容谈某个历史事件，后面讲其他历史事件，第二年又接着前面叙述过的历史事件讲。所以，阅读《东周列国志》要求一定不能中断，连续花费的时间较多。

重回西安

时局动荡，人心惶惶，警报频繁，西安头等测候所仅剩程纯枢一个孤家寡人了。但是气象研究所拨给的经费还有不少，程纯枢在 1939 年这一年里，陆续利用陕西省辞退的气象员在华山的西峰设了一个测候所，华山南面的商县设立了一个测候所，另在秦岭的凤县设立了一个雨量站，请当地邮政局的一个人每天观测一次雨量，每月给他 10 元津贴。这样，西安头等测候所就变成了气象研究所在陕西的管理机构，所有的工作就是：一、发放工资和经费，审核他们的报销账目；二、审核他们的观测记录；三、每年轮流派人到商县、华山等站去代理测候所的工作，让平时在站工作人员能有一个月的休假。在程纯枢到商县和华山的测候所去顶班的时候，西安头等测候所就只能唱空城计了。

经过近一年的调养，蒋瑞生的身体已经恢复。他逃难到汉口时是想去航委会工作的，因体检不合格才到重庆气象研究所请求复职的。现在身体好了，他就去了成都到航委会工作。在汉中测候所还有金廷秀和我两个人，天气预报又做不成，观测工作一个人就够了。1939 年程纯枢在西安忙不过来了，所以这年底便又把我从南郑调回到西安。

当时国民党航空委员会在西安设有第十一航空总站，机场内有个测候班。测候班班长就是罗月全，此外有一两个测候士，测候水平不高，罗月全就请我住到测候班帮他们的忙。当然，西安头等测候所需要的时候我就得回去。1940 年我差不多有一年的时间是在西安航空总站的测候班帮忙。这一年航空委员会训练出来一批测候人员，并充实到航空总站测候班，基本解决了人手不够、水平不高的问题，我便回到了西安头等测候所。

在西安由于一天只吃两顿饭，上午 9 点多，下午 4 点多，喝那种稀糊糊，吃硬馍馍。我的胃病经常发作，稀的东西喝下去，胃里极不舒服，有时实在忍受不了了，就跑到很远的一家小饭店买一份鸡蛋酒酿元宵吃，吃完胃就舒服了。

我回到西安后，也到华山测候所代理过工作，1941 年和 1942 年一共去了两次，每次一个月左右。当时由西安到华阴县走陇海路还是比较方便的，但华山上生活条件较差，和道士们住在一处，吃在一起。与在西安时

华山测候所

一样，一天只吃两顿饭。吃的东西是小米饭、粗粮饭，蔬菜很少，因为山上供应困难。那时在华山上我身体很不好，严重消化不良，其中一位道士懂得中医医术，很有办法，开了中药给我吃，起到了不错的效果。

华山测候所设在西峰，设备简单，我第一次上华山带了个百叶箱过去，在山下雇了挑夫扛上山，价钱也不贵。百叶箱安装好了，华山测候所的气象设备又增加了一件。

在山上每天只观测几次，空闲时间比较多，华山的东、南、中峰我都去玩过。北峰较远，只在路过时去过两次。西峰上的几位道士与我已经很熟，在他们的保护下，我甚至还去了南峰背后的“朽木栈道”。我稀里糊涂走上朽木栈道，通过栈道进入元老洞。进去容易出来就难了，出来的时候只能背身，脸对着墙壁，先要横着走一段栈道，再往上才能脚踩到山地，很险要！在去东峰的路上还有一处险要景点——“鹞子翻身”，不能直着下去，只有手拉绳索，仰面朝天斜着下去。那时华山没有什么游客，几天才能见到几个人。

在华山上，晚上有时会远远看到潼关和风陵渡之间的炮战，与华山相隔不是很远，我当时很担心敌人一旦打过来就要成俘虏了。

在陕西工作的三四年时间，可以说对国家是浪费，而对我个人来讲却受益匪浅。前面说过在汉中读书的情况，在西安更是如此，因为闲下来没有事，我从图书馆借阅了很多书。有《史记精华录》《两汉演义》《隋唐演义》《历朝通俗演义》《梦溪笔谈》《古文观止》《唐诗三百首》《三国演义》《红楼梦》《水浒》《西游记》《西厢记》《官场现形记》等等。

我当时看的书无所谓什么学科，只要感兴趣的就看，没有兴趣的，看一点就退掉了。像《曾国藩家书》没看多少就还掉了。我喜欢看故事，了解历史。知识是慢慢累积起来的，哪个朝代有几个皇帝，主要做了哪些事情等，逐渐对历史有了比较清楚的概念，重要的内容我都记住了。

常有人讲“不要死记，现在查起来容易得很”。要知道，到用的时候，什么东西都查，是很费时间的。而且你脑子里面如果不牢牢记住一些数据性的东西，阅读时碰到问题引不起对比，也想不起来去查对错。所以重要的东西还是应该记得，历史上发生的事情前后顺序要记清楚，不能闹关公战秦琼的笑话。比如淝水之战是公元 383 年，赤壁之战是公元 208 年。明、清两代皇帝在位的时间，我都要求自己要记得很清楚，在以后读书时遇到相关地方，立刻就能知道对错。这个训练，到我九十多岁校勘《竺可桢全集》时颇有作用。

中学时我的数学、物理、化学、英语的成绩较突出，历史、地理、语文、哲学等的成绩则很平常，音乐、手工成绩较差。经过这几年阅读，我在文科方面的知识有了很大长进。读书的好处，不只是累积知识，更在于养成了一种好习惯。

不过，那时的西安图书馆和汉中图书馆都没有气象书籍，所以这两三年在气象业务水平方面，反而进步不大。

和阿珑住在一起

1940 年到 1941 年之间，西安头等测候所只有我和程纯枢两个人，外加两个客人陈守梅以及他的军校同学周兆楷借住在冉家村的西安头等测候所内。

西安测候所隶属于陕西省水利局，而西安头等测候所隶属于气象研究所，两者关系不密切，且常有一些矛盾。程纯枢、蒋瑞生和我初到西安，借住在水利局的西安测候所里。西安大疏散后，西安头等测候所只剩下程纯枢一个人，他就住到了浙江老乡和同学周兆楷那里。周毕业于军校，时任西安高射炮连连长。

不久后程纯枢在西安南关外冉家村租了几间房子，算是西安头等测候所自己的所址了。这时周兆楷已不再担任高射炮兵连连长而在西安军校任教官，陈守梅是他的同学又是军校的同事，还是同住一起的室友。他们都不住在高射炮连兵营，就一起搬到冉家村来住，三人雇了一个工友打扫卫生，烧烧饭。

我在航委会第十一航空总站帮了一年忙，离开后也来到冉家村住。我们四个人在一起住了几个月。

我们这四个人各做各的事，我经常在图书馆借书阅读，陈守梅经常写文章，相互之间没有太多的交谈。每天上午九十点钟和下午三四点钟只吃两顿饭，晚饭后四人照例一起出去散步，到城里转转就回来了。平时西安军官学校有些教官（都是浙江人）常到冉家村来玩，说说笑笑的，很热闹。我从不参加，他们说的浙江话我也听不懂。陈守梅人很老实，浙江同乡喜欢与他开玩笑，经常说冉家村附近有个比较漂亮的女孩，可以把她作为陈守梅的小夫人，陈守梅总是很严肃地制止他们不要胡说八道。

1940 年 10 月或 11 月的时候，程纯枢主任到商县测候所去代理工作了。重庆气象研究所每月寄一次经费给西安头等测候所，有一天估计办公经费来了，我就由冉家村进城到银行领经费。结果经费还没有到，白跑一趟。我回冉家村要出南关，南关是商业区。当我走到南关那道门，准备出去的时候，戒严了，因为南关刚发生抢案。我也不知道，走到南关时已经没有什么人了。那里岗哨把我拦住，我说："我就住在冉家村。"他们说："不管，不管，这么晚了!"就把我带到一个地方去，也不管三七二十一，他们写了个报告说：这个人叫陈学溶，在街上乱窜，很有嫌疑，要把他送进城。于是派了两个士兵把我硬送到西安城里。城里什么地方我也记不清了，不晓得是督察处还是其他处，然后就送到看守所里拘留下来。毫无办法啊！拘留所里拘留了十几个人，住下来席地而睡。我心里想一审问事情就很清楚了嘛，而且我还带了测候所的公章预备到银行取款的。哪晓得他们根本不审不问，就放在那里，一放就是几天，这事情可糟糕了。

当时被拘留的人中，有一个人住在比冉家村还远的地方，经常路过冉家村。他在拘留所里见到我，说："哦！我晓得西安头等测候所，什么事啊?"我讲给他听了。他自己其实也没有多少事情，很快就被放了。我现在记不清了，不晓得他出去以后是什么时候路过冉家村的，问陈守梅他们："哎，陈学溶回来了吗?"不清楚那人是知道我还没出来还是无意之中问的，反正是他通的消息给周兆楷和陈守梅的，说我被拘留在西安城里。他们正奇怪我怎么几天没回来，猜想我过去经常到航空总站那里，也许在航空总站那里让人留住了。因为在航空总站那里除了工作，我还经常去打篮球。

周兆楷和陈守梅这时方才知道我是被拘留了，于是两个人就穿起军装来到那个单位。那个单位的负责人是他们军校的同学，那位同学当时不在，他的同事知道了是这么一回事，把我从拘留所带到办公室，即刻就放人了。在拘留所弄得我满身虱子，回来后赶紧洗澡。

世事迷离莫测，怎料得这位陈守梅，就是后来被打成“胡风反革命集团”骨干分子的阿垅，后面再说吧。

为返回重庆的波折

在冉家村住了几个月后，程纯枢因为需要照顾从浙江来到重庆的未婚妻，准备辞职，气象研究所不愿意放他离开，就决定把他调回重庆去，这样他就不必辞职了。不久周兆楷、陈守梅考取设在重庆山洞里的陆军大学，也要到重庆学习去了。原来同住的四个人，这时只有我一个人还留在西安。

此时我也急于想调回重庆的气象研究所，以方便照顾双亲。因为1939年5月3日、4日，重庆遭到日寇大轰炸，平民百姓死伤一万多人，绝大多数都是被埋在防空洞内闷死的，其状惨不忍睹。气象研究所被迫迁到北碚，我父母则被迫迁到另一处的重庆乡间，两者相距较远。我的同学、同事就是想照顾两位老人，也是心有余而力不足了。因此，我于1941年2月18日，给竺师写信要求调回重庆，全函如下——

藕舫吾师钧鉴：敬启者，生奉钧命来陕已二载有半，收报、制图久以种种因缘停辍亦逾一年。平日所作仅为记录之抄算、校核与整理而已，行同闲散，实非钧座派遣来陕之本意。而舍间则以乏人照料，在渝市乡间生活至感不便，尤以近日物价飞涨，时为然之，故屡促设法返渝。现所中绘图员王华文君离碚他往，而生留此既非必要，如可返所工作，实公私两便。中央公务员家属在疏建区者，本可领购平价米，生以工作地点远隔，致不克享受此种权利，因此舍间每月米粮之担负增加五十余元之支出。此五十余元之额外支出，本可设法避免也。是则调生回所做制图之任务，非特于公务大有裨益，且对于生之家庭生活，尤其经济方面亦有亟大之帮助，而所中之财政并不以此增加困难，一举多得之利，无逾于此。俯乞钧座允如所请，即日调生返碚，实为德便。否则生以经济之压迫而不得不透支薪津，日积月累，偿还乏术，将陷于山穷水尽之境矣。临书神驰，不胜迫切待命之至。专肃，敬叩

钧安。

生　陈学溶　敬肃　二月十八日

这时，程纯枢正在回重庆的路上，竺师回信给我说，程刚调任，我暂时不可离陕，接交安排需要时日，新任到职后两三个月之后，我才可以离开。过了四天，竺师又来电报，通知程纯枢走后由我暂时代理主任职务。

主任这差事，要善于与各方周旋才行。当时的社会状况很混乱，很腐败，有重庆民谣之讽：从军不如为正（政治、做官也）；为正不如从良（粮食部门）；从良不如下堂（食糖专卖部）；下堂不如当娼（仓库管理部门）；当娼不如直接睡（直接税）。乱世乱象之下，我自知没有行政工作能力，拙于人事交道，是撑不住门面的。所以我与竺师之间电来函往了许多个回合，详细文字存于研究所文书档案，见收于《竺可桢全集》第 24 卷。我之焦虑，一在重庆家中有实际困难，二在缺乏公务能力，深恐误

事，一旦有失而负不起责任。

我也曾想去航委会工作，以解决家庭经济困难，但离开气象研究所又有违本愿。

竺师一方面尽量为我解决家中的实际困难，另一方面也急于物色合适人选来替换我去西安。

这时，踯躅成都的孙毓华表示愿意担任该职，竺师同意了。以后也有其他人愿意担任该职的，但竺师表示，除非孙毓华不干了，才可以考虑其他人选。

从竺师给孙毓华的信中可知：1941 年 3 月 26 日就任命孙毓华为西安头等测候所主任。

1941 年 4 月 24 日催孙毓华直接从成都到西安接任，不必返渝。

1941 年 5 月 22 日催孙毓华“速赴西安测候所就任”。

1941 年 7 月 24 日再次询问孙毓华何日赴西安工作。

1941 年 10 月成立了中央气象局，由黄厦千担任局长。年底时，气象研究所把所有测候所的人员、资金、器材统统交给新成立的中央气象局，不再管理行政事务了。我与卢鋈、曾广琼夫妇等都不愿意去气象局，执意留在气象研究所，所里同意了，中央气象局也同意了。但我在西安头等测候所代理主任的任上，必须由气象局派来主任接班，才可以调回气象研究所。

竺师对孙毓华老不去接任西安很失望，总不能让气象研究所的人一直在气象局代理吧，宋励吾这时已在气象局任职，于是 1942 年 1 月 12 日致函，竺师告孙毓华“中止北上”，不要去了，已派宋励吾前往西安工作。①

① 竺可桢 1941 年 3 月 26 日、4 月 24 日、5 月 22 日、7 月 24 日致孙毓华函稿。见《竺可桢全集》第 24 卷第 148 页、166 页、180 页、202 页。

接到竺师 1942 年 1 月 12 日的来信后，知道宋励吾即将赴陕，孙毓华一声招呼不打，从成都一溜烟就跑到西安去了，时间已是 1942 年 4 月 8 日。竟拖了一年之久！我立即函告竺师——“孙毓华来了”。

1942 年 4 月 25 日竺师也只得写信给黄厦千，请中央气象局速发委任令给孙毓华，好让我尽快脱身返渝。①

孙毓华到了西安之后，也没有老老实实办交接，而是跑到武功的农学院兼课，偶尔到西安头等测候所看看，他认为所里的条件太差了。又等了一个多月，气象局的委任状终于到了。办移交时孙毓华竟让我不要走，留在西安帮忙。我对此觉得不可思议：我已经出来四年了，父母留在重庆没人照顾，我就是要赶快回去的。中央气象局让我留在西安头等测候所当主任我都不肯，现在你来当主任反而要我留下来帮忙，怎么可能呢？

在这种情况下，又拖了个把月才把移交办完。为此两人都不愉快，以后很少联系。②

前面讲过，孙毓华是我中学的同学，同时入气象练习班。他在学习上不怎么样，但活动能力强。在气象练习班毕业后最初没有分配他工作，而是在气象研究所暂时做统计生。听说几个月后他辞职考取了北师大的地理系，但他还想继续学习气象，于是他向清华大学提出申请，清华大学没同意。他想到我在泰山上与清华大学教授冯景兰先生相识，就托我帮忙推荐一下。清华 1936 年学习气象专业的学生不多，冯教授就同意了。这样孙毓华在大学二年级就转到清华大学读气象了。他们这个班后来出了不少气象学大家，如：叶笃正、谢义炳、朱和周、宋励吾……而他，心思却没全

① 竺可桢 1942 年 4 月 25 日致黄厦千函稿。见《竺可桢全集》第 24 卷第 256 页。

② 整理者注：在陈学溶的档案中能看到孙毓华在“文革”期间关于此事的交代：“本来早已决定调陈回四川，我因延期到职，陈在西安多留数月。我们在一起又有一两月的时间，办理移交手续。我们因为工作上有意见，彼此闹得情感不好。陈离西安后，我们就一直无来往。”

用在专业上。

这个老兄！我回到重庆后遇到一中同学杨家驺学长，谈到孙毓华时他直摇头。告诉我，孙 1939 年在大学毕业后，江菊人先生为照顾他，介绍他到成都空军幼年学校任职。当时江先生在空军幼年学校负责教务方面的工作，曾派孙去昆明招生。事毕回到成都，本应该立即销差报销，他不但没办销差，人也不辞而别了。隔了很久，江先生碰到他，逼着他交清空军幼校招生的账目，他称发票找不到了。江先生非常着急，盯了他几天，最后让他打了白条才把这件事了结。近两年孙毓华一直待在成都，是为了想到美国留学，不知为何没能成行。

新中国成立后，顾钧禧告诉我，孙毓华终于结婚了，妻子是储安平的前妻端木露西。何明经的弟弟何明纶在给我的信中谈到，孙毓华于 1990 年 12 月 17 日因癌症在上海病逝，享年 76 岁。

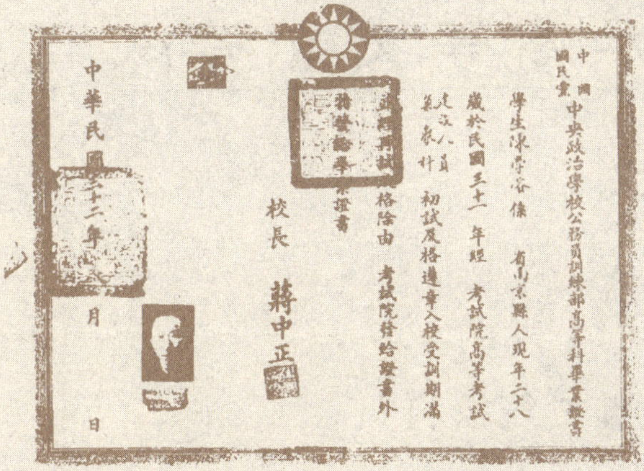
中國國民黨中央政治學校公務員訓練部高等科畢業證書

學生陳學溶 係 [illegible]縣人現年二十八歲於民國三十一年經 考試院高等考試[illegible]初試及格遵章入校受訓期滿[illegible]格除由 考試院發給證書外特發給本證書

校長 蔣中正

中華民國三十二年 月 日

当年参加高考复试的160人中，据说只有三人成绩在70分以上，其中两人是气象科的徐尔灏和王华文。而我在报考气象科的五人中排名第三，位列于四位“大本”的中间，杨鉴初得知后非常高兴地说：“练习班出来的人水平还是不错的嘛！”

第 7 章 参加高等文官考试

气象局与“气象科”

前面讲过 1941 年成立了中央气象局。我没有在这个机构中工作过，但平生有些重要经历与这个机构有密切关系，有必要介绍一下有关它的情况。

中央研究院气象研究所于 1928 年在南京成立之后，竺可桢所长考虑到我国气象测候网的建设是气象科学研究的基础，他草拟了建设我国气象台站网的计划，并力促其早日建成。在人员和经费都很困难的情况下，气象研究所直接在我国高山和边远地区，如峨眉山、泰山、酒泉、拉萨等地，设立了一些测候所；也采用与人合办的方式先后建设了 20 多个测候所；此外，还大力协助各地农林厅、水利局、建设厅等部门，在山东、河南、陕西、甘肃、湖南、四川、云南、安徽、浙江、福建等地区，筹设了一批测候所。据不完全统计，总共不少于 50 个。

当时全国的测候机构及其领导体制、业务制度都很混乱。抗战前，竺师曾呈请中央研究院出面，先后召集了三次全国性的气象会议，邀集各方面有关人士，针对气象界共同关心的问题进行交流讨论，涉及测候建制、等级、管理、经费、仪器设备、观测规范、时制、表式符号、用语、气象电码、人员培训等实际问题，做出相应的决议以便共同遵守。在此期间，气象研究所还培训了气象测候骨干百余人，编纂出版了气象手册十多种，代各部门、单位购置气象仪器数百件，指导各合作单位的气象业务技术，审查他们的报表，广播每日定时的气象电报和预报等。

由此可见，气象研究所虽然是一个研究机构，但实际上已经承担了某些全国性的气象行政工作，但是，作为中央研究院下属的一个研究机构，毕竟无法统筹国家气象事业的全局。

1937 年 4 月，在第三届全国气象会议上，曾就筹设国家中央气象局问题做出决议，但因抗日战争的全面爆发而搁置。在抗战期间，由于迫切需要，几经推动与周折，终于在 1941 年 7 月 15 日召开的行政院会议上，通过了《中央气象局组织法》。行政院曾商请竺先生出任局长一职，但他已被浙江大学校长和气象研究所所长两副重担压得喘不过气来，因以坚辞。竺先生知道黄厦千有意于此，且认为业务上亦较相宜，因此向行政院推荐了他。这样，经行政院长任命，黄局长于 10 月 20 日到职视事，27 日启用关防官章，即为中央气象局成立之始。我前面所讲西安头等测

国民政府行政院委派黄厦千为中央气象局局长之训令

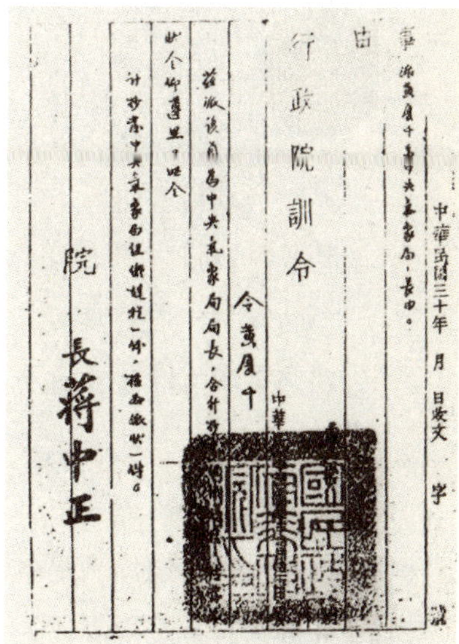
中華民國三十年 月 日收文 字 號
事由 派黄厦千為中央氣象局局長由。
行政院訓令
令黄厦千
茲派該員為中央氣象局局長，合行
此令仰遵照！此令
計抄發中央氣象局組織法一份，委狀一件。
院長蔣中正

候所之移交、孙毓华测候所主任头衔之委任等，就已与中央气象局职权相关联了。

气象研究所属中央研究院，以研究人员为主体，而中央气象局隶属于行政院，工作人员列于公务员系统。气象局之下设有三个科，要由有气象专业背景知识且有一定资历的人来担任。当时在大学本科毕业的气象人员屈指可数，有工作经验的更是凤毛麟角，黄厦千局长聘请不到中央气象局所需要的科长。怎么办呢？

国民政府号称五权分立，除了行政、立法和司法三院以外，还设置了考试院和监察院。按照五权分立的原则，国民政府各级政权的公务人员除另有规定的以外皆须通过考试院主持的文官考试，得到证书后方可录用。文官考试分为普通文官考试（简称“普考”）和高等文官考试（简称“高考”）两种。凡是高中毕业或者已工作若干年并且有高中同等学力的可以报名参加普考，及格后可以录用为一般公务人员，如科员等。凡是国内外大学本科毕业或者工作了若干年并具有大学本科毕业同等学力的，可以报名参加高考。高考的对象分为两大类，一类主要是各种行政人员，另一类是各种建设人员。按规定，通过高考的人员，可以不受工作年限的限制，被任命为较高一级的公务员，如主任、科长等职务。在全面抗战前的1931—1937年间只举行过4次考试。全面抗战期间，1939年有第五届考试，1941—1945年是每年春、秋季各举行一次，每次录取的人数很有限。实际上政府通过文官考试这个渠道录取的公务人员只占极少数，一种点缀而已。

黄厦千为了解决气象局干部的来源，向考试院提出要在高等文官考试的建设类中增加满足本局需求的一项，这就是在1942年秋举行的第九届高等文官考试中添设一“气象科”的来由。这是第一次，也是考试院在大陆期间的十多次高考中有气象科唯一的一次。考试院迁到台湾后，曾举行过另一次有气象科的高考。

报考与初试

我在西安头等测候所办完移交以后，1942 年 6 月 29 日回到重庆北碚气象研究所。当时在所中工作的杨鉴初学长告诉我，民国三十一年（1942 年）秋举行的第九届高等文官考试在建设人员考试项目中已列入气象科，他已经准备报考，并鼓励我也参加，机会很难得。

我们这几个人想参加高考，并不是为了去当中央气象局的官，而是为了取得一项资历。因为当时的机关单位对学历、资历相当重视，气象研究所也不例外。我们气象练习班毕业的与大学本科毕业的气象人员相比，在待遇、职务等方面有相当大的差别，这是可以理解的。按那时气象研究所的规定：

（1）气象练习班毕业的气象人员，职务是测候生，月薪从 40 元开始，如果成绩佳良，服务勤劳，两年得增薪一次 10 元，但最高只能加到 80 元为限；虽然还有一条规定是，如服务满六年而有特出成绩者得升为测候员。实际上据我所知气象练习班毕业的测候生当时还没有因此而升为测候员的先例。

（2）大学本科毕业的气象人员，职务是测候员或助理员，月薪从 60（后改为 70）元开始，以后每年可加薪一次 10 元，最高可以加到 180 元。

因此，气象练习班毕业后，有一些同学又进入大学的气象等专业深造，如顾钧禧、何明经、高学文、朱岗昆和孙毓华等人都是的。我因家庭负担重，不敢考虑辞职深造的事。但是看到孙毓华这样的人，在气象业务上并不比我强，就是有张大学文凭，在西安头等测候所就可以做主任，而我只能是“代理”，心里不平衡，所以不想错过这次难得的良机。

另一方面，此时离考试只有两个月的时间，我们这几个人又有些犹豫。报名前夕，杨学长决定放弃（以后才知道杨鉴初因有病在身），他的学历、条件都和我类似，影响到我也想打退堂鼓了。但杨学长竭力鼓动我，说此次的考试地点在重庆的南温泉，风景很美，他去过，即使去游玩一下也是值得的。我觉得他说的也有一定道理，最后听了他的，鼓足了勇气，以在气象部门工作七年并具有大专毕业同等学力[①]这两个条件报名，1942 年 8 月底顺利拿到准考证。

考试前这段时间，我父母正准备从重庆的乡间搬到在北碚象庄的气象研究所附近居住，好不容易等到气象研究所有一条木船在嘉陵江上运货，我才搭乘这条船把父母接到北碚。

此时正值气象研究所以优惠的价格给每位职工发放白糖，每人一斤。很多同事都不要，征得同事们的同意后，我一齐买下来送给体弱多病的母亲吃。神奇的是，母亲多年的“虚痨病”在吃了十多斤白糖后竟然好了，可见她的病是因多年营养不良造成的。

忙碌之后，我才得以准备近在眼前的考试。考试在九十月进行，共七八门课程，其中两门是所有报考的人都要参加的，就是国民党训政时期的“约法”和“党义”。我们报考的气象科要考“气象学”“气候学”“实用气象学”“大气热力学”“天气预告学”等。听说气象专业各门课程的命题和评卷是由考试院典试委员会聘请吕炯、黄厦千、朱炳海等先生担

① 国立中央研究院曾有文承认气象练习班毕业学员具有大专水平，但未曾呈报教育部的核批。

任的。

听当局说，第九届参加高考的报考者，全国有将近2 000人，初试录取的除以上两类人员外，连同财政金融人员等 18 人在内共有 160 人，气象科录取了 5 人，而我有幸得列其中，除我之外的其他 4 位徐尔灏、王华文（王彬华）、陈其恭（女）、孙月浦（女），都是中央大学气象或物理专业的近届或者应届本科毕业生。按现在的话说，他们都是“大本”，唯我是“大专”。

受训与复试

按照当时的规定，这次录取只是初试及格。录取者以后还得到国民党中央政治学校①公务人员训练部去接受一段时间的政治和军事训练，然后复试。复试及格后才发给高考及格证书，并以荐任或高级委任分配到有关部门工作，月薪 180~200 元。政校公务人员训练部下分两个科：高等科和普通科。前者是为训练高考初试及格人员而设的，后者是为训练普考初试及格人员而设的。第九届高考是高等科第五期，因此可以推算出，高考是从第五届开始才分为初试和复试的。高等科第五期的培训时间是次年（1943 年）3 月 24 日至 8 月初共 18 周。受训期间给予生活津贴费。至于是否能在原单位领取薪金则由各单位自行决定。抗战期间，国统区物价飞涨，待遇菲薄，维持最低生活都很不易。我的双亲已失去劳动力，由我们兄弟俩共同赡养。如果不带薪受训，我自己的日常生活虽可靠津贴勉强维

① 中央政治学校，隶属国民党中央领导，成立于 1929 年（前身为 1927 年成立的中央党务学校），原为大学建制，1937 年爆发全面抗战后改为短期性质的训练部门，1946 年改为“国立政治大学”。

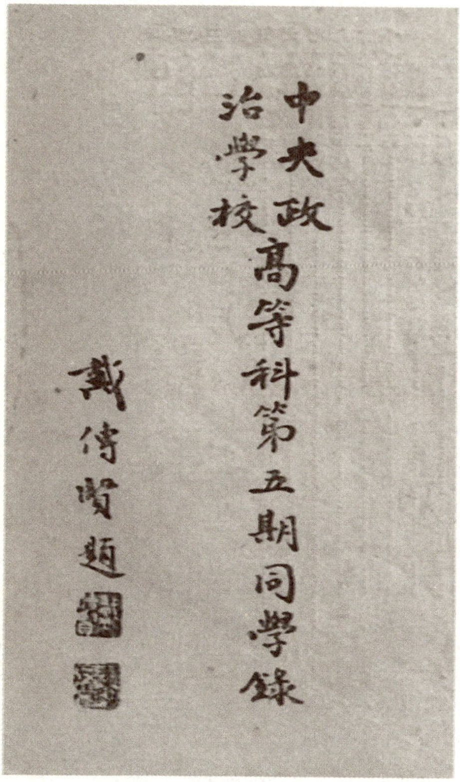

中央政治学校高等科第五期同学录

持，但双亲的生活费用，只由我弟弟一人负担，是难以承受的。所中对我参加高考未积极支持，可能是不希望我以后转到中央气象局去。同学们建议我去找代理所长吕炯先生，主动提出高考复试及格后保证返回气象研究所工作，请准予带薪受训。得蒙吕师应允，我才得以如期前往受训，否则只能按照规定申请延迟受训了。

1943 年 3 月 24 日，我到重庆南温泉仙女洞国民党中央政治学校公务人员训练部去报到。

中央政治学校，简称“政校”，是国民党的党办学校，在校的教职员生没有一个不是国民党党员的。我们进校后，校内国民党党部，就有人来了解情况并找我们谈话，动员参加国民党。在我们这批 160 人中，已履行过参加国民党手续的有一百二三十人，只有约 30 人尚未参加过国民党，我也是其中之一。虽然我们不少人对成为国民党的一员并不感兴趣，但为了顺利取得毕业证书，不想惹麻烦，大家都填了入党申请表。在举行开学典礼的那一天，我们大约 30 个学员站在全体学员队伍的最前列，在考试院院长戴传贤的监督下，集体宣誓加入了国民党。

政校下设三个部：大学部、公务人员训练部和毕业生指导部。公务人员训练部由大队长陈隽（少将）负责，下设两个中队分管高等科和普通科。高等科的中队长是魏俊蕃（上校）。中队下面再设三个分队，每个分队约 50 名学员。我在第一分队，分队长是任楚声（中校）。所有这些队长皆是政校职员。分队之下又分为三个班，班长和副班长由队里指定的学员兼任。受训期间，一切都按军事制度管理，每位学员入校后，都领了军帽、军服、军被褥、蚊帐等，离校后交回。每天早晚要升降旗，整理内务，三餐皆要排队入座等。最初个把月，执行制度是比较严格的，后来就逐渐松弛了。

我们在高等科训练的内容分为思想训练、军事训练和政务训练三个部分。

思想训练主要由训导员负责，他们的日常工作是找学员个别谈话，组织党小组的学习等。1943 年春，我们受训时，恰巧遇上了蒋介石的《中国之命运》出版，校部发给学员每人一册，要求自行阅读，写读书笔记，交训导员审阅。

军事训练约占四分之一到三分之一的时间，从徒手操开始，然后持枪、班教练、排教练等，还学过筑城学，打过一两次靶。

政务训练是上大课，除了公文程式、理则学、唯生论、民法、刑法等以外，相当多的时间是由国民党政府中各部、会的首脑来讲本部门的概况，包括组织机构、职责范围、政策法令等。例如外交部次长吴国桢来讲授外交行政，教育部次长余井塘来讲授教育行政，粮食部部长徐堪来讲授粮食行政等。少的讲三四个小时，多的讲七八个小时，甚至更长些，发了很多讲义。由于内容众多，过去又从来没有接触过这些东西，听得头昏脑涨，莫知所云。最初大家都担心复试不能及格，还得重训。因此不得不认真听讲。但稍后听说，只要受训期间不调皮捣蛋，复试没有不及格的，也就随波逐流混日子了。期满以前，教员指定了几门功课复习，举行复试，全体通过。

先是颁发了公务员训练部高等科的毕业证书。文谓：

中国国民党中央政治学校公务员训练部高等科毕业证书

学生陈学溶，系南京县人，现年二十八岁。于民国三十一年经考试院高等考试建设人员气象科初试及格，遵章入校受训期满，并经再试及格。除由考试院发给证书外，特发给毕业证书。

校长　蒋中正

中华民国三十二年八月

高等科毕业证书

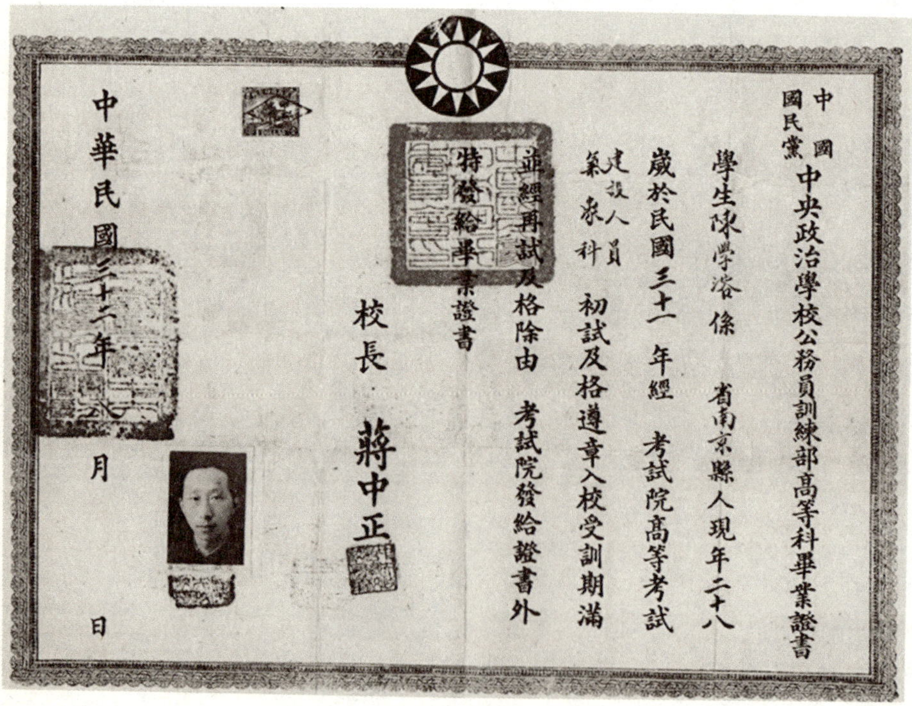

中國國民黨中央政治學校公務員訓練部高等科畢業證書
學生陳學溶係　省南京縣人現年二十八
歲於民國三十一年經　考試院高等考試
建設人員氣象科　初試及格遵章入校受訓期滿
並經再試及格除由　考試院發給證書外
特發給畢業證書
校長　蔣中正
中華民國三十二年　月　日

到1944年4月，我又领到了由考试院颁发的“高建气字第叁号”高考及格证书。文谓：

高等考试及格证书

陈学溶，年二十九岁，男性，南京市人。应高等考试建设人员气象科考试初试再试，经再试典试委员会评定中等及格。兹依考试法第十六条之规定，合行发给及格证书，此证。

考试院院长　戴传贤

考选委员会委员长　陈大齐

高等考试典试委员长　陈大齐

中华民国三十三年三月

高等考试及格证书

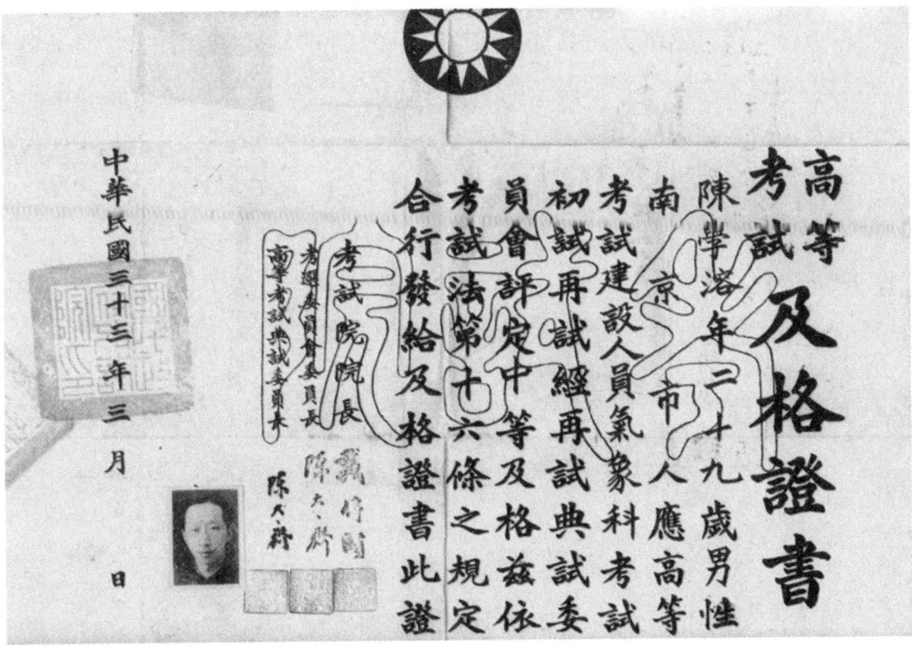

高等考試及格證書

陳學溶年二十九歲男性南京市人應高等考試建設人員氣象科考試初試再試經再試典試委員會評定中等及格茲依考試法第十六條之規定合行發給及格證書此證

考試院院長 戴傳賢

考選委員會委員長 陳大齊

高等考試典試委員長 陳大齊

中華民國三十三年三月 日

这就相当于我生平中的气象专业学历文凭了。

当年参加高考复试的160人中，据说只有三人成绩在70分以上，其中两人是气象科的徐尔灏和王华文。而我在报考气象科的五人中排名第三，位列于四位“大本”的中间，杨鉴初得知后非常高兴地说：“练习班出来的人水平还是不错的嘛！”

按规定，高考及格后，要分发到国民政府的行政部门，也可以自谋出路。因此，我们气象科毕业的那四位学长都安排到了中央气象局。这时黄厦千局长刚刚离任，气象研究所代理所长吕炯先生前往接替黄局长的职务，但我还是遵守原来“带薪受训，学完回所”的诺言，回到了北碚气象研究所。

抗战胜利前后，徐尔灏和陈其恭两位学长先后出国去英、美留学深造；王华文、孙月浦夫妇去主持青岛观象台台务；我去中国航空公司气象台工作。中华人民共和国成立后，我们五人都服务于国家的气象事业。现在除我而外，其余四位学长都与世长辞了，念及那段共同经历的往事，不禁感慨系之。

“党证”与梦魇

除了“毕业证”与“及格证”之外，我们在宣誓入党之后还得到了一份由校部的国民党党部发的国民党党证，我的证书编号是“校”字第8697号。

国民党中央政治学校的党部不属于重庆市的国民党党部，而是直属于国民党中央党部，叫做特别党部（即直属党部）。特别党部的党员仍然是普通党员，同持有“特”字第×××号的特别党员是两回事。

1943年8月初训练期满离开政校，按规定，我应该到北碚的国民党党部去报到，但我对于身为国民党员实在没有兴趣，因此未去。不久我就到中国航空公司加尔各答气象台任职。此后，我与国民党在组织上没有任何联系。

在1951年反动党团登记时，我把那份国民党党证上交给了华东气象处，并拿到一张收据。很庆幸，依我长期养成的收藏资料的习惯，我一直留着那张收据。

按政策，国民党的特别党员是属于敌我矛盾，普通党员则是一般政治历史问题，我被归类于后者。“文化大革命”中有“清理阶级队伍”阶段，1969年，我在江苏省五七干校隔离审查期间，利用那个收据提供了证明，澄清了我的矛盾性质问题。但在追查国民党的残渣余孽的过程中，有人就说不清楚了。听说，当时的南京大学气象系主任徐尔灏先生的非正常死亡，就与这个问题“说不清”有一定的关系。

1959年徐尔灏(右)与竺可桢(左)谈人工降雨研究问题

徐尔灏先生是我当年在政校受训时的同学，是和我一同集体参加国民党的。后来他还于1958年被吸收为中共党员呢。先后担任过南

京大学气象系教授、系主任，国家科委气象组副组长，中国气象学会副理事长，在云雾降水物理、雷达气象、大气探测和高层大气物理等诸多领域内做了许多开拓性的工作。多年后我得知徐先生的不幸遭遇时，曾想："要是当时外调人员找我了解一下，就可以把这个问题说清楚了，也许能捡回徐先生一条命啊。"

与徐先生相比，我是幸运的。但"一般历史问题"也毕竟是"问题"。一纸党证成为我的梦魇，作为"有历史问题的人"，长期被列入另册而低人一等。我一直小心谨慎做好自己的本职工作。"千万不能出事，一出事就要家破人亡了"，在政治上，这成为我后来时常在心里掂量的"座右铭"。

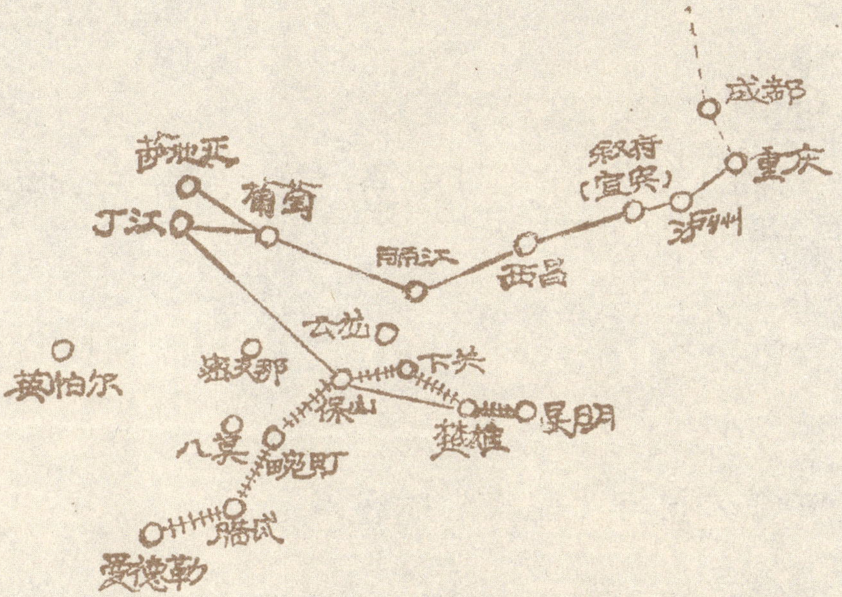

近些年来，国人不是正在好奇而认真地拾回被丢失多年的有关滇缅远征军的记忆吗？不是在极有兴味地谈论有关飞虎队和驼峰的传奇故事吗？我今天可以自豪地说：在那场伟大悲壮而艰苦卓绝的民族抗战中，我们作为中华儿女的一分子，作为气象战线上的一名科技工作者，曾经尽过自己的力。这是我们应该做的，没有什么好夸耀，但也不希望被抹杀。

第8章 在"中航"服务的战争年代

中航公司与"驼峰"航线

我在政治学校受训结束后，1943年9月1日回到北碚象庄气象研究所。因为原有的天气预报业务已全部转给中央气象局，因此一时在所中没多少事做。除了做些观测，还让我兼做出纳工作。气象研究所的事务员张以刚，在工作上大大咧咧，在财务上大手大脚。他经常去重庆等地购物，但买回的东西却常常不实用，也不比北碚便宜，且他经常不能及时报销，影响到中央研究院总办事处不能及时划拨经费给气象研究所。根据当时财务规定，有些物品是不予报销的。他报销时，我要按规矩办事，与他有时搞得不愉快。而这些繁琐的事务性工作，既非我之所长，亦非我之所愿，心中渴望能继续从事气象专业工作，这段日子我过得很苦恼。不过很快就有了新的转机，1944年初，中国航空公司气象方面的负责人张绍良从印度加尔各答到重庆来招聘气象员。

先简单介绍一下中国航空公司，因为已有文献中鲜见对这个公司情况的介绍，更不要说记述与之相关的气象工作了。而从中国现代气象事业的发展历史来说，它应该占有相当地位。

1930年7月17日，国民政府交通部与美国飞运公司（China Airways Federal Inc.，U. S. A.）订立航空邮运合同，并合股于8月1日成立中国航空公司，简称“中航”，英文名是China National Aviation Corporation（C. N. A. C.），资本总额为国币一千万元，中方占百分之五十五，美方占百分之四十五。美国飞运公司后于1933年4月1日将其在中航的股权转让给美商泛美航空公司（Pan American Airways），这样“中航”就成了由中国官方与美国民营公司官商合资经营的企业。

在中航开办后的前7年中，先后在国内开辟了沪平、京平、沪蓉等五条航线，1937年7月抗战全面爆发后，航线随着战争的进程而不断调整，但中航的气象业务始终比较简单，在很长一段时间里，中航属下的专职气象员只有两人。

1941年12月8日日寇偷袭美国海军基地珍珠港，太平洋战争爆发。当时日本在太平洋上不可能占领檀香山，采取守势，但在亚洲采取攻势。12月8日日机突袭香港九龙启德机场，中航公司的飞机及设备损毁严重。很快日寇占领了香港、河内，1942年2月15日，攻占新加坡。在马来西亚得手后，继而将其军队转向缅甸，切断了中国的国际供给线。

由于海、陆国际通道线被日寇切断，反法西斯战线的东翼，面临着崩溃的危险。为了利于共同对日作战，能将战略物资和军事人员迅速运进中国，美国总统罗斯福坚决主张开辟从印度阿萨姆邦飞越横断山脉到昆明的航线。美国国内许多人反对开辟“驼峰”航线，因为此航线实在太危险，但罗斯福从对整个反法西斯战局的长远战略意义考虑，认为困难再多、牺牲再大，也必须要做，1942 年 1 月 31 日同意中国政府要求支援的要求，决定开辟这条空运航线，并终于在 1942 年 5 月“驼峰”航线开通。①

这条航线所越过的横断山脉，由几条南北走向的平行山脉所组成，地形陡峭，峰高谷深，有些像骆驼的肉峰，被飞机师称之为“驼峰”（HUMP），航线附近的山峰海拔多在3 500米，甚至4 000米以上。驼峰线上的最低飞行安全高度在北线（汀江—葡萄—云龙或丽江—云南驿—昆明）为15 000~20 000英尺（合4 500~6 000米），这对当时的飞机性能来说，已属于超高度飞行了。

驼峰航线的天气条件也很恶劣：常常有西风急流出现。这种强风带出现的时候，风速每小时可达 100 英里（即 45 米/秒）。偏南的西风急流一吹，常常能把飞机吹到北边去，那就危险了，因为北边的山更高。为此飞机师要经常校正航线。此外雨季时雷雨频繁、飞机上下颠簸厉害，可能一下子上下 500 米甚至1 000米，所以很容易出事。有时飞机结冰增加了机身重量，不得已要把飞机上的物资抛掉，包括贵重的东西。而返回印度时，西风急流又是顶头风，向西飞的飞机常常因飞行时间过长，油量不够，只得又飞回昆明。

最初是由美国陆军航空兵飞“驼峰”② 航线的，后来由专门的美国空军运输队来飞。中航公司趁这个机会，于 1942 年 4 月 18 日在印度汀江设立办事处，用几架飞机帮忙运输。中航公司是做生意的，只要能赚钱就干，

① 参见陆元斌《抗战后期的“驼峰”飞行》。《中国民航史料通讯》，1985 年第 19 期，第 3 页。内部资料。

② 飞跃“驼峰”（Over Hump），美国航空兵中不少人误认为是越过喜马拉雅山脉，这是误解。喜马拉雅山脉是横在中印边界东西向之间的山脉，而 Over Hump 则是飞跃中缅边界附近的南北向的横断山脉。

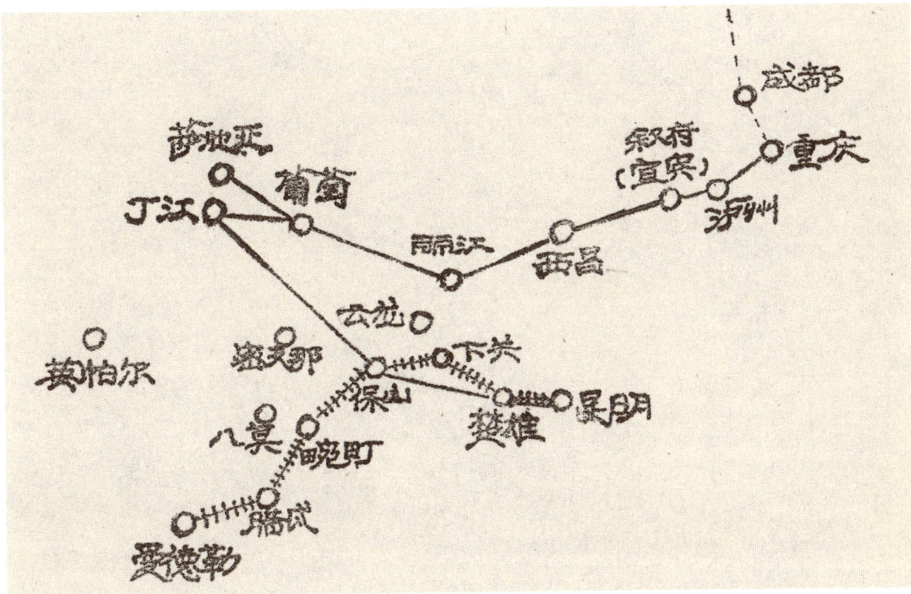

驼峰航线示意图（————表示1942年5月到1945年8月中航公司“驼峰”空运的主要路线，┼┼┼┼表示为滇缅公路，地名均为抗战时所用名，括号中为该地现用名①）

效率比较高。而美国那些飞机师则能不飞就不飞。有鉴于此，1942 年 2 月至 8 月美国通过“租借法案”拨给中航公司十架运输飞机，专门飞“驼峰”航线。后来他们发现效果很好，于是 1942 年 8 月至 1943 年 2 月再租给中国航空公司二十架飞机飞这条航线。1943 年 2 月 17 日中航与美国驻中缅印陆军后方勤务部签订正式合同，办理昆明、汀江线物资空运，于 3 月 1 日正式生效。到 1944 年底经常在“驼峰”航线上飞行的中航飞机有三十架。②

① 参见陆元斌《抗日战争后期的“驼峰”飞行》。《中国民航史料通讯》，1985 年第 19 期，第 13 页。内部资料。

② 参见《1909—1949 年中国民航大事年表》。《中国民航史料通讯》，1983 年第 2 期，第 7 页。内部资料。

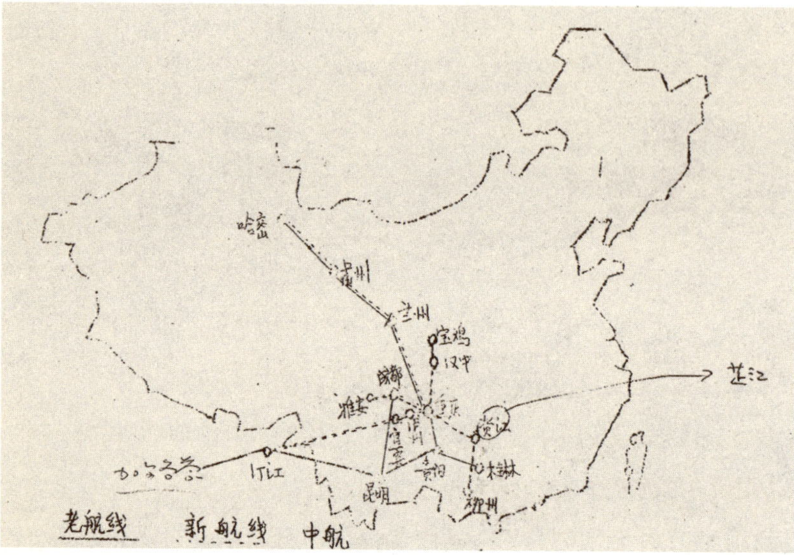

中航航线示意图(1942年5月—1945年8月)摘自《中国近代民航史》中册,中国民航史编写组,1984年2月,第105页

中国航空公司气象报告(已交馆藏基地)

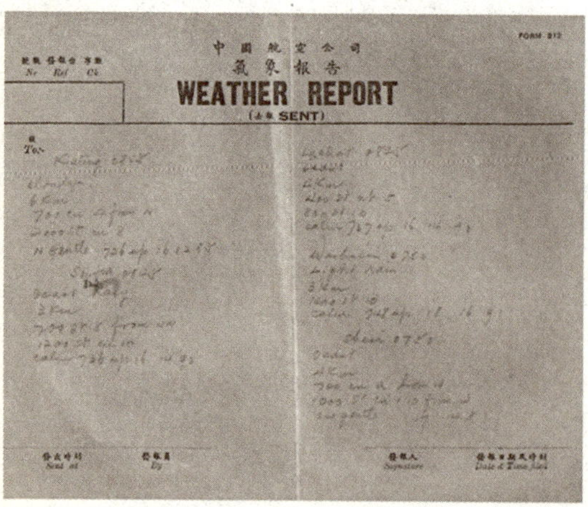

中国航空公司气象报告(译稿)[1944年2月以后,中航公司内部抄收的气象报告,内容:天气(多云、晴……)、云高、云的种类、能见度等。]

中国航空公司气象报告

佳定 8 点 45 分
多云
能见度:6 公里
北边,700 米高度的积云,云量:4/10
2000 米高度的层积云,云量:8/10
北风,风力 3—4 级

泸州 8 点 45 分
阴
能见度:4 公里
400 米高度的雨层云,云量:5/10
800 米高度的层云,云量:10/10
无风

叙府 8 点 45 分
阴天、霾
能见度:3 公里
西北面,700 米高度的层云,云量:8/10
1200 米高度的层积云,云量:10/10
无风

万县 7 点 50 分
小雨
能见度:3 公里
1000 米高度的层云,云量 10/10
静风

沙市 7 点 50 分
阴天
能见度:4 公里
西面,700 米高度的积云,云量:2/10
西面,1000 米高度的层积云,云量:10/10
西南风,风力 3—4 级

中航的气象业务以及机构能够比较快地发展，主要是在“驼峰”飞行以后。1942 年中国航空公司的气象员才有两人，到 1943 年“驼峰”飞行开始，只增加了一人，实在是应付不了。那时中航公司的航线已经有很多了，重庆、昆明、汀江、加尔各答、叙府（宜宾）等，一共只有 3 个气象员（叶少章、张绍良、莫华容）怎么能行呢。没有气象员的机场要求受过一些气象训练的报务员兼管气象员的工作，一个钟点去报一次天气。1944 年以后，航线更加繁忙，为了保证飞行安全改为半个钟点报一次天气。这时报务员需要停下手头工作出来观测天气，一心二用对飞行保障的质量还是有影响的。因此中航不能不考虑尽快地增聘专职气象员到各主要航站以提高气象服务的效果。

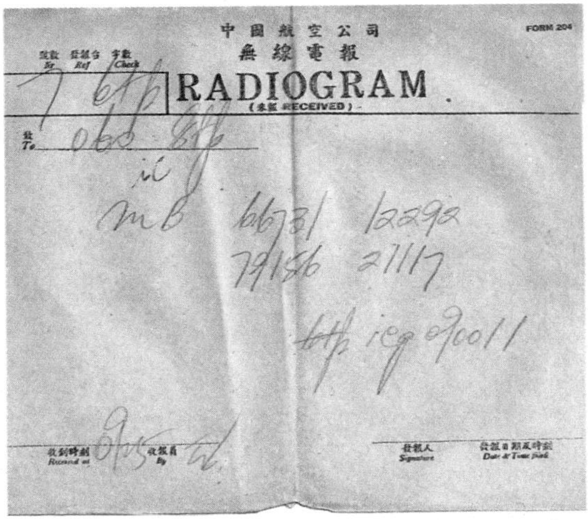

中国航空公司1944年2月以后使用的电报(已交馆藏基地)

飞机师在飞行之前，要知道有关机场的天气实况，了解天气预报。“驼峰”飞行前期，中航的航站预报、航路预报、高空风报告以及危险天气警报都很缺乏，也没有地面天气形势图可资参考，气象员只提供天气实况。当时中航公司许多航线上的天气报告是由美国的一些气象站提供，例如从加尔各答到汀江飞行的天气报告就由四五个地方（奇拉喷齐、加尔海特等）提供，中航公司用电话询问后提供给飞机师。而由汀江到昆明的航线上的天气报告，在中国境内由云龙、丽江、保山等在中国的气象站提供。

从 1944 年初到 5 月，中航公司共招聘到 5 个气象员，连同原有的 3

个气象员，共有 8 个人了。其实 8 名气象员还是很不够用的，比如汀江昼夜都有飞行任务，只有一人就忙不过来，必须要报务员帮忙。因此抗战期间还在继续招聘气象员，最后抗战结束时招到约 20 人。抗战胜利后，航线更多了，于是又招聘气象员。据我所知，中航公司最多的时候共招到过 40 多名气象员，但其中学习过气象专业的屈指可数。

在珊瑚坝机场建立气象站

中航总公司自 1938 年 1 月起设在重庆，主要管辖三个组：机航组、营业组、财务组。机航组最早的基地在上海，上海失守后迁香港，香港失守后再迁加尔各答。抗战时期机航的许多业务和设备都放在印度，飞机、航空油必须放在安全的地方，因此中航公司的机航组员工大多都曾在印度工作过。

机航组下设机务课、通信课、供应课、建筑工程课等，通信课课长是薛克斯，气象员就归属于通信课。①

1944 年初，中航在加尔各答达姆达姆（Dum Dum）机场的气象员张绍良，受薛克斯的派遣，专程到重庆通过内部渠道招聘气象员。

当时中国气象专业人员很少，中央气象局刚刚成立，也需要许多气象人员，可谓“物以稀为贵”，有经验的更是抢手。

张绍良到重庆后首先找到中央气象局，中央气象局回答：“不行不行！我们自己的人还不够呢。”考虑到气象研究所把天气预报和许多管理的事务都交给气象局了，可能会有人闲置下来，中央气象局的程纯枢就介绍张

①《中国民航史料通讯》，1984 年第 4 期，第 10 页，1984 年 1 月 27 日。内部资料。

绍良到气象研究所物色合适的人选，于是张绍良就来到气象研究所招聘。

得知此消息，气象研究所有四五个人准备到中国航空公司应聘。我写信给竺先生，请求他同意放我到中航公司工作，得到他的批准。后来杨鉴初由于刚结婚不久有了孩子，没去应聘；徐延煦身体较弱，体格检查估计不会通过，也没去应聘。最后气象研究所只去了两个人：我和周克强。我们在 1944 年 2 月 29 日离开气象研究所去中航公司。

与此同时，张绍良在昆明招聘到郭鉴伦，在中央大学招聘到盛承禹，在西南联大招聘到何明经。中航公司分派我和盛承禹在重庆珊瑚坝机场，郭鉴伦和周克强被派在昆明巫家坝机场，何明经在印度的汀江。这样，从汀江到重庆这条航线的主要机场就都有了气象员。

在重庆，中航经常使用的是珊瑚坝机场。它位于长江中的沙滩上，每当夏季洪水淹没时，就改用九龙坡或白市驿机场。珊瑚坝机场是我国，甚至是世界上跑道最短、范围最小的机场。它的南、北两侧紧邻高出长江水面近百米的市区，地势逼窄，几乎没有回旋的余地。只有经验丰富、技术高超的飞机师才能在这里安全起降。这个机场最大的优点，也可以说是唯一优点是市区近在咫尺，交通便利。由于夏季要淹没多次，机场内没有永久性建筑。每年夏汛过后，水位逐渐降低，不再淹没机场了，中航公司就在珊瑚坝机场内造十几间临时性的竹棚做办公用房，有餐厅、候机室、汽油储藏室等。次年夏汛来临水位升高淹没竹棚时，就放弃使用。

1944 年 3 月初，我被分派到珊瑚坝机场建立气象站，任命我为负责人，起初同事是周克强，没几天他就调到昆明去了，后来几个月在一起的是盛承禹。我们的气象站就设在机场候机棚西侧的竹棚内，有专线电话通到岸上中航无线电台。机场淹没后，气象站就搬到电台内，飞机改在九龙坡或白市驿机场起降，临时派气象员去服务。

重庆虽然是国民政府战时首都，但在抗战期间，每天只有三两架客机起降，任务不重，所以在重庆报到的中航气象员大多要调到其他气象站去。

在加尔各答的工作与生活

中航的机航基地设在加尔各答的达姆达姆机场，这个机场的气象站初建于1943年3月，和中航电台在一处。最初只有张绍良一人，由于张绍良经常要到中航各地的气象台检查工作，加尔各答达姆达姆（Dum Dum）机场的气象员经常只有1人，实在忙不过来。当时中航公司曾在广州机场举办电讯学习班，莫华容希望参加学习没得到同意，于是张绍良把他带到身边学习气象观测。以后经常由张绍良和莫华容轮值，而8小时以外的测报工作，仍由值班报务员兼任。每天从飞机起飞前两小时起，到所有飞机降落时止，每隔半小时测报一次航空天气。除此以外，在气象员每天开始值勤时进行一次高空风观测（一般只需测到3 000~4 000米的高度即可停放），供飞机师参考。1944年7月，我被调到加尔各答任气象员后（我是中航气象员到加尔各答工作的第三人，第一人是张绍良，之后是莫华容），加尔各答中航气象站的测报任务才不再由值班报务员兼理。大约1944年秋，机场内美军气象台负责人Capt. Hennig来参观，张绍良试请他们把加城Alipore气象台接到他们那里的电动打字机串连到中航气象站的电动打字机上，以便我们也能同时收到印度各地的气象报告，当即得到了他们的同意。

后来，原在汀江的王宪钊也调到加城，他看到电动打字机上有绘图天气报告，见猎心喜。他曾到英国皇家空军（RAF）气象台去参观访问过，就和张绍良等商量，决定我们利用测报之暇，自己填写、绘制地面天气图，那时台内任务并不重。但由于印度纬度偏低，已位于副热带和热带，气压梯度很弱，按常规是每隔 2.5 毫巴（1 毫巴 = 10^2 帕）画一根等压线，可这里每隔一个毫巴画一根等压线，也只能分析出一个大范围的热低压出来，看不出什么名堂，分析天气的作用不大。不久，王宪钊调走，这项试验性工作也就逐渐不了了之。

在不同地区，天气迥异，预报手段、标准大不相同。通过实践，竺师所说的“气象是一个地方性的自然科学”的论断更加深深印在我的脑海中。

在印度，收入较高，但住宿费很贵。比较清洁、安全的旅馆一张床位，每个月要八九十个卢比。当时卢比与美元的汇率约是 3 比 1。国民政府的空军驻扎在印度四个基地里，空军气象人员曹淦生驻汀江；薛继埙驻新德里；毕梦痕驻卡拉奇；我在气象练习班的同学杨则久驻加尔各答的中国空军气象站，他让我住到他那里去，后来给了我一间单独的卧室。

陈学溶在印度加尔各答（1944年）

一天晚上，我泻肚出去上厕所时没有来得及锁房门，回来时一看，啊呀，糟糕！遭偷了，500 卢比和美式小闹钟等凡是值钱点的东西都没有了，护照也没了。我赶紧向警察局报案，并与雇佣的印度工友商量：“你帮助我，找到东西可以给你钱。”那个印度工友不吭声。大家都怀疑这个工友，因为只有他可以自由出入营区。警察将他带到警察局去询问，最终也没什么结果。钱、物丢了自认倒霉吧，可是护照等证

件丢了就很麻烦。重新办理护照等证件，花了很长时间都没有办下来，我每次去查问得到的回答都是“再等等”“再等等”。后来还是其他在印度工作时间较长的同事告诉我：“你要把查询护照的申请放在上面，下面放一些钱，这样办起来就快了。”我照此办理，果然很快就拿到了重新办理好的护照等证件。

加尔各答的航线不多，白天的工作虽然忙碌，但一到夜晚就没有什么事了。

由于宿舍电力不足，电风扇旋转得很慢，舍内酷热难熬，无法安眠。在印度电影院看电影很便宜，每次只要几个卢比。影院内有冷气，里面的座位宽大，足以躺着看，电影轮流放，可以从早看到晚。有时我就到电影院去，躺在座位上睡觉。如果是美国原版的影片，我就会聚精会神地看，根本不会瞌睡，因为这是学习英语提高听力的绝佳机会。在印度短短的一年多时间里，我的英文听力有了显著提高，对在日后工作中翻译、应用国外专业资料，均有帮助，可以说这是我在印度的最大收获之一。

在中国空军气象站的几个人，加上通讯班的八九个人通常聚在一起打牌赌博，玩一种叫做“梭哈”的扑克游戏。我对此毫无兴趣，觉得还是利用空闲时间看书、学习为好。

我来印度不久，中国空军的气象员毕梦痕与蒋瑞生互调工作，蒋调到卡拉奇（当时属印度管辖），毕梦痕回重庆接替蒋瑞生的岗位。毕梦痕从卡拉奇回重庆途经加尔各答时，到杨则久处来看望老同学、老同事。到了晚上，大家又聚到一起打牌，几圈下来时间已晚，但毕梦痕连赢数盘，手气很好，赢了钱的人是不好意思脱身的。而他明天一早还要上飞机，实在瞌睡难熬，于是就拉我顶替他打。我再三推辞说：“我不会打，实在不会！”毕梦痕不答应，说：“不会怕什么！你替我把钱输光就行了。”没有办法，我只好拿起牌来。七八个人打，每人五张牌，各掏出 20 个卢比。我的记性好，几圈下来发现有张“10”的牌没出来，杨则久认为自己手中有绝佳好牌，就逼着我把钱押上去。我下决心把钱全押上，杨也跟进把钱全押上。摊牌了，我手中的牌是一条大顺，赢了。

杨则久长叹一声：“你完全不会打牌，不按套路出牌，这怎么打啊!”我也很着急，赢了一百多块钱怎么办呢？杨则久说：“你不是刚被偷了 500 卢比嘛，是老天爷补偿你的。”我不肯，杨又说：“那你就拿这钱请大家客吧。”我连声应：“好！好！好!”第二天我在城里一家大饭店请昨天打牌的所有人吃饭，花光了赢来的钱，皆大欢喜。

我由这件事知道自己的记忆力强，打牌也许会赢些钱，但我还是更加坚决地远离赌场，也远离是非。因为我的快乐在读书和学习之中。

没有想到我和杨则久、毕梦痕在加尔各答的相聚，竟是此生最后一次。以后他们随空军移驻台湾省，毕梦痕是当时在台湾的空军气象界很有影响的人士之一。杨则久后来离开空军到台湾气象局任职。

中航的待遇

1944 年 2 月底，我到中航公司报到时，财务人员问：“2 月份的工资拿了没有啊?”我说：“已经在气象研究所拿了。”财务说：“拿了就算了，要是没拿就由中航公司来发。”他们告诉我，中航公司可以发7 000块钱（法币），而我在气象研究所实际仅拿到2 000块钱（法币），两者相差很大。

在中航工作过的气象员前后共有四十多人，这些人中原先学习过气象专业的仅占三分之一，能做预报的只有几个人。而像吕笠渔、王式中、冯钦裕等人，当时都只能做观测。许多没有学过气象的人也来搞气象观测，学物理的人来不难理解，而学数学、学机械的人也来争做气象员，主要原因就是中航公司的待遇比较高。

所有到中航公司工作的气象员，进来后起薪都是月薪 80 元，但实际的收入是由政府根据通货膨胀的程度，每月进行系数调整，用工资乘以系数得到实际的收入。这个系数在当时还是相当大的。当时通货膨胀很厉害，中航公司的实际收入是随着物价上涨而不断调整的，每半个月就会调整一次。而一般的公、教人员都是几个月才调整一次。相比其他机关、单位，中航公司的待遇太优厚了①，所以很多人想尽一切办法到中航公司工作。到中航公司工作的最好办法就是到气象台，因为学习观测比较容易。

中航公司的待遇是分很多级别的，印度人的工资较低，中国人的工资要高一点，美国人拿美金就更高了。当时大家都住在城里，到机场工作有班车，班车分内勤和外勤两种。外勤的人坐卡车，一卡车载几十个人。内勤的人坐轿车。中国人、外国人不一样，内勤、外勤不一样，等级森严。工龄也很重要，时间越久工资越高。

我的工资升得比较快，主要是因为我进公司比较早，在气象员里我是第四名进入中航公司的。另外，我在业务上比较熟练和全面，地面观测、高空观测、气球测风、制作氢气等航空气象业务都能拿得起来。应该说，我在中航公司里是比较受器重的。

我 1944 年工资为 80 元，1945 年加到 110 元，抗战胜利前加入中航的职员在胜利后每人增加工资 50 元。到 1946 年，我的工资增加到了 200 元。

---

① 据竺可桢 1946 年 4 月 16 日日记对郑士俊、陈耀寰月薪的记载，中航公司的实际收入是气象研究所实际收入的三倍半。

后几年的情况是，1947 年因中航飞行事故太多，不但没有增加工资，年终的双薪也取消了。1948 年我的工资增加到 230 元，升任龙华气象台副台长又加津贴 50 元，共达 280 元，是龙华气象台报务员张有铭工资的两倍。

汀江机场

中航公司主要的飞行是由汀江到昆明，由昆明到汀江。中航公司气象员在汀江工作过的前后大概有十个人。汀江属于印度的阿萨姆邦，当地只有单一的经济作物——茶叶，采茶工人受茶园主剥削，生活极为贫困。当时汀江机场是英国皇家的空军机场。小镇上只有一条街几家商店。雨季时，汀江阴雨连绵，潮湿闷热，疟疾横行。小镇周围都是乡村，生活很单调，平时也不可能有休假。当时中航公司规定：每隔三个月，汀江的气象员可乘飞机到加尔各答休假十天。中航公司的许多人都曾到加尔各答度假，假期休完再回汀江继续工作。在加尔各答工作的人，只有上班时才可在机场吃一顿免费餐。而汀江的待遇很好，伙食完全免费供应。

我自己没有去汀江机场，但我有好几位同事都在那里干过。其中盛承禹先生与我有长期密切交往且至今健在，这里摘录他的一段忆述文字：

“1944 年夏，我从重庆珊瑚坝机场调至昆明巫家坝机场。1944 年冬季，我又被调往汀江机场工作。这是抗日战争接近胜利时的艰难时刻，航线上的飞机不分昼夜地穿梭飞行，运送急需的战时物资。虽然我没有像飞行员们那样曾经在驼峰航线上遭遇过死亡的威胁，然而发生在航线上的一次次空难事故同样使我有切肤之痛。当时在中航公司的机组人员中，有些原是昆明西南联大的学生，他们应考，经过短期培训成为副驾驶员。名字叫F. Pan的一个上海学生就是其中的一个。他年纪很轻，长得很秀气，带有浓厚的学生味，与我们气象员经常在一起谈笑。可是在一次由昆明飞回汀江的飞行中，快到汀江机场时因机械故障跳伞，不幸身亡。多少年轻的伙伴葬身在驼峰航线上，作为当时的一个地勤工作参与者，在半个世纪后的漫长岁月里，这段令人难忘的历史历历在目，希望人间不再有战争，让长眠在驼峰航线上的年轻飞行员们含笑九泉。"①

汀江是驼峰航线的起点站，飞机飞的次数很多，中美飞行人员以及业务、机务、通信、勤杂人员常常利用工作便利做些生意，黄金、西药、香烟、毒品、美钞等什么利润大就做什么。走私的办法五花八门，有的随身夹带，有的藏在飞机结构各部分（如发动机、仪表等）中夹带。

早在1939年，中航公司的机航组主任夏浦（美籍）就从香港偷运收音机、西药到重庆，从中渔利，以后规模越来越大。这期间轰动一时的是成都营业处处长马桢祥的包机走私日货事件，涉及中航公司的中美双方人员。此事被揭露后，实在无法掩饰，经军法执行总部审理判案，1942年10月蒋介石代电批准对马处长"处十年监禁"。但走私之风并未就此刹住。1944年11月21日，美联社报道中印航线的走私活动，称其规模之大，"足与古代的海洋私运相媲美。在驼峰飞行的两年半左右，美国人走私发财达400万美元"。

和飞机副驾驶或飞行报务员合作走私的人很多，包括气象员在内。当

① 参见盛承禹《驼峰琐忆》。原载《嘉兴同乡通讯》1993年1月第16期，第28页。作者介绍见"人物漫忆"一章。

然胆小的人是不敢的，正派人更是离得远远的。中航有个气象员叫戴祖铭，他在西南联大不是读气象的，而是读工程或机械的，也来当了气象员，并愿意到汀江工作。他胆子很大，工作期间参与走私，很快就赚了5 000美金。戴祖铭准备工作三个月后到加尔各答休假，然后辞职去美国留学。大家在汀江工作之余没有事就赌博，参与赌钱的人很多。他也去赌博，没有几天就把赢的钱和老本输了个精光，留学美国的愿望没法实现了，他懊悔至极。戴祖铭在昆明机场工作到1947年，重庆机场气象员徐圣谟调离后，戴祖铭被派往重庆机场工作。1955年他到北京游玩，还来看望过方齐和我。但不久肃反运动开始，他因曾参加过特务组织，肯定是重点审查对象。1985年9月13日我从张绍良来信中得知，戴祖铭在1966年自杀了。

相识结缡刘婉章

我1943年在中央政校受训结束回到气象研究所上班时，气象练习班的同学大多数已经结婚并有了孩子。亲朋好友也张罗着为我介绍女朋友。

我的好朋友余建寅当时在重庆茶叶公司当副经理，他与四川自流井（自贡）一家公司的秘书谢德培聊天时，偶然听说谢德培的表妹刘婉章正在找对象。由于家境贫寒，谢德培自小由舅舅抚养，直至长大成人，来重庆前住在南京堂子街38号舅舅家。余建寅幼时也住在堂子街附近，因此他们二人较熟悉。听谢德培这么一讲，余建寅立刻想到我还单身，就马上写信给我。我与刘婉章都表示愿意联系，两人开始通信。

不久，我进入中航公司，1944年7月又被派往印度加尔各答工作。还

刘婉章在重庆（1943年）

没见过面的两个人，只能依靠信函来联系了。

最初互相通信就是简单地交流。由于两人老家都在南京城南一带，离得很近，又都是率直、老实的人，所以相互之间很快就无话不说了。我从后来的通信里了解到，婉章虽然原是大家闺秀，但 13 岁时一个人就跟着表亲出来逃难了，给别人家里带孩子、做家务，饥寒交迫，受尽磨难。多年以后，她曾跟自己的子女们说："再苦再难，一家人都要在一起，不能寄人篱下。"以后，婉章好不容易进了国立二中，班中同学都是逃难出来的，一切免费。她勤学不辍，且在课余帮助一些单位抄写资料，以所得报酬维持日用所需，这才改变了她自己的生活状况。但是，她经常在晚间昏暗的灯光下做大量抄写，使视力急剧下降，最后导致双眼高度近视达 2 000多度。虽然生活还是比较艰苦，但毕竟是能读书了，她心里充满了希望。中学毕业后，同学们各奔东西，有的还投奔了延安。婉章 1943 年高中毕业后，做了小学教员，工资不多。得知哥哥在沦陷区被日本鬼子杀害、家中生活很困难后，她就更加省吃俭用了，想方设法寄钱到南京帮助自己的母亲和妹妹。实际上，这样寄钱非常冤枉，因为当时通货膨胀严重，等钱寄到南京时已经不值钱了、贬值了。虽知这样，她还是坚持要寄，因为"有"总比"没有"强。

我知道了这些，内心受到了深深的触动。觉得她很老实，能吃苦，重感情，有家庭责任感，是靠得住的人。通信也就慢慢地多起来，后来越写越详细，渐渐地两个人都可以开开玩笑了。在信件的往返中，两人都觉得对方很合适，虽然还没有见过面，但仍约定一年后结婚。

1945 年 10 月下旬，我从加尔各答调回重庆珊瑚坝机场气象站工作，仍担任气象站的负责人。婉章当时在金刚坡小学任教，就住在学校里，那里是重庆的近郊区。从我回重庆到与她结婚的近两个月时间，我共去过金刚坡四次。

有一次我去探望婉章，走到沙坪坝，一路上风景不错。沙坪坝在歌乐山下，金刚坡在歌乐山上。为了抄近路，我不知不觉就沿山间小路向上走去，后来没有路了，就盲目地爬山。那时我并不知道附近有“中美合作所”所在的军事禁区，没有标识，也没有卫兵站岗。后来问了同事才知道，应该再走约 5 公里的平路，从磁器口上山，到高店子顺着台阶路上金刚坡，这样可以避开白公馆、渣滓洞。如果当时我真的进入到这个区域，后果就不堪设想了。很久以后我听说过，当年曾有一位学生误入禁区，进去后就再也没放出来。这真是天意啊！在我一生中，像这样的危险事情还有一些，但都在不经意间化解了。因此我觉得这一辈子还是挺幸运的。

陈学溶与刘婉章结婚照（1945年12月25日重庆）

1945年12月25日，我们在重庆南温泉举办了婚礼。婚礼很简单，婚后住在中国银行总行陈学洵的宿舍里，我的父母与我们同住。婉章承担了家中一切事务，她一直拒绝我帮助她做家务，常说："男做女工，有出息也不凶。"意思是说做家务的男人是不会有大出息的。她一辈子都是这样做的。

躲过此生一大劫

1945年8月15日，抗战终于结束，"驼峰"航线完成了它的历史使命，中航总公司从重庆迁往上海。中航以上海龙华为主要基地，恢复和开辟了约20条航线，气象保障任务成倍增加。为了便于管理，中航在新成立的通信课之下，于1946年设置了气象股，任命张绍良为股长。中航气象台开始加强航空天气测报。

抗战胜利后，大约有一年之久是国民政府"还都"期间，交通运输特别繁忙，空运也不例外。在此期间，重庆经常维持5~6名气象员分驻珊瑚坝和白市驿两个机场。

1946年5月中航总公司员工在上海为增加工资举行罢工，各地中航公司的业务也都停顿了。这时竺可桢先生已买好重庆至南京的飞机票，但一连几天都无法成行，只好找我帮忙把行李寄存在机场。因为行李过磅时超了三公斤，费了一些周折。我了解到，竺先生手持的机票最快也只能在恢复航班后的第四批成行，无奈之下竺先生也只能耐心地多等几天。后来才知道，这次罢工是共产党领导组织的。

1946年全年我都在重庆珊瑚坝机场工作，只是年底12月25日到广州出差，去代替广州的气象员莫华容休假期间的工作。本来按计划是要在1947年1月25日返回重庆的，但是莫华容在休假结束后挽留我在广州玩玩，盛情难却，我就延迟了归期。当时广州至重庆每星期只有两个航班，因此要推迟三天才能走。

万万没想到，恰恰是1月25日的航班出事了。这架飞机到广州中转载客后飞往重庆，预计快到重庆了，突然失去联系。等了个把小时之后仍没有消息。我就担心：坏了，可能出事了！一直等到夜晚仍没有消息。

那时婉章因急于要回南京看她的妈妈和妹妹，早在1946年九十月就到了南京。我曾写信告诉她，我是要1月25日回重庆的。现在飞机失联，我急忙发了电报到南京，告诉婉章我已经改为28日回重庆。接到这个电报，婉章感到很奇怪：这种事情哪值得拍个电报来啊？其实我是怕第二天报纸刊登这班飞机失事的消息会把她吓坏的，当时写信通知已来不及了，所以只能拍电报。婉章后来才知道事情真相，说："我还怪这个迂夫子呢！"

由于这段时期航班接连出事，国民政府交通部令中航公司售票处停止售票，但本公司的职员因公务还可以乘坐货机。1月28日，我搭乘客机回到重庆，机上空空荡荡，除机组人员外，仅我一人。

这一天，另一架中航客机原有从广州飞重庆的计划被取消了。该客机的飞行报务员陆元斌无法飞往重庆，他把一件物件托我私下带往重庆交给他的友人，并告诉我一切关系他都办好，不会出问题。经过考虑，我答应并很好地完成了他的托付。此事七十年来我从未和别人谈过，因为我怀疑很可能事关政治机密（新中国成立后我才知道陆元斌是中共地下党员），而不是商业走私。

1月25日这一天，对于我个人来说，侥幸逃过一大劫，是我此生最幸运的一天；而这一天前后的一个月，却给中航带来了自己飞行史上最黯淡的一年。

1946年12月25日有八架飞机从重庆飞到上海，其中中国航空公司五架，中央航空公司①三架。飞行前，位于上海的中航气象台已经发布了天气将逐渐变坏的预报。这些飞机从重庆飞到汉口后，再飞上海估计下午五点钟以后才能到达，天气将变得更坏，应果断终止飞行。但是这几个飞机师做一番商量之后，他们想要12月25日赶到上海好过圣诞节，决定冒险飞行，而且立即就飞。那时还没有规定危险天气的飞行条例，飞机师怎么决定，就怎么飞了，只能听他们的。

当时飞机师们就把汽油加足了，从汉口到上海飞行要三个小时，他们足足加了可以飞行六个小时的汽油，预备到上海后还有三个小时，天气总会好一下嘛。飞到上海以后，天气果然不好，飞机在机场上空盘旋，转、转、转，就是不能降落。油量还剩1个小时，再不降落不行了。上海不能降落就到备降机场吧，飞南京机场不行，南京天气也不好，而且没有夜航设备；青岛机场倒是有夜航设备，但油量不够了。最后只好飞到油快耗完的时候，冒险穿云下降。

结果八架飞机中有五架飞机安全降落，另三架飞机全摔了，中航两架，央航一架。事故导致六七十人死亡。中航公司机航组有一位负责人调往上海工作，也在失事的飞机上牺牲了。

① 1931年2月1日，根据国民政府交通部此前与德国汉莎航空公司签订的合同正式成立欧亚航空邮运股份有限公司，5月31日正式开航，但因设备不足及时局不定，欧亚航空公司仅能通航中国国内业务。抗战中损失重大。1943年3月，改组为中央航空运输股份有限公司（简称“央航”），但实际上仍陷于停航状态。至1945年12月，央航贷款购买了一批美军在第二次世界大战中剩余物资的飞机，1946年5月，开始参加“复员”运输。1949年5月上海解放后，两航（中航、央航）将人员、器材大部分迁港。1949年11月9日，央航总经理陈卓林与中航总经理刘敬宜一道率机起义。

在后来一个月内，又接连摔了几架客机。1947年1月5日，由上海飞往青岛的飞机在崂山撞山；1月25日，从香港经广州到重庆的飞机在重庆附近的金佛山撞山（即我幸免于难的那一架）；1月28日，从上海飞重庆的一架飞机在湖北天门县彭家湾上空爆炸。

一个月内连续出事，国民政府交通部大为震惊，1947年1月30日命令中航公司所有客机一律停航，进行整顿，只有货机可以飞。中航员工的薪水在这一年没有增加，年底的奖金也没了。

上海龙华机场气象台

1947年1月28日我回到重庆后不久，王宪钊在上海辞职了。王宪钊是清华大学的毕业生，最初也在加尔各答、汀江工作过，后来到上海。在上海工作时身体吃不消，他希望值国内航线班，即早上八点至下午两点、下午两点至晚上八点（国际航班是早上两点至八点），张绍良没有同意。那时中央气象局在全国要成立八到十个气象台，他就离开了中航到气象局去工作了。

我2月初到上海出差，这是我第一次到大上海。飞机在龙华机场降落后，张绍良与机场气象台的报务员张有铭前来接机。接到后，张绍良因当时还要值班走不开，就委托已经下班的张有铭陪我进城，到江西路找我南京一中的同学余建寅，并借宿在余家。安排好后，张有铭告诉我，中航的班车停在四川北路临河的邮政局门前，每小时一班准点发车到机场。这是我与张有铭的初次交往。

不久，张绍良派我到南京、武汉出差，安装仪器、风向杆，并帮助这两地的气象员工作一段时间，使他们能够熟练使用这些仪器设备。当时婉章在南京中央气象局工作，因此我在南京停留了一个月，完成任务后又奉命前往武汉。

负责汉口机场气象工作的是中航公司最早的气象员叶少章。叶先生的资格比张绍良还早，但工作不是那么认真，喜欢喝酒，平时也不钻研业务。当时预备在汉口机场施放气球，需要自制氢气，但叶少章不会制氢气，汉口机场也没有人会。我就帮助并教会他自制氢气，又替机场气象台安装仪器设备。我对这些工作虽然都已很熟悉，但因为事情太多，到任务全部完成已是5月，这才回上海销差。

谁知在销差以后，张绍良就吩咐我："你不要回重庆了，就留在上海工作。拍份电报让重庆方面把你的行李随飞机送过来。"这样，我自2月离开重庆就再也没有回去过，原来是"出差"，后来就变成"调差"了。

在基层的气象业务中，我很注意熟悉每一个工作环节，达不到样样精通，但必须样样会做。这样，在工作岗位上既不会没有事情做，又不会受制于人。张绍良之所以无论到哪里都会想到我，就是因为看中我算是个"多面手"吧，航空气象业务的方方面面都能拿得起来，而赌博、逛街之类则与我无缘。

我平时愿意亲自动手去做每项工作，做事要琢磨它的窍门。比如，像施放高空气球，气球升上去你要控制好，随风向摆动，调整好施放的角度。而不能像有些气象员那样强行施放，可又放不上去，急得要命。我摆来摆去就能放上去。在加尔各答机场只有张绍良和我会放高空气球。那时我在印度达姆达姆机场气象台工作一年后，要回重庆结婚，张绍良不愿意放我走，但又不能不放，结婚嘛，是大事，无可奈何，只好通融一下了。因为周克强在气象研究所工作过，也能施放高空气球，张就决定把我与他对调，我回重庆，周克强去印度。现在张绍良在上海负责，他当然是愿意我留在上海的。

我的行李由重庆的同事装上飞机送过来，但有些日常用品，如做饭的汽油炉子等就丢在重庆没有拿了。那时气象员住在珊瑚坝机场，飞机停在附近，飞机师在飞行前担心汽油中有水等杂物，要在飞机下面的油箱开关上按几下，用瓶子接点油，闻闻看。我们就用这些报废而不需要花钱的汽油烧饭。这汽油炉当然也就要留下给重庆的同事们接着用了。

中航龙华气象台在张绍良的直接领导下，分成观测班和预报班。前者的气象员分为三个班，每班 6 小时：02—08 时、08—14 时和 14—20 时，因为没有夜航，20—02 时无人值班。值班者每半小时测报一次龙华机场天气（天气恶劣时，15 分钟测报一次），并将全国各有关航站、导航点（共约 50 处）每半小时一次的航空天气报告译填在各航站的表格上，挂在气象台墙壁四周，供有关人员（调度员、机组人员、预报员等）参考应用。此项工作从第一架班机起飞前两小时开始，到中航所有航线的班机皆已降落到机场为止。

预报班的工作也同样分值三班，也是 6 小时一班：02—08 时、08—14 时、14—20 时。值班时工作十分紧张，特别是 02—08 时，只有一个预报员值班，更是分秒必争。大约从 02：10 开始，国内外的天气报告便源源不断而来，预报员得赶快填图、分析，无法分身，甚至抽不出时间上厕所。在 05 时（夏季要更早）以前，要把 5 或 6 条航线的天气预报和有关航站的天气预报用英文打字机复写好。预报内容包括天气、云状、云量、云幕高、能见度、风向风速等，预报时效为 6～8 小时。不久各航班的机组人员来气象台了解有关的天气实况并领取书面预报，值班员经常还要向他们个别讲解。在航线上或航站附近的天气可能对飞行、起降不利时，更要讲解透彻。一般要到07时之后，预报员才能松口气，把原先用炭条匆忙勾画的天气图再用铅笔画好。所有航空天气预报都要由值班预报员独立完成，并负责发布。

龙华气象台还要负责武汉机场气象站的航空天气预报，将分析好的天气图变成电码传递到武汉，由他们点绘后供有关人员参考应用。

从1946年起，美国西北航空公司（NWA）、菲律宾航空公司（PAL）、法国航空公司（AF）、英国航空公司（HKA）等航空公司的国际航线上的天气预报都曾由龙华气象台有偿服务过，中航气象台的预报质量有口皆碑。

龙华预报班开始时只有周恩济、王宪钊两人轮值；由于预报任务越来越重，因此由昆明调到龙华的周振堡、贺德骏，由美国返回公司的郭鉴伦，新进中航的黄衎（尔瞻）也参加了预报班。

1947年2月，王宪钊离开中航。因福建省气象局局长石延汉先生随台湾行政长官陈仪先生去了台北，成为光复后的台湾省气象局的第一任局长，3月王宪钊到福建省气象局任负责人。1948年5月他又到广州气象台担任负责人去了。我从重庆调到龙华接替了他的班，从事国际航线的气象预报。以后又有盛承禹、莫永宽、陈琳等人陆续参加了预报工作。

张绍良在中航，是通信课下的气象股股长，总揽气象业务。1947年秋又任命郭鉴伦为总气象员，周恩济为龙华气象台台长。1948年秋，龙华机场有位气象员周振堡，大学毕业后进入中航工作，聪明能干，活动能力强。一天，周振堡拿着申请书到处找人签名，要求气象台设置副台长一职。大家私下都认为他肯定有背景，副台长非他莫属。谁知几天后，张绍良把我叫到办公室，拿出委任状说："你现在为龙华机场气象台副台长，从即日起生效。"我立即大吃一惊，忙说："我不行，我不行，周振堡晓得了会怎么想啊?!”张绍良严肃地说：“你不要怕！有什么事我会替你顶着。”

事后得知，周振堡果然非常生气，不久就辞职而去。别人抢着要的职务反而落到了我这个不争不要的人头上，此事让我一直心存不安。

到了1949年二三月间，郭鉴伦、周恩济相继离开龙华机场气象台，撤到广州机场气象台任职，后来周恩济与顾钧禧又去了皇家香港天文台。中航气象股推荐我和盛承禹分别为上海龙华机场气象台正、副台长。而周振堡后来参加了中航的培训班，准备毕业后就任航空站站长。但上海很快解放，中航留下来的人员全部转入中国民航。在中国民航，周振堡是留用人员，政治上不会得到重用。听说他1955年出了事，被下放到内蒙古。同时从中国民航下放到内蒙古的还有郭鉴伦、葛学易、何明经，后来这三个人重返民航队伍，而周振堡于1959年病死在内蒙古。一个聪明能干的人，如此离世，可叹！可叹！

变局中的选择

婉章由重庆回到南京后，先到中华门外的窑湾小学任教，后在卢鋈先生的帮助下，到北极阁上的中央气象局工作。1947年5月，我初调上海时，下班回到宿舍后一个人常常无聊得很。那时每值班三天，就可以休息一天，我有时就乘坐火车回南京住两个晚上，然后一大早再坐火车到上海，下午去上班①。当时通货膨胀很厉害，火车票来不及每天涨价，总要

① 第一天14时至20时上班；第二天02时至08时上班；第三天休息；第四天又是14时至20时上班。

隔半个月或一个月才涨一次，所以有时火车票很便宜。有时一个月内，我会回南京两三次。

当得知我已被调到上海龙华机场气象台工作后，婉章就决定辞职去上海。卢鋈告诉她：“几个月后我要去担任上海气象台台长，到时可以与我们一同到上海气象台工作。”但婉章非常固执，坚决辞职要去照顾我的生活。

我在上海租到了房子，地址位于上海溧阳路附近四家子桥的春阳里。房东陈爵堂是周克强的亲戚，一位台湾老板，中航气象台报务员张有铭也住在附近，另一位报务员沈明彦的弟弟在溧阳路附近的第五医院当会计，张有铭与沈明彦常去我家玩，彼此熟悉了，相处得很好。

陈学溶的岳母徐性诚（中）与妻子刘婉章（左）在上海住所前，右为曾广琼（在气象研究所时期的同事，卢鋈之妻）

1947 年 12 月 7 日我的大儿子德群就在第五医院出生。手忙脚乱中，岳母匆忙从南京家中赶到上海帮忙，我才松了口气。

1948 年秋冬季节，接连打响了辽沈、淮海、平津三大战役，中航在长江以北的各航线多数停飞，沈阳、北平、济南等航站的员工，大量南撤赴沪等地待命。到

陈学溶与岳母、妻子和儿子(陈德群)的合影(1948年1月摄于上海)

1948 年底，战局更紧，中航总公司部分员工前往台南，机航组也迁往香港启德机场。

1949 年 2 月中航当局宣布：凡自愿离职者一律一次性发给 3 个月薪金，在上海只能留下少数员工，其余人员连同家属尽量疏散到华南、西南和台湾等地各航站去。1949 年 5 月 1 日中航总公司正式撤离上海，迁到台南办公，南京、上海、青岛、汉口、南昌、西安、长沙、兰州、福州等重要航站都先后撤退。

当时，国内的军事形势日趋明朗，龙华机场气象台的每个人都在为自己的前途考虑，是跟着走还是留下来？如果跟着走，在解放军渡江以后，中航能飞的航班肯定所剩无几，而且必然越来越少，中航本身也自身难保，我们又何必过那种背井离乡、流离失所的日子呢！

因报务工作的便利，张有铭消息很灵通。1948 年他常收听延安广播，了解延安的政策。因为我们几个人能够谈得来，他就敢把他收听到的关于延安方面的消息透露给我们。上海解放前夕张有铭说："不要走，走没有意思。中航公司的航线越来越少，上海一失守还能往哪里飞？就剩下广州飞重庆了，总有一天要散伙的。"

另外，中航机航组副主任赵际唐是被解放军俘虏过的，他曾经受到优待并参观了根据地。他透露的信息，也使我们多数人对中国共产党的政策有所了解，认为像我们这样的技术人员，实在没有什么可怕的，迟早总会找到一份职业。因此在当时仍留上海的中航 15 名气象人员中，只有 4 人离开了龙华。到广州去的只有周恩济，因为他曾是浙江大学国民党三青团的骨干，早在年初 2 月就走了。还有姚懿明，他是因为当时正在追求中航公司唯一的女气象员许道慧，许的家人已经到了台湾，他们两人就都去了台湾。再就是郭鉴伦去了南方①。

中央航空公司方面的情况如何呢？央航只有两位气象员郑子政（宽裕）和金咏深。临近解放时，央航的郑子政去了台湾，就只剩下了金咏深了。这里就多说几句有关金咏深的情况吧。

我在读气象练习班的时候，他是给我们上过物理课的。他人很精明，夫妻感情很好。夫人陈俊玉天生丽质，气象研究所同事都笑称"金老师离不开老婆"。1936 年，竺先生曾派金咏深去泰山日观峰气象台安装进口的测风仪，在此期间竺先生"得高琪珊函，知泰山屋于本月中旬可以落成，因金咏深已在泰山，故拟请其点交接收"（见《竺可桢全集》第 6 卷第 86

① 这 4 人后来的情况是，郭鉴伦、周恩济在新中国成立后又由香港返回内地；许道慧先在台湾后去了美国；姚懿明一人去了美国，后入美籍。姚自 1970 年代起，曾多次回国探亲访友、讲学，为中美气象界学术交流做了很多努力。1984 年 10 月，他还专程来南京参加了中国气象学会成立 60 周年纪念大会。

页)。竺先生去信让金咏深再待几天，等气象台造好验收后再返回所里。金咏深却没有执行竺先生的嘱托，急于赶回家与太太相聚去了。竺先生没办法，只好再派吕炯上泰山验收工程，这是 1936 年的事情。1937 年 12 月初，气象研究所全部迁到汉口后，中央研究院第二次疏散员工时规定：凡自愿离开者，留职停薪，发三个月工资；留下的员工只发生活费。当时金夫人已有身孕，将来跟着研究所迁移有诸多不便，他们夫妇俩便选择离开。这样两人可得 600 元的工资。离开气象研究所后，金咏深一直找不到合适的工作，而气象研究所的员工并没有停发工资。因此他俩又很想回到所里，并表示愿意退回 150 元。这怎么行呢？在他们的再三请求下，宽厚仁爱的竺先生介绍他们去了江西省建设厅。直到 1945 年抗战胜利后，夫妇俩才到上海进入中央航空公司工作。金咏深由于家中孩子多，迁移不便，1949 年留在了上海，没去台湾。

话说回来，1949 年 5 月 25 日解放军从西边进入上海，苏州河以南地区解放了，苏州河以北地区还是国民党军队占领着。当时我在北边，因电话线未断，我与黄衍通话后得知：黄衍家附近已经看到解放军，秩序很好。

5 月 26 日国共双方军队还隔着苏州河开枪互击，到 5 月 27 日早晨我一觉醒来，才知道国民党军队已经撤走了，上海市区交通恢复，公司同仁陆续上班。我与刚脱离航委会从台湾返回上海的蒋瑞生（当时蒋瑞生夫妇借住在我家)，一同过黄浦江前往天津路 2 号中航总公司办公大楼探听消息，在那里已看见解放军进驻。见到了负责接管“两航”（中国航空公司和中央航空公司的简称）的上海军管会空军部的军代表。得知我们是中航公司的员工，军代表就与我们进行了简单的交谈，大意是：所有留沪“两航”人员（其中中航约700人）都将被留用，按原职原薪，从今天算起。将来民航肯定要大发展，欢迎大家随时来了解情况。5月28日，中航保管委员会全体委员开会讨论准备接管事项，随后所有留用人员陆续到中航总公司填写了登记表。

5月30日军管会空军部召集中航总公司全体员工开会，空军部部长蒋天然正式宣布：空军部副部长张仲明任驻中航公司军事总代表。由张仲明偕同驻龙华机场机航组军代表章华，召集龙华机场内各单位员工讲话，宣布留用人员全部原职原薪，各负其责，要注意保护一切物资，定于6月2日起恢复工作。这样，中航、央航留下的七百多名员工一起来到上海龙华机场，历史翻到了新的一页。

还有一件事可以说说：5月27日上海解放后，蒋瑞生的弟弟蒋柏生（中共地下党员）给他一个红袖章，要他到龙华机场了解气象台的接收情况。蒋瑞生与我去过中航总公司后，已知中航被解放军接管了，他还想去龙华机场看看。当时《大公报》登载了“竺可桢没有去台湾”的消息后，便陆续有人到中央研究院询问。竺先生不愿见客，5月28日即外出在美琪剧院看电影，晚宿贝当路亲友家。我知道竺先生还留在上海没去台湾，就约蒋瑞生同去看望竺师，他很高兴。1936年4月10日他在上海测候所（现长宁路中山公园对面）工作时，竺师曾单独来办公室看望他和顾钧禧，蒋瑞生正在值班，竺师坐定后便说：“这次蒋介石一定要我去担任浙江大学校长，我行政工作是搞不来的，但推辞不了，我同意去一年，一年之后仍回到所里。这次去杭州，顺路来看望你们。”竺师这种亲切劲儿反使蒋瑞生局促得讲不出话来。后来竺师拟就一份英文电报，是给一位美国博士的，交给蒋瑞生代发，他就走马上任去了。这一别已多年了。

5 月 29 日中午，细雨蒙蒙，当我们敲开竺师的房门时，他惊奇地问："你们怎么知道我在这里?"我们说："老师的事怎能不知道!"我们与竺师细谈时，他表示了不去台湾的决心。

上海解放前，我们多数人都储备了几个月甚至半年的粮、油、煤、酱菜等生活必需品。这不仅是为了在上海被围期间可以应变，而且也考虑到上海解放后短时间不一定能找到工作，要准备物资渡过难关。谁也没想到，新中国成立后我们连一天都没失业，而且还是原职原薪。我记得那时我的薪金能买 500 公斤左右的小米，家中温饱无虞。物价虽仍在缓缓上涨，但和解放前物价一日数变相比，不啻有天壤之别，真非始料所及。

那时真庆幸决定留下，没有背井离乡，还能继续从事自己倾注过心血的气象工作，当然也没想到以后的许多痛苦遭遇。

中航气象员重聚南京

1984 年 2 月，我应邀去北京参加竺可桢先生逝世十周年纪念大会。由于那时我很少有机会去北京出差，因此在临行前打电话给在首都机场气象台工作的葛学易，请他和张有铭一起到北京机场候机室会面。

这一年的 10 月，我与中航时代的同事又有了"文革"后的第二次欢聚，是在南京华东饭店（AB 大楼）举行中国气象学会 60 周年纪念大会期间。

当年中航气象员一共只有约四十人，而参加这次气象学会六十周年纪

陈学溶和姚懿明（1984年10月17日摄于南京）

念大会的中航老同事居然有十个人之多，大家很高兴。我提议大家找个地方聚聚，得到一致同意后，在会议期间我们在华东饭店内另找了一处聚餐。参加这次聚餐的十人，南方五人，北方四人，美国一人。南方的有盛承禹（南京大学）、吴家骅（空军气象学院）、王式中（江苏省气象局）、周恩济（华东水利学院）、陈学溶（南京气象学院），北方的有王宪钊（中央气象局）、黄衍（中央气象局）、何明经（中国民航局）、洪从道（中国民航局）。很难得的是，还有姚懿明也从美国回来了。

姚先生原来是浙江大学的毕业生，新中国成立前曾在中国航空公司当气象员，而那时我在中国航空公司当预报员兼气象台台长，因此两人相互认识。临近新中国成立时，姚先生因他追求的中航女气象员许道慧已经向南撤退，他也就跟着走了，先到了台湾，之后又由台湾到了美国，在美国发展得不错。这次气象学会六十周年纪念活动，他也赶来参加了。

经过三十五年的分离，熬过其中的十年浩劫，昔日的同事难得这一聚，有谈不完的话。何明经、王宪钊、盛承禹、姚懿明等人谈到抗战期间在印度的汀江、缅甸葡萄等地为“驼峰”飞行辛勤服务仍感慨不已。大家还互相交流了所知道的某些中航气象员的别后近况，如贺德骏在美国，莫华容在香港，周克强在台湾，葛学易在北京，游天池在武汉，郑士俊、吴章斌在上海……

谈着谈着又谈到张绍良先生了。张绍良是中航气象股股长，是大家的领头人，一别几十年不知近况。我告诉姚懿明，新中国成立初张先生是留在上海的，到了 1950 年 2 月 6 日大轰炸后，所有留用人员集中到南京学习、审查。他没去，很快去了香港，后来就没有任何消息了。我们请姚懿明在返美途经香港时，想办法打听打听张的消息。姚先生不负众望，与大家分别后，居然很快就打听到了。这样，我就同张先生联系上了，而且书信不断。

张绍良1985年11月3日
摄于香港九龙郊区寓所

从信中得知，1952 年张绍良去了香港帮助亲戚做生意，1953 年他全家迁往香港，1954 年应聘到皇家香港天文台工作，1967 年退休后转入航空公司工作，1977 年从航空公司退休。

张绍良是中航气象的负责人，在中航工作的时间又长，1931 年他在圣芳济毕业后就到中航任职，可以说中航的气象业务是张绍良一手创建的，他对整个

中国航空公司十位同事（1984年10月17日合影于南京华东饭店——AB大楼。左起：盛承禹、王宪钊、何明经、王式中、黄衍、吴家骅、洪从道、陈学溶、周恩济、姚懿明）

组织、人员调配等掌握得很全面。而我原来关于中航的许多事情都是“道听途说”的，在写中航的历史时，他提供了许多珍贵史料。我写好初稿后，他又帮忙认真修改，纠正了一些史实错漏，告诉我过去不了解的很多事情。所以我写的《中国航空公司气象史实梗概》那篇文章，应该说是张绍良借我之手完成的。

非常遗憾！张先生在1994年就去世了，我有许多事情还没来得及向他请教。我们一直没能见面，来往于香港—南京之间的几十封信件就成了我怀念张绍良最珍贵的记忆了。①

没想到中航十同事的聚会也竟是最后一次。值得庆幸的是，在聚餐结束后，大家分别与姚懿明先生合影留念，十个人又全体合影一张。这张照片折射着中国气象事业史上的一个小而重要的片段。

吴家骅是这十人中第一位去世的，姚懿明先生回美国后第二年（1985年）也去世了，接着就排着队似的，何明经、洪从道、黄衍、王宪钊、周恩济也走了。现在只剩我和盛承禹、王式中三个人了。

近些年来，国人不是正在好奇而认真地拾回被丢失多年的有关滇缅远征军的记忆吗？不是在极有兴味地谈论有关飞虎队和驼峰的传奇故事吗？我今天可以自豪地说：在那场伟大悲壮而艰苦卓绝的民族抗战中，我们作为中华儿女的一分子，作为气象战线上的一名科技工作者，曾经尽过自己的力。这是我们应该做的，没有什么好夸耀，但也不希望被抹杀。

在这一章的最后，我想引述有关资料概略介绍一下中国航空公司对驼峰空运的贡献。

这条全长约500英里的驼峰航线，是第二次世界大战中国战场唯一的后勤补给通道，唯一的生命线。可以毫不夸张地说，如果没有这条航线，中国的抗日战争史就要重新撰写。

“驼峰空运”是世界战争空运史上，持续时间最长（1942年5月至1945年9月）、条件最艰苦的空运。这期间中航公司的飞机共飞越驼峰约8万架次；运送乘客33 477人（大部分是自中国去印度的远征军）；由中国空运到印度的物资（钨、锡、桐油、茶叶、猪鬃、水银和生丝等）有247 200吨；由印度空运到中国的物资（航空汽油、飞机零件、TNT、钢铁

① 张绍良与陈学溶两人于1985年3月1日至1994年3月29日期间来往信件121封，已捐赠，存于采集工程数据库。

件、药品、钞票和黄金等）有500 896吨。

中航公司在 1944 年 10 月 22 日至 1945 年 1 月 21 日飞了 224 班，270 吨的设备及 736 名乘客从汀江到保山、密支那以支援雷多公路的建设；同一时期，中航公司飞了 523 次空投粮食给中国筑路人员。1945 年 1 月 14 日中航 70 号机在空投任务中机毁人亡。

中航公司有时还担任美国海军情报单位的包机。

在驼峰飞行期间，中航公司发生飞行事故 48 次，损失飞机 46 架（其中 2 架不是发生在驼峰航线上），牺牲了 25 套机组和 3 名机组人员。上述 25 套机组中有 3 架飞机的正驾驶是中国人：陆铭奎、黄兆基、马国廉。

中美两国飞行、地勤人员，经过 4 个年头的奋斗，不顾地形艰险和天气恶劣，不顾敌机的经常拦截，不顾技术条件和飞机性能的差缺，也不顾惨重的牺牲（美方共损失飞机 563 架，牺牲飞行员1 500多人；中航牺牲飞行员 168 人），对世界反法西斯战争做出了可贵的贡献，在捍卫人类免受法西斯奴役的神圣事业中献上了自己的热血和力量。①

① 陆元斌《抗日战争后期驼峰飞行》。《中国民航史料通讯》第 19 期，1985 年。中国民航事业编辑部，第 8、9 页。

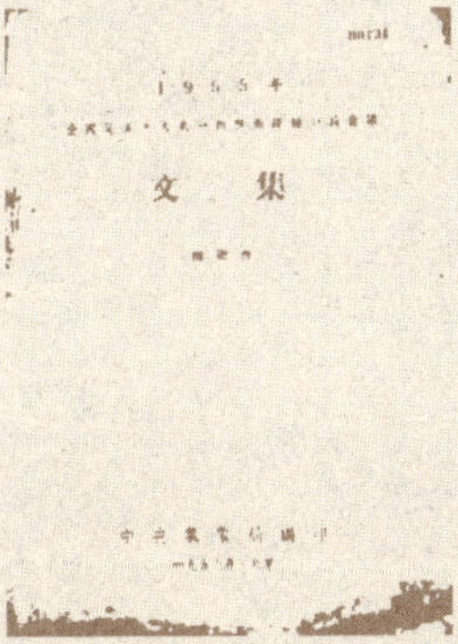

1955年

文集

我总结这项研究，写了一篇论文《1953年梅雨季节六月江淮地区和长江两岸的暴雨》，后在1954年上海召开的有关华东暴雨的学术会议上宣读，受到中央气象局章淹先生和地球物理研究所顾震潮先生的重视，他们就此提出了要进一步研究中小尺度天气系统的建议。

后来有一次在合肥碰到我中航时的老同事莫永觉，他说：“你抠出一个小低压就出了名。”

第9章

在华东气象处的折腾与收获

领过“八一”帽徽的留用人员

“两航”人员集中到龙华机场之后，当时没有安排什么飞行任务，没有立即开展业务工作，而是组织大家学习。中航气象部门的十几人组成一个学习班，由一位军代表领导。央航气象部门只有金咏深一人留沪，他不久也来到中航气象部门的班上学习了。上午学习政治和时事，下午文体活动，下棋、打乒乓球之类的。下课后用大卡车送大家回市区各自回家，就这样过了几个月。学习会上可以自由提问，记得学“七一”社论时，有人问：“解放军是不是采用人海战术解放上海的？”军代表回答：“打仗还能人海战吗？哪里有什么人海战术，机关枪一扫，再有多少人也不行。造谣！”领导我们学习的军代表善于引导，作风朴实，平等待人，彼此的关系相当融洽。

1949 年 9—10 月间，上海龙华航空站成立，调用了前中航的 46 名员工，包括气象、报务、塔台人员。从那时起，前中航气象人员就归龙华航空站领导，脱离了民航系统。而其他部门的员工仍属于两航系统。那年冬天，我们每人只交了很少的费用，领到了一套棉军服，还给我们发了“八一”帽徽等。就这样，我成为解放军中的薪金制人员。

上海航空站由赵际唐出任站长。赵氏何许人也？他原是国民党空军的飞行大队长，后来国民党空军为了控制民航系统，1947 年成立民航局，专管民航的两个公司：中航和央航。因为赵际唐的岳父汪强中将（空军幼年学校教育长、创办人，他的大女儿汪爱光即是赵际唐的妻子）① 与空军总司令周至柔关系密切，经过周介绍给交通部长俞大维，再向中航总经理刘敬宜推荐。民航局派赵际唐进入中航公司，做了机航组副主任。1947 年 10 月 27 日赵际唐到陕西榆林为国民党军队运送弹药，在榆林机场降落后，飞机被解放军击中，副驾驶阎宝升死亡。见飞机被击中，正在机场附近相持的双方部队都迅速向停机坪靠拢，匍匐前进。解放军快了一步，控制住两个机组成员，即赵际唐和报务员。他俩被俘后，受到解放军的优待，还被送到根据地参观，向他们宣传共产党的政策，随后被释放。赵际唐回到上海后，并没有受到国民党方面的处理。他向中航公司中与他关系较好的一些人讲了在根据地的见闻，那些人私下一传播，听到的中航员工许多人就对共产党的政策有所了解了。上海解放时，中航很多员工都留下来没有去台湾，赵际唐是起了很大作用的。

成立航空站之后，领导上安排抽调吕笠渔等少数人开始工作，每天进行不定时的气象观测。我们其余员工仍是上午政治学习，下午文体活动，一直持续到 1950 年初，半年多的时间都是这样。很久以后，我们才听说，

---

① 载《我们是抗日空中后备军，创建于抗战期间的空军幼年学校校史文集》，2010 年，北京蒲阳联谊会，汪柏田主编。

龙华航空站的成立以及作气象观测状，都是为不久之后“两航”起义工作做配合的。那次“两航”4 000名员工在香港启德机场的起义，是在中共领导下进行的，由周总理亲自指挥，经过几个月的酝酿和艰苦细致的工作才得以顺利实现。11 月 9 日，“两航”总经理及有关人员连同 12 架民航客机秘密地从香港北飞，一架在北京机场降落，另外 11 架则到达天津。这一事件对后来在港机构，如招商局、交通部港九储运处、银行、资源委员会等的相继起义起到了推动作用。①

1950 年初，军委气象局成立了华东气象管理处，原中央气象台划归华东气象处领导。军代表组织了上海气象台的预报员李叔廷等四五人和原“两航”气象部门的张绍良等六七人，包括我在内，在一起进行了约两周的气象业务学习和经验交流。

我很高兴，要知道，我们已有半年多的时间未接触气象业务了。

吕东明网开一面

时隔不久，苏联援助的军用飞机秘密来到龙华机场，一两天后遭到国民党飞机轰炸。我当时正在龙华机场值班，冒险跑出房间观看情况。国民党飞机又一次俯冲投弹，我身边站着的一位女同事被爆炸震得跌倒在我身上。等飞机飞走后，我看见自己身上有血，以为是自己负伤了，抬头看见那位女士身上也有血，又以为是那位女士负伤了，经过检查后才知道她并没受伤。奇怪！我无意间摸到自己的上衣口袋，发现口袋里有一块弹片，还很烫。原来是这块弹片撞在墙上又掉进了我的口袋，在这个过程中擦伤了

① 《中国民航史料通讯》，1985 年第 16 期。内部资料。

我的鼻梁，以致鼻子上流的血染在女同事身上，又擦在我自己的衣服上，这弹片逛荡一圈，显得到处都是血迹。虚惊一场，不过事后回想仍很后怕。

1950 年 2 月 6 日上海又遭到国民党飞机的大轰炸，这次不仅炸机场，还炸了杨树浦电厂，电厂的许多设备都被炸坏了，造成上海部分地区大停电。这使得军管当局怀疑龙华机场内有潜伏的敌特分子。因此，在“二六”大轰炸后，龙华机场军代表突然宣布留用人员到上海五角场报到，准备集中送往南京古林寺进行学习和历史审查。

原想可以做气象业务了，又被“二六”炸飞了。遵从命令，我第二天从家中带上简单的铺盖去了五角场，黄衍、莫永宽是隔了几天后才去五角场的。张绍良没有去报到，但仍在上海准备另找工作。

央航的气象员金咏深也没有去五角场集中，一个人坚持留在龙华机场气象台内不走，居然成功地留了下来，最终成为民航系统的工作人员。

吕东明

就在此期间，华东气象处成立，设在南京，气象人员缺乏，急需补充。龙华航空站的盛承禹、吴家骅、吕笠渔、邹祥伦、冯钦裕 5 人，直接从五角场被调入华东气象处，派到上海气象台和上海江湾、大场、虹桥各机场气象台工作。

我们这些集中接受审查的人，在 3 月 8 日到达南京小营的当天傍晚，见到了我久闻大名的吕东明①同志。在初次接触中，他那举止端庄、谈吐儒雅的风

① 吕东明（1919—1993），无锡人，1946 年 5 月浙江大学史地系毕业，1950 年 2 月任华东军区航空处气象处军事气象组组长，兼上海气象台台长。“文革”期间受到残酷迫害，曾任大百科全书出版社领导小组成员、《竺可桢日记》主编、竺可桢研究会副理事长。

度，和我想象中的那个吕东明很不一样。他手持华东气象处的调令，把我和黄衍、莫永宽、王式中这几个原来中航的人接到气象处去参加工作，没让我们参加到古林寺的学习和审查。其中颇有些奥妙。确定了在南京工作后，不久我的家就从上海搬回南京堂子街38号岳母的家中。在上海租住的溧阳路附近四家子桥春阳里的房子让给了沈明彦的弟弟。

我最早知道吕东明，是在1948年初。那时他在上海气象台任职，我在上海龙华机场中航气象台工作。当时上海气象台从南京中央气象局调来一批工作人员，其中几位是我的熟人，我曾去那里拜访过，听他们说吕东明是中央气象局局长吕炯的亲属，经常旷工，外出游荡终日，口碑不佳，当时只是听说。新中国成立后我才与他相识。1950年九十月间，华东空军司令部（简称“空司”）和上海防空司令部（简称“防司”）合并成立气象室，我随吕东明又来到上海，我的家仍在南京，没再搬到上海。吕东明还是希望张绍良能继续搞气象工作，有一天约了我一起去看他。到了他家门口，张绍良全家正准备外出，见吕东明和我来了，就折回屋内谈了一会儿。对于吕东明的挽留，张绍良表示要再考虑考虑。此次告别以后就没有了张绍良的消息，很久以后才知道他去了香港。与这样一位好上司、好师长再通音讯，已是差不多40年以后的事情了。

到华东气象处后，我逐渐得知吕东明原来是一位借上海气象台为掩护，冒极大风险从事革命工作的地下共产党员，不禁令我肃然起敬。有一次，他在和我闲谈中，告诉我早在1948年，他就常在龙华机场从各方面深入了解到中国航空公司气象台各个成员的情况。我们当时多埋头工作，没有注意到他，而他却早已熟悉了我们这些人。

华东气象处是一个新成立的机构。我在气象处天气组工作，任预报员和气象参谋。处里绝大多数干部来自军队，其他人员则是新参军的十几二十几岁的年轻同志。我们这些来自中航的留用人员是极少数，被当作“高级知识分子”另眼看待。由于生活习惯和工作作风不尽相同，一举一言，动辄得咎，经常遭到某些干部的讥讽或训斥。我们又不能作一些必要的辩解，否则会遇到群起而攻之的尴尬场面。而那些干部又常常夸夸其谈，言行不一，并不能以身作则，所以我们很不服气，因此情绪低落，我算是其中的代表人物。

那时东明同志是华东气象处军事气象组的负责人，我们是在天气组，互不相属，但是，他还是很关心我们的处境。有一次他找我去闲聊。当时我很不懂事，倔得很，不愿意谈。最初他问一句，我答一句，僵在那里。后来，我实在抵挡不住他那循循善诱的“进攻”，就情不自禁地一股脑儿把全部怨气倾泻无余。他很耐心听完我的抱怨之后，略微想了一下，就缓缓地谈他的看法。首先，他深信某些干部的言行，确有不当之处，然而我们应该把他们的优点放在第一位，其次是我们不能对他们要求过高。然后再指出我的一些偏激之处，希望我在批评与自我批评方面要掌握好分寸，对人宽一点，对己严一点，这是有好处的。东明同志还说，他对我是理解的，相信我能加速思想改造，成为革命队伍中的一员，等等。我们坦率地交谈了将近两个小时，欲罢不能，几乎误了开饭的时间。分手时，我虽没有再说什么，但内心是服帖的。

吕东明的提醒，使我能逐步减少抵触情绪，努力适应新环境。在沧桑变幻、时代转折的紧要关头，为我指点迷津、避免因书生气而“犯错误”者，东明也。我真是从内心深处感激他！

我们两人在上海相处只有三四个月，但我对他的为人有了更多的了解。特别赞赏他那立场坚定、勇于负责、实事求是、细致周到的品质与作风。以后每逢我遇到不如意的事，尤其是在几次运动期间，会常常想到他。

吃“中灶”与入“另册”

为了准备解放台湾，1950 年 9 月，原驻守南京的华东空军司令部迁到上海，与上海防空司令部合并。10 月，华东气象处抽调二三十名气象人员前往上海，大部分气象人员充实上海气象台和各机场，剩余的气象人员在华东气象处军事气象组组长吕东明带领下，来到新成立的防空司令部内筹建气象室，吕东明任室主任，还有 6 名气象人员，是我和陆倩（女）、高士秀（吕笠渔前妻高××的弟弟）、刘学勤（女）、金文琪、刘×勋。

在上海，防司是高度保密的单位，吕东明主任一再叮嘱我们不要乱跑，尽量待在办公室内。根据当时的知识分子政策，我和陆倩（浙江大学本科毕业）与团级以上干部一起在食堂吃中灶，其余人员吃大灶。但我们觉得人生地不熟，与领导干部在一起用餐很局促，不愿去。吕东明严肃地对我们说：“这是政策，必须服从。”两人只好去了，那些首长们互相很熟，谈笑风生，我们俩则木讷寡言，只顾埋头快吃，吃完快走。

气象室的日常工作是提供气象情报、绘制天气图，做出预报提供给作战单位参考应用。吕东明主任经常要去作战室或到聂凤智司令办公室汇报。当时防司内有苏联顾问，其中一名顾问年轻气盛，对气象人员绘制的天气图随意更改。最让人难以理解的是，他把天气图上所有的低气压（包括新生的气旋波）都要画上锢囚锋。我们气象人员指出他的做法欠妥，这位年轻顾问却坚持己见。幸亏另一位负责的顾问杜卡金比较开明，认为这位苏联小同志不了解中国的具体天气情况而主观行事，嘱咐我们“按你们的意见分析去作……”，这才避免了可能出现的误判天气等事情发生。

天气预报不可能每次准确，不懂气象预报的人会有想法。如果不是杜卡金顾问经常消解这类矛盾，我们当时的处境要更困难。杜卡金曾与司令员等人调侃：有一个故事说，在苏联有一位住在气象台对面的人，他做的天气预报比气象台做的准确。有人问他是如何做的，这人说：气象台报下雨，我就报晴天；气象台报晴天，我就报下雨。聂司令等人听后也不禁莞尔了。一位懂得政策的领导、一位通情达理的顾问，使我们这批留下的旧气象科技人员在20世纪50年代初的政治氛围里，能过得稍微轻松一些。

10月的某一天（确切的日子实在是记不得了），华东气象处第一副处长张正同志到上海来，住在上海大厦。他召见吕东明同志，同时让陆倩和我也一同前往。张副处长与我们谈到，今后去台湾要带人一同去，接收那里气象部门的事要早点做些准备工作。

10月25日，我国志愿军雄赳赳、气昂昂地跨过鸭绿江以后，此事当然就搁置起来了。

1950年11月底，吕东明同志为接管法国教会主办的上海徐家汇观象台的事情忙碌，后来他又兼了上海气象台台长，来室里少了。他嘱咐我，在他缺席时，要我代替他去作战室或聂凤智司令办公室汇报天气情况。我遵嘱去汇报过几次。当时我没有觉得有什么不妥，但随后的几年里被相继进行的几次政治运动冲击之后才感到后怕：像我这样的旧知识分子，有政治历史问题的留用人员，不但在防司这样的单位工作，而且还经常出入保密性很强的作战室等处，没引起严重的政治后果，真是万幸啊。

以后听说，在1957年的政治运动中，某些别有用心的人，诬蔑吕东明同志重用“坏人”，因而使吕东明同志受到牵连，而这些“坏人”，却是在抗美援朝期间做出了重大贡献、得到奖励的人，此是后话。

1950 年 12 月至 1951 年 10 月在全国范围内进行的清查和镇压反革命分子的政治运动，简称“镇反运动”。1951 年 3 月，南京市开展反动党、团、特务人员登记，华东气象处的留用人员如程纯枢、张汉松因没有参加过国民党，经过审查很快解脱。我是集体参加国民党的气象人员，被隔离在一间办公室里写个人自传，要求从 8 岁写起。我用一天时间（大概八九个小时）写完了，交上去后就再没有消息。

同年，华东军区政治部气象处开展审干运动，按组织上规定的要求，我主动交代了集体加入了国民党的事情，同时缴验了国民党党证和中央政校同学会徽章。当时给我开了一张收据，我保留了下来，当初未曾想到，它相当于保留了我一条命。

陈学溶填写的《反动党、团、特务人员登记册》(1951年3月19日)

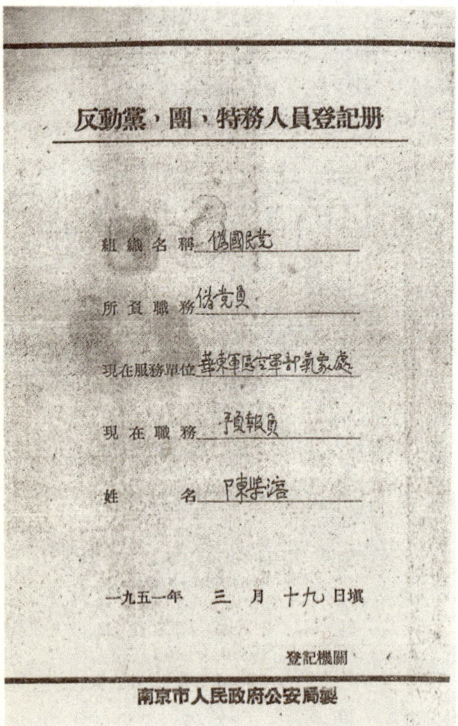
反動黨，團，特務人員登記册

組織名稱 偽國民党

所負職務 偽党員

現在服務單位 華東軍區空軍部氣象處

現在職務 預報員

姓名 陳學溶

一九五一年 三 月 十九 日塡

登記機關

南京市人民政府公安局製

在审干过程中，我一是态度老实，没有隐瞒，对自己过去的作为是“竹筒倒豆子”；二是我交出的证件能充分证明当年在中央政校时是集体参加国民党，而且 1943 年是国共合作时期。审查结论应该是“历史清楚”，属于一般政治历史问题，还可以继续在军事系统的技术岗位上效力。应该说，当时在气象处时期还是比较讲政策的。

不过，历史清楚，不是历史清白，还是有“历史污点”；不是严重历史问

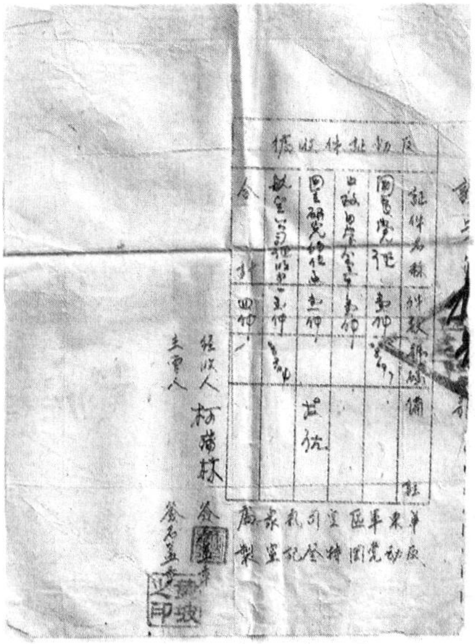

陈学溶保留的《反动证件收据》

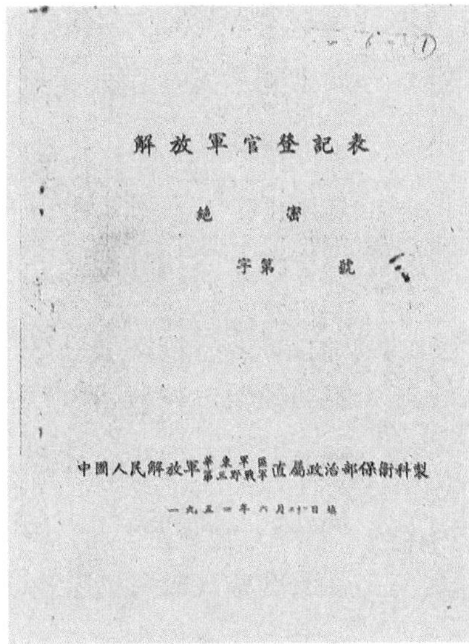

解放軍官登記表

絕密

字第　號

中國人民解放軍華東軍區第三野戰軍直屬政治部保衛科製

一九五二年六月廿一日填

解放军官登记表（陈学溶1952年6月21日填）

题，是一般历史问题，终究还是“有历史问题的人”①。

我尚有自知之明，一方面是因为我掌握了一门“技术”，尚属可用之才；另一方面，我是政治上不可靠的人，是被打入另册的。因此，从此以后我只有夹住尾巴做人，努力做好自己分内的业务工作。

预报寒潮，幸遇罗漠

在抗美援朝战争中，“华东空司”与“上海防司”又分开了。并迁回

---

① 曾广琼在1953年说过：“论学问与技术能力，陈学溶很可以被保送到苏联留学，只是陈是旧人员而已。”见南京气象学院存陈学溶档案中池国英于1956年11月28日写的交代材料。——整理者注。

南京。我调回华东气象处。1951 年 1 月，我随同华东气象处的黄坡政委一同搭火车返回南京。

回到北极阁，我投入了日常气象观测、预报工作，并被领导安排带一名调干生王志烈（后为上海气象局台风研究所台风室主任）跟我学习气象业务。

我平时就留意对各种可能造成灾害的天气系统的预报，也积累了一定的经验。1951 年 11 月 30 日的那次寒潮来临之前，我正在带王志烈的班上。那天发现，在黑龙江省以北有个中心气压高达1 070毫巴的高气压，这么高的高气压在这一纬度是很少见的。经检查，资料没有错。这股强冷空气极可能会南下。但是冷空气能否立即爆发南下，24 小时以内能否对江苏有影响还难以断定。我这天中午 12 点下班，下班前告诉王志烈：这个寒潮很危险，但是 24 小时之内还不会有影响，目前按规定不能发寒潮警报。你交班时要告诉下一班注意这个问题，到时候再考虑发警报。

王志烈确实在下班时交待了这个寒潮需要发警报，但接班的预报科副科长张汉松带着一个青年助手看了一下天气图，认为没有那么严重，可以再观望一下。他疏忽了，等发现情况不对时，再想发警报已经晚了。寒潮下来后冬菜来不及收割，一下子把南京周边地区的蔬菜大部分冻坏，造成几个月没有蔬菜吃。

这件事是大事，气象部门要追究责任，这一查就追到我的头上了。当时华东气象处的政委罗漠①狠狠地批评："陈学溶，你就是不负责任！谁

① 罗漠（1916—1996），江西九江人。原南京气象学院院长。1938 年参加革命，1939 年加入中国共产党。时任华东气象处政委，1953 年 5 月任中央气象局办公室主任、观象台台长。1960 年 9 月任南京气象学院副院长，1979 年 3 月—1983 年 11 月任院长。

罗漠(约于1980年代任南京气象学院院长时摄)

规定 24 小时以后的天气情况不报的?”

我当然不敢申辩说某首长曾有这个口头指示。我就怕出事，现在不但出了事，而且是大事，惶惶不可终日。谁知他罗漠批评归批评，把我骂了一顿之后，并没有处理我。反倒是他对此事印象深刻，从此知道我这个人业务上是有水平的，工作中是小心认真的。

我后来有几次因祸得福，都与罗漠有关。

军委气象局成立后，因为华东气象处的老气象人员最多，全国要平衡，所以华东气象处就要调不少人出去。当时有一种说法：华东是气象方面的“地主”，四川省是西南地方上的“富农”。1953 年北京点名调陈学溶或宋励吾去，罗漠政委不放我。宋励吾是清华的毕业生，理论水平较高，他被调到北京在部队里做教官，后来在“文化大革命”中“非正常死亡”。而我一直到华东气象处撤销才调去北京中央气象局的，那时罗漠政委也已经调到中央气象局做办公室主任了。

你看，我不是很幸运吗？罗政委当初不让我去，否则，“非正常死亡”的可能就是我了！

多年后的 1972 年，我在江苏省委党校学习结束，分配工作时，当时的江苏省气象局革委会不要我这个国民党的残渣余孽，而罗漠当时在南京气象学院管事，表示欢迎我去，使我没有“失”掉气象这个“业”。

把话说回来，1951 年的寒潮“漏报”了，主要责任并不在我。但以后我吸取教训，更加谨慎行事。1952 年 12 月 1 日的大寒潮又来了，如何预报的我已记不太清楚了，但有一点，就是当时的报纸都在宣传，要大家注意天气预报，各行各业都在接受前一年的教训，气象部门也一样。因此那次的大寒潮来后南京周边地区没有严重受灾。

说到南京的寒潮，顺便提一下南京的极端最低温度问题。

现在全球气候变暖，极端天气经常出现，需要有所关注。关于南京的最低温度问题，大家都知道在 1933 年 1 月 27 日南京有过零下 13. 8℃的极端最低温度，在 1953、1955 年有过零下 14℃的极端最低温度。

由于逆温关系，实际上南京的极端最低温度应该是零下 17℃。因为当时的观测场在北极阁山上（百叶箱的高度为海拔 62 米、探空气球的施放高度为海拔 68 米），山上测得的温度并不能代表南京平地上的温度，而在山下观测到的是零下 17℃，当时气象研究所的预报员卢鋈先生告诉我，在寒潮过后无风的清晨，他曾经几次在北极阁山下小铁路旁（现在的北京东路附近）测得的温度比山上测得的温度低 3℃左右，是零下 17℃。同一天南京孝陵卫农场观测到的也是零下 17℃，与南京相距不远的溧阳测得的同样是零下 17℃，溧阳的地理位置在纬度上比南京还要偏南。

“中小尺度系统分析的开端”

1952 年的大寒潮远去了，1953、1954 年的大暴雨、大洪水又来了。在研究暴雨者中，有人注意到高由禧在新中国成立初期研究 1946 年的暴雨而发表的一篇文章①。文章认为，暴雨过程是由冷空气入侵引起的，当某一地区（站点）的同一时刻的 Δp_{24}（24 小时气压变化）为正值且 ΔT_{24}（24 小时气温变化）为负值时，即表示有冷空气入侵，会引起暴雨。当时虽然他的这个结论有不少人在引用，但也有人是怀疑的。

时任华东气象处副处长的程纯枢，在 1954 年初就把这个问题提了出来，并布置给在南京气象台的我和徐萃熙、王志烈等人，指示我们总结一下 Δp_{24}为正值（升压），ΔT_{24}为负值（降温），能否代表有冷空气入侵?② 1953 年的几次暴雨过程，是否每次暴雨一定要有冷空气的作用？他具体布置让我分析 1953 年梅雨期间的 4 次暴雨过程，同时布置徐萃熙分析 1953 年 5 月的暴雨过程，王志烈分析 1953 年 9 月的暴雨过程，章基嘉分析山东的暴雨过程。这样用集体的工作来验证高由禧先生的以往结论。

我认真地接受了这一任务，在作图分析时一直注意是否有冷空气的出现。结论是：1953 年梅雨期间的第 1、2、4 次大暴雨形成期间确实有冷空气的作用。但是在做第 3 次暴雨分析时，发现当时在我国中原有一范围较大的热低压，气压最低处位于郑州附近。根据形势判断，这个大低压的南

① 参见高由禧《1946 年长江流域的梅雨》。《气象学报》，1952 年第 23 卷，第 61~84 页。

② 至今为止，这两个气象要素仍被认为是判断冷空气来临的最便捷的指标。

部不可能有冷空气的影响，但恰恰在这些地方出现了暴雨。经过排查，暴雨从这个热低压中心南边的九江开始，早上五六点钟就下了；然后到安庆，时间晚了点；再到芜湖，更晚一点；溧阳……一直到南通。这几个地方在一条雨带上，雨量都很大，超过50 mm。而雨带北边和南边的雨量都小于50 mm。这种雨带说起来是维持了24 小时，但实际上强降水的出现时间是先后不同的。

高先生说只有冷空气才能引起降暴雨，而冷空气过后的效应应是气压升高、温度降低。现在暂且不管这条雨带上的温度，就每个单站气压而言，降水前后均是在低值区徘徊的，并没有明显的升高，可见不是受冷空气影响。暴雨的出现在时间上是有次序的，可以推断有个小低压系统自西向东移过来。它所到之处，均出现了暴雨。小系统的北边和南边降雨相对都不大。可见只要有小低压的存在，就能产生暴雨。

后来我又到水文站查找雨量资料，密集的水文资料也表明，就是这条线上的雨量大。因此，1953 年梅雨期间的第 3 次暴雨过程主要是由一个小低压产生的。在此之前，还没有人注意过这种小尺度的天气系统能产生暴雨。

我总结这项研究，写了一篇论文《1953 年梅雨季节六月江淮地区和长江两岸的暴雨》，后在 1954 年上海召开的有关华东暴雨的学术会议上宣读，受到中央气象局章淹先生和地球物理研究所顾震潮先生的重视，他们就此提出了要进一步研究中小尺度天气系统的建议。

1955 年 3 月 15 日至 28 日，中央气象局“全国灾害性天气分析预报经验讨论会”在北京召开，这时我已调到中央气象局天气处，从事预报业务的管理。天气处朱和周副处长让我参加会议，再次宣读这篇论文。当时参加会议的苏联顾问对这次中小尺度现象也很感兴趣。

该文最早正式刊登在 1954 年华东气象处《气象通讯》增刊第 7 号上，后被收集刊登在 1955 年中央气象局的《全国灾害性天气分析预报经验讨论会议文集》上。陶诗言、陈汉耀同志在庆祝新中国成立十周年专刊上发表的文章中，认为“这个研究可以说是我国有关副热带中小尺度系统分析的开端”[①]。

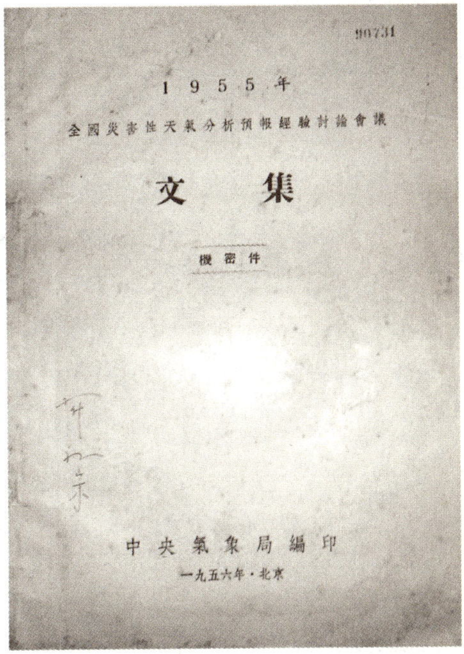

《全国灾害性天气分析预报经验讨论会议文集》封面

后来有一次在合肥碰到我中航时的老同事莫永宽，他说：“你抠出一个小低压就出了名。”

我怎么看呢？在那个时期，我们日常承担很多杂七杂八的任务，也没有多少研究的气氛，不大可能真正做多少研究工作的，没有条件集中力量深入研究自己感兴趣的问题。即使做研究工作，我也受些主客观条件的限制，主观上我理论不行，客观上当时只有这点资料。像我写的东西几乎都没有什么公式，而没有公式的论文总被认为是水平不够的。只能说我是偶然发现了这么一个小东西。至于这个小东西是怎么来的？什么结构？怎样预报？也只能一句话带过，没有深入下去。那时候都是听上面的命令，上面叫你搞什么就搞什么。如果没有程纯枢先生的指导，给我研究 1953 年梅雨的任务，恐怕我国中小尺度的发现、研究，还要晚些时间才能产生。

---

① 参见言实、陈汉耀《我国的降水预报研究》。《天气月刊》，1959 年第 9 期，第 25~27 页。

附：

根据文献和访谈记录，我们摘编了一些对《1953年梅雨季节六月江淮地区和长江两岸的暴雨》一文的学术评价[①]。

一、陶诗言，陈汉耀[②]

1953年以后，国内的台站网有了相当规模，高空台站的发展尤为迅速。同时预报服务也扩大到国民经济的各个部门。全国许多预报单位都进行了暴雨或降水预报的研究。1954年春季在上海举行了一次暴雨预报的经验交流会议，这次会议总结了不少有关暴雨预报的经验，还提出了好几次暴雨天气过程的分析。其中陈学溶分析了一个在长江中下游引起一次暴雨的小系统。这个小低压在地面图上，面积只有一两个平方纬度，而不容易从图上看出，必须根据每小时的气压记录才能确定其存在。同时还指出，如何掌握这类小低压的发生和移动，是预报副热带大陆上的暴雨发生的关键。这个研究可以说是我国有关副热带中小尺度系统分析的开端。

二、程纯枢[③]

陈学溶同志1954年5月在华东《气象通讯》增刊第7号上发表的论文《1953年梅雨季节六月江淮地区和长江两岸的暴雨》是我国暴雨成因研究的开端，指出暴雨与中小尺度天气系统密切相关，这一贡献极

---

① 由整理者根据文献和访谈记录摘编。

② 陶诗言（原署名“言实”），1980年当选中国科学院院士。陈汉耀是新疆气象局工程师。评语摘自《我国的降水预报研究》，载于《天气月刊》1959年第9期第25—27页。

③ 程纯枢，中央气象局副局长，总工程师，中国科学院院士。评语摘自南京信息工程大学人事处档案室《高等学校确定与提升教师职务名称呈报表》，填写时间为1979年1月。

为可贵。最近20多年暴雨的研究都是沿着这一方向进行的。

三、许健民①

当时的预报人员对天气的分析非常仔细，如果要讲资料的话，现在的资料要比当时的资料无论是时间分辨率、空间分辨率都翻了几个量级的增加。他们当时用非常有限的资料分析了许多事情，用现在的观点看都是非常对的。他当时说出了那个系统，那么多要素，风速、气压怎么变的，根据这个推理，几点钟应该怎么样，实际应该是怎么样。我觉得他们当时非常实事求是，非常精细。我非常感慨。中小尺度系统这事，他提得非常早。

四、郑志敏②

1954年6、7月在上海要召开一次华东暴雨会议，陈学溶的任务是写一篇文章。我看到陈学溶坐在办公室里，桌上报表垒得很高。过去的报表每月有一本。他把每小时、每个站点的记录都拿出来，把每小时的雨量都整理出来后填图进行分析。当时只有他一个人在那里抠抠弄弄，仔仔细细地做这件事。只有这样认真，才能做出这样的成绩来。在1954年暴雨会议上，陈学溶提出一个中小尺度雨团的移动，被我们国家的气象专家认定为中小尺度分析的鼻祖，中小尺度的研究就是从陈学溶开始的。

---

① 许建民，中国工程院院士，国家卫星气象中心主任、总工程师。

许健民、郑志敏和朱盛明三人的谈话，见《国家气象局、气象中心、中国气象学会部分老领导、同事访谈》（2013年11月9日，北京）和《江苏省气象局、南京信息工程大学部分老领导、同事访谈》（2013年11月2日，南京），存于采集工程数据库。

② 郑志敏，贵州省气象局原局长，高级工程师。

五、朱盛明①

这篇文章我是在《天气月刊》上看到的，当时我是非常佩服啊。这是从每一个站气象要素的自记曲线，如气压曲线、温度曲线，一个站点一个站点地比较，抠下来的数据，这是多么大的工作量啊！因为在暴雨来之前，气压常有一个升的过程。暴雨下来后，温度有一个下降过程。只有陈学溶能想到，而且有这个耐心从这么一个微小的单站的气压变化里头，一个站一个站，按照时间顺序排出来，抠得非常细，才发现这个小低压。现在才晓得他是从报表里头做了大量的工作。……天气图上一百公里左右的东西他都能发现！因为“大跃进”以前气象站还是很稀疏的，江苏省还算比较密，也得两三百公里才有一个气象站。就好比用大网眼的网去捞小鱼，只得用时间加密得到的资料，替代空间的加密……从前我们不晓得怎么样活用这些气象记录，在这方面对我有一个启蒙的作用。他为我国中小尺度天气分析开创了一个先河。因为工作的关系，他没有将中小尺度的研究继续搞下去。但这篇文章的确是划时代的。将来如果我们国家气象部门刊出历代优秀论文的话，我觉得应该有这篇文章。

① 朱盛明，江苏省气象科学研究所原所长、高级工程师。

在这种情况下，两局决定把制定民航气象服务规范这一任务交给我来负责。过去在中航公司工作期间，气象台经常与飞机师们打交道，我接手民航气象业务后，在日常事务实践中也有些摸索积累。相对而言，在民航气象工作管理操作层面上，我还算有些经验。但因为我毕竟对全局工作了解有限，这对我来说还是相当困难的差事。

第10章 新中国民航气象管理事业的开拓与建设

进京先遭“杀威棒”

1953 年 7 月 27 日朝鲜战争结束。为适应大规模经济建设的需要，1953 年 8 月 1 日，最高层发布命令，中央军委领导的气象局转归政务院领导。

一声令下，我们就军转民了。在南京的华东气象处应归属华东行政委员会，因此准备迁往上海。天气科及大部分预报员先搬，我和天气科科长孙学勤、预报员邹浩和郑志敏等一起去了上海。

但很快国内形势又有了变化，因出现高饶事件，1954 年三四月后，各大行政区撤销，华东气象处也不准备继续存在了，我们去了上海的又都回到了南京。短短的三年多的时间，我的工作从上海到南京、南京到上海来回折腾三次之多。

1954年10月时任华东气象处副处长的程纯枢和我一起被调往中央气象局工作，我们两人与调往连云港市气象局的郑志敏同坐大卡车到中山码头，再坐轮渡过江到浦口，乘火车北去。此次与郑志敏分别，待再次相见，是在1959年初的昆明会议上。

我几年来一直埋头在繁琐、平淡的日常工作中，不敢有任何懈怠，也与人无争。想不到，从南京到北京，我刚刚踏进中央气象局天气处的大门，就遭到一场严厉的批判。

事情是这样的。各大行政区的气象处撤销后，最早调到天气处的是东北气象处的方齐。他一家四口人，1954年10月前从沈阳调到北京，给他的搬家津贴是150元。我是一家六口人，1954年10月之后从南京调来的，只发我100元搬家津贴。我当时觉得不公平，第一点是沈阳到北京没有南京到北京远，第二是我家人口比他家人口多，为什么津贴反而少了？我就向王宪廷处长提了出来。王处长得知我的疑问后，当时对此并未加任何解释，转身即在天气处的会议上狠批我伸手向组织上多要钱，引起天气处一些年轻人对我群起而攻之。

我觉得，自己只是想要一个公平的说法，与伸手向组织上多要钱是两回事。既然弄成这种被动局面，我就赌气索性连100元的搬家津贴也不去领了。多亏刘联华科长来做了解释，劝我不要顶牛，说："100元的津贴不要是不对的，实际情况是上面政策有了变化，原来的津贴发得偏多，现在降低了。"像这种事，原本只要向我解释一下就行了，何苦要兴师动众，给我一顿杀威棒呢。

我是兴冲冲来首都的，经过天气处处长同志的当头一棒，我一下子就瘪下去了。意识到自己与其他留用人员是不同的，有历史问题的人，低人一等嘛，从此在王处长面前我就要格外地小心翼翼了，除了自己的工作什么都不过问。

华东气象处的王德言也是在1954年调入中央气象局的，他是解放前打入汪伪组织的中共地下党员，是一位老革命了。在气象处时，他负责搞器材工作，还兼任山西路气象训练队队长一职。马道昌调来担任专任气象训练队队长后，他就专管器材工作了。1954年时，中央气象局器材处处长是齐生英，副处长就是练习班同学秦善元。王德言调进器材处担任科长职务。由于文化水平低、业务能力不强，账目记得很乱，在“三反五反”运动中被查，以至有人说：“抓到大老虎了！”但经过深入查账，发现前面账上少的器材，在后面账目里出现了，构不成贪污，七弄八弄不了了之。和他相比，我这点事算什么呢！更可悲的是在“文化大革命”中，他上吊自尽，此是后话。

我家初到北京是1955年年初，从南京一下子搬到北京，气候干燥，寒冷逼人，屋内用煤球炉生火煮饭取暖，老岳母与四个孩子都不习惯，吵着要回南京。当时我的工资是127元，那些供给制的人很羡慕，说东道西的，他们不知道这一百多块钱是要养活七口人的。另外，我老母亲在南京弟弟家生活，我不时也要给母亲些生活费、零用钱。这样，显然非常困难。谭丁曾吃惊地说过：“这点钱你们怎么生活啊！”

当时德群只有七岁多，才上小学，德红三岁多，德东、德奇才二岁多，婉章母女成天忙乱不堪。等1955年下半年德红上了宽街幼儿园，又多出一笔幼儿园费用，婉章决定出去参加工作以解燃眉之急。1956年她从教师训练班学习完毕，到隆福寺小学任教，每月可以有47元收入，整个家庭才松口气。

每月拿到工资，先把米钱、房租、水电、煤球以及德群的学杂费等扣出来，只能剩下十几块钱了，就作为当月买菜的钱，那时我经常出差，在外面拼命省，什么都不敢买。婉章曾说过：“别人出差总要带点当地的土特产回来，你总是两手空空……”这有什么办法呢！

“撇清”与阿垅的关系

1955年，对我来说，政治上发生了一件有惊无险的大事。

四五月间，中国社会的日程表上，出现了揭发“胡风反革命集团”和随之跟进的肃反运动。当报纸上忽然登出胡风反革命集团的骨干分子有笔名为“阿垅”的陈守梅时，我大吃一惊。我赶快找到民航科科长倪超成，告诉他，我在1940年西安头等测候所工作期间，曾与陈守梅一起生活过几个月的往事。倪超成叫我写份材料交上来。在当时的政治氛围中，只要给胡风集团的某位成员写过信，或有过一点接触，可能就会牵连进去。我与“阿垅”在一起生活过几个月，其间，我在西安南关误被巡警拘留，又是陈守梅等去保释出来的。如此这般，真不知道会有什么样的结果?!

在高压的政治气氛中，交代材料是要写的，是自我保护，更是为了保护我的家庭，我的妻子儿女。但我写交代材料是有底线的，必须实事求是，一是涉及我自己的事情不隐瞒，讲实话；二是尽量不涉及他人，不得不涉及他人时，也必须实事求是，不推诿，不能为了保全自己而伤害别人。

当时天气处的留用人员只有我和方齐、谭丁等几个人，谭丁当时正在被审查中。我想：“搞完谭丁就该轮到我了。”

谁知道搞完谭丁之后，天气处的肃反运动就悄无声息地结束了。

后来才知道，我交代的问题是由中央气象台台长崔实负责审查的，审查结果认为我与“阿垅”仅仅是共同住在一起，没有其他方面的政治活动，不是什么问题。这次我又遇到了一位实事求是的好领导，真是一生最大的幸运。否则，因为跟“反革命”沾上一点边儿就整我的话，他们可以向上邀功，而我这个家庭就不得了了。

关于我与“阿垅”的交往，我在第六章讲西安那一段已经讲过了，不再重复。说点前前后后的事情吧。

陈守梅，我知道他叫SM，是个诗人，文笔很好，写过小说《闸北打了起来》，写得非常好。因为他亲身参加过淞沪之战，受过伤，所以描写得非常生动，感觉与西方名作《西线无战事》类似。

在淞沪战役中，陈守梅脸上中弹，只好下来养伤，后来听说他去过延安，因伤复发，只好回西安医治。我们在冉家村住在一起时，陈守梅经常与胡风通信，向胡风主办的刊物《七月》投稿。

后来听说陈守梅不论在陆军大学上学，还是毕业后在国民党军队工作，都为共产党根据地做了不少工作，提供了一些情报，对解放战争的胜利立有功劳。例如，有一次蒋介石调动军队打山东，他就写信给朋友，告之“蒋委员长如何调兵遣将，从哪里围攻共匪”，表面上是在夸奖蒋介石，实际上从这些话中透露出军事秘密。新中国成立后人民政府对他这样一位文化人也很

陈守梅与他的《南京血祭》

器重，曾让他担任过天津市文联主席。谁曾想在 1955 年肃反运动时他出了事，成为阶下囚。陈守梅个性坚强，宁折不弯，被打成胡风分子后始终认为自己没有错，所以后来处理得很重，被判了十几年的监禁。他 1967 年死于狱中，没有等到平反的这一天到来。

直到粉碎“四人帮”，改革开放了，我发现新华书店有人民文学出版社 1987 年 12 月出版的陈守梅著《南京血祭》，公开发行。我买了两册《南京血祭》，一本自己阅读，另一本寄给了程纯枢，他也是在西安时与“阿垅”相熟的。

在民航气象科“行走”

在我到北京之前，1954 年中央气象局天气处只有约十名在编的职员，其中有朱和周、谭丁、纪乃晋、梁平德（女）、梁孟铎、刘宏勋、王克俭、徐纪昌、韦中达、王锁柱等。管理全国各级气象台的天气预报和服务的任务较重，天气处明显人手不足。当年内，中央有裁撤六大行政区之举，中央气象局就乘机从各大行政区气象管理处先后调来一批人，到天气处的，除我之外，还有方齐、钱介寿、段绪铮、黄必选、王佑之、吴俊明、翟裕宗、康文骕（女）和林祖缇（女）等。

为了加速和健全民航气象事业的建设，中央气象局苏联顾问普罗斯加科夫向中央气象局和中国民用航空局的领导建议，将民航气象工作改为气象系统建制的两局双重领导。得到两局领导的认可后，在苏联顾问的协助下，由中央气象局天气处负责人朱和周先生草拟了《中央气象局、中国民用航空局民航气象保证总合同》。根据总合同的规定，在中央气象局天气处下新成立一个民用航空气象科，在两局组成的民航气象保证业务联合委员会的领导下，负责处理民航气象管理等方面的具体事宜。

民用航空是我国交通运输的重要组成部分。随着民用航空事业的迅速发展，作为飞行安全保障的航空气象服务工作也相应得到发展。民航定期航班飞行需要航站和航线天气预报服务。航站预报除了一般性的风向、风速、能见度、云量、云高、天气现象和温度等内容外，特别注意恶劣能见度、积雨云、高度很低的云、雷暴以及强烈阵风等航空危险天气。航线预报的内容有飞行高度上的风向、风速，航线上的云量、云状，有无积雨云、颠簸、积冰、雷暴等。至于航测、探矿、播种、护林、喷洒农药等专业飞行与航班飞行有所不同，除飞行所需的能见度、低云、雷暴等预报外，还要根据不同作业增加不同气象条件的预报。

我国民航气象服务和管理自成系统，属于民用航空部门的一个组成部分，与世界各国的民航气象服务体制不相同。

那时天气处的情况是，调来了中央气象台台长王宪廷任处长，由朱和周任天气处副处长并分工主管业务科，编译室主任顾钧禧任工程师，分工主管民航气象科，孙学勤为业务科科长，倪超成为民航气象科科长。方齐、黄必选、王佑之、吴俊明、翟裕宗、梁平德、梁孟铎、刘宏勋、王克俭等分到业务科，我和钱介寿、段绪铮、康文骕、林祖緹分到民航气象科。不久，倪超成支援边疆，前往新疆气象局任职，另调来刘联华接替民航气象科科长职务。

一切准备就绪后，从1956年1月起，民航气象台（站、哨）改为气象建制，实行气象和民航两系统的双重领导。两局成立联合委员会，由中央气象局的王功贵副局长和中国民用航空局李平（沈图）副局长主持；中央气象局方面有王宪廷处长、顾钧禧工程师、刘联华科长和我；中国民用航空局方面有航行处王处长、陈副处长和洪从道。联合委员会将定期或不定期地召开会议，商讨民航气象的业务管理、台站设置、工作范围、仪器配备、技术指导等事宜，做出决议后，交由民航气象科安排执行，具体工作是我做得多一些。中国民用航空局方面负责和民航气象科联系的是洪从道。

在到北京头一年半的时间里，我在天气处民航气象科里里外外地忙活，相当于“行走”吧。

从 1956 年 6 月 1 日 8 时起，气象广播不再使用密码，公开广播了。

1955年5月浙江省气象局工作会议留影（前排左起朱鸣益、陈锡璋、陈听海、房重昌、印佩芳、周学昭等。后排左起汪乾、沈祖桓、徐明、徐亦风、陈学溶等）

由于国家气象广播一部分要脱密，编写电码这个任务只能由我来承担。普通气象员只懂一两种电码，由于电码的编制很复杂，他们对平时不常用的电码就不熟悉了。参加气象工作后，我对各种气象业务、技术都认真学习，包括电码的收发、编译这种对预报员来讲的“冷门”。我有本关于电码技术的书，书中各类电码的介绍很齐全。对业务上细小的东西我能记得很清楚，都是别人不太注意的，所以许多事别人拿不上手的我却有所了解。这些突击任务基本上都是在工作时间以外完成的。

因各省调上来的气象人员不熟悉天气预报管理工作，1955 年春，中央气象局天气处在武昌举办“天气干部训练班”，以提高他们的气象管理业务水平。我奉命去武昌讲课。在课堂上，我从最简单的地理知识讲起，逐步深入到气象工作的管理方法，很能满足听讲者的需要，受到了好评。

在民航气象台站的建设方面，从 1956 年起到 1960 年底，按照两局联合委员会的决定，民航气象科（1958 年后的中央气象台天气科）和局的人事处、计划财务处、器材处和通讯处等有关单位商讨后，每年都制定了民航气象台（站、哨）的设置和健全计划，下达有关省、市、自治区气象局积极执行，到民航气象台（站、哨）划归中国民用航空局建制时，我国民航气象台站已由 1955 年底的 15 个发展到 49 个，民航气象台站网在全国范围内已初步建成。

民航气象的双重领导体制开始后，为了了解有关省、市、自治区气象局和有关民航管理处签订和执行分合同的情况，为了了解各机场民航气象台站的工作和存在问题，两局决定做一次联合检查。1956 年 3 月，中央气象局派我，中国民航局派的是洪从道，我们一同前往上海、广州、南宁、昆明、重庆和武汉等地检查。

在上海时，我们发现机场的观测仪器放在办公楼顶的平台上进行观测，而不是放在机场平地上。当时我就提出："如果机场有雾怎么办？"负责领导上海机场气象工作的束家鑫同志很要面子，当场狠批了机场气象员一顿，但事后又认为这是小事，不值得作为问题正式指出。我和洪从道两人坚持要上海机场气象台立即改进，因为这是关系到飞行安全的大事。

不久我们又到沈阳、哈尔滨和齐齐哈尔进行了同样的检查。巡查回来后，我写了检查工作的总结，交给中央气象局的局长室。局长们认为写得很好，因为总结中提出了许多具体存在的问题和处理意见，以及与中国民航局之间存在的团结、生活福利和各方面关系不明确等具体问题。这些问题的提出，对及时引起双方上级的注意，保证飞行安全有很大的积极意义。并且，经过这两次调查，我们基本上摸清了我国各地民航气象观测事业的现状，为制订今后计划打下了基础。

为了做好民航气象服务，经过联合委员会的讨论和决议，两局联合下发了一系列文件，其中重要的有 1956 年 6 月 19 日颁发的《关于国际航线上气象供应办法的新规定》，同年 9 月 25 日颁发了《民航气象专业建设方案（草案）》。

附：

在南京信息工程大学的档案中，发现了这份 1956 年经过王宪廷处长签署"同意材料内容"的材料。我们于 2014 年向陈学溶本人询问时，他说已不记得当选"社会主义建设积极分子"这件事情了。从这份材料的内容看，上述《民航气象专业建设方案（草案）》等有关文件是由陈学溶负责起草制订的。这份材料提供了他在 1956 年 6 月以前在中央气象局天气处期间的工作情况，补充了他自述内容的一些空白。

评选陈学溶同志为社会主义建设积极分子的材料①

陈学溶同志自从到局工作以来，一向对本职工作表现埋头苦干，任劳任怨，对工作有一定成绩。尤其突出的是他在对同志的帮助上，对青年干部的培养关心上表现细致，耐心，总希望把自己知道的告诉别人，毫无保留，同志们在他帮助下，收益不小，其具体事迹如下：

一、对青年同志的耐心、细致和诚恳帮助方面：民航科除陈学溶同志一人是从前搞过民航气象工作外，其他同志都是新手，但是目前能比较顺利的掌握民航气象服务的领导工作，大家认为与陈学溶同志对大家的帮助是分不开的。如钱介寿同志从台调到民航科工作，行政工作从来没有做过，初时就不知如何着手。陈学溶同志就耐心详细的告诉他，如何考虑问题，如何想到处理问题的效果，并用具体的例子帮助他。这样钱介寿同志就比较迅速的担当起民航气象台站的管理工作。又如康文骕同志在处理公文时碰到困难请教他时，他都是把自己的看法认识详细的谈出来，并且对处理不正确的地方从后果上分析，讲清道理，这样使同志们感到一些问题经他讲解后很明确、踏实。陈学溶同志不仅在别人问时能耐心帮助，也能主动的把自己知道的告诉别人，如关于民航气象工作的要求、组织领导等问题，他平时也给大家讲讲，使同志们对这一工作由不懂到懂，现在一般都能掌握这一专业服务工作。由于陈学溶同志对青年的帮助上很耐心，有问题问他时，他都是一次一次的给同志讲，从来没有认为自己经验多，要留一手，因此大家有问题也都愿问他。

---

① 中央气象局（在京单位）社会主义建设积极分子登记表，1956 年 7 月 5 日。存于南京信息工程大学人事处档案室。

二、对工作不讲价钱，任劳任怨，完成工作质量较好。由于陈学溶同志业务水平较高，相对的由于其他同志业务较生疏的情况下，差不多科的许多主要工作都由他负担，工作量较大，但他毫无怨言，都愉快的接受并有条理的完成了。如：

1. 原由台站处搞的危险天气通报网、航空报等四种方法，后由局长室交民航科搞，虽然陈学溶还负有科的许多日常业务工作，但他能抓紧时间，有时利用休息时间来完成。在搞好后，由于预先未确定搞的原则（即四种办法分开还是合为一种），因此搞好后其他单位提出意见，他又进行修改、整理、补充，虽然不完全是其本职工作，也能负责的完成。（四种办法是危险天气通报网、定时和不定时航空报及天气咨询的组织办法）（这四种办法只说明陈是埋头干的，但完成效果并不好，如讨论时发现有重复的地方很多）

2. 虽然他原来搞过一个时期的民航气象工作，但脱离时间很长，而且解放后对民航工作又不了解，但在接管民航气象业务工作后接着就要订民航专业气象建设方案。这一工作交给陈学溶负责，对他来说是有一定困难的，但陈学溶同志没有退缩，他即主动的利用时间向朱副处长请教，一方面明确领导意图，另一方面取得朱副处长的帮助，这样终于制订出来。这一方案做得是较符合实际的，经征求民航局意见，他们也同意。

3. 今年二、三月份与民航局同志出差西南、中南等地了解工作，虽然时间紧，但他对工作的检查了解是深入的，这样提出了许多存在问题和处理意见、总结交局长室，局长认为写得很好，主要是反映了具体问题，如存在的团结、生活福利、与民航及各方面的关系不明确等问题。

这些问题的提出，对及时引起双方上级注意、解决，对保证飞行安全是有很大意义的。

4. 在工作中能善于安排、不紊乱，工作细致：在他的工作量来说比任何一个同志的都多得多，而且经常有突击任务，陈学溶同志对待这些工作都是认真负责、不急不躁的处理，如第二季重点搞服务规范工作，但是由于广播公开，要突击编写电码及国际电码，这些都必须由他搞，于是他就能很好的安排时间一一完成。

三、除以上主要事迹外，陈学溶同志在日常表现上能团结同志，生活作风朴实，对政治学习也较重视。如每次出差回来他及时向同志借笔记，把漏的课补上，学习时也能认真准备。

根据以上事实，我们认为陈学溶同志在工作上是积极负责、埋头肯干，尤其今天党号召我们向科学进军时期，像陈学溶同志那样一贯热心在业务上帮助、培养青年一代的表现是值得学习的。因此我们认为他具备作为一个积极分子的条件。

天气处　1956. 6. 29

起草《民航气象服务规范》

1956年夏，我被提拔为民航气象科副科长，这是我未曾想到的。当然，这肯定与1956年初中央召开知识分子问题会议之后的大形势有关，对知识分子，尤其是对科技人员的政策有了很大的调整。

民航局的气象工作原来没有什么成文的规定，民航气象科在接管民航气象业务工作实行双重领导之后，就需要制定一些办法来明确权责，需要制定民航气象的服务规范。例如，在什么情况下给飞机师气象预报，如果在飞机航线两侧发现危险天气，应该如何告诉航线两侧的气象台站，从行业术语讲，这叫作“航空天气危险预报发布办法”。另外，关于整个民航气象怎样服务，气象人员、预报员、飞机师、航空站各有哪些责任，如何训练，等等，都要有明确规定。

苏联对航空气象服务是有规定的，但苏联的许多规定不能完全照搬照抄，因为他们的许多情况对我国是不合适的，中国需要制定一个适合两局（气象局、民航局）采用的规定。

我们天气处的顾钧禧先生在民国时期虽担任过航委会民航局的气象科科长，但只是负责办理公文等事，对具体的管理也不熟悉。过去在中航公司干过的人，那一两年期间对民航气象的管理工作也从来没有经手过，都不熟悉。

在这种情况下，两局决定把制定民航气象服务规范这一任务交给我来负责。过去在中航公司工作期间，气象台经常与飞机师们打交道，我接手民航气象业务后，在日常事务实践中也有些摸索积累。相对而言，在民航气象工作管理操作层面上，我还算有些经验。但因为我毕竟对全局工作了解有限，这对我来说还是相当困难的差事。

这个工作量很大，而我每天在办公室还有大量的日常事务要处理，一会儿这事，一会儿那事，简直就没有时间能静下心来动笔。刘联华科长看在眼里，暗暗为我着急，这样不行，由他发话：“把你送到西郊机场关起门来搞，一两个月把规范搞出来，其他什么事都不要你管。”上级领导也同意这样安排，我就驻到西郊机场去了，全力进行这项工作，以至机场不少同志不明就里，互相打听：“这个人为什么关在屋里不出门啊?”

这年夏天，我关起门来干。参照了有关文件，根据我国实际情况，并

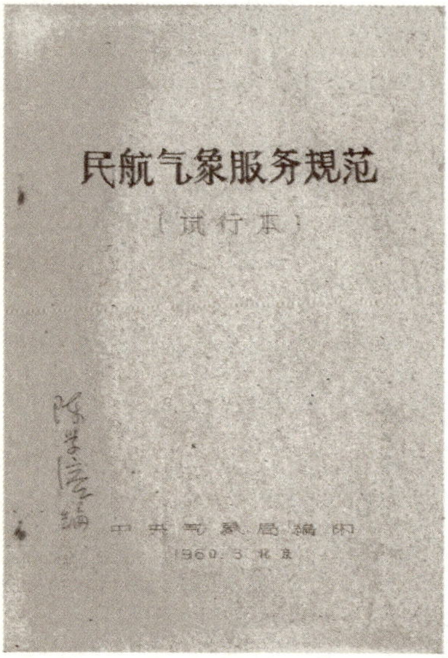

《民航气象服务规范(试行本)》(后来被长期使用,此图为1960年3月翻印本)

考虑了在实际工作中积累的一些经验，我草拟了《民航气象服务规范（试行本）》。这份文件明确了气象和民航两局所属有关单位和人员的分工和职责，民航气象台、站、哨的业务范围，民航气象保证的一般程序等，共八九万字，用了两三个月的时间完成初稿。

后来经过中央气象局苏联顾问马立克逐条审核，两局领导批准，在 1957 年开始试行。① 1958 年 9 月，两局联合颁发了《民航气象服务规范（试行本）》②。

《民航气象服务规范（试行本）》的内容，前有序言，第一章民航气象服务的一般组织，第二章民航气象台站的观测工作，第三章民航气象台站的情报及其传递工作，第四章民航气象台的分析预报工作，第五章民航气象台站工作人员的职责，第六章民航航站负责人员、飞行人员和其他有关人员在飞行气象保证方面的职责，第七章航空危险天气通报和航空危险天气警报，第八章航空天气预报（警报）及其用语，第九章飞行天气报告表（AB-5）的填发规定，第十章对各类飞行进行气象服务的程序，第十一章预报员在所服务航线上的飞行，第十二章与气象有关的飞行事故的调查和统计，第十三章航空天气预报和警报正确性的评定；另外还有三个附录：1. 各级民航气象台、哨的配备标准；2. 各级民航气象台、哨表簿保存期限；3. 各级民航气象台每日分

① 民航气象服务规范（试行本），1960 年。内部资料。
② 薛伟民，章基嘉. 当代中国的气象事业［M］. 北京：中国社会科学出版社，1984. 48.

析图表范围。

这个本本，在后来的实际工作中起到了作用①。

目睹"反右"众生相

紧张、繁忙、充实而愉快的一段工作与生活过去了。

1957 年 4 月 27 日，党中央发出了《关于整风运动的指示》。中央气象局的整风是从 5 月 10 日开始的。当时天气处的多数职员都是建国后参加工作的，没有政治运动的经验和教训。有些年轻人说话没有顾忌，胆子也大。他们自认为是听党的话，在向党交心的座谈会上积极发言，有些话讲得比较"冲"，比较过分。我本来就沉默寡言，在座谈会上发言的机会较少，也不大想发言。

天气处处长王宪廷是个老革命，据说新中国成立前就当了县委书记。他为人比较主观，整风期间，天气处较多同志都对他的主观、不愿听取别人意见特别不满。例如，他曾与天气处一位科员及中央气象台的一位预报员三人到南昌出差。当时北京到南昌还没有直达的火车，通常先乘火车到上海，然后再转乘浙赣线的火车到南昌。王处长看了地图后，认为这样走路程太远，他要走直线，从北京经合肥、安庆、九江到南昌。实际上这条近路要多次换车、换船，非常不方便。当时正值热天，王宪廷人又很胖，

① 在受访者中，许多人谈到了陈学溶的这一工作。1980 年代担任中国民用航空局气象处处长的周国栋说："由于这份规范内容比较详尽，切合实际，在 1960 年两局的合作停止以后，除有关气象系统建制的某些章节外，其他如怎样检查、怎样设站等内容照常在用。中国民用航空局多年以来仍在执行其中的有关条文。"曾任中国民航局气象处副处长的张梦倩就这一文件的历史作用评价陈学溶的贡献："应该说，他是我们中国民航气象的一位奠基人。"

这一趟走下来，三个人都苦不堪言。

整风期间，一些出差在外的天气处的同志，如方齐等也赶回来向王处长提意见。当时，方齐在沈阳出差，听说要“大鸣大放”了，即刻跑回北京参加鸣放。他对王宪廷处长的工作作风也很有看法，提了许多意见，当然那些意见本身也是对的。但是，一下子要反右了，方齐就180度转变过来，批判翟裕宗等一些年轻人，搞得很厉害。

1957年6月8日人民日报社论《这是为什么?》刊登出来，天气处成为气象局重点反右单位。经过揭发斗争，在“反对某个党员，就是反党”的口号下，天气处揪出一个反党集团。那些年轻人提王处长的过火意见，变成反对王处长就是反党，就是反革命。

中央气象局一共揪出三个“极右”分子，天气处的翟裕宗是其中之一。运动后他被发配到黑龙江省劳动改造，直到“文革”后才予以改正，现在在青岛颐养天年。

康文骕成为气象局中唯一的女右派，曾送到山东省劳动改造。听说她始终未认错，直到“文革”后平反才得以调入气象出版社担任编辑，现已退休。

吴俊明四川大学毕业后，先分配到东北气象处工作，在方齐之后迟一段时间，从东北调到中央气象局天气处工作。1957年被定为“中右”，虽没戴右派的帽子，但控制使用，以后下放到宁夏气象局当工程师直至退休。因他是四川人，退休后回到家乡养老。

由于方齐转变快，又成了反右积极分子，中央气象局开会号召大家向他学习。据说那时中央气象台台长崔实主持天气处的反右运动，认为方齐思想进步，靠拢组织，就提拔他，让支德先（广西气象局前工程师）培养介绍他入党。他是中央气象局经反右考验发展的四个新党员之一。

在后来开展的运动中，方齐居然又去搞崔实台长，崔台长气愤不已，对天气处的老同事说："我瞎了眼睛了！"方齐紧跟饶兴[①]局长，他的职务随着运动而不断上升。

"文化大革命"一来，他又反饶兴。这样他从科长升成处长，从处长升成司长，直至退休。听说他现在也有悔意，曾向一个被他打击过的人表示了歉意。但是许多人记得他在位时不择手段整人的往事，退休后很少有人理睬他。

业务科科长孙学勤学习去了，未参加整风运动。

民航气象科科长刘联华是一位16岁就参加革命的山西老同志，他与王宪廷处长的不同之处在于，虽然文化程度也不高，但比较通情达理。那时还没有开始反右，我是副科长，两人办公是面对面坐的，经常在一起研究工作。这位刘科长与我偶然谈到当时的整风运动，说："现在这些年轻人哦，都不知道天高地厚！"他说得平平淡淡，我却心中一惊，也算心里有点数。

刘联华不太懂气象业务，我经常讲给他听，业务上两人是密切联系和配合的。民航气象科里有几个年轻科员对我这样的留用人员比较轻视，呼来唤去的。我并不计较，当他们在业务工作上遇到什么困难需要帮助时，我仍旧有求必应，态度也是委婉礼貌平和的。刘科长都看在眼里，感觉到我这个人还是不错的，所以在许多事情上都很关照我，关键时刻能给我以一点暗示或提醒。

1957年底，饶兴来气象局担任党组书记、副局长，全面主持工作。1958年春，中央气象局的反右斗争告一段落，局里虽然揪出了20个左右

① 饶兴（1910—2012），湖南省长沙县人。1930年5月参加革命工作，同年8月加入中国共产党。1957年12月任中央气象局党组书记，兼任副局长，于1962年9月任代理局长，1964年10月任局长。

的右派，但其中没有高级知识分子，是通不过的，需要补课。局里当时有10 位高级知识分子①：涂长望、卢鋈、程纯枢、朱和周、顾钧禧（民航组）、叶桂馨、陈学溶（民航科长）、冯秀藻（农业）、王宪钊、王鹏飞。

补谁呢？局领导研究后，补了顾钧禧。

顾钧禧，人称“老夫子”，平时说话爱抠字眼。他在座谈会上没有说什么，但在私人交谈中曾说过：“王处长糟透了，第一点是占着茅坑不拉屎，当处长不能做事；第二点他不拉屎还好，拉出来更糟糕，还要替他揩屁股。”

又有人揭发顾钧禧说过：“哪一个犯罪了，该杀就杀，共产党员要犯罪了该杀就杀。”别人断章取义，只说他要杀共产党，就这样被补成了右派。

当时中央气象局办公室主任罗漠特地找我谈话：“你不能因为与顾钧禧同学关系包庇他，要揭发检举。”我说：“我实在检举不出什么问题，我们之间没有什么私人来往，仅在办公室里因工作才接触，如组织查出我所说有不实之处，愿受处分。”

1946 年时，航委会派顾钧禧等十几人去美国留学一年。1947 年 1 月 20 日国民政府交通部民用航空局成立。顾钧禧回来后被任命为新成立的民航局气象科科长。临近解放他跟着民航局一起撤退到香港，后来去了皇家香港天文台工作。新中国建立之初，涂长望以气象局局长名义写了公开信：“祖国已经统一，气象事业将大发展，盼尽快回国。楚才晋用，终非了局……”顾钧禧来信表示愿意回国工作。涂长望立即回信，表示热诚欢迎，希望他尽快回来，并托他购买一些《国际气象电码》之类的技术手册和书籍。顾钧禧带着一批图书资料从香港回到北京，亲手交给涂长望。涂

① 参见《竺可桢全集》第 14 卷，第 572 页。

局长非常高兴，安排顾钧禧到编译室任职，后来调到天气处。顾钧禧在被定为右派两年后，就摘了右派帽子，据说后来他的子女上学、工作并未受此影响。

反右期间，张乃召副局长也曾找我谈话，指出我是标准的中间分子，反右不积极，非常危险。我只能唯唯，表示要努力改正。

我在整风座谈会上，只对王处长提了微不足道的意见，因为我担心被人误认为是借整风公报私仇，所以尽量缄口。也亏我没多说什么，否则，在1958年春，中央气象局一定要在高级知识分子中定个右派，顾钧禧那顶帽子，可能就砸到我头上了。

有人说：我在反右运动中保护了那几个小右派。奇怪，当时我自身都难保，怎么能保护他们呢？按当年"小集团头目"翟裕宗后来的解释：当时定他们为右派小集团时，有一条罪状是他们在给中央写的信里有为陈学溶打抱不平的话，而我在批判他们时轻描淡写，没有顺杆往上爬，没有说他们是在挑拨知识分子和党的关系。原来如此！或许当时持那样说法批判右派的人太多了，我是一个异数吧①。

谭丁，出生在香港，在香港长大。1946年航委会派遣冯秀藻、顾钧禧、杨则久、戚启勋等一批气象人员去美国学习气象，他是随队的翻译。谭丁人很聪明，在美国一年多的时间里也学会了气象。建国后，他回到新中国参加气象工作。因工作能力强，英语特棒，朱和周副处长很欣赏他，准备提拔他担任天气处的科长。但不知因有什么历史问题，他在肃反运动中被审查，好像没有什么结果。他有怨气，中央气象局甘德州副局长有一次演讲"四要四不要"，谭丁在台下说了句："什么四要四不要，死不要

① 翟裕宗在2013年11月17日接受采访时回忆当年情况时说："确实没有听到他针对我发过什么言，没有落井下石。他要是像有些人心术不正，给你瞎掰几句，说当时你给我讲了什么，是挑拨我和党的关系。""他在客观上保护了这些同志，就是起到了这种作用。"

脸。”反右时他被人揭发，也被定为右派。

当时天气处只有约 20 人，有四名右派（翟、康、顾、谭），右派人数约占天气处人数的 1/5；中央气象局共有右派约 20 人，天气处占约 1/5。这两个数字都是相当惊人的。

繁忙的 1959 年

反右运动结束以后，1958 年中央气象局的人事有了较大变动。涂长望局长因病住院，原来的第一副局长王功贵调到广东省，第二副局长甘德州调到甘肃省，担任省气象局副局长。

天气处撤销了。天气处处长王宪廷任兰州中心气象台台长，副处长朱和周调到中央气象局气象科学研究所。民航气象科科长刘联华调往北京东郊首都机场气象台任台长，属民航局系统。1959 年反右倾，局办公室主任罗漠挨了整。到 1960 年，罗漠被派往南京创建中国第一所气象专业院校——南京气象学院（2004 年更名为南京信息工程大学）。同时被调往南京的还有朱和周、冯秀藻、顾钧禧和王鹏飞，这样，中央气象局的业务技术骨干走了不少。

1958 年中央气象局撤销天气处的同时，在中央气象台之下成立了业务科，天气处留下来的人都到了业务科，方齐任科长，我任工程师。我继续负责管理民航气象业务，恰恰赶上了一个大忙年。

1959 年 10 月 1 日是中华人民共和国成立十周年纪念日。中央决定要举行一次盛大的庆祝典礼。考虑到届时民航专机的气象保证任务将空前增加，而我国各机场民航气象台站的建设虽已稍具规模，但多成立不久，为了确保国庆期间民航气象万无一失，中央气象局配合有关各省、区、市气象局和民航部门在国庆十周年前的一年内对有关机场民航气象台站的人员、业务和仪器设备等进行一次全面检查，并对相关人员进行有针对性的帮教。我奉中央气象局之命先后到过贵阳、昆明、重庆、武汉、合肥、南京、上海、广州等地。

1958 年底，我首先到了贵阳机场。这个机场位置选得不理想，它不在贵阳，而是在贵阳西边的清镇县。机场跑道不远处有一座 400 米高的山，检查那天有飞机要降落，飞机降落前气象观测员出来观测天气，判断云高在1 000米以上。根据我的观测经验，当时的云高不大可能有1 000米，建议他赶快放一个气球测量一下云高。气球需要充氢气，为了安全，制氢气的筒放在离飞机跑道较远的地方。因为我是中央气象局来检查工作的，观测员只好骑自行车去拿气球充气，充好后拿到跑道来施放，结果测出云高仅为两三百米。我说："赶快通知塔台，飞机暂时不能下来。"那时重庆飞贵阳每星期只有一个班次，如果飞行的天气条件不好，就要飞到昆明或其他机场去降落。飞机一定要等到云底高度达到可以降落的标准，才可以下降，否则危险性很大。气球大概每分钟可以上升 180 米，若不到两分钟就进了云层，那就表示云底高最多为 400 米。仅凭眼睛观测把握不大，况且有时还雾气蒙蒙的。机场的气象观测员，一要细心，二要认真，不要冒险，不要偷懒，否则造成事故就晚了。

检查完机场回到贵阳，我向贵州省气象局局长管健民汇报了这件事，管局长吓了一跳，赶紧通知该气象观测员到贵州省气象局来说明情况。管局长把他教训了一通说："出了事不得了，不能偷懒唉!"

这次我来贵阳检查，无意之中还可能帮了赵恕一个忙。因为我们是从中央气象局来的，管健民局长在和我们聊天时，谈到赵恕，说他很危险，要弄成右派了。我就便向管局长介绍了赵恕的情况。万幸，后来知道赵恕没有出事。

1959年春，我到重庆检查完工作后，又去昆明参加滇南单站气象预报会议。此前，有些地方气象站在收听中央气象台预报的同时，会根据当地的气象资料，再作出补充预报。云南省镇雄县气象站的补充预报，首先获得成功。一个基层气象站发布天气预报，在世界上当属创举。涂长望局长发现这一典型，称之为“单站补充预报”，后称“县站补充预报”，号召各地推广采用，使天气预报的准确率又有了提高。饶兴副局长追随毛主席的“土、肥、水、种、密、保、管、工”的农业八字宪法，针对“补充预报”，提出了“听、看、资、谚、地、商、用、管”气象预报的“八字方针”。

在这次会议上，我与郑志敏又见面了，一转眼，已分别四年多了。大家准备在最后一天去石林游览，但因王宪钊要写会议总结，让我帮忙，我只好放弃去石林参观的机会。谁知这一放弃，直到现在，我也没去过石林，感觉有些遗憾。

4月7日至20日在武汉洪山宾馆，由中央气象局联合空军、海军气象部门召开了一次规模较大的航空气象技术经验交流会，会议由我主持，到会有100多人，宣读交流论文有200多篇。我在会上的讲话中，为预报员讲讲话，为他们减减压，虽然目前的天气预报还不能预报得很准，但是一定要负责任，不要发生不负责任、不按章办事的事故……

五六月间，我又到一些地方巡查民航气象服务工作情况，到了合肥、上海、广州、武汉、南京。合肥热得不得了，高级宾馆居然没有电，床上爬满臭虫。上海也酷热无比。后来到南京检查，是江苏省气象局局长徐行和预报员程文仙陪同前往民航机场的。没想到在“文革”中去江苏检查民航机场这件事成了我的一条罪状："国民党的人竟然到共产党的机场检查工作!"

在南京检查完机场气象保障的准备工作后，我专程去看望恩师江菊人先生。关于江师的情况，前面已经说过了。

赫鲁晓夫专机平安落地

为了保证航行正常和安全，根据中国民用航空局的要求，中央气象局天气处在和通讯处等磋商后，制定了航空天气报告和航空危险天气报告的拍发办法，组织在航站 200 千米以内以及航线两侧各约 150 千米以内的有条件的气象台站按规定及时拍发此项报告到有关航站。

考虑到民航气象台，特别是新建立的民航气象台的航空天气预报的技术力量比较薄弱，两局联合委员会强调了中央气象局各级气象台应和有关的民航气象台进行天气会商等的技术指导，特别是在有专机飞行的时候。不仅如此，1957 年，印尼总统苏加诺以及苏联元帅伏罗希洛夫两次专机飞行期间，中央气象局还派员到北京西郊机场专门和中央气象台联系。

在提高民航气象技术水平方面，中央气象局还采取了两项措施；(1) 在气象科学研究所成立了以张汉松、许梓秀等同志为主的民航气象研究组，探讨民航气象迫切需要解决的具体技术问题；(2) 联合空军、海军气象部门于 1959 年 4 月 7 日—20 日在武昌洪山宾馆召开了一次规模较大（到会 100 余人，论文 200 多篇）的航空气象技术经验交流会。

在民航气象台（站、哨）属气象系统建制的四五年间，我国民航气象保证工作还是相当成功的。但很不幸，在 1958 年也曾有过两起和天气有关的重大事故。现据我的回忆，简介如下。

第一次是在 4 月 5 日。一架从成都飞往西安的伊尔 14 型 632 号客机，在云层内飞行，在抵达西安前不久，过早地降低飞行高度，撞在秦岭的北坡上，机毁人亡。其时，我正随同北京航管处马处长到海拉尔检查工作，返回北京后，听到两局派员的事后调查，他们认为此次事故可能和民航气象台预报的高空偏北风风速偏小有关。驾驶员根据预报的高空风风速进行计算，误以为飞机已越过了秦岭，为了节约燃料而下降了飞行高度，导致了这次重大事故。因为这位驾驶员以往曾多次因节约燃料而得到奖励，虽然此次重大事故的主要责任在于驾驶员未按操作规章行事，但与高空风风速预报的失误也有一定的关系。据事后印就的一本民航飞行事故汇编记载，此次事故的主要原因是机长违反规定，穿山沟所致。

另一次是在同年的 8 月 20 日中午前后，一架由北京飞往南京的革新 106 号班机，在距离南京机场约只有十余分钟飞行距离时，闯进雷暴云，机毁人亡。其时，我和中国民用航空局的洪从道同志正在乌鲁木齐参加一个我国西北地区的民航气象会议。也是在返回北京后才得知情况的。据两局的事后调查，滁县气象站观测到积雨云后，曾及时拍发了航空危险报告给南京民航气象台。在台的值班人员也及时传给南京航空站调度室，但值班调度员因暂离前往午餐，未及时传给航机驾驶员。不过，据当时的分析，驾驶员是能够看见航线上那一块范围不广的雷雨云而绕过去的，不知他为什么没有采取这项措施而冒险穿过。还有一点教训值得记取的，是气象台值班员将这份航空危险天气报告送交调度员时，未按规定要求调度员履行签收手续，口说无凭，事后难以分清责任所在。

为了吸取民航客机两次失事的严重教训和总结几年来全国民航气象工作经验，1959 年 6 月 5 日—12 日两局在北京共同召开了全国民航气象联席会议，确定了“积极建设、加强领导、提高质量、保证安全”的民航气象工作方针。这次联席会议的报告上报后，国务院于9月12日批转。

国庆十周年大庆前不久，中国民用航空局领导考虑到首都机场的专机保证任务特别繁重、影响重大，曾商请中央气象局选派一名高级干部在国庆前后一段时间内能常驻在首都机场，以便随时和该局领导商讨民航专机气象保证临时发生的某些事宜。

其时，中央气象局的反右倾运动正处于关键阶段，中央气象台副台长董玉峰、办公室主任罗漠都在被整之列，不但派不出局级干部，而且连当时主管民航气象业务的中央气象台台长、工程师等也难以前往。几经磋商，因我在民航气象工作方面有些经验，就决定派我到首都机场，作为联络员住在首都民航气象台内，遇到重要情况随时向王宪钊工程师请示、汇报，并通过王宪钊向台长、局长上报。大约从1959年9月15日起到10月25日止的40天内，我未曾离开过首都机场一步。

我在驻机场期间，除负责联络外，还参与了民航专机气象保证的日常工作。

有一次大家正在屋里开会。我出去上厕所，抬头看到西边老远雾蒙蒙的一片，据经验是雷雨云，很可能会有大风。我赶紧回到屋内告诉了刘联华，他这时在首都机场气象台担任台长，我让他赶快通知有关单位。刘看到我急匆匆的样子，没有犹豫，立即行动。十分钟以后大风到了，因措施到位，仅办公室的玻璃碎了几块，没有遭受太大损失。

在这40多天里，一切都还相当顺利，只是对苏联领导人赫鲁晓夫专机的气象保障工作，其过程相当惊险。

事情虽已经过去了50多年，留下的印象还是够深刻的。赫鲁晓夫是在我国国庆日前一天中午赶到北京参加我国国庆十周年庆祝活动的。9月赫鲁晓夫在美国纽约出席了第14届联合国大会并和美国总统艾森豪威尔在戴维营会谈，结束以后回到莫斯科，随即就换乘了另一架专机向北京飞来。这架专机在莫斯科出发的时间是9月30日晨3时（北京时间），航程飞行时间约8小时，预计在当天11时前后到达北京东北郊的首都机场。届时我国中央领导同志，包括毛主席、周总理等及各国大使等在内，将要有几百位显要人物到机场来迎接他。

29日晚，首都机场民航气象台根据当时的天气形势和天气实况，预报次日将有一个晴好的天气，适合各型飞机的起降。黎明以前，预报员分析完30日02时的天气图后，经过会商，该台仍维持原先的航站天气预报。谁知从天亮前后开始，首都机场内的水平能见度逐渐变坏，不久，已降到最低天气标准以下，不得不关闭机场。

这时台内的气氛有些紧张，除了和西郊机场、南苑机场的航空气象台站加强联系，了解情况外，又认真会商了一次，认为：这种天气现象的出现是辐射雾所致。在一般情况下，一两小时后当太阳高高升起、气温回升后，它会逐渐消失的，秋冬季节都会有类似的过程，机场关闭只是短时间的事。我及时打电话向王宪钊工程师（当时中央气象台业务领导）汇报了首都机场的天气实况及航站预报内容，除请他转呈局、台领导外，并希望能得到中央气象台预报部门的帮助。不久，他回电话说，同意首都民航台的预报，并要我们密切注意天气实况的演变，加强联系。以后我又和他通了几次电话。

随着时间的推移，首都机场的能见度更进一步降低，出现了在北京秋季罕见的浓雾，能见度一度甚至不足100米，而据西郊、南苑两机场气象台的报告，他们那里的能见度已好转，而且万里无云。

这时，民航总局的领导和机场领导以及有关单位的同志或川流不息地到气象台来询问，或通过电话来了解，这场浓雾究竟能不能消散，何时才能消散？沈图副局长并提到如果赫鲁晓夫专机不能在首都机场按时降落，将带来许多严重问题。因为北京的西郊、南苑两个机场以及北京附近的某些机场，由于跑道偏短，是不能接纳赫鲁晓夫的巨型专机的；能接收的最近的备降机场是在300公里以外的冀鲁边界上的某一军用机场（故城）。现在要在那里采取一系列措施，特别是严密的保卫工作，真是措手不及了。毛主席等领导同志又不能去那里亲自迎接他。此事真非同小可。

在这样的紧张气氛中，我们预报员当然也焦虑不安。但经过反复斟酌，认为既然北京上空碧空如洗，阳光充足，气温一定会较快地升高，空气中的雾滴应该能逐渐蒸发掉的。因此虽然心中也惴惴不安，我们仍坚持在专机到达之前，首都机场会由于能见度达到标准而开放。老天爷没有和我们开玩笑。10时以后雾渐渐地薄了。11时15分前后，赫鲁晓夫专机到达时，雾已抬升为低云，高度250米，能见度也已在2 000米以上。因此，机场开放。赫氏专机穿云下降，安全着陆，总算万事大吉了。虽然如此，事毕之后，每一念及，我心中犹有余悸。

为什么在这关键时刻，时值秋高气爽的季节，首都机场会出现这样一次罕见的浓雾而且经久难散呢？我们从气象方面未能找到原因。事后听说为了保证机场的清洁，29日晚，机场内曾普遍喷洒过杀虫药剂。它不仅形成空气中理想的凝结核，而且它含油的物质还会在雾滴的外围包裹一层薄膜，使雾滴难以蒸发掉。如果确是如此，倒是值得记取的一个教训。

国庆十周年首都机场气象保障任务完成后，我回到中央气象局，此时局里的反右倾运动也结束了。

下放劳动与精简出局

1959 年中央规定所有年龄 45 岁以下的机关干部，5 年内必须分批下放劳动锻炼。我是 1960 年 2 月份第二批下放的。

中央气象局第二批下放干部去了辽东，分成三个中队，我和欧阳海、易仕明三个技术干部分别为三个中队的副队长，队长都是老干部。总队长是杨曙明。杨曙明原是浙江省气象局副局长，后调到中央气象局任农业气象研究室副主任。他是三八干部，下放辽宁由他总负责，人比较“左”。下放劳动结束后，他被调到宁夏气象局任副局长去了。

我这个中队下放在辽宁省兴城县沙后所，另外两个中队在更北边的地方。

当时正是困难时期，出了机关大门，来到农村，原来以为下放劳动只是干活劳动强度大，想不到会吃不饱。北京的食品供应紧张，什么东西都凭票计划供应，而农村的情况更糟。农村的干部很“左”，生产队长动手打骂社员。

我们中央机关的下放干部对农村这些看不惯，在政治学习或生活会上发言时都会提到这些问题。我一贯沉默寡言，也偶尔会说几句。在一次生活会上我谈了自己的看法：“我和大家的感觉是一样的，没想到农村也会吃不饱。”可能说这话的场合选择错了，这下捅了大娄子。生活会就变成了批判会：“人家是思想问题，你是立场问题……”

下放劳动期间，开会不发言不行，发言又“言”则得咎。他们还给我整理了二十几条罪状，险些弄成敌我矛盾。我名义上是副中队长，实际上是重点改造对象。

涂长望局长的秘书刘广汉（后为柳州市气象局局长）是那个小队的小队长，理解我的遭遇，悄悄告诉我“要好好努力，否则，评不上五好队员就还要留一年”。直到第三次评选之前，我再没发言暴露思想讲真话，虽然仍然经常挨批评，却竟然被评上了“五好队员”。后来才知道，所有下放的干部都回到原单位，没有人被留下。时在1960年11月。

这次到辽宁农村劳动锻炼，我觉得自己最大的收获，是多年的胃病竟然好了。回到北京东城区横栅栏2号的家中，妻子刘婉章炒了一大海碗的鸡蛋炒饭给我吃，被我一扫而光，使她吃惊不已，简直不敢相信自己的眼睛。因为我的饭量一贯很小，但是事实如此，又不得不信。饭后她悄悄地对孩子们说：“原以为你爸回来可以省点粮票给我们，没想到他现在吃这么多啊!”这样连续吃了月余，我的饭量才慢慢小下来，恢复了以往用小碗吃饭的习惯。

有一天婉章下班后去烧饼店买了一块烘大饼准备当晚饭，刚一出店门就见一条黑影闪过，突然窜到她面前伸手就把大饼抢走了。刘婉章大吃一惊，想都没想，就深一脚浅一脚地去追赶，她是两千度的近视眼呀，哪里追得上，旁边有人大喊：“别追啦！等你追到这孩子，饼早给他吃光了!”婉章这才想到：这小孩是饿极了才抢东西吃的，只好算了。只是一家人的晚饭又怎么办呢？为此，她此后接连几天没吃饭，只用豆渣泡涮锅水喝。后来人浮肿得厉害，加上高度近视，走路摇摇晃晃，人都快不行了。岳母流着泪劝她吃点饭，她硬是不肯。后来还是我点醒了她：“你一个人一点也不吃，也救不了全家；而我们每人省一口给你，就能救你一命!”

也正巧这时婉章供职的北京隆福寺小学发了几斤黄豆，这样煮着吃了几顿，她才算挺过这一关。

民航气象在气象系统建制期间，不论是在民航气象台站网的建立、规章制度的健全、技术业务水平的提高，还是在飞行的气象保证等方面都取得了显著的成绩，但也存在某些问题，影响到民航气象事业进一步顺利的发展。这些问题至少包括以下三个方面：

（1）在体制方面，中国民用航空部门是垂直领导，而气象部门当时则是中央气象局和省、市、自治区人民政府双重领导，有关人事、财务等，中央气象局不可能如中国民用航空局那样得心应手，指挥裕如。

（2）在系统方面，中国民用航空局下设的民航管理处是以航线划分区域的，例如京穗航线以武汉为界，武汉以北属北京民航管理处范围，武汉以南则由广州民航管理处管辖；沪蓉航线在武汉以东属上海民航管理处范围，武汉以西由成都民航管理处管辖。气象部门则以省、市、自治区的界为管理范围。因此湖北省气象局既要和北京民航管理处订立分合同、打交道，又要分别和广州、上海、成都等民航管理处订立分合同、打交道，头绪纷繁，颇为不便。

（3）在建制方面，中国民用航空局是企业单位，它的工资、福利等待遇和事业单位的气象部门不一样。根据中央气象局和中国民用航空局民航气象保证总合同的规定，民航气象台站既然属于气象部门的建制，一切得按气象部门的规定办理。但民航气象台站的员工既和民航部门的员工同在一个航空站工作，又皆同为民航飞行的正常和安全服务，当两者的待遇悬殊且处理不当时，在某些员工之间容易引起一些矛盾，影响到工作的积极性。

两局的领导针对这些问题，皆做了一些努力，但收效不大。到了1960年后因种种原因，经过习仲勋副总理的批准，决定从1961年2月1日起，民航气象台站划归中国民用航空局建制，实行以民航系统为主的双重领导。

中央气象局把负责民航气象的所有人员、器材一起交给中国民航局，改归民航建制，像钱介寿就是这样交过去的。刘宏勋的爱人张梦倩积极能干，也被要了过去，后来做了民航气象处的副处长。

民航局没有要我过去，可能是因为在过去几年的合作中有所得罪吧，我的民航气象业务也到此终止。中央气象局把我分配到资料室，还是工程师。在 1964 年“四清”运动时，民航局把旧时期的留用人员都送到内蒙古劳动改造，包括何明经、葛学易等都去了。后来其中有几个飞机师在那里被折磨致死。真是福兮祸之所伏，祸兮福之所依。

1961 年下半年中央机关开始精简人员，中央气象局 1 600 多名干部要精简为五六百人。当时资料室除一位科长外，还有三位副科长、一位工程师，人员实在是多，当然处在被精简之列。9 月初，中央气象台副台长李先坤找我谈话，了解我的想法。我老老实实地说：“我服从组织分配。”李副台长说：“你可以谈谈自己的想法，组织上再决定。”

当时华东各省的气象业务骨干，山东省气象局有莫永宽，安徽省气象局有侯齐之，福建省气象局有汪国瑗、陈汉耀，浙江省气象局有祝启桓，江苏省气象局有王式中。我猜想如果调华东，最大的可能是去浙江省，因为当时浙江省气象局的骨干力量似乎薄弱一点。

等待一个多月后，10 月中旬我接到通知“去江苏省”，后来明确是“去南京”。原来江苏省气象局副局长严在中知道我将离开中央气象局，在等待分配，就表示欢迎我到江苏省气象局工作。因为严副局长曾在华东气象处工作过，了解我这个人。

“太好了！要回家乡了。”我心中非常高兴，后来给自己总结了一条：“要紧的是——业务要精，人缘也一定要好，否则你再能干，人家不要你还是不行。”

婉章对自己的孩子，在教育上从不放松，一边做事一边为他们讲解唐诗诗文的意义。孩子逐渐长大，因家庭经济紧张，只有德红上了“宽街”幼儿园接受学前教育。德东、德奇刚满六周岁，她就带东、奇到自己的学校提前入学。后来因身体实在吃不消，才把东、奇转学至家门口的“东高房小学”读书。说来运气不错，大约一个多学期以后，“东高房小学”与另一所中学合并，成立了“景山学校”作为教改的示范，进行九年一贯制教学。德红在“大佛寺二小”品学兼优，参加少先队组织，被选为大队长。德群在“东板桥小学”毕业后考入“男四中”，让婉章高兴不已。因为当时北京人向往的重点中学就是“男四中”“师大女附中”“101 中学”，踏入这几所中学学习，也可以说进入好大学学习有非常大的希望了。

当我把调回南京的消息告诉婉章与岳母时，岳母太高兴了，她要回家乡了。婉章却高兴不起来。孩子们在北京都有优越的受教育的条件，能在“景山学校”和“男四中”里面学习太不容易。

卢鋈夫妇得此消息，告诉我：几个小的年龄太小怕照看不过来，可以把德群留下来，平时住校，周末到他们家与他们一起生活。还开玩笑说：“决不会亏待德群的……”顾维周先生的夫人是顾震潮先生的妹妹，这时也说：“把德群给我做干儿子，留在北京吧。放弃在男四中的学习太可惜！”孩子们也不愿走。但是婉章再三考虑，还是决定全家一起走。童年的阴影太强烈，她不愿意全家人分散各处。

1961 年 11 月，得知刘老师即将离开北京到南京去以后，隆福寺小学婉章班上的学生都哭了。婉章回家后说了此事也不禁泪湿眼眶。

王宪钊是中央气象台的工程师，几年来，我是在他领导下工作的。直到临走前几天，他还布置了许多工作给我，我告诉他：“来不及了，我要调走了。”王宪钊大吃一惊：“我怎么不知道？如果早知道，我无论如何要把你留下来！”其实，他哪能留得住呢？我调走的事情，连涂长望局长、卢鋈副局长都不知道呢。

我在干校中还有一大意外的收获，受审查期间，除了自己要经常写交代材料外，还经常来外调人员，让我交代历史上有过接触的人的情况，算是证明材料吧，这个文字量很大。以中国航空公司为例，当时我算个台长，在中航工作过的有四十几个气象员，几乎每个人的专案都要来向我调查，每个人我都要写个材料。这些材料我都必须记得：哪个人怎样？哪个人和哪个人关系怎样？他们怎样调动的？前后日期都能够接得上。写了几次后我就很熟悉了。我本来记忆力就比较好，有了这样几年的"温故知新"，强化记忆，直到今天，对那些人、那些事、那段历史，我都可以讲清楚的。

第 11 章 重回江苏

台站业务管理，参与预报会商

1961 年 11 月我们全家回到阔别七年的南京老家，我被任命为江苏省气象局局级工程师。

刚到南京时我们在碑亭巷的东方旅社里暂住了一个星期，后来就搬进位于鼓楼附近的高楼门 22 号江苏省气象局的宿舍，当时气象局的副局长王建中和办公室主任路琢之以及工程师王式中都住在这栋民国时期的老楼里。我家至今已住了 53 年，未再迁移过。王建中于 1988 年病逝，后来二层楼整层就归他的遗孀一人住；“文革”后路琢之调到江苏省水利厅工作，1981 年左右就搬走了；王式中在 1969 年下放到盐城县伍佑公社新河大队第九生产队时也搬走了。

我从中央气象局调到江苏省气象局以前，江苏省气象局只有一名气象工程师王式中。我到局报到后，王建中副局长和我谈话，让我负责全省将近100个气象台站的业务管理工作，南京气象台的业务主要由王式中工程师负责，但我也要积极参与。

如何管理一省的气象业务，包括高低空气象测报、气象通讯、天气预报、资料整编、出版、气象服务等工作，对我而言是一项新的任务，过去我没有这样的岗位经历，需要认真学习。为此我曾去了扬州、泰州、南通、盐城专区和新海连（新浦、海州、连云港）地区作调研。

我想通过业务管理，让预报员们觉得我们的管理不是给他们增加麻烦，增加报表，而是希望能指导大家提高业务技能。预报员画完一张天气图，脑海里要能够形成一个立体的天气形象。做好天气预报，一定要亲自接触到地面天气图的分析才行。

以前，从操作程序上说，天气预报可以说是个人负责制。1950年我在华东气象处工作时，最先提出今后的气象预报要事先集思广益，商量一番，效果更好，后来顾震潮先生提出了“会商”这个概念，直到现在还是这样办的。

1961年回到江苏省气象局后，在省局预报员开“会商”会议时，只要我不出差，都会到预报组的“会商室”在旁边听、看，最后提出我的一些看法。我主要谈具体和实际的问题，如“注意这个风向，它是如何转移的……”王式中是负责预报工作的，对天气形势方面他谈得比较多。徐萃熙对我提出的意见比较重视，常常都会用一个本子记下来，放在预报组供预报时参考。遇有灾害性天气、转折性天气等重大天气现象出现时，要发布台风、大风警报等，还要签字把关。

此前在1959年的渔汛期间浙江的渔船到江苏来捕鱼时发生过重大事故。这段时间江苏沿海会有大风，每年这时候中央气象台都要派一个预报组到吕四港（传说吕洞宾曾四次到这里，故地名为吕四）做气象预报服务。那时江苏的气象预报力量较弱，大多为新人。这年中央气象台派一位老干部科长带领几位预报员到吕四港，因组织不力，还未开展预报工作，大风就来了。原来有一个浅低气压在湖南境内新生，很快就东移到黄海海面上，并且发展得很强。因此 4 月 11 日吕四海区遭到了多年来未有的狂风暴雨袭击，造成新中国成立以来最大的一次大风海难事故，损失极为惨重。

1961 年我调回江苏省气象局后，江苏沿海渔汛期的气象预报服务改由江苏省气象局负责。1962 年郑志敏也从连云港调回江苏省气象局搞渔汛服务。

预报不可能百分之百正确，但事先要分析可能出现的各种情况，并随时订正。郑志敏说我的这种思路对他有些影响，使他非常谨慎。郑志敏的预报业务水平当时在同辈预报员中较为过硬，往往接受的预报任务是难度较大的。春天渔民到吕四捕黄鱼，他要去服务；冬天渔民到嵊山捕带鱼，他仍然要去服务。

郑志敏深知吕四港的预报很难掌握，且责任重大。调回江苏省气象局后，他已去过吕四港搞气象预报服务。当再次派他前往时，郑志敏一开始是婉拒的，希望能派别人去。局长与他谈话未有结果，最后组织上让我出面，我先问他："你不去谁去呢?"他也说不出合适的人选。我说："现在实在没有合适的人选，为了负责，今年也只有你去比较合适。别人确不如你，今年你无论如何再辛苦一次，带出一两个人来，以后就可以轮流去了。"他是个认真负责的好干部，又一次很好地完成了任务。

局里认为我回到江苏来抓业务管理这一摊子后，对我们全省的地区台、县站的水平提高是做得好的。后来副局长王建中找我谈话，要我主管预报组（填图、预报、通讯）的全部工作，我没有同意。当时局里还设有资料组、农气组、观测组（小校场）。王副局长又提议让我主管资料组的全部工作，我还是没同意。我的理由是："我是工程师，是业务技术人员，不宜担任行政职务。"因为有在中央气象局的教训，我怕别人说我"篡了共产党的权"，反正我是坚决不插手行政事务的。

不久，省里下达了农业区划的任务，局领导要我参与江苏省农业区划的研究合作项目。省气象局本来有两位农业气象干部，不知是何缘故，他们应参加而没有参加。我对农业气象完全是外行，我有心理负担，但领导这样安排，我也只能接受。

率先完成"江苏省农业气候区划"

1961年春季，"三年困难时期"进入了最困难的时刻。人们聚在一起，不是谈饥饿，就是谈疾病，什么科研都干不成了。农民断粮挨饿，很多人患了"浮肿病"或"消瘦病"。中共中央提出了有关国民经济建设的"调整、巩固、充实、提高"八字方针，以后发出要求全国各部门"支援农业"的号召。

1963年春，在全国农业科学十年规划会议上，江苏省农业科学院院长顾复生①同志提出："国家农委应及早抓全国的农业区划，各省也要搞好地方的区划。区划搞清楚了，再制定农业发展规划，比较符合实际，

① 顾复生（1900—1995），1926年秋参加了国民党左派组织，担任区党部常委，1927年8月经陈云同志介绍加入共产党，1930年底组建农民自卫团，全面抗战爆发后组建抗日自卫总队。从1939年2月起历任淞沪游击支队支队长、无锡党政军委员会书记、新四军六师敌工委员会书记等，解放战争时期历任华东野战军第一纵队后勤部政委、三十五军一〇五师政委等，解放初期任松江地区行政公署专员等，1952年后历任江苏省农林厅党组书记、第一副厅长、省科委副主任、省农科院院长等职。"文革"后任江苏省政府顾问、省政协副主席。

1964年中国气象学会气候学术会议。前排右5顾杏娟；第二排右1路琢之，右6杨鉴初，右7陶诗言，右8朱炳海，右9吕炯，右10卢鋈，右11张宝堃，右12么枕生，右14王建中；第三排右3曾广琼，右13张正元；后排右9陈学溶

能跳出老框框。”会后国家科委副主任、全国农业科学技术工作协调委员会委员范长江同志确定两个省先进行试点，一个是江苏搞高产田的样板试点，地点在太湖地区；另一个是黑龙江搞农业机械化样板试点。国家分别拨付了两省的区划、样板试验费用，黑龙江为200万元、江苏省为70万元。①

1963年5月下旬，新成立的江苏省农业区划委员会由顾复生担任主任，要求各科研机构和高等院校派专家学者参与，省各有关部门也大力协助。江苏省气象局指派我参与农业区划气象组的工作。

我过去不是搞农业气象的，既然参加了，我就要全身心地投入进去。我经常向省农科院的高亮之学习探讨一些问题，获益良多。如三季跟双季

① 参见顾复生《红旗十月满天飞——回忆我的九十年》。《江苏文史资料》，1997年，第316页。

的线怎么划，我不明白，就要向他请教，这很重要。因为这个线怎么划，涉及以后农业生产布局的问题。

1964 年 4 月中国气象学会在无锡太湖饭店召开气候学术会议，我也赶去参加。我带上了 1963 年 8 月由我执笔，与人合作撰写的那篇文章《太湖地区的气候和农业气候概述》，为太湖地区样板田试验的成功做了一点工作。

在这时期，我兼任江苏省农业区划委员会自然条件区划组的副组长和农业气候区划组组长，参加了中国农业科学院江苏分院粮作系农气组、南京气象学院农业气象专业、江苏省气象局南京气象台三个单位协作合搞的江苏省农业气候区划的科研和组织工作。我的任务主要是负责与省科协联系并协调参加项目的三个单位的合作，要综合研究成果，执笔撰写《江苏省农业气候区划（初稿）》。在此过程中，许多实际工作是由农业气象专家高亮之先生等主持的。

由于江苏省的区划工作搞得早、抓得紧，到 1963 年下半年，全省的农业区划已初具规模。江苏省的农业区划是根据农业的自然、经济条件及生产特点的区域分布规律，划分出一、二两级农业区，并阐明了各农业区的生产发展方向和技术途径。这在全国是一个首创。于是，1963 年秋，国家科委在无锡召开现场会，介绍江苏的做法。

1964 年春，国务院听取了汇报，好几位副总理参观了江苏农业区划成果展览。

1964 年 4 月，由我综合执笔撰写的《江苏

《江苏省农业气候区划（初稿）》书影

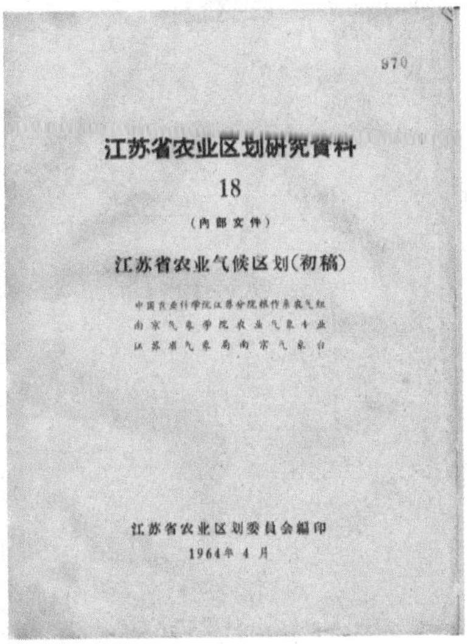
970

江苏省农业区划研究资料

18

（内部文件）

江苏省农业气候区划（初稿）

中国农业科学院江苏分院粮作系农气组
南京气象学院农业气象专业
江苏省气象局南京气象台

江苏省农业区划委员会编印
1964年4月

省农业气候区划（初稿）》完成，受到江苏省农业区划委员会的重视，发表在《江苏省农业区划研究资料》（之18）上。

1964年5月11日至17日，在无锡召开了第一次全国农业区划工作经验交流会。江苏省原准备指派各部门科技人员在会议上作报告，我也接到了准备发言的通知。但参加会议的江苏省副省长兼科委主任管文蔚发现江苏的报告单位太多，认为不妥。后来决定江苏省只能安排一两个重点单位作报告，以便让其他省份的同志也有发言的机会。这样，我就松了口气，我是最怕出头露面上台发言的。

会议由范长江同志和中国科学院副院长竺可桢主持。范长江致开幕

参加农业区划会议期间合影（1964年5月于无锡饭店。左2路琢之、左3陈学溶、左4肖更海，右2张正元）

词，竺可桢在会议上作了报告。

这次无锡会议开得很圆满，参加会议的各省代表对农业区划的重要性有了进一步的认识，由此推动了全国各省农业区划工作的全面开展。

我虽然没有在会上发言，但会议期间，在无锡饭店里布置了全国农业规划图片展览，江苏省的展板有六七十幅之多，其中《江苏省农业气候区划及其说明》引起中央气象局领导的注意和重视，认为这份初稿的内容紧密结合了江苏耕作制度的实际情况，思路对头，处在当时国内同样工作的先进行列①。

会后，中央气象局派程纯枢总工程师到南京帮助我们总结经验，并安排我们1964年5月下旬在苏州召开的“全国农业气候区划工作会议”上作重点发言。

拜谒竺师谈“积温”

这次在无锡开会，令我十分高兴的一件事情，是与竺师的久别重逢。

在无锡相见之前，我与竺师的上一次见面，是1949年6月21日，在上海长宁路杏佛馆的气象研究所内。气象研究所的人员在那一时期为应对战争局势，从南京集体转移到了上海的工学研究所内。上海刚刚解放，在市内的气象学界人士来到杏佛馆集会。竺师自从4月底离开浙大就一直是寄寓上海的，他也来参加了。我和张绍良是中国航空公司气象台的，记得还有气象所的陶诗言、江爱良，中央气象局的程纯枢，中央航空公司

① 郑志敏在接受访谈时说：“江苏省农业气候区划在全国来讲是第一个完成的，受到了表扬，这个跟陈学溶同志是分不开的。”他“确实是兢兢业业、一丝不苟扑在这个岗位上面，为我们江苏的气象事业、全国的气象事业做出了贡献”。见2013年11月2日访谈记录。

的金咏深，等等。到会的人我不完全认识，据竺师日记所记，有军代表到会，还有一位吕欣良，就是吕东明，当时我并不认得他。会上讨论了程纯枢先生拟写的《气象事业建设》，主要议题是讨论如何组建全国统一的气象机构，为即将在北平召开的全国科学会议准备建议提案。现在回过头来看，那个会议很可能就是吕东明他们有中国共产党政治背景的人发起的。

那天晚上，当初气象练习班的同学邀请竺师在巨鹿路 845 弄 8 号海员俱乐部吃晚饭，到会的有我和杨鉴初、宛敏渭、杜靖民、邹祥伦、严振飞等，原来大家准备分摊吃饭的费用，但严振飞说他在渔业公司收入颇丰，所有费用最后就由他来结算了。

新中国成立后，竺师寓居北京，出任中国科学院副院长。1954 年 10 月我调到中央气象局工作，本应常到府上拜见，但因政治运动接连不断，我深恐因为自己背负的政治历史问题而连累竺师，在北京工作 7 年间，竟然一次也没有登门叩谒。

1959 年国庆十周年期间，我为执行任务入驻首都机场时，其实曾与竺师有一次巧遇的机会。他是 9 月下旬率团参加在波兰华沙召开的“第六次世界科学全体会议讨论会”，会后于 9 月 29 日从华沙经莫斯科，在伊尔库兹克暂时停留，等赫鲁晓夫专机于 30 日在北京降落后，他们才从伊尔库兹克飞回北京。到机场后，竺师来到民航气象台看天气图，他没有看见我，当时人很多，我想先生已很疲劳了，也不便挤上前去打招呼，后来心里总觉得挺遗憾的。

这次无锡会议，中央气象局总工程师程纯枢先生也来参加了。他很了解我非常想拜见竺师的急切心情，就带着我到会议办公室去了。程工当时想：这么多年过去了，竺先生还能记得陈学溶吗？哪知刚一见面，竺先生就说："晓得，晓得，我自己教过的学生，我怎么不认得呢?!"

见到竺师，问候之外的交谈中，我向他请教了农业气象中的"积温"问题。我说：一般习惯把每天0℃以上的温度加起来叫积温，我们江苏是把3℃以上的温度加起来作为积温，这是江苏农业科学院高亮之同志的意见。竺先生当即表示赞同这个看法，说："很好！0℃的时候小麦还没有返青，要到3℃才慢慢活动。"

我听了很高兴，因为这是我们在《江苏省农业气候区划（初稿）》中提出的与众不同的新提法，得到他的支持，我心里也就踏实了。

无锡会议结束后，各省都行动起来了，只过了两年时间，广东省就赶

1963年11月9日竺可桢（前排左3）视察江苏省农科院时与顾复生院长（前排左4）等人合影（选自竺可桢收藏照片）

上来了，而且做得很好。1966 年 3 月 25 日在广东省东莞市召开第二次全国农业区划会议。江苏去了不少人，我作为气象方面的代表也参加了这次会议。这一次，我在会议驻地羊城宾馆拜见了竺师。在交谈中，他与我主要谈了许鉴明的事。竺先生知道在解放的时候，许鉴明是在舟山群岛工作。解放军攻打定海以前，他们撤退到台湾去了。竺师与许鉴明是十分接近的，新中国成立后一直没有许鉴明的消息，便怀疑他是否在太平轮事件中遭遇海难了。

实际上，许鉴明还健在，他 1950 年初从舟山去了台湾。国民党政府撤退时，中央气象局局长吕炯留在了大陆，主任秘书李鹿苹带领几个人去了台湾，后来李鹿苹曾担任局长一职，但干的时间不长。许鉴明到台湾后曾去气象局找工作，李鹿苹不敢聘用许鉴明，知道他精明能干，担心日后驾驭不了他。不得已，许鉴明去了高雄，在海军里教书，直至退休。我是直到 1980 年以后才得知这一情况的。可惜，我与竺师在东莞竟是最后一次见面，他生前没能得到一直挂怀的许鉴明的确切消息。

与饶局长下棋

在无锡的这次会议上，我还遇到了中央气象局饶兴局长，那时他是代理局长。饶局长看到江苏的农业气候区划工作有特色，就对我说打算去南京看看。我立即向江苏省气象局副局长严在中汇报。饶局长到江苏省气象局考察时，对严副局长说："你看，陈学溶在中央气象局没有发挥什么作用，到江苏来干得不错，有成绩。"我说："这是三个协作单位共同努力的结果，我只在其中起到一点点作用。"

饶局长知道我会下象棋，于是晚上就找我对弈，结果难分胜负。天色已晚，他棋兴正浓，不肯罢手。饶局长夫人肖更海招呼几次“停止”都不行，甚至发了脾气也不行。最后我看已经是晚上 11 点多了，我主动输掉，才告结束。

棋如人生。

胜负之间，除棋艺高下之外，也经常会受到人际关系和境遇的影响，真伪莫辨，唯弈者自知。

饶局长长我 6 岁，在他执掌中央气象局期间，我在他属下有 4 年，应该说是我的“老领导”。我与他接触有限，但也还有些可记。

与我直接相关的事情是 1960 年的下放劳动和 1961 年的精简出局。

1959 年中央规定所有年龄满 45 周岁以下的机关干部，5 年内必须分批下放劳动锻炼。1960 年 3 月，我满 44 周岁。饶局长听方齐科长说我为人保守、工作不力，就决定让我第二批下放。在辽宁兴城农村的情况，我在前面已经简单说过了。因为我在生活会上说了实话而遭受批判，后来不断做检查，也就只能歌颂“大跃进”和人民公社的成绩，高举三面红旗，说些形势大好、前途光明之类言不由衷的话，当然也还要有检查自己跟不上形势，找差距，挖阶级根源，痛下决心脱胎换骨思想改造之类。我本以为是很“深刻”了，但还是有人不依不饶，甚至还说我是“漏网右派”。当时正逢饶局长下来视察，他参加了我作检查的一次生活会，在总结时说：“陈学溶嘛，通过这段时间的劳动改造，还是有进步的，检讨就行了。知识分子改造嘛，慢慢改吧。”

我对自己说空话、套话不以为然，但饶局长能为我一锤定音，改善我的处境，我当时还是心存感激的。

饶局长参加这次生活会，是事出偶然，还是特意安排？是真正认为我

"有进步"，还是因为上峰政策变化（党中央已于 1960 年末着手纠"左"）之使然？为我所不能测知也。

我在中央气象局工作 7 年，1961 年被列入精简下放名单。在我回到南京之后的一段时间里，正赶上饶局长在全国气象战线上大举推广三个结合（即"大中小结合、图资群结合、长中短结合"），称之为我国气象工作之独创①，另外在全国还推出了一个四川的配套预报改革方法。出了一本资料，厚厚的一大本，拿出来在全国推广。那一套做法始于形式主义、命令主义横行的"大跃进"时代，有的省把绘制天气图的工作都砍了，成天折腾养乌龟、养泥鳅之类，以为那是搞天气预报的正道。

当时我不敢否定他们的宣传。在仔细地读了这本资料之后，我找出了其中存在的基本问题。在我们讨论工作的时候，我没有明确否定那本资料中介绍的做法，仅指出其中某些方法目前还很不完善，并举出具体例子，第几页和后面第几页完全矛盾，一矛盾就说不通嘛。日常工作中，我们仍旧认真做好绘制天气图的工作，所以江苏省的气象工作没有被他那"三个结合"搞乱套。徐萃熙同志和我的想法基本上是一致的，全局同志共同努力，使得江苏省在"文化大革命"之前的气象改革没有多走弯路。

我身在气象系统，没有为饶局长办气象事业的方针摇旗呐喊，却以农业气候区划工作在农业系统的会议上被推列上游，也因此在我离开北京两年半之后，有了饶局长的南京之行。

人生如棋。

饶局长有"陈学溶在中央气象局没有发挥什么作用，到江苏来干得不错，有成绩"之说，在中央气象局的棋盘上，饶局长是未恤楚汉兵卒之苦

① 参见竺可桢 1962 年 9 月 12 日日记。《竺可桢全集》第 16 卷，上海教育科技出版社 2009 年 12 月出版，第 343 页。

呢，还是有意省察自己的落子之失呢？亦为我所不能测知也。

我在中央气象局的7年中，局里机构和人员变动极大。涂长望局长除了抓气象局业务外，遵循周总理的指示，他的很多精力是放在了中国科联和九三学社上。饶兴是在1957年底调到中央气象局任党组书记和副局长的。1958年初定右派，1959年反右倾，以及随之而来的机构人员大调整，都是在他主政之时。1958年涂长望住院时，局里后来有人说“中央气象局的领导权又夺回到党的手里了”，言外之意，建国初期，涂长望领导中央气象局的时期，领导权并不在党的手里。对于饶兴与涂长望两位领导之间的关系，后人多年来可谓众说纷纭，有人认为饶兴排挤涂长望，也有人认为饶兴保护了涂长望①。

有人问我是什么看法。我的态度是有一分材料说一分话，没有材料不能瞎说。在局里那些年，论业务，我属“高知”，认真做好分内的工作而已；论政治，我自知是有“历史问题”的留用人员，政治身份等级低下，属于白专之流。而气象局中气象万千，政治上的雨雪雷电风云变幻，绝非我这等人物所能够观测的。我当时真的是“两耳不闻局中事，一心只读气象书”。应该说，在中央气象局这7年，在业务上，我是局中人；在政治上，我是“局”外人。

如果于政治之外而论及道德文章，我心中自有倾属，于涂长望先生百年诞辰之际，我曾撰文表达自己对这位师长的怀念之情。

---

① 涂长望于1962年去世后，当年9月由饶兴代理局长职务。至1964年10月任局长，有两年间隔。1962年9月14日竺可桢日记中记为：“上午九点至院，谢（鑫鹤）秘书长及郁（文）秘书长来谈气象局局长［事］。自长望于六月九日逝世后中央气象局局长继任人选成问题，三位副局长，饶兴是军队出身，转业不久；张乃召、卢鋈也均不合适。谢、郁二位提赵九章兼任。我知九章必不干，不但他身体不好，而且他的兴趣在于高空物理。欲选另一人颇不易，不得已要在南大徐尔灏、地物所顾震潮中选之，可先试赵再谈其他。”

“反动则有之，权威倒未必”

1965年江苏省委指定省气象局和南京农科分院为“四清”运动的试点单位。农林口派行政15级干部顾云如到气象局蹲点，重点审查江苏省气象局副局长王建中、办公室主任路琢之和两位工程师陈学溶、王式中。四清运动，清啥？乱得很，一会儿搞这个，一会儿搞那个，我也不知道是怎么回事。

顾云如点名让我揭发副局长王建中，我一如既往，实事求是，不乱说。

运动中，我自己需要写的交代材料居然没有写，工作组的一位顾姓女处长狠狠批评了我。这位女处长的人品是不错的，她很可能是为了保护我而提醒我的。

没多久，气象局的“四清”运动忽然停止了，我奉派到江苏连云港农村搜集农民预报天气的方法。不久又叫我回省气象局继续搞江苏省农业气候区划工作。大约在这个时候，局内任命了徐翠熙（党员）为工程师，从那时起，局内有了三个工程师。

“四清”一过即“文化大革命”。

1966年5月10日《解放日报》《文汇报》发表了姚文元的文章《评“三家村”——〈燕山夜话〉〈三家村札记〉的反动本质》，全国各地都掀起了揪大大小小“三家村”的浪潮。“三家村”一词源自陆游诗句，在北京市委主办的《前线》杂志上开辟一个专栏称“三家村札记”，连续刊登吴南星的文章。这“吴南星”是当时北京市委书记处书记邓拓（笔名马南邨）、北京市副市长吴晗、北京市委统战部部长廖沫沙（笔名繁星）三人合取的笔名。姚氏文章一出，延及全国各地，到处抓大大小小的反党反社会主义的“三家村黑店”，形成恐怖气氛，因此罹祸者甚众。

我记得大约在“文化大革命”前，《新华日报》向气象局约稿，可能不完全是农业气象、农业气候区划这些事情，大概还包括气象工作怎么为国民经济和农业生产服务的这些事情。这篇文章写好以后，用了个笔名，叫陈式熙，就是陈学溶的陈，王式中的式，徐翠熙的熙。

就这样，对号入座，由吴南星到陈式熙，我们气象局也就有了个所谓的“三工黑店”。实际上我们三个人除了工作中必需的联系以外，平时没有什么接触。

“文化大革命”时省委派了工作组到气象局搞运动。除天气预报没有停以外，其他的研究和业务等工作都受到影响。以往我和王式中负业务上把关的责任，但是造反派掌权后，让我们也要参加轮流转的大值班。

以后随着运动的发展，一年多的时间里天气预报不要我做，白天上班根本没事，只能老老实实看毛选，下班即刻回家，也不敢外出。

1967 年年中最混乱的日子里，高楼门 22 号大院门整日紧闭。夜晚我们一家在院子里乘凉，萤火虫在葡萄架边飞舞，漫天星斗闪烁。过去一直忙于工作，我难得有这样与孩子们在一起的日子，我向孩子们讲解天文学的基础知识，宇宙中星空的划分，星座的名称及怎样识别，等等。我还告诫孩子们要多看点书，多学点文化，不要到外面乱跑。可惜，这样的日子太少了。

再后来，江苏的“好派”（好得很）、“屁派”（好个屁）斗得很厉害，顾不上我们了，让我们平时白天在北极阁山上拔草。1967 年 8 月在省气象局“派委会”的管理下，我们被命令参与局内修筑“武卫工事”。气象局的人事科科长当时不知出于何种目的，动员我们几个“牛鬼蛇神”参加她的造反组织。王式中为能尽早解除隔离，准备考虑考虑。但是我觉得不妙，拒绝了，回说：“我不能参加你们的组织，否则你们会受到我们连累的。”

还是在1966年10月，省气象局的造反派曾第一次来抄我家，抄走了我新中国成立前的全套《气象学会会刊》《气象杂志》，以及后来的《气象学报》和各种气象书籍，还有老照片等，算是“破四旧”阶段吧。到1968年5月“清理阶级队伍”，我再次被抄家。

1968年5月16日，我被造反派宣布隔离审查，隔离在原气象研究所的旧房子内。我保持着随遇而安的心态，酷暑盛夏不给洗澡、理发，有的被隔离人员，如副局长黄树勋受不了，找造反派要求理发、洗澡。但是我觉得已经位列“牛鬼蛇神”了，只能如此，既来之，则安之，不提任何需求。

隔离期间在气象局劳动时，被审查人员之间不许讲话，还要互相监督。如规定每棵树苗浇水一瓢，我照办，但立刻有人检举我劳动态度不好。原来我是不论树苗的大小都浇水一瓢，而不是大的树苗多浇些，小的树苗少浇些。为类似的事情，一个小头目还专门到我家里，向我的孩子述说了我以

1968年江苏省气象局的“牛棚”旧址

上"抗拒改造"的种种事实，要他们写封信给我，劝我不要顽抗到底。孩子们也写了，"托"此人带回气象局。后来家人和我见面问及此事才知，我竟然没收到这封"信"。估计是信写得不令专案组的领导满意，就没交给我看吧。

隔离审查期间批斗我时，"红卫兵"给我挂了个"反动学术权威"的大牌子。"红卫兵"问我有何感想，有什么意见。我脱口而出："反动则有之，权威倒未必。"底下笑声顿起，当然因此我就又"罪加一等"了。

在对我的审查结束后，孩子们告诉我，1968 年下半年有一天，几个孩子还未去农村插队，婉章正在家里洗衣服，忽然听到马路上传来小孩子的喊声："气象局的牛鬼蛇神出来游街了！"我的几个孩子跑出房间，看见妈妈站在厕所里，急得双手揪着一把头发，现出满脸绝望的神情，那情景让他们永远难忘。

五七干校杂忆

熬到 1969 年 5 月，江苏省气象局的三个重点审查对象有我、王式中和搞农业气象的李凤岐，被送到句容县石山头江苏省五七干校隔离审查，我从此脱离了江苏省气象局。

江苏省农林口所属的气象局、农科分院、农林厅的被审查人员集中在石山头的第三大队。不久，王式中与李凤岐的问题查清，算被"解放"了。他们离开五七干校，回到气象局，又被敲锣打鼓送回各自的老家当农民。第一年工资照发；第二年只拿一半工资；第三年及以后就要自己拿工分了。

整个江苏省气象局只剩下我还在被审查。审查人员一再追问我："再想想还有什么问题没有交代!”

我说:“实在想不出来还有什么问题没交代。能不能提示一下?”

得到的答复是:“你自己的问题你自己知道。”

后来没有解决问题的人越来越少,干校就把气象局、农科分院、农林厅等农林口的被审查对象十几个人集中成一个排,平时进行劳动,造房子、种田、挑粪、喂猪,什么都干。

不时有人来问我“张绍良怎样”“周恩济怎样”……全与中航公司人员相关,每次问过后,就会有两个人夹着包出去外调。

从五七干校这个小社会可以看出人的各种各样,一个排里十几个被审查的人中,还有个别人经常攻击其他受审查的人,真是人性大暴露。有的人是被迫的,批斗你时表面上发言上纲上线很厉害,实际上没有什么内容。有的人则别有用心,不择手段地通过栽赃别人来达到个人目的。农林厅有个叫周约吾的,曾经参加过共产党,后来不知为何又脱党了,来五七干校重点就是审查他的这个问题。他为了争取早日“解放”,经常揭发别人偷懒、讲过什么有问题的话……“立功”心切,这样的人还有几个。

没有专门开过对我的批斗会,平时我从来不去揭发别人。在批斗会上,经常要散会了,我还没发言,实在躲不过去就淡淡讲几句。我注意保护自己,性情随和,人缘较好。有些事情我不赞成的就不说话,不会提出反对意见。涉及他人的事情,绝不说假话。心里是非清楚,但没有做过打抱不平的勇士。

像刘冰、顾复生这样的老革命干部挨批斗的次数多,吃的苦头更多一些。我非常同情他们,在自己力所能及的范围内给他们一点点帮助。刘冰从小就参加革命,“文革”前是江苏省教育厅高教委主席。他文化程度不高,但党性和原则性很强,为人正直、公正,乐于助人。我和刘冰第一次认识就是两人一起到石山头水库去劳动。他力气不大，过去被敌人上刑搞坏了眼睛，有些凸出，但劳动非常卖力。一个老革命的高级领导干部能如此对待逆境，我非常钦佩他。

顾复生在战争时期曾是太湖一带有名的新四军某纵队司令员，是陈云的部下，与陈云很熟悉。“文化大革命”前他是江苏省委候补委员，中国农业科学院江苏分院院长。他对知识分子非常尊重和信任，手下的水稻、小麦专家都是全国闻名的。他经常讲：“这些人就是我养的老母鸡，我用他们下蛋（意思是培养干部、培养人才）。”顾复生因“文化大革命”中备受折磨，身体坏了。但他后来在双目失明的情况下还坚持做口述回忆录，1995 年，以 95 岁高龄谢世。

1970 年 5 月 4 日到 1971 年 4 月 30 日这段时间，我和顾复生两人负责喂猪，那时他已是 70 多岁的人了，个子不高，力气也不大，劳动时肯吃苦。我们最多时养过 23 头猪，其中二中队转来两头，四中队转来 3 头，本队自购 18 头。养猪时，人很自由，时间长了还会对小猪有感情。我们给每头小猪都起了名字：小霸王、瘦长条、可怜虫、小老头、病鬼子……小猪很听话，一叫名字就会跑过来。有的猪老实，有的猪调皮，跟人一样。抢不到食的我就多喂些，抢得凶的就少喂些。我喂猪，很注意方法，饲料的配比、饲量的多少，都严格按照平时对猪的观察来进行。时间不长，小猪都喂得圆滚滚的。

在后来对我放松看管时，我可以独自去邮局寄信，或去农村的小店购买草纸、肥皂等日用品。顾复生是上海青浦人，爱吃甜食，但那时在干校对他的监视很严，不许他到处走动。我趁上小店买日用品之际，常常买一些糖果，两人一起喂猪时就偷偷塞在顾老手里，但也不敢多给，怕被人发现。

患难之交啊，后来我与顾复生和刘冰两位老干部长期保持着真诚交往，直至他们逝世。

在干校还有一位老红军的儿子袁鸿钧，当时二三十岁。他与我一起劳动抬担子时，知道我体力很差，总是悄悄把绳子拉到靠自己的一边，使大部分重量落在自己的肩上，让我的肩膀少受一点罪。他本来就是因为口风不紧，说话随便而获罪的。“九一三”之后不久，不知他从哪里得到了“林彪出事”的消息，没忍几天就偷偷告诉了我，可见他是“本性难移”啊！

我与袁鸿钧的忘年交友谊，一直保持到现在。有时袁来看望我，只要提到五七干校的往事，袁鸿钧都会笑话我不会抬东西。

五七战友之间，经常相互帮助。那时我喂猪需要猪草，但猪草有限。我在南京一中时的同学杨家驺的弟弟杨家驷负责种菜，菜多吃不完就经常送菜给我们喂猪。

我和顾复生、刘冰、袁鸿钧等特别爱吃红烧肉，但买饭时又不敢多买好菜，红烧肉5角钱一份，只敢买一份。干校食堂的女会计很好，她不说话，直接拿两份红烧肉倒在我们的碗里，菜钱还是照两份收的。

我们与干校周围的农民相处很好，经常在一起闲聊。他们很随意，也很幽默。比如，他们对我们的收入很感兴趣，有一次农民兄弟问起我：“你拿多少钱啊？”我很为难，在犹豫中反问这位农民：“你拿多少啊？”他哈哈大笑说：“一百二十毛。”农民的乐观、爽朗、幽默的态度影响着我们这些受审查的人，使我们能尽快从干校校友“小广东”自杀身亡后的阴影中逐渐解脱出来，直面艰难人生。

1971年对我的隔离审查比较放松以后，5月11日，我的两个儿子德群、德东，从插队的句容县行香公社步行到石山头五七干校来探望我，我们已经有好几年没见面了。这一年国庆节假期时，妻子婉章也经组织批准同意，从南京来石山头探望我，3 天后返回南京上班。

干校中 1971 年以后开始审查“五一六”分子，在被揭发出来的“五一六”分子身后总会有人跟着，到饭厅买饭、上厕所都被人跟着。天热洗澡，被跟的人只能在干校的浴室淋浴，其他人员则可以去附近的水库洗澡。当时干校里号称有两个系，一个是指我们这类有历史问题的人组成的“历史系”，一个是指因“五一六”数字而来的“数学系”。随着审查的深入，“五一六”分子越来越多。有的人昨天还在审查别人，忽然今天就被他人审查了，干校食堂那位富有同情心的女会计的丈夫就是如此。因为怕“五一六”分子之间串联，又怕他们想不开自杀，看守“五一六”分子的人手不够了，只好在我们这些已经审查到后期的人身上打主意，让我们一边劳动，一边参加看守“五一六”分子。从 4 月 30 日至 10 月 21 日近半年的时间里，一直都是这样。

我负责看守的“五一六”分子、农林厅的花勃很不服气地说：“现在是国民党看守共产党了！”我们也自嘲：“真是荒唐啊！让‘历史系’的来看守‘数学系’的了。”最初我只是在白天看守一下，后来夜里也要看守，时间一长，人就吃不消了。向连部反映后，才又增加了一个人。花勃这家伙常想出花样捉弄我们来出气，我从不愿与人为敌，忍气吞声，尽量满足他的合理要求，希望不要出什么事情。

随着“九一三”林彪事件的发生，干校的政治管束日渐放宽，我这时的感觉也轻松起来。大家在一起虽不敢谈政治，但可以谈些别的话题，互相不谈被审查的情况。“五七战士”们开始各显神通，做小板凳、编织草包等。我的手工技能不行，有的战友会帮我做。有文学细胞的才子编了顺口溜：“干校干校真正好，每人手上一块表。穿的破、吃的好，胖子多、瘦子少。中午睡一觉，晚上车、马、炮”，这也算是苦中作乐吧。

应该说上一句，有的审查干部很不怎样，他们会向被审查的人员借钱，一般数目不多，被审查的人不敢不借，也不敢提出索还。

在历次政治运动中，特别是“文化大革命”时期在五七干校，长时间受审查，我真怕自己的脑子迟钝了。睡不着时，劳动休息时，我常常一个人在脑子里默想中国象棋残局、心算数学题、回忆地名的经纬度及相互间的距离、历史上的纪元和断代等，我都要在头脑中过一遍。我尤其喜爱看交通地图，许多小地方在一般的地图上查不到，但是交通地图上有。这样零零星星地记了不少，既打发了时间，又锻炼了脑力，还可以改善自己的负面情绪。背古诗词也很有意思，想起唐代诗人韩愈《左迁蓝关示侄孙湘》中的“云横秦岭家何在，雪拥蓝关马不前……”之句，诗中的深远意境，我会沉浸其中，暂时什么都忘掉了。

在干校的三年半，往好处说吧，我收获了友谊，也收获了健康。我干活是卖力气的，能吃、能睡，力气也大了。每年春天我就开始赤膊劳动，皮肤晒得漆黑，夏天再晒就不会脱皮了。其他人到了夏天才赤膊，就会晒得脱皮起泡。原来我的胃病比较严重，通过1960年下放辽宁劳动锻炼，尤其是干校劳动，我的身体好了。

我在干校中还有一大意外的收获，受审查期间，除了自己要经常写交代材料外，还经常来外调人员，让我交代历史上有过接触的人的情况，算是证明材料吧，这个文字量很大。以中国航空公司为例，当时我算个台长，在中航工作过的有四十几个气象员，几乎每个人的专案都要来向我调查，每个人我都要写个材料。这些材料我都必须记得：哪个人怎样？哪个人和哪个人关系怎样？他们是怎样调动的？前后日期都能够接得上。写了几次后我就很熟悉了。我本来记忆力就比较好，有了这样几年的“温故知新”，强化记忆，直到今天，对那些人、那些事、那段历史，我都可以讲清楚的。

审查结束

1971年10月13日，我正在喂猪，突然有人让我带上纸笔去办公室，我以为又要写交代材料。谁知一进门，干校负责审查我的承邦士排长、张锡汉指导员、刘恺副指导员和周光庭连长很客气地与我打招呼，说："陈学溶同志，你的问题我们已经查清楚，现在有结论了，请承排长宣读一下。"

承排长读道："陈学溶，字静波，1916年生，家庭出身店员，本人成分旧职员，原气象局七级工程师，1943年在国民党伪中央政校受训期间集体参加了伪国民党，是一般党员。1943年8月加入伪政校同学会，是一般同学会会员。做一般政治历史问题的结论。审查这么久，是因为：一、解放前后有特务嫌疑；二、解放后盗窃气象情报。"

陈学溶"文化大革命"期间所写检查交代和证明材料

听完之后，我按当时通行的规矩做，赶紧站起来喊："感谢党！感谢毛主席！毛主席万岁！"

对我的审查久拖不决的这两个原因，其实是合二而一的，后一个是从前一个衍生出来的。如果怀疑我先前是潜伏下来的特务，当然会怀疑我解放后会盗窃气象情报的。

造成"嫌疑"的关键问题中的关键人物是周恩济。

周恩济是浙江大学国民党三青团的骨干，后与我同在中航公司工作。临近解放时，他是中航龙华气象台台长，我是副台长。以后他到广州当台长，我留在龙华当台长。他曾是涂长望的研究生，后跟随张其昀。临解放时到了香港工作。"两航"在香港起义前夕，陈耀寰[①]和华祝一起找了周恩济，周当时在皇家香港天文台从事气象工作。陈、祝曾通过周恩济了解内地的天气形势，周提供的情报，对制定两航北飞行动计划起了一定作用[②]。建国后，周恩济经涂长望动员于 1951 年回到内地工作。他与顾钧禧在皇家香港天文台时是同事，回来后就暂住在顾钧禧的家中。不久遇上"镇反"，把他控制起来，工作也没了。但周恩济很能干，自学俄文，后来可以翻译俄文书籍和文章，他就以此拿稿费谋生。直到 1955 年，他才被调到南京的华东水利学院教书。刚到华东水利学院，"肃反"运动就开始了，他又挨整。

在"文化大革命"中受审查时，周恩济对中航公司所有他认识的人都

① 陈耀寰（1922—），广东兴宁人。1945 年毕业于浙江大学史地系，同年 9 月考取中国航空公司任气象员。1949 年，陈在香港参加组织"两航"起义，是党的核心领导小组成员之一。起义后参与组织"两航"护产工作。1951 年返回广州，在军委民航局广州办事处政治宣传部门工作。1954 年起在中国民用航空局宣传部门、运输服务管理部门工作。1984 年离休后，返聘于民航总局史志编辑部，参与主编《当代中国的民航事业》和《中国民航的改革开放》两书。

② 参见陈学溶《中国航空公司气象史实梗概》，第 15 页。《中国民航史料通讯》1988 年第 80 期。

做了检举，说他们在临解放时做了坏事。说实在话，这些人在“文化大革命”中被审查，当然不能全怪周恩济，但他的假供把事情弄得太复杂了，殃及那么多人，拖了那么久。

周恩济对我的检举，是说我1946年在上海参与破坏共产党领导的中航公司大罢工。

关于我在中航公司工作的情况，和我在1946年的行踪，前面已经说过了。我1946年全年都在重庆，只有12月25日到广州代莫华容班，最后一个星期在广州。审查的人问我在中航还有什么问题没有交代，我说不知道。审查人员再去追问周恩济时，周又推翻了前面的检举。反反复复检举、否认；压力大了，再承认，接着再推翻，来回多次，无法解决。原在中航公司的王宪钊、盛承禹、黄衍、莫永宽也被他检举有问题，他们的子女升学、入团、入党等都受到父亲问题的影响而不能解决。

经过大量外调，终于把问题全部搞清楚了。事实证明，1946年全年我一直在重庆，中航公司上海大罢工与我无关。

不但查清了我自己的问题，我也把王宪钊、盛承禹、黄衍、莫永宽等当年中航老同事的行踪都讲清楚了。通过我的交代，他们的问题也都相继得到解决。后来我在北京遇到王宪钊，他说：“你这个家伙，我们的事你记得比我们自己还清楚！我们说忘记了，审查的人说‘别人都交代了，你还不坦白！不老实！’不过，幸亏你交代得清楚，否则不知等到哪天才能把我的问题搞清楚呢?”

关于中航问题的始作俑者周恩济先生，我想，还是应该宽厚、平和地对待他。在那个年代，他也是被逼无奈才乱讲的。我甚至想，还要谢他呢，否则我也要像王式中、李凤岐那样下乡当农民，也可能不会再干气象工作了。天下的事难讲啊……

顾钧禧与周恩济是先后从香港回来的，关于回来的原因，因顾钧禧有中央气象局的信件证明而未被审查。周恩济说他是中央气象局局长涂长望写信请他回来参加工作的，但是他始终没能找到这封信。这个问题终于在“文化大革命”后期被查清，证明他是响应号召回来参加工作的。平反后他被推选担任南京市政协委员，并参加了九三学社。

王宪钊、黄衍、莫永宽对周恩济耿耿于怀，这也可以理解，我遇到他们时就劝大家想开些，是“文化大革命”那个颠倒黑白的时代造成的悲剧，不要总怪罪某个人。20多年后，两岸气象学界交流，不少过去气象练习班的同学重返大陆访亲探友。每当有中航公司的老同事来访，我总是请周恩济一同相聚晤谈，绝口不提当年那些不堪回首的往事。

我至今还保留着不少在干校时写的交代材料。我写材料时，没有乱讲一通，制造混乱。我是保护自己，也没有伤害他人。

江苏省暨南农场招待所住宿收据

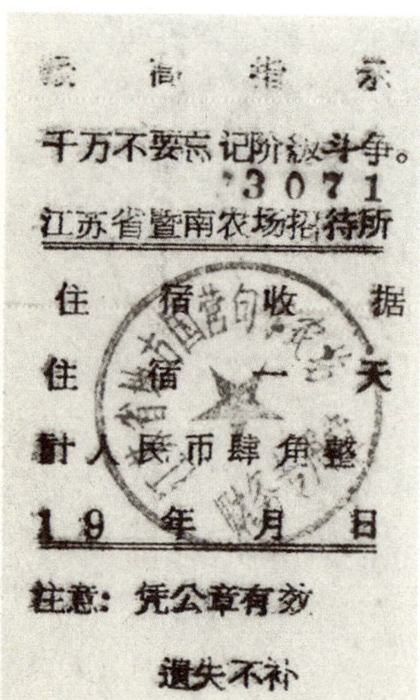
最高指示
千万不要忘记阶级斗争。
3071
江苏省暨南农场招待所
住宿收据
住宿 一 天
計人民币肆角整
19 年 月 日
注意：凭公章有效
遗失不补

在审查期间，尽管有人有目的地“启发”诱导我写揭发别人的材料，但我的态度始终是实事求是，不以对方与我的亲疏、恩怨、利害为依据，总是如实反映情况，协助组织搞好外调。

对我的审查终于结束了。

承邦士排长宣读完审查结论之后，又说：“过些天你可以回家去一趟，一个星期左右回来，将来再学习一段时间，就分配工作。”

回到宿舍的当晚，我立即写信，把这一“喜讯”告知家中。

直到1972年1月20日早晨七点半，胡小柔排长终于通知我可以休假了。接到口头通知后，8点钟我就迫不及待地从石山头出发了，预备到句容县行香公社马里大队下马生产队去看望儿子德群和德东，想和儿子们一道回南京。此刻几十里的丘陵路，我并不觉得遥远。我一路走，一路问，走到下马村已经是中午，但不巧的是，两个儿子已于昨日动身回南京了。

德群所在生产队的小队长糜朝红热情地挽留我吃了午饭，拿出自己舍不得吃的三个鸡蛋招待了我。他们生活真不容易，临走时我悄悄给了他的小孩两块钱。看来，我儿子与人家相处得很好，我心甚慰。饭后我急忙赶到七八里外的暨南农场长途车站，但因车站较小，过往的车不停，冬日天黑得又早，当天我竟未能走掉，只能听从车站工作人员的劝告，夜宿暨南农场（劳改农场）招待所。

我吸取了教训，第二天一大早宁愿绕远路搭乘汽车到镇江，在镇江买了火车票回到南京。临近春节，孩子们都从插队的生产队回家过节，他们见到从天而降的父亲，兴奋之情难以叙说。 等婉章从南京手帕厂下班回

30年后陈学溶重返江苏句容石山头五七干校（摄于2002年10月2日）

1966年(1月1日)全家福

1972年(2月17日)全家福(前排:左起,刘婉章、徐性诚、陈学溶,后排:左起,陈德红、陈德东、陈德群、陈德奇)

来，近四年来一家七口人（岳母一直随婉章生活）好不容易又团聚了。

在家只休息了两天，1 月 24 日我必须按时返回句容石山头五七干校了。

1972 年 2 月 3 日下午，张锡汉指导员、刘恺副指导员、周光庭连长、唐××副连长通知我和杨家驷、杨焕、邵和安等人，安排我们去江苏省中级党校学习，半年后分配工作。

1972 年 2 月 4 日，五七干校三大队召开动员大会，动员尚在干校中被审查的人员积极配合，争取早日解决问题，恢复工作。会后大家聚餐，欢送我们这些即将去党校学习的人。散会后，我又折回南京。

那一年 2 月 15 日是春节，我们全家在初三那天拍了一张全家福，真不容易呀！1966 年春节时我们也曾拍了一张全家福，短短的 6 年时间，对比两张照片，每个人的变化都很大。

1972 年 2 月 20 日，德群、德红陪我去位于卫岗的江苏省中级党校（南京农学院内）报到，一路上大家兴高采烈，很多年没有这样开心了。

我被分在党校一队三排八班，每天上午安排政治学习，主要学习毛选和关于批判林彪反党集团的文件。我学得很认真，学习笔记至今仍保留着。

下午一般安排文体活动，下棋、打乒乓球，还组织打排球。我虽年近六旬，但别人看到我打排球的动作，还以为是曾经受过专业训练的呢。

此时老友将瑞生和盛承禹的问题也都已经审查清楚了。1972 年 4 月 9 日，我们三人相约畅游南京东郊风景区。早晨八点出发，经太平门到廖仲恺墓、明孝陵、中山陵、灵谷寺，再从孝陵卫、中山门返回城内，已是下午四点多钟。我们一路步行，精神抖擞，仿佛又回到了青年时代。

我写了这次广西科研实践汇报《1975年5月9—10日桂北地区暴雨的初步分析》一文。7月16日我们这个实习小组在南宁台的毕业实践全部结束。通过在广西50多天的观察，我进一步体会到旱涝灾害对农业生产、人民生活有重大影响，心里有了探索暴雨发展过程及其成因的想法。

第12章 龙王山下苦探“梅”

守望在实习台

党校学习很快就结束了。原来的分配方案是准备让我回北极阁的江苏省气象局工作，但联系的结果是，当时的省气象局革委会不接受，理由是“旧人员一个不要，连徐萃熙都不要”。徐萃熙是党员工程师，气象局尚且不要，又何况我呢？待分配人员留在南京的机会很少，下一步就很有可能随便把我打发到外地某个单位，那样的话，我或许将永远离开气象工作了。不过，又很快有了转机，1972 年 6 月 9 日孙冰玉排长告诉我，说：“南气院要你了。”

这与罗漠同志有关。

罗漠原来在中央气象局办公室主任的位置上工作多年，“反右倾”运动中挨了整，1960 年来到龙王山下开辟蒿莱，创立了南京气象学院。当时正逢三年困难时期，他担任校党委代理书记兼副校长，迎难而上，艰苦

南京气象学院

备尝。他很重视发挥专业人才的作用，南下时从中央气象局带来了朱和周、冯秀藻、顾钧禧和王鹏飞等，都成为学院奠基时期的骨干。“文化大革命”初期，按常例，罗漠会是较早被打倒的“走资派”，少不了“业务挂帅”“专家路线”“招降纳叛”的罪名。不知他是何时被“三结合”的，有了要人的发言权。

前面说过，从南京华东气象处到北京中央气象局，过去两个时期的许多年里，罗漠一直是我的上级领导，对我的为人和业务能力都有了解。但在工宣队、军宣队当权的情势下，他能利用其有限的发言权把我要到南气院，那也是要冒“招降纳叛”之风险的。

1972 年 6 月 21 号，我去南京气象学院报到了。

南京气象学院①，地处浦口区龙王山下。龙王山，系老山余脉，因其山似卧龙而得名。中国传说中的龙王，是兴云布雨的神，也可能是冥冥中注定，在我职业生涯的余年中，工作围绕“雨”字转，必须和龙王爷同志打交道。

① 南京气象学院，创建于 1960 年。1963 年 5 月 14 日经教育部批准，南京大学气象学院改名为南京气象学院。1978 年被确定为全国重点大学，2004 年更名为南京信息工程大学，是江苏省人民政府、教育部、中国气象局和国家海洋局共建的全国重点高校。具有完整的学士、硕士、博士教育培养体系，并设有博士后科研流动站。

学校把我安排到气象系的实习台做预报员。实习台，是科级单位。实际上，实习台就是学校中的气象台。台长名字叫颜景义，副台长是戴天扬（任职 1972—1978 年），当时还有政委一职，是张遵正。

实习台主要有两个任务，一个是平时发天气预报，再一个就是负责学生的天气预报实习。台中的预报员还有周允中等，周允中是 1964 年南大毕业的。

当时我 56 岁，开始时跟其他人一样，在实习台也要参加值班的，每天画天气图、做预报。学生来实习，就带他们填图、分析和学做天气预报。

在工农兵学员“上大学、管大学、用毛泽东思想改造大学”的主旋律中，在工宣队、军宣队“全面领导学校斗批改”，践行“无产阶级在上层建筑领域实行对资产阶级全面专政”的氛围中，我这个旧社会的留用人员，虽然已有审查结论，但与同属“资产阶级知识分子”的一般教师相比，又是等而下之的，“特嫌”“漏网右派”的名声依然是如影随形，大概类近“给出路”这个等级。

我家中的四个子女，都是正当读书之时遭遇“文化大革命”，我很为他们的学业着急。也许是“幼吾幼以及人之幼”的古训在起作用，我以同样的心情对待我所接触的学生，希望他们珍惜在校学习的时间。不管他们怎样看待我，我只要为师一天，就要尽一天老师的责任，不误人子弟，在天气预报的业务上，为他们传道、授业、解惑。令我感到欣慰的是，凡是与我接触的学生经过一段“观察”期之后，都很尊重我，甚或感到很融洽、亲切、愉快。

我家住在市中心的鼓楼附近，我每天乘坐校车到江浦盘城的学校实习台。我忙碌在实习台，一向少言寡语，很少与工作之外的人员来往。实习台又是一个很小的单位，门庭冷落。因此，学校里很多人都不认识我。平

南京气象学院观测场(1982)

时，多是带饭盒上班，有时也到学校饭厅就餐。

有一次到饭厅排队买饭，排在一起的一位职工问我："你怎么还没有走啊?"我没弄懂，心想他是什么意思呢。正在纳闷的时候，他又问："你们的人不是都走了吗？你还留在这里啊。"我更是莫名其妙，不清楚他说什么。这位老职工见我茫然的样子，就大声说："你们工宣队不是撤了吗?你怎么还没走?"哦！我这才恍然大悟。原来他是把我当作工宣队的老工人师傅了。挺有意思，我至少表面上看还"很工人阶级"呢！

后来还有一次类似的情况。按学校规定，像我这样资历的教师可以直接到食堂后面去买饭。我一般都不这样做，但有时工作较忙，就走这条"捷径"了。谁知有一天，有位姓鲍的师傅不认识我，就冲着我说："你到前面饭厅排队去吧……"我遇到这种事，一般是不会与人争辩的，还是另一位师傅笑着接过饭盒为我盛饭打菜。事后这位师傅告诉鲍师傅："他是陈老师，按规定是可以在这里买饭的。"后来我再去时，鲍师傅就热情招呼了，几年后我们两人居然还成了邻居。

从家到实习台，从实习台到家，我已习惯于这种平静和冷清，每天最能唤起我热情的是天气图。头一两年，大致是如此这般。我心中有定力，就是守在实习台，期望明天会美好。

我在学校中的"地位"有了变化。

1974 年 3 月 25 日至 4 月 2 日，我与王得民①老师参加在江西省贵溪县召开的"华东地区气象会议"，这次会议由安徽省气象局主持。

1975 年 4 月，我与章基嘉②同去参加"1975 年长江流域长期水文气象预报讨论会"，这次会议的参加单位很多。但因为我要带工农兵学员去广西南宁实习，没等到会议结束，就直接由武汉去了南宁。

按当时的规定和说法，"气象业务实践"主要包括综合天气分析预报服务实践和科学研究实践两部分。通过天气分析预报服务实践，要基本掌握短、中期天气分析预报和长期统计预报方法及服务工作，初步具备值班能力。科学研究实践则是根据各地采用的预报方法，改革单站预报、统计预报、数值预报等，"在革命气象技术人员"指导下进行，初步掌握科研总结的思想和方法。

---

① 王得民（1935-11-19—1990-05-27），浙江省缙云县人。1955 年毕业于南京大学气象系，曾任沈阳中心气象台预报员、辽宁省气象学校教员。1963 年调至南京气象学院任教，1983 年任气象系副教授，1988 年任教授。

② 章基嘉（1930-01-01—1995-10-05），安徽省绩溪县人。1951 年提前从交通大学物理系毕业参加抗美援朝，任气象兵。1955 年被派往苏联列宁格勒水文气象学院研究班学习。1958 年获博士后回国，在中央气象局从事中长期天气预报，曾任中国气象科学研究院研究员。1960 年调至南京参加筹建我国第一所气象学院的工作，在南京气象学院工作 23 年，历任天气动力教研组组长、气象系主任、副院长。1962 年以专家身份赴越南河内综合大学任教。1978 年开始承担指导研究生的工作。1982 年任国家气象局副局长，1994 年被选为工程院院士。

1975年4月下旬，我率领王伟德等8名学员组成的一个小组，到南宁广西壮族自治区气象局进行毕业实践。

我似乎已被光荣地列在“革命气象技术人员”队伍之中了！

在南宁实习期间，我们小组实习内容为：（1）广西灾害性天气；（2）广西暴雨；（3）台风预报；（4）江南锋生；（5）南支槽；（6）西南低涡。

同学们先被要求填图。他们在学校里学的是预报，对填图不熟悉，天气电码WW有99个码，电报的开头WW代表是天气，01少云、02多云……20~29雨量、30~39雾浓度……很难记住，于是有畏难情绪。后来我请郭台长对同学们讲了填图的重要性，指出预报员不熟悉电码是不行

1975年5月带工农兵学员在广西实习（摄于广西气象局。前排左1余吉、左2陈学溶、左3陈远明、左4阳琼雄；后排左1李培德、左2王伟德、左3韦诚忠、左4李业筹）

的。我根据自己多年的预报经验和对填图电码比较熟悉的情况，手把手地指导他们，同学们经过实践，感到确有收获。

我写了这次广西科研实践汇报《1975年5月9—10日桂北地区暴雨的初步分析》一文。7月16日我们这个实习小组在南宁台的毕业实践全部结束。通过在广西50多天的观察，我进一步体会到旱涝灾害对农业生产、人民生活有重大影响，心里有了探索暴雨发展过程及其成因的想法。

参加河南“75·8”特大暴雨研究会战

1975年8月5—7日，3号台风的侵袭使河南省的沙颍河、洪汝河、唐白河流域发生了历史上罕见的特大暴雨，其中泌阳县林庄三天的降雨总量达到1 605毫米（其中8月7日一天就达到1 005毫米），为常年雨量的两倍，造成严重的洪涝灾害。①

河南“75·8”特大暴雨研究会战，是在中央气象局指导下进行的一次大协作。1975年12月19日至26日在郑州举行了会战前的碰头会，提出一份“75·8河南特大暴雨成因分析会战方案”。1976年春，我参加了河南“75·8”特大暴雨研究的会战。

参加会战的有河南、吉林、北京、黑龙江、辽宁、河北、山西、内蒙古、山东、安徽、陕西、甘肃等省市（自治区）气象局，中央气象台、中央气象局气象科学研究所，以及中国科学院大气物理研究所、高原大气物理研究所，北京大学、南京大学、吉林大学、华东水利学院、南京气象学院、空军气象学院、东北勘探设计院、丰满水电厂、白山水电工程局、武

① 李宪之. 论台风［M］. 北京：气象出版社，1983：5.

汉空军司令部气象处等 26 个单位，共 206 名气象工作者，盛况空前，意义重大。

1975 年 12 月 25 日，会战领导小组由吉林和河南两省的气象局、中央气象台、中央气象局气象科学研究所、大气物理研究所、北京大学、空军气象学院、华东水利学院各出一人，加上陶诗言、程纯枢组成。领导小组设立办公室，负责人为张存智、丁士晟，地点设在河南省气象局内。

编号 760008

“75·8”河南特大暴雨成因分析

（讨论稿）

内部资料
注意保存

“75.8”暴雨会战南京组

一九七六年三月

《“75·8”河南特大暴雨成因分析》（讨论稿）

整个会战采取集中与分散相结合的方式进行，分成三个会战组，分别在郑州、南京、北京三地工作。在领导小组下，设技术和后勤两组，技术组负责掌握协调会战工作，帮助解决会战中的技术问题和资料、材料的定稿、出版；后勤组负责物资供应、生活管理等事项。北京组、南京组、郑州组的后勤分别由北京大学、空军气象学院、华东水利学院和河南省气象局负责。南京组技术人员由空军气象学院两名人员，大气物理研究所、华东水利学院、南京大学、南京气象学院、河南省气象局各一名人员组成。郑州组技术人员由中央气象局气象科学研究所、河南省气象局各两名人员，中央气象台、空军气象学院、华东水利学院、大气物理研究所、吉林省气象局各一名人员组成。北京组技术人员由北京大学、河北省气象局各一名人员组成。

三个会战组分别定于 1976 年 1 月 10 日—2 月末，3 月 15 日—4 月下旬和2月—4月进行会战。会战领导小组在1976年3月初召开碰头会。参加会战的项目，由各单位自报，领导小组研究后确定。

这个方案在1976年1月6日，经中央气象局办公会议讨论后获得认可，以后在具体执行中，依据实际情况，作了某些必要的变动。

中央气象局总工程师程纯枢先生在《风雨征程——新中国气象事业回忆录（第二集）》中对此次会战作了概括论述，我后来曾撰文予以补充。

经过前期准备、讨论，各参加单位一致同意对“75・8”河南特大暴雨的成因进行进一步分析和研究，并与其他台风暴雨进行对比，研究“暴雨落区预报的着眼点”“75・8暴雨成因的定量分析”“降水系统的特征”等。

我参加南京会战组，于1976年2月10日前往空军气象学院招待所报到，有9省市22家单位100余人参加。该院远离市区，环境幽静，是会战的理想场所。南京会战组的领导和行政人员是孙伯坚（河南省气象局党组成员）、王文治（吉林省气象局副局长）、程纯枢，可能还有陶诗言，章安镇和邢本清（河南省气象局）。会议上陶诗言、程纯枢、丁一汇、马鹤年、丁士晟、张内辰、王文治、吴和赓、瞿章、李守智、朱同生、朱福康、王英才等同志都作了发言。

南京会战组最初分为三个小组。第一组，大尺度天气系统；第二组，中小尺度天气系统，天气尺度系统；第三组，水汽和物理量等。连同空军气象学院的学员在内，参加南京会战组的人员有100多名。我能回忆出来的有：程纯枢（中央气象局），孙伯坚、樊凤皋、章安镇、邢本清、胡圣立（以上为河南省气象局），王文治、丁士晟、吕志远、赵晓明（以上为吉林省气象局），金瑜（黑龙江气象局），李守智、刘吉惠（以上为辽宁省气象局），罗常国（内蒙古自治区气象局），马鹤年（陕西省气象局），李贵达（甘肃省气象局），陶诗言、丁一汇、蔡则怡、田生春、朱翠娟（以上为大气物理研究所），瞿章、章凝丹（以上为高原大气物理研究所），朱福康、吴正华（以上为中央气象局气象科学研究所），范慧君（中央气象局），王德翰、冯蕊英（以上为南京大学），吴和赓（华东水利学院），我、徐文金、田永祥（以上为南京气象学院），张丙辰、杨国祥、章震越（以上为空军气象学院），夏祝心、黎书铨（以上为东北勘测设计院），宁树才、林兆丰、孟广莉（以上三人的单位我已记不得了）。

参战人员根据各自的特长、兴趣和所掌握的资料，经领导小组的认可，分别参加了各有关组。

在约 50 天的会战中，全体只休假 4 天。每天工作都很紧张，为了核实某些资料、弄清事实，有时不得不反复查对、计算，甚至搞到深夜。会战期间，为了交流，陶诗言、程纯枢、张丙辰、吴和赓、王德翰、丁一汇、朱福康、马鹤年、李守智、瞿章、章凝丹、徐文金等，在大组会上作过专题报告，并进行了讨论，取得了共识，也存在和保留了一些不同的看法。

3 月 28 日，南京会战组的领导成员程纯枢和王文治在全体会议上分别进行了南京会战组的技术小结和工作小结。

南京气象学院的徐文金、田永祥和我分别参加各自小组，我参加了中小尺度小组。

我们“找到了一些预报线索，对 7503 号台风最后期间的路径和强度变化，提出较详细的分析，澄清了一些问题。涉及暴雨研究面较广，同时提请预报员要注意经常出暴雨的地方，苗头不对及时报警，要对历史上暴雨强度做到心中有数”。

在这次会战中，关于台风中心的问题，就是低压中心在哪里消失、在哪里停这个问题。会战组第一次写总结时，说台风中心是河南泌阳，就停在那个地方。我做的工作结果不是这样，这个台风中心继续向北、西北方向移动。我给周允中看了自己最后分析的一个路径图，台风中心是快到陕西消失的。泌阳的资料显示，当地气压不是仅仅当时偏低，而是一直偏低。其他工作也证实，这个台风中心没有在泌阳停止不走，而是继续往北走。但是这个结论在“75 · 8”暴雨的总结工作中没有体现出来。这次没有用上的气压分析经验，在以后参加“安徽暴雨试验的研究”中得到了应用。

我与徐文金、田永祥参与撰写的《75 · 8 河南特大暴雨研究》一文获得了 1978 年全国科学大会奖。

花甲之年的攻“梅”梦

1975 年 7 月我带学生到南宁毕业实践回到南京之后，8 月份吧，实习台副台长戴天扬来找我商量，看看我们实习台可以做点什么研究工作。

戴天扬是 1955 年南京大学专科毕业的，在内蒙古工作几年后调来南京气象学院，后来担任实习台副台长，既有气象科学知识，又有业务管理经验。他觉得我这样一位省气象局的工程师，在实习台仅仅教学生画天气图、分析天气、做点预报，太浪费了，应该搞点研究才好。

大政治背景呢，1975 年，上面是邓小平主持工作，抓整顿。8 月间，胡耀邦在中国科学院搞科学工作的《汇报提纲》，“刮业务台风”，各地也都有闻风而动的。在学校里面，罗漠在学校领导班子里，已经是党的核心领导小组第一副组长了，不知是否他也在考虑本校要借机有所作为。我不知道戴天扬找我是否与这样的背景有关。

其实，我自40年前的1935年从气象练习班毕业之后，就有终生从事研究气象学的梦想，而这时我已入花甲之年。

戴天扬与我的谈话是真诚的，我的考虑是认真的。

我的意见是，从本地本校本台的实际出发，应该研究高空急流和梅雨的关系。

梅雨同农业的生产关系特别重要。梅雨如果正常，这一年就可以丰收。梅雨如果不正常，雨量太少就要旱，雨量太多就要涝。新中国成立初期，大家就对它很注意。陶诗言先生等做过研究，写了文章，后来许多人都经常引用他们的结论。

过去有人认为：在研究工作中考虑选题时，凡别人已经做过的工作，就不要再做了。我认为这个想法有它的片面性，有些事就是要重新再做做，可能会发现新的问题。物理上如此，化学上如此，气象上尤其如此。

我的想法是：天气现象具有复杂性和多样性，50年代由于资料条件有限，当时对一些天气现象的研究结论，随着时间的推移，发现有些结论存在一定的局限性。像梅雨，采用几年的资料进行研究得出的结论同样有局限性。

陶诗言先生的文章结论，只能代表那几年的情况，并不一定具有普遍性。应该使用10年、20年或者更长时间的资料，深入研究梅雨得出的结论才有说服力。但过去自己只能想想而已，既没有研究的时间，也没研究需要的资料。这个事情不是一个人、短时间能做出来的。我搞研究的方法与许多人不同，许多人搞研究是用公式的推导得出结论，从理论上着手研究。我是要用许多资料来进行整理和分析，从中找出规律，得出初步结论，从实际上进行研究，没有太多的公式推导。

所以我对戴天扬讲，要有大量的资料，要投入大量的人力，看看陶诗言等同志他们的结论代表性如何。气象研究从采用的资料到得出的结论都是逐步深入、螺旋式前进的。

戴天扬听了我的想法，很高兴："好哇！好哇！我们就这样先搞起来。"

我说："实习台里的资料有限，要到与梅雨有关的各地、到北京去查去抄资料。"

戴天扬认为我们实习台事情不多，可以大家一起来搞。首先收集大量资料，然后再进行研究。他雷厉风行，说干就干，决定全实习台的气象人员全部参加收集资料。参加的人多了，轮流去抄，没事的人都去。那时候不像现在，讲究什么署名啊，排名啊……像兵团作战一样的，凡是实习台里有空能抄的人，包括填图员也参加去抄，颜景义台长自己不是搞暴雨研究的，同样参加进来帮忙去收集资料。全台分成几个组，分头出发。我与朱家善一组，跑了合肥、郑州、武汉和杭州。颜台长带一个组，戴天扬也带了一个组出去。

1976 年春，根据中央气象局的指令，我暂时把主要精力放在了参加河南"75・8"特大暴雨研究的会战上了。其余时间仍然都是在梅雨方面。

用 14 年资料写出的一篇论文

1976 年唐山大地震之后，刘宗秀、柏兰、朱祥瑞、陈建华、杨诚荣 5 名 73 级的学生未能按原计划到北京中央气象台实习，系里临时安排他们到学校的实习台来。这 5 名学生由我来带。

我与刘宗秀等人见面之后，先安排他们在台里做预报实习，还让他们给西藏气象班的学生讲课，谈自己在实习台做预报工作的感受。通过这些，有个基本了解之后，就考虑把带学生做毕业论文与我们眼下的工作结合起来做。

国庆节过后，10 月 12 号，我与周允中、刘美珍乘火车前往北京。我在卧铺车厢里，听几位记者样子的人在议论，听起来像是上面出大事了。到北京后，我带学生到大气所图书馆抄高空风的资料。这期间，我们参加了北京庆祝打倒“四人帮”的大游行。

在到北京之前，我们先和陶诗言先生就收集资料的事宜进行了联系。

在北京一个多星期的日子里，我在大气所看望了昔日在中央研究院气象研究所时期的同仁张宝堃、杨鉴初和徐延煦。当时徐延煦还在研究所图书馆里管资料。其中有一天晚上，叶笃正先生来招待所和我会了面。我们两人同龄，他在读研究生之后、出国之前的 1943—1944 年间，在重庆气象研究所工作时与我是同事，以后留学、归国，1980 年代初做过中国科学院副院长。

在大气所抄资料期间，负责接待我们的是庞金波同志，她很热心，我们得到了她许多帮助。

在大气所和中央气象局抄得高空风的大量资料，又综合其他已有的资料，我决定着手撰写一篇论文。回到南京后，就出了几个小题目给学生们选择，让他们写毕业论文。一个月的时间，不能要求太高，但要学会一些初步做研究工作的方法和要领。

1977 年 3 月 30 日至 4 月 9 日，在江西省九江市召开的“长江流域长期水文气象预报讨论会”上，我把正在撰写的《东亚副热带高空西风急流的位移同长江中下游入、出梅关系的初步探讨》一文在会上做了介绍，受到了与会者的重视。有人说他们也有对以往结论再研究的想法，希望能有新的发现。

会议结束一段时间后，我又对此文做了大量补充。

陶诗言先生等曾在 1958 年发表文章《中国的梅雨》[1]，用了 7 年（1951—1957 年）的天气图资料，对中国梅雨期的气候特征、梅雨期与亚洲上空大气环流季节变化的关系、梅雨期的长波型式及梅雨期东亚的基本天气过程以及梅雨期暴雨的天气过程等问题作了分析。得出的结论可以归纳成几条：

（1）梅雨是我国气候上的一个特征，发生在晚春到初夏的过渡时期中。

（2）梅雨是亚洲大气环流季节变化的一种表现，所以每年梅雨的来去很是清楚。

（3）各年梅雨开始及结束时期，可以用高空风场突然转变的情况客观地确定出来。这种转变虽然在时间上年与年之间可以有些出入，但变化的型式却是一致的。

（4）在梅雨期间欧亚大陆上有一定的长波型式，因此反映在地面的基本天气过程上就使得长江淮河流域气旋发生的次数很多，并出现持久的降水。

（5）梅雨期间水汽的输送主要是来自我国南海海面。

（6）在这两次暴雨天气形势下，水汽的输送、气层的稳定度，以及低空的辐合等条件，均对暴雨的出现有正的贡献。但关于形成暴雨的细致物理结构的了解，还有待于今后作更多的研究。

我们写的《东亚副热带高空西风急流的位移同长江中下游入、出梅关系的初步探讨》这篇文章，用了 14 年（1961—1974 年）的资料。

---

① 参见陶诗言、赵煜佳、陈晓敏的《中国的梅雨》。《中央气象局气象论文集》，1958 年 6 月。

1950 年代，很多中外气象学家对于春夏之间的东亚高空西风急流的位移、合并以及它们同东亚梅雨起讫时间的关系，作过不少探讨，得到了一些相当一致的结论。本文在前人工作的基础上，根据 60 年代及以后的资料，又作了一次类似的探讨，发现了一些新的事实。

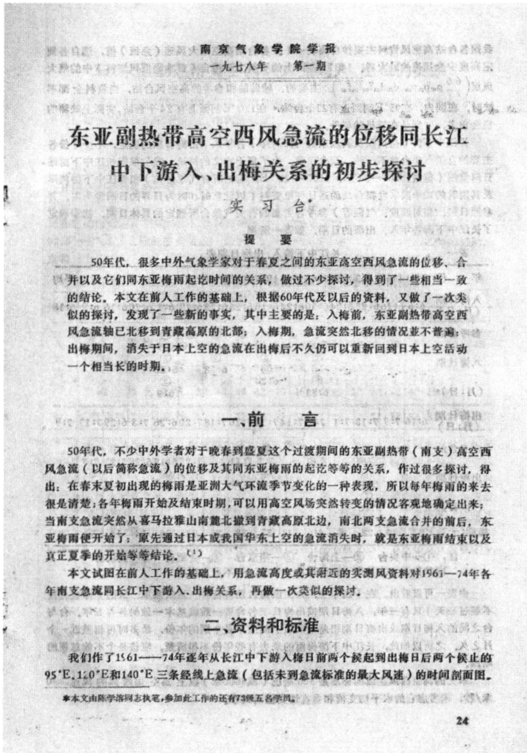

南京气象学院学报
一九七八年　第一期

东亚副热带高空西风急流的位移同长江中下游入、出梅关系的初步探讨

实习台*

提　要

50年代，很多中外气象学家对于春夏之间的东亚高空西风急流的位移、合并以及它们同东亚梅雨起讫时间的关系，做过不少探讨，得到了一些相当一致的结论。本文在前人工作的基础上，根据60年代及以后的资料，又做了一次类似的探讨，发现了一些新的事实，其中主要的是：入梅前，东亚副热带高空西风急流轴已北移到青藏高原的北部；入梅期，急流突然北移的情况並不普遍；出梅期间，消失于日本上空的急流在出梅后不久仍可以重新回到日本上空活动一个相当长的时期。

一、前　言

50年代，不少中外学者对于晚春到盛夏这个过渡期间的东亚副热带（南支）高空西风急流（以后简称急流）的位移及其同东亚梅雨的起讫等等的关系，作过很多探讨，得出：在春末夏初出现的梅雨是亚洲大气环流季节变化的一种表现，所以每年梅雨的来去很是清楚；各年梅雨开始及结束时期，可以用高空风场突然转变的情况客观地确定出来；当南支急流突然从喜马拉雅山南麓北撤到青藏高原北边，南北两支急流合并的前后，东亚梅雨便开始了；原先通过日本或我国华东上空的急流消失时，就是东亚梅雨结束以及真正夏季的开始等等结论。[1]

本文试图在前人工作的基础上，用急流高度或其附近的实测风资料对1961—74年各年南支急流同长江中下游入、出梅关系，再做一次类似的探讨。

二、资料和标准

我们作了1961——74年逐年从长江中下游入梅日前两个候起到出梅日后两个候止的95°E、120°E和140°E三条经线上急流（包括未到急流标准的最大风速）的时间剖面图。

*本文由陈学溶同志执笔，参加此工作的还有73级五名学员。

24

“探梅”论文首页

本文在统计和分析时，皆以我们自己初步确定的入、出梅日期为准。我们也曾试用了较多的主要的有关台所选定的日期（例如入梅日，我们在 1965 年试用了 6 月 23 日，在 1967 年试用了 6 月 24 日）来代替我们确定的日期进行统计和分析，发现两者的结果无显著的差异，对本文所提出的下列初步结论并没有影响。

从以上对 1961—1974 年各年三条经线上高空西风急流的时间剖面图的简单分析，我们提出了下列几点初步结论：

（1）在这 14 年中，在各年入梅前两个候，在喜马拉雅山脉东部南麓（约 27°N）以南，已经分析不出高空西风急流，所以，当时位于青藏高原北半部或北侧的高空西风急流已经是副热带（南支）高空西风急流了。因此可以认为在入梅期附近并没有喜马拉雅山脉东部南麓高空西风急流的消失或显著突然北撤到高原北部的问题。它在喜马拉雅山脉南麓的消失，很可能是在长江中下游入梅前的一个月甚至更早的时候。

（2）在这 14 年中，在长江中下游入梅期附近，东亚南支高空西风急流中心轴处于明显北抬，后来并能基本上稳定在较高纬度上一段时间的，在青藏高原上空最多只有四年，在长江下游上空也只有六年，皆不足半数。仅从这一点看，在入梅期附近，大气环流季节性变化的特征，多数年份并不清楚，也不是普遍的现象。

（3）在这 14 年中，在整个梅期及其前后各两个候的时期内，位于 45°N 以北的另一支高空西风急流南下同本支高空西风急流合并的现象，比较清楚的，在青藏高原上空只有两或三年，在长江下游上空也只有五年，不是普遍的现象；而且，合并也不限于入梅期附近，难以作为辨认入梅期的客观标准。

（4）在这 14 年中，在长江中下游入梅前的两个候和在整个梅期，东亚南支高空西风急流中心轴各年的平均位置在青藏高原上空和在日本上空都是大约在 35°～43°N 之间，在长江下游上空大约在 31°～39°N 之间，比前两者平均偏南约四个纬度，呈现两头（95°E 和 140°E）偏北、中间（120°E）偏南的现象。

这篇文章的结论对陶诗言先生等的文章做了某些补充和完善。①② 因为我们觉得不少年份梅雨的开始和结束时期很难确定，有一些不同意见。

我曾把这些不同的结论主要归纳为：（1）入梅前东亚副热带高空西风

---

① 朱抱真等在《关于夏季东亚大气环流的研究》一文中，肯定了作者的某些发现，并指出此文的“这些结果与 50 年代资料较少所得到的结论有所不同”。见《大气科学》1979 年 9 月。

②《气象科技资料》1977 年第 6 期第 32 页介绍此文时写道：“通过对近十年来高空风资料的分析，对梅雨前后约 2 个月内东亚上空副热带急流的变化问题，发现了一些新的事实，提出了一些新的看法。”

急流已北移到青藏高原的北部，而不是在高原南麓。（2）入梅期的前后南支急流突然北移并和北支急流合并的情况并不普遍，难以作为辨认入梅期的标准。（3）出梅期消失于日本上空的急流，在出梅后不久仍可以重新回到日本上空活动一个相当长的时期。

我们这篇文章，发表在1978年《南京气象学院学报》创刊号上，按当时的规矩，署名为“实习台”，在脚注中说明“本文由陈学溶同志执笔，参加此工作的还有73级五名学员”。

此文后来获得了1980年江苏省科技成果三等奖。[①]

到了1977年恢复高考，学生多了，实在太忙了，以后就不可能再找多少人搜集资料了。

附：

关于陈学溶在实习台工作期间指导学生作论文的情况，我们于2013年11月13日对刘宗秀[②]进行访谈，根据访谈记录，整理如下：

我是江苏沭阳人。南京气象学院的73级工农兵学员。入学后，我们第一年在县站（江苏灌云县）实习，学习的是观测。第二年把观测和预报结合起来了，就到地区台（烟台）实习，地区台的人是既要搞观测又要搞预报的。

---

① 在陈学溶的档案中，程纯枢、谭丁在1980年4月21日评价这篇论文：“通过细致周密的分析，对这个我国天气学上极为重要的问题，纠正了50年代他人所得出的过于简单的结论。……他的科研论文都是在对大量资料细致分析的基础上完成的，工作周密，常受称道。”

② 刘宗秀（1952—），女，编审。1976年12月毕业于南京气象学院气象系，分配到国家气象中心，从事长期预报，1992年10月调到中国气象科学研究院从事气候研究。1994年8月任《气象学报》期刊社编辑，后任专职副主编。

陈学溶与刘宗秀的合影（摄于1994年10月5日在北京参加海峡两岸天气气候学术研讨会）

第三年我们有五个人到北京中央气象台实习，那天早上学校的大喇叭已经广播唐山地震了。我们也没当回事，也没有想到灾害那么严重，照样乘火车到了北京。等我们出火车站一看就傻了，车站广场到处都是人。中央气象局大院里面全是搭的防震棚。到了气象台，他们说："我们没办法接待你们，工作都不正常，只有值班的人在楼里值班，其余的人都不在楼里。食堂也不正常，只有值班的人有饭吃，其他人没有饭吃。"我们到已在北京工作的师兄、师姐家吃了一顿面条就赶紧买票回学校了。回到学校后，学校说："那你们就去实习台吧。"因为联系其他地方已经来不及了。

那时在实习台负责安排我们的是周允中老师，他让我们跟陈老师实习。一生中有很多事情都是不可以预料的。我在学校三年，一直都不认识陈老师，去了实习台以后，陈老师就成了影响我一生的恩师。

先在实习台实习几天的预报，陈老师说：“最后一年把预报实习实习，对于预报思路的建立有好处，毕业前实习跟以前的实习是不一样的。”

与此同时，陈老师还安排我们给西藏气象班的学生做老师，讲授自己在实习台做预报的感受。当时我讲的是“雾的预报”，因为南京秋季的雾较多。陈老师亲自坐在教室后面听课，听我讲完后，就帮助我总结，哪些地方讲得好，给予鼓励；哪些地方注意不要紧张；哪些地方在做预报时还要更加仔细。

然后，陈老师给我们布置下一步的工作，慢声慢语地对我们讲：我们研究的方向以及怎么去做。

陈老师带我们做的方向就是梅雨和降水，先要抄14年的资料。最先在我们图书馆抄，接着带我们到北京去抄。先在中关村大气所，然后又到气象局的资料室。我们住在中关村，中科院的二招。抄资料完全靠手抄，抄的资料不完全是表，还有的需要从报文和图上抄，图上的气象站有温度、湿度、气压、露点、雾，很多的天气现象都在上面，都要抄。我们主要要抄温度、气压、降水量，不仅抄地面还要抄高空，所选的站点从地面到高空，每天几次都要抄。用的就是几张剖面图，实际上有很多的工作要做，完全靠手工。

这期间正好赶上粉碎“四人帮”，十月十几号在天安门广场召开好多万人的游行。听说要组织大游行，我们心里就痒，要是我们能参加就好了。但是这话只能陈老师去说，我们也不认识谁啊，我们那时只有二十几岁。我们去跟陈老师说，其实陈老师也是挺激动的，心里痒痒的，他说："我去说说看。"当时资料室接待我们的陈老师认识的同志叫李玉兰，她究竟跟谁说的我们要去参加游行，我们不知道，但很快就痛快地答应我们。那天我们在大气所食堂吃的早饭。食堂还为每人准备了一份面包、苹果等，我们也有一份。到大气所坐大卡车，六十岁的人和我们一块坐大卡车。一大早六七点钟在广场上没有凳子，每人一块砖头坐。华国锋在天安门上讲话，我们是坐在天安门的西南方向，队伍走的时候要先向东然后走回来，必须要通过天安门从金水桥前走一趟。过金水桥的时候要求速度很快，我们就挎着陈老师一块跑。来的时候我们是从天安门的东边坐车过来，等我们撤的时候就走天安门的西边，往很远的地方才坐上车。

当年刚一入学时，就听说学校有个老革命罗漠很厉害，还有一位据说是当过特务的陈老师，挺恐惧的。后来见到了这位陈老师，没想到竟是那么慈祥。那么好的老先生怎么可能是特务呢？我心里老是在琢磨，跟陈老师已经认识一段时间了，有一天我终于憋不住了，当时没有人，我就问陈老师："当初你怎么留下来的呢？"陈老师就跟我说："那时候大部分的人员都要撤离，飞机又那么少，想走的人都在积极准备。人家在准备我也不吭声，还在搞观测、值班，磨磨蹭蹭地就留下来了。"我认为他当时心里是拥护共产党的。

本来实习期是 3 个月，由于唐山地震闹腾的，少了将近十天。先在实习台一些时间，在北京呆了有半个月。抄资料的总共时间不止 20 天，最后给我们写论文的时间就只有一个月。我们很急，就跟陈老师说："什么时候能做完啊？毕业前能做完么？"他说："慢慢地做，认真地做，我们一定能做完，做事情不要急躁，急也是做，不急也是做。认真地做返工少，反而工作做得好、做得快。"

我们下乡多年，到学校上课读书学知识，没有写论文、看文献的概念。做毕业论文的时候，陈老师点点滴滴从零开始教我们。题目是陈老师选的，每人有分工。我们自己选一个小题，陈老师帮我们确认一下，就开始写自己的这部分。

14 年（1961—1974 年）的资料完全靠手工，抄、画剖面图，分析等等。他指导我们阅读以前的一些重要文献，介绍哪些先生做过哪些工作，要我们看高由禧、陶诗言、黄仕松（后改名黄士松）等前辈的文章。图书馆的文献资料不多，主要是看《气象学报》，我们是第一次接触《气象学报》。他认真、仔细、执着的讲解，使我们本来不知道如何入手的浮躁、焦急的心情安定下来，都认认真真、仔仔细细地去做，做完的资料还要互相校正，绘图上如果有一点怀疑就返回重新检查。

刚开始的时候，心里面没有一点底，通过抄资料把它们绘成图以后，根据图和看过的文献思路构思如何写。然后跟陈老师说，陈老师说可以这样写。当然，我们写的文字肯定不成，一开始只能把天气的过程和简单的看法写出来，陈老师对我们写的东西，一点一点地抠，他看文章特别仔细，看完后指出哪里不合适，经过多次修改完善。论文写完以后，他就把我们每个人写的东西做点评。我们的论文都顺利通过了。

后来他写了一篇论文《东亚副热带高空西风急流的位移同长江中下游入、出梅关系的初步探讨》，文中指出参加工作的还有我们 5 个 73 级的学员。这篇文章刊登在《南京气象学院学报》创刊号（1978 年）上，后来还得了奖。

在这个过程之中，我有一点体会很深，陈老师对研究工作很注意创新，希望通过研究能够得到与前人不同的结论。其实这项分析梅雨的工作很多人都做过，但他希望我们一定要在别人工作的基础上找出前人没有发现的东西。1960 年以前别人做的结论，我们要证明他的结论是否正确。后来我们做完这项工作，果然发现了与以往的不同点，即西风急流的位移同长江中下游的梅雨和日本的梅雨关系的结论确实和以往的结论不一样。通过这次带我们做论文，他对工作的认真、执着的态度对我们的影响特别大。

天气气候研究室

1977 年 8 月，邓小平主持召开科教座谈会，唱响“尊重知识，尊重人才”，知识分子的社会地位发生了根本性的大变化。科学界和教育界为迎接全国科学大会的召开，加足马力落实各方面有关政策，有了许多新举措。

1978 年 1 月，我被评为南京气象学院 1977 年度先进工作（生产）者。

3 月，校中成立了气象科学研究所，下设三个研究室，任命我为天气气候研究室副主任。当时研究室没有设主任一职，到 1982 年 2 月 24 日重新任命我为天气气候室主任，吕君宁为副主任。

为什么要成立天气气候室呢？我觉得当时是学校内有些人员无法安排，只好就成立这样一个单位，以安置人员。第一种人是因为多年没有教学了，高考恢复，招生多了，需要他们去讲课，安排到天气气候室，在办公室看书、学习；第二种人是新调进学校的，暂时安排在室里，等有合适岗位就调走；第三种人是准备留学去的，在室里就是学习外语。

学院没有布置研究的任务，研究任务由天气室自行确定，当时研究室主要研究梅雨期暴雨，其他我也没有太多的想法，反正是领导交待什么，就做什么，有时一项工作还没结束，又有新的任务了。例如，参加职称评定工作、各种学术交流、审稿、鉴定等；也要担任学校本科生毕业实践、科研部分的指导工作；还陆续带了几名研究生，参加我院研究生指导小组工作。在这段时间，我还应邀撰写《大气科学词典》天气学部分词条 112 个，约 4 万字。我是十八般武艺样样都会，样样都不精通。就像麻将室中的听差，哪里喊我，我就去。

天气气候室里，人进人出，他们没有具体的研究项目。就室主任而言，我领导乏术，是当一天和尚撞一天钟的。① 不过，在任职期间我个人承担的教学和科研任务方面，工作很多，每件事情我都是很认真的。其实，这与我是否担任室主任这么一个头衔没什么关系。

在暴雨研究方面我投入了比较多的时间和精力。

暴雨是一种常见的灾害性天气，它的研究成果必须反馈到人民群众的生产和生活当中。我一直工作在应用的第一线，1970 年代和 1980 年代参加有关暴雨的科学技术研讨会、交流会、鉴定会不下数十次。

每次会议讨论时都有分歧意见。其实，气象科学、预报方法就是在一

---

① 南京气象学院对陈学溶这几年的工作是充分肯定的，1985 年他被评为优秀教师，学校认为他：“年近七十，身兼多职，工作繁忙，不辞辛苦，在院内外各项工作中做出了优异成绩，受到赞扬。……积极推动实习台、天气气候研究室的业务建设工作，受到同志们的爱戴。凡经他审阅的资料和论文，人们赞为‘信得过’，在气象系统中影响甚广，并为我院师生树立了榜样。……在研究生导师工作中，认真负责、严谨治学、以身作则、为人师表，关心同学在学术上的进步。学生的译文和其他文稿及时审核，从不拖延，受到好评。……”“近年来撰写和发表各类论文 12 篇，受到院、省、国家气象局科研奖励，是梅雨、中小尺度分析等科研课题的带头人。”摘自《南京气象学院优秀教师登记表》，1985 年 7 月，存于南京信息工程大学人事处档案室。

陈学溶在辅导研究生(1980年前后)

1981年11月南京气象学院首届研究生毕业留念(第一排右起:幺乃亭、陈鹤泉、罗明、罗漠、程万淮、章基嘉、朱乾根;第二排右起:王得民、陈学溶、庞嘉棠、陈久康、唐炳章;第三排右起:赵树海、陆维松、王盘兴、盛华、祝昌汉、方之芳)

1987年10月16日在南京气象学院办公室工作

次次各种不同意见的表达、争论中逐渐求得共识，取得进步的。我也是从一次次与气象同行的交流中，对暴雨这种自然现象慢慢进行了解，以求找出规律，做出较准确的预报。因此，哪怕平时工作再忙，只要有参加这种学术会议的机会，我一定会去参加。

1986 年 3 月 14 日，在北京气象中心召开“7・5 气象攻关项目专家组会”，聘请我为专家组成员参加会议。这个攻关项目的组织部门是国家气象局（组长）、教委、中科院。领导小组组长为章基嘉（时任国家气象局副局长）。气象攻关项目有两项课题，分别称为“九一”和“九二”。“九二”（灾害性天气）组下面又分设几个小组，京津冀组组长为周秀骥，珠江三角洲组组长为包澄澜，三峡组组长为胡国盛、章淹，我是长江三角洲组组长。

临近退休时，1987 年 6 月 15 日至 18 日，我以中国气象学会水文气象委员会专业委员的身份，参加了在北京召开的“中国水文气象工作如何发

1979年9月在安徽屯溪“华东地区暴雨会议”期间参观黄山高山气象站(前排左2孔宪太,后排左2李叔庭、左3陈学溶)

1989年11月10日“国家七五攻关暴雨洪水预报成果初审会”合影(前排左起:3. 周恩济,4. 朱乾根,7. 么枕生,8. 章淹,10. 陈学溶)

展学术讨论、水文气象专业委员会第一次工作会议”。

1987年我正式退休了，学院又返聘我三年用来完成手头上一些还没结束的工作。虽然我仍希望关注暴雨、梅雨，但以后就极少参加什么会议了。

梅雨“消息”三十年

成立天气气候研究室时，有的同志提出以研究暴雨为主要方向。这是有道理的，因为我们经常有这样的任务，我自己也经常做这方面的工作，参加这类的学术或工作会议。但是我认为还是搞梅雨研究为好，因为我对长江流域的降水很关心，也比较熟悉；而且前几年在实习台期间和大家一起做了收集降水量资料的工作，有了进一步研究梅雨的基础。

前面说过，我们抄资料的工作量很大，我们主要收集两种资料，一种是降水的资料，另外一种是高空风资料。高空风资料是外国出版的，每年都有。除了利用中国的高空风，还要利用印度西边的高空风来看急流活动情况。

降水资料包括：降水量、温度、湿度；范围包括：110°E以东、26~35°N，就是河南、安徽、江苏、上海、浙江、江西、湖北、湖南、福建。实习台同志们先去河南，再到湖北武汉，然后再去湖南、江西，绕了一大圈，花费了比较长的时间，总共抄了30年的资料，每年5月到8月的降水数据。

以后我们每年都是这样收集资料，做了若干年后，掌握了大量的第一手资料，把资料合并在一起，根据我的设计，对资料进行了详尽的整理。

这期间实习台老师们做了大量的实际工作，我也花费了相当多的精力。后来搞雨量图就是这个范围。

过去的资料，出版后是免费供研究者使用的。后来变了，资料不出版，垄断起来成了宝贝，大家互相割据、封锁。谁要资料，拿钱来，我替你抄！一个雨量，几分钱，不得了啊！所以像我们这种研究的办法，现在就困难了。当时情况还好，没有现在这么严重，我们实习台只要派人出去就能收集到。

资料收集回来后，再指导学生做一些初步的分析，然后由我进行进一步的整理、分析、总结。我这个人呢，理论上不行，但是从实际上着手做，我可以仔细地抠抠，可能会有一些收获。

通过降水量资料可以发现梅雨期暴雨中心的活动。利用这些降水资料我们编成了《中国梅雨图集》，可为今后研究梅雨的人提供帮助。这些资料不是从天气图上抄来就可以的，而是从一本一本的气候资料当中去摘

《中国梅雨图集》封面

录、补充。虽然有人说我们忙了半天不出活，但我觉得不管别人怎么评价，都应该做好这项基础研究工作。《中国梅雨图集》就是这样的基础工作。

《中国梅雨图集》主要引用了沪、豫、苏、皖、鄂、川、浙、赣、湘、闽等十个省市，地处南岭至陇海线之间我国中部约600个气象站的雨量资料，并填写绘制而成。每年自5月21日起到7月31日止，逐日提供雨量图一帧。每年72帧。

我们一共填写了30年的雨量图，在1995年2月气象出版社出版了一集《中国梅雨图集》，内含17年（1954—1970年）的雨量图。图集的资料量相当大，一有空大家就去填图、校对、分析，我也是这样。幸亏得到章淹教授3 000元的资助才出版了图集第一集。

章淹[①]曾在《中国梅雨图集》一书的前言中，对该书做了如下评价：

为了搜集、整理、校核与分析本图集应用的资料，以陈学溶、周允中等同志为主的南京气象学院天气气候研究室等的同志们，对本图集的出版倾注了大量的心血，以十分艰辛和难能可贵的精神，严谨的态度，亲自到台站第一线去抄、校降水记录。由于要求整个图区资料的完整和准确，加之分析和制图方面的大量工作，陈学溶教授及该课题组的同志们，先后经过十多年的努力，现使本图集终于得以问世了。

① 章淹（女），1925年生，浙江上虞人，著名气象学家。1947年毕业于清华大学气象系。曾任北京气象学院研究生部教授、院学术委员会主任、中国科协全国委员会委员、北京市科协常委、中国气象学会常务理事兼天气专业委员会主任等。在我国暴雨预报领域做出了突出的贡献，开创了我国中尺度（精细）气象基地研究实验。

本图集对气象、水文、水利、农林、交通、防洪防汛、减灾防灾和建设等方面的有关实际工作和科研、教育等均有一定的实用或参考价值，对推动梅雨及降水科学研究的进展，亦将发挥重要的基础作用。

遗憾的是，由于我们没有经费，后续的图集没能出版。我退休多年之后，听说由于种种原因，这些很不容易收集、整理的资料竟被处理掉了。

唉，我能说什么呢！

在那些年中，我还写过几篇有关梅雨的文章。

1982 年 6 月 14 日至 20 日，我参加在合肥召开的“长江流域暴雨学术交流会”，在会上宣读了我与周允中合写的论文《梅雨期间江淮地区低压内的一次中小尺度分析》。

1984 年，我和周允中、许三莲、陈碧芳合写过一篇《梅雨期前后东亚副热带高空西风急流天气气候特征的初步分析》①。

从 1985 年开始，我参加了“我国东南部夏半年降水研究”课题。作为该课题负责人之一，撰写了《关于梅雨的概念标准和划分等问题的读书报告》，刊登在由南京气象学院气象科学研究所编辑的《1985 年科研成果摘要汇编》上。

---

① 1987 年 5 月 20 日，南京空军气象学院张丙辰教授评论说：“《梅雨期前后东亚副热带高空西风急流天气气候特征的初步分析》一文，根据 23 年的近期资料，对入梅和出梅前后，东亚上空的西风急流，从 5—7 月的月、旬、候变化作了分析，发现了入梅前一个月急流已北移上青藏高原，喜马拉雅山南麓的急流已经消失。而我国东部沿海一带的高空急流在入梅前并不稳定，南北摆动常可有 2~3.5 个纬度，只有在入梅前的一次急流北跃并稳定在 33°N 附近，方与季节转变相关联，但也并非年年如此，这些事实的发现很有学术意义和使用意义。因此他得出‘用少数年份甚至个别年份的月平均位置来探讨急流轴的北跃和季节变化，很可能缺乏代表性’的结论，无疑是可信的。”摘自《高等学校教师职务任职资格申报表》，第 11、12 页，1987 年 6 月，存于南京信息工程大学人事处档案室。

参加纪念竺老的活动我是积极认真的，但搞中国气象学史研究工作实际上是被动的。回头想来，写这篇纪念稿还真成了我投身中国现代气象学史研究的起跑点。

在处理人际关系中，我与人无争，包括分房子、评职称、涨工资等人生中的“大事”，易引起与人发生矛盾的，我都不争，那都是些折人寿命的“战斗”。

然而，在处理“文”际关系中，尤其在对待气象研究所历史和竺可桢先生评价的问题上，我是为“文”不让的。

第13章 投身中国现代气象事业史研究

《竺可桢先生在北极阁》

竺可桢先生是1974年2月7日去世的，有关方面计划于1984年2月7、8日在北京举办“竺可桢先生逝世十周年纪念大会”。为此，成立了一个筹备委员会，主任是中国科学院院长卢嘉锡，副主任是中国科协副主席、党组书记裴丽生和浙江大学校长杨士林。1983年10月10日，经筹委会研究，对纪念大会事宜做了安排，确定在学术方面由中国气象学会和中国地理学会组织一批论文。①

根据中国气象学会的安排，江苏省气象学会在南京召集了省气象局、

① 据中国科学院院史资料室档案资料，叶笃正（时任中科院副院长）先于1983年1月邀集施雅风、吕东明等就纪念竺可桢逝世十周年活动交换意见，后向中国气象学会和中国地理学会两学会理事提出倡议。4月间，升格为由中国科学院党组和中国科协党组联名向中共中央请示，提出由中科院、中国科协和浙江大学联合召开纪念会，经万里、习仲勋、胡启立、方毅等批示，遂有以卢嘉锡为主任的筹备委员会之成立。——整理者注

南京大学气象系、南京气象学院等几个主要单位的人员开会，讨论协商的结果是：农业气象方面由南京气象学院负责，推选冯秀藻教授作报告；竺先生在北极阁的这一段，由江苏省气象局、南京大学气象系和南京气象学院三个单位共同负责撰写。

江苏省气象学会是挂靠在省气象局的，江苏省气象局一定要参加，但是局里的工作人员基本上都是新中国成立以后参加工作的，对竺先生的这段历史并不熟悉。这样就决定以南京大学气象系的黄士松先生为主来写这个报告。又因为知道我在这段时间曾经在北极阁工作过，所以要南京气象学院负责提供报告写作的素材。

当时离北京开会的时间还早得很，黄先生很忙，没有急于动手准备，后来又出差了。北京来信询问报告准备的进展情况，希望能够尽快提交初稿送北京审查，审查之后还要返回南京修改，修改后的稿件再送北京定稿，在开会前印刷出来。

可是黄先生一时还不会回来，怎么办呢？于是江苏省气象学会在 9 月 7 日的一次会议上决定以我为主起稿，并向北京的筹备委员会汇报。原来只是要我提供竺先生在气象研究所年度的报告以及相关资料，这一下变成写草稿了，没有办法啊，这是任务。我写出草稿后，经黄士松、朱炳海、么枕生、张丙辰等先生审阅，又做了少量修改，11 月 10 日稿件交给江苏省气象局办公室的徐南侠打印，装订成册后送到北京审查。北京筹委会的审查结果是：草稿可以用，不要修改了，可以直接送去印刷。

1984 年 2 月 7 日，竺可桢逝世十周年纪念大会在北京召开，上午在怀仁堂，方毅、胡乔木、严济慈、周培源等党和国家领导人出席了会议。在卢嘉锡院长作了主报告之后，颁发了第一次竺可桢野外科学工作奖。下午会场转移到友谊宾馆，安排了有关竺老在科学工作、教育思想等方面的专题报告。

第二天安排的是学术报告，因为报告实在太多，只气象学方面的就有十来个，因此在作报告前一天就打了招呼，严格限制每个人报告的时间只能在10至15分钟之内。我原来的报告比较长，必须压缩。于是赶快与人商量，确定只讲几个主要问题：第一，讲竺先生创建气象研究所。第二，讲竺先生怎样培养学生，办了几期气象练习班。第三，因为当时还没有成立中央气象局，所以竺先生不得不兼管一些中央气象局职责内的事情，他既要做研究工作，还要做国家气象事业的行政管理工作。那一夜我没有睡好，一直在想怎么讲才合适。

第二天上午由叶笃正先生主持大会。还好，我不是第一个发言，在我前面发言的是宛敏渭同志讲物候学方面的。在宛敏渭前面，许多人的报告都是讲与自己业务、技术方面有关的内容，底下开会的人对不是自己专业技术的报告内容不感兴趣，会场上听的人思想不很集中，交头接耳。看到这种场面，我的胆子反倒是大了点。我上台代表江苏省气象学会作了题为《竺可桢在北极阁气象研究所》的发言，简简单单讲了十几分钟，还没讲完，时间快要到了，就草草收尾了。

谁知参加会议的人对我的报告很感兴趣，大概是因为所谈内容为听讲者所关心，细节动人的缘故吧。因为时间关系有些内容无法讲清楚，会后有些记者就来找我问这问那的，并让我赶快写稿子在报纸上发表。

我回到南京后，重新把稿子进行了修改，由黄士松先生认真地审阅了一遍，以后这篇稿子收在《竺可桢先生逝世十周年纪念会论文报告集》中，题目为《竺可桢先生在北极阁》。

曾经有人问我：你是什么时候开始想研究气象学史的？实际上我事前

根本没有这种思想准备，参加纪念竺老的活动我是积极认真的，但搞中国气象学史研究工作实际上是被动的。回头想来，写这篇纪念稿还真成了我投身中国现代气象学史研究的起跑点。

在纪念会上，由叶笃正等26位同志联合署名发出了成立竺可桢研究会的倡议书，吕东明觉得我对新中国成立前的气象学史很熟悉，而且记忆清晰，就邀请我参加竺可桢研究会。

1984年2月9日上午，在北京友谊宾馆主楼大厅集会，正式成立了竺可桢研究会。首批会员有50多人，以科教界人士为主体。研究会简则规定：本会是自愿结合的研究竺可桢的民间学术性团体。其宗旨是阐明竺可桢的思想、品德，及在科学、教育事业等方面的贡献，以利学习、发扬，为两个文明的建设做贡献。

会议推选施雅风学部委员为理事长，吕东明、黄宗甄、于强为副理事长，沈文雄为秘书长，李玉海为副秘书长。

这一年的11月1日，施雅风先生来到南京，在朱炳海先生家开会，把我叫了去，商量成立"南京竺可桢研究会"的问题，到会的还有任美锷（南京大学地理系教授）、么枕生、黄士松、竺宁（竺可桢先生之女）。我们同意施先生的倡议，联络了40多人作为发起人。经过一番筹备，1986年2月20日在北极阁江苏省气象局内原气象研究所图书馆阅览室召开成立会议，推选南京大学朱炳海教授为理事长，我和刘振中、高新农当选为副理事长。

不管是在全国性的竺可桢研究会，还是在南京竺可桢研究会，我承担的主要任务，首先都是要继续写好竺老创立和主持气象研究所的这段历史。

南京竺可桢研究会理事会名单（一九八六年二月）如下：

顾问　钱钟韩（南京工学院），李庆逵（南京土壤所），任美锷（南京大学），周立三（南京地理所），郭令智（南京大学），施成熙（河海大学），张祖还（南京大学），么枕生（南京大学），席承藩（南京土壤所）

理事　王式中（江苏省气象局），王鹏飞（南京气象学院），朱炳海（南京大学），朱乾根（南京气象学院），刘振中（南京大学），张丙辰（空军气象学院），邢育青（江苏省科协），佘之祥（中科院南京分院），陈学溶（南京气象学院），陈道明（江苏省地震局），陆渝蓉（女，南京大学），竺宁（女）（南京大学图书馆），杨国祥（空军气象学院），季子修（南京地理所），施雅风（南京地理所），徐振韬（紫金山天文台），高亮之（江苏省农科院），高新农（中科院南京分院），谢耀炎（中科院南京分院），屠清瑛（女，南京地理所），穆恩之（地质古生物所），魏长发（南京师范大学地理系）

理事长　朱炳海

副理事长　陈学溶　刘振中　高新农

秘书长　高新农（兼）

副秘书长　邢育青　谢耀炎

《为中国现代气象事业奠基》

还是 1984 年 2 月在北京开竺老忌辰纪念会的时候，刚刚成立的竺可桢研究会决定要做几件事：第一，继续选编出版竺老日记 1950 年以后的部分；第二，要撰写出版《竺可桢传》，要把这本传记作为 1990 年纪念竺可桢 100 周年诞辰的献礼，计划于 1989 年出版。

散会之后，吕东明邀一些人留下来研究怎么编写《竺可桢传》。最后意见是，设想将传记内容分为两部分：上篇着重记述竺老平生的主要经历；下篇着重记述他的学术成就，分成天气学、气候学、物候学、地理学、自然资源综合考察、自然科学史、科学普及等八九个方面。由于在纪念会上大家听过我作的报告，普遍反映较好，就决定由我负责撰写上篇的第四章《独立自主创办气象研究所 1928—1944》。

这个题目，与原来写“在北极阁”相比，时间跨度长多了，内容也宽多了。接受写作这一任务后，我回家进一步动手整理自己保留的气象研究所、中央研究院等的各种原始资料，收集以往与当年气象练习班老同学的往返信件，并为此与他们通信，请他们回忆竺先生在北极阁的往事，向他们搜集各自保存的资料。同时，随时把自己记忆中的亲历、亲闻一一笔录下来。

我从小就喜欢搜集东西，逃难途中辗转各地，我都要把《气象杂志》等带在身边，无论遇到什么困难，我都舍不得丢弃。半个世纪过去了，现在开始在为竺师写传的时候要派上用场了，现在回想起来，我自己也觉得有些不可思议。

经过两年多的前期资料准备，1986 年 3 月 1 日起开始动笔写初稿。那时候，我还未退休，在南京气象学院担任天气气候研究室主任的职务，负责几个课题，还不断有些临时性的任务，参加一个又一个的学术会议，常出差。从写作上说，过去只是写些论文报告之类，虽然从小爱读人物传记，但从来没有想过自己要写什么人物的传记，当年竺老的身影形象历历在目，但一到落笔就大费心思。

糟糕的是，这时我腿部出现了问题，行走时疼痛难忍。到 1986 年秋冬季节，我每天乘校车去上班时要随身带个小凳子，走几步就要坐下来休息一会，以缓解疼痛。到 1986 年 12 月 29 日，在吕君宁老师的帮助下，我住进了江苏省人民医院骨科，1987 年 1 月 7 日做了椎管减压手术。经过一个多月的治疗，康复出院。在这段患病治疗的过程中，我坚持完成了初稿。

对过去年代久远的情况，我虽然记性好，但毕竟受个人经历和地位的局限，要把基本史实搞清楚，绝非易事。只能是在抓住大的历史脉络的前提下，把一件件事情调查明白，根据史实梳理出几个方面。

1987 年 4 月 13 日至 24 日，竺可桢研究会在北京召开《竺可桢传》初稿第一次编审座谈会，出席的人有于强、吕东明、黄宗甄、黄继武、黄孝葵、施雅风、许国华、过兴先、沈文雄、周秀骥、席泽宗、洪世年、竺安、陈学溶等。当时主抓竺传的吕东明，是研究会副理事长，也是大百科全书出版社顾问。他在会上介绍科学人物传记的出版消息，说在“七五”期间要宣传中国八位科学家，五位是古人（张衡、祖冲之、宋应星、李时珍、徐霞客），三位是当代人（李四光、竺可桢、侯德榜）。联系到写《竺可桢传》，他特别强调说：写传记要以人为中心来讲他的思想、作风和业绩，不是以事为中心。我们写竺传，不加帽子、不写结论，要用事实说话，要注意时代特点……

许国华先生看了我写的第四章初稿后，说：对陈先生写的材料极佩服。可作为“中国早期的气象事业”或“竺可桢与气象事业”保存下来。对于他的赞扬，我的理解是：这份初稿，作为史料还可以，作为传记则还有距离。会议对各章节的内容又进行了调整，把我负责的原来的第四章调整为第三章《为中国现代气象事业奠基》。在这次编审座谈会上确定了全书的编写提纲。1988 年 9 月 21 日至 27 日，在北京百万庄城市建设部招待

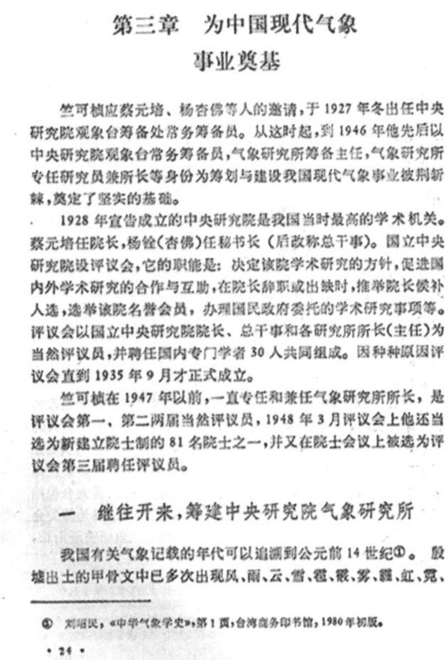

第三章　为中国现代气象事业奠基

竺可桢应蔡元培、杨杏佛等人的邀请，于1927年冬出任中央研究院观象台筹备处常务筹备员。从这时起，到1946年他先后以中央研究院观象台常务筹备员，气象研究所筹备主任，气象研究所专任研究员兼所长等身份为筹划与建设我国现代气象事业披荆斩棘，奠定了坚实的基础。

1928年宣告成立的中央研究院是我国当时最高的学术机关。蔡元培任院长，杨铨（杏佛）任秘书长（后改称总干事）。国立中央研究院设评议会，它的职能是：决定该院学术研究的方针，促进国内外学术研究的合作与互助，在院长辞职或出缺时，推举院长候补人选，选举该院名誉会员，办理国民政府委托的学术研究事项等。评议会以国立中央研究院院长、总干事和各研究所所长（主任）为当然评议员，并聘任国内专门学者30人共同组成。因种种原因评议会直到1935年9月才正式成立。

竺可桢在1947年以前，一直专任和兼任气象研究所所长，是评议会第一、第二两届当然评议员，1948年3月评议会上他还当选为新建立院士制的81名院士之一，并又在院士会议上被选为评议会第三届聘任评议员。

一　继往开来，筹建中央研究院气象研究所

我国有关气象记载的年代可以追溯到公元前14世纪①。殷墟出土的甲骨文中已多次出现风、雨、云、雪、霜、霰、雾、霾、虹、霓、

① 刘昭民，《中华气象学史》，第1页，台湾商务印书馆，1980年初版。

· 24 ·

《竺可桢传》第三章书影

所还开过一次《竺可桢传》审稿会议。

通过与研究会同仁的讨论、请教，我受益颇多。后来几易其稿，完成了这项任务。《竺可桢传》于1990年2月出版，恰临竺师诞辰100周年纪念活动前夕。

文章落实处，铺路做小工

《竺可桢传》第三章最终将标题改为《为中国现代气象事业奠基》，比较准确地反映了竺老在这一学科建设上的历史地位。本章分为八节，各

节标题分别为：

（1）继往开来，筹建中央研究院气象研究所

（2）推动气象台站的建设

（3）统一规章制度，出版专刊资料

（4）培训人才，关怀后学

（5）维护国家主权和尊严

（6）开展和领导气象科学的研究

（7）这一时期的主要论著和在科学界的活动

（8）一身二任，备极辛劳

在完成《竺可桢传》第三章写作的过程中，我更加深刻地认识到竺师为中华民族建立的丰功伟业。我下了大功夫，也有了大收获，对气象学史产生了愈来愈浓的兴趣。

我写的是竺师"为中国现代气象事业奠基"，而写好这一章，可以说是为我后来从事中国现代气象事业史的研究"奠"了一个"基"。

按竺传编辑组的规定，这一章限定在3万字，但为写出这3万字，我实际看的文献资料恐怕要百倍于此。

1985年11月初，竺可桢研究会在杭州浙江宾馆召开年会，我提交的报告是《前气象所所属各台站的概况》，这是从《竺可桢传》中叙述"推动气象台站的建设"部分走出来，面向全国气象事业的。此后，我就一项一项地挖掘、展开下去了。

把我在这一段时间先后撰写的文章做一归类，大致如下：

（一）关于中央研究院气象研究所

1.《竺可桢先生在北极阁气象研究所》

2.《抗日战争期间气象研究所播迁经过及其工作简况》

1985年11月1日竺可桢研究会杭州年会合影局部（李玉海摄于浙大图书馆前，前排左4为曾呈奎，左8朱炳海，第2排左1洪世年，左3束家鑫，左4为竺松，左5竺宁，左6竺安；第3排左2张家诚，左5为陈学溶；第4排左1黄孝葵）

3.《前气象所所属各台站的概况》

4.《拉萨测候所之沿革》

5.《第二届国际极年期间的峨眉山测候所》

6.《三十年代泰山气象观测事业的回顾》

7.《气象研究所的天气预报业务和服务史实概述》

8.《气象研究所高空测候和地震测报简介》

9.《我国水文与气象早期合作的部分史实》

10.《竺可桢先生在气象研究所开办的气象学习班》

11.《〈气象研究所集刊〉第一号的出版年份》

12.《气象风筝探空和史镜清纪念基金》

（二）关于气象研究所之外的气象事业机构和活动

1.《建国前中国气象学会事略》

2.《1930年全国气象会议记略》

3.《行政院中央气象局在重庆筹建始末》

4.《中国航空公司气象史实梗概》

（三）具有特别史料价值的人物研究

1.《我国气象学界蒋、竺两位老前辈之间的二三事》

2.《我所知道的黄厦千博士》

3.《石延汉先生的史迹片断》

4.《我所了解到的国民党空军气象界前辈的点滴事迹》

其中，因为在中央气象局成立之前，气象所做了大量代行国家气象事业机构职能的工作，不宜只作所史看待。如果从多种角度看，气象练习班可归于气象教育史，《气象研究所集刊》可归于出版史，史镜清纪念基金可归于科学奖励史，中央气象局和中国航空公司可归于机构史，中国气象学会可归于科学团体史，等等。

既然在《竺可桢传》中我写的那一章是《为中国现代气象事业奠基》，我所研究的范围也就应该称之为"中国现代气象事业史"吧。

研究气象事业史，我有些自己的优势，我比别人寿命长，亲历亲闻的事情多，记性好，但写文章绝不只依靠于此。探究历史，要凭史料说话。有十分史料，讲十分话，甚至是只讲九分、八分，留有余地。在史料中，我特别倾力于原始资料。对于那些用第二手资料写出的文章，也要拜读的，但我自己要研究的问题则务求追到第一手资料上去。

我一生之中，最好做学问的时光，大多被政治运动折腾掉了。人老了，我没有系统撰写中国气象学史大部头著作的雄心壮志，只是尽己所能，发挥点儿余热，写些小文章。但写出来的东西，务求落在实处，为推进中国现代气象学史的发展做一铺路小工的工作，让路基能够坚实一些。

近年来我看到海峡两岸学者在编写中国气象学史的著作和论文中，都在引用我的有关文章，知道这些文章在发挥作用，我心里很高兴。

存真纠错，为“文”不让

我平生喜欢读书，也比较喜欢在文字上较真。在气象练习班学习时，竺师要求我们做测候工作时，要严格遵守规定，如实记录观测数据，填写报表时要认真核对。我长期坚持，形成了习惯，对数据很敏感。后来在搞梅雨图集的过程中，我经常会发现图表中数据方面出现的错误。在后来承担学术刊物委托稿件审查的工作中，我都会很认真地写出详细意见，哪里应该颠倒次序，哪里的因果关系不对，哪里资料引用有误，在我是遵守职业道德，尽一份责任，但往往会影响人家稿件的发表，至少是拖延发表的时间，甚至或许会误了人家的“前程”，因此也曾颇有“恶名”的。

在处理人际关系中，我与人无争，包括分房子、评职称、涨工资等人生中的“大事”，易引起与人发生矛盾的，我都不争，那都是些折人寿命的“战斗”。

然而，在处理“文”际关系中，尤其在对待气象研究所历史和竺可桢先生评价的问题上，我是为“文”不让的。

大概是 1984 年初，为了写《竺可桢先生在北极阁》查找资料，我在新华书店发现有洪世年、陈文言编著的，1983 年 12 月由农业出版社出版的《中国气象史》一书，价钱不贵，我就买了一本。这本薄薄的、内容较简单的书籍，是当时在大陆最早出版的中国气象史著作。我读过，发现其中内容与史实不符的地方不少。后来又发现台湾出版过一本刘昭民先生的《中华气象学史》，是在南京大学图书馆看到的。我特别注意的是中国近现代部分，发现此书比农业出版社出版的《中国气象史》内容要丰富很多，但里面也是有不少地方同样写得不够确切。有些史实，尤其是关于气象研究所、中国气象学会、徐家汇天文台的史实，甚至有明显错误。我把刘氏著作中所见错误逐条记录下来，也同时写下我认为是正确的史实。

我们学校出版《南京气象学院学报》已有多年，希望大家投稿，我就想围绕上述问题写一写。因为刘先生所著《中华气象学史》内容较多，自己写出来的意见如果太多，就比较杂乱。因此，先对书中与气象研究所和气象学会有关的部分进行校正，写了一篇《气象研究所和气象学会的若干史实——〈中华气象学史〉读后》。文章投到学报编辑部，后来刊登在《南京气象学院学报》1985 年第 2 期上。

那时《南京气象学院学报》已经与各国交换，在美国也能看到。很巧的是，不知是刘昭民（以下简称刘）先生的亲友还是熟悉他的留美台湾学生，看到了我这篇文章后，就写信告诉了刘。他认真读了这篇文章，很虚心，也很高兴，认为我讲的有根有据。于是他通过美国的熟人寄信给我，信上说他的文章都是根据别人的文章写的，主要是依据从大陆到台湾的气象界老人如郑子政、许鉴明等先生文章里的资料。我恍然大悟，知道事出有因。郑、许只凭记忆讲历史是不可靠的，尤其是郑子政先生因家庭问题曾得过精神方面疾病的。刘昭民先生是台湾本省人，对 20 世纪 30、40 年代大陆气象界的历史知道得不多。他不但来了信，还把他的著作《中华气象学史》寄了送给我，他的书在大陆是买不到的。

20 世纪 80 年代中期，两岸不通邮。刘来信和寄书，先从台湾寄到美国朋友处，再由那位先生寄往香港，然后由香港的熟人再寄给我。我也以这条返程路线寄信和资料给刘。

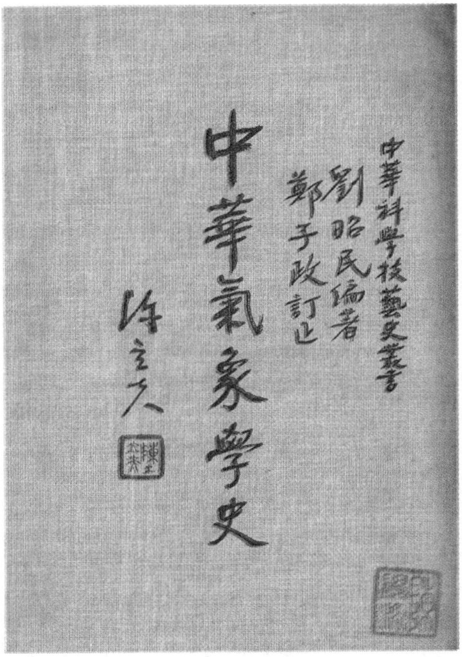

刘昭民著《中华气象学史》书影（封面署有“郑子政订正”）

1985 年，台湾出版的《中外杂志》[①] 12 号（第 226 期）上刊有蒋君章一文《追怀张其昀先生（上）》，引起了蒋丙然先生哲嗣蒋君宏的不满，他写信对该文提出异议，蒋君章为此又写了一篇文章《气象学家蒋丙然先生》，回应蒋君宏的批评，指出蒋、竺“彼此为同一目标而努力”，“所谓气象学派系说，一定是些好事者藉端生事，意别有图而作此无聊之举”。

我最早是从 1988 年 12 月收到王宪钊的来信知道这一消息的。他是中央气象局副总工程师，我在中航时期的同事，他到加拿大探亲时了解到这一情况，并给我寄来了《气象学家蒋丙然先生》一文的复印本。随后，我在与刘昭民的通信中谈到此事，1989 年 4 月 15 日刘昭民即将有关文章和蒋君宏信函的影印件寄给我。

蒋君宏借以指责竺老的两件事由，第一件是竺在 1935 年选举中央研究院评议员时做了“此举”（操纵选举）太过分的事；第二件是竺在抗战期间召开的中国气象学会会议上曾以蒋丙然“附逆”为由，提议开除其

① 创办于 1967 年 3 月，每月一期，每期 150 页左右，多回忆性文章。

会籍。

这样就引申出了有关20世纪30、40年代中国气象学界的一桩公案。

说它是公案，因为事主竺可桢、蒋丙然都是中国现代气象学界的老前辈；事由是涉及竺老对蒋老的强力排斥并由此演变出气象学界的“派系斗争”；事况是在事主去世多年的情况下，突然爆料于一家以史料取胜而风头正劲的杂志上，并出现了正反双方不同意见的争论。

读过之后，根据我对竺师为人和所涉及历史背景的了解，可初步判断其说词之谬，即打算写反驳文章。因为蒋函实为对竺师人格之攻击，义愤归义愤，写文章还是要靠扎实的史料说话。我从多方面与两岸友人商量，拟将文章确定在“澄清事实、消除误会”这一基点上。

这样，我在1990年写出了一份初稿，并继续向程纯枢、高亮之、张宝堃、朱炳海、黄士松等调查亲历亲闻的情况，向王鹏飞、戚启勋、吕东明、王宪钊等人征询对初稿的意见。1991年6月，根据收集、查证的各种资料，可以断定蒋君宏加给竺师的两条罪名皆不能成立。成文过程中，我一再拿捏行文的语气和分寸，但在与友人交流的过程中，还是因为有人担心会引起争议而惹出麻烦，因此没有急于发表。一直拖到1994年，经多人认可，才收在了《先生之风　山高水长——竺可桢逝世20周年纪念文集》中，现附于本节后。

18年之后，2012年9月，我收到了樊洪业给我发来的中国第二历史档案馆藏品的复印件，其中有竺可桢写给中央研究院总干事丁文江的关于推荐气象组评议员的两轮函稿，在限于两个名额的前提下，他第一次（1935年6月12日）推选的是“蒋丙然、马名海”，第二次（6月18日）推选的是“蒋丙然、张其昀”。可见竺先生对他们三人未存偏见，当选与否，主要看他们自己的学术成就和工作贡献。

我长时间为竺师辩诬的努力，得到了最有说服力的铁证！

这里也应该交代一下，蒋君宏先生在台湾出版的《传记文学》第79卷第2期上发表的《气象学家蒋丙然》中曾将我写的《我国气象学界蒋、竺两位老前辈之间的二三事》作为参考资料并且未提出异议，我对君宏先生的雅量深表敬意。

我当初动手写这篇文章时，还没有什么研究气象学史的念头，只是觉得如果不把自己知道的史实公开出来，已经公开出版的读物会以讹传讹，误导后人。

应该说，因为挑毛病而忍不住要发声，这也是我后来投身气象学史研究的推动力之一。因此，我要感谢刘昭民先生。两岸开放后，刘先生于1997年11月17日来南京访问时，我们见了面。

附：

《我国气象学界蒋、竺两位老前辈之间的二三事》一文最早在1994年发表于《先生之风　山高水长——竺可桢逝世20周年纪念文集》，由中国科学技术大学出版社出版。

我们转引如下：

我国气象学界蒋、竺两位老前辈之间的二三事

（一）

台湾出版的《中外杂志》（1985年12月号）第226期上载有蒋君章《追怀张其昀先生（上）》一文，内中有竺先生是我国“第一位气象

学家”的话。我国著名的气象学界老前辈蒋丙然先生的哲嗣蒋君宏先生得知后，即写了一封长达七页的信给蒋君章先生，对此提出异议。信中并提及我国气象学界南北派系问题和蒋、竺两位老前辈在三四十年代曾有过两件“不愉快”具体事例。后来蒋君章先生又在《中外杂志》上发表了《气象学家蒋丙然先生》一文，内中对君宏先生的信作了一些说明，认为“丙然先生志业的完成，有待于竺某的努力，彼此为同一目标而努力……没有分派分家之必要……我想所谓气象学派系说，一定是些好事者藉端生事，意别有图而作此无聊之举”云云。

窃以为蒋丙然先生是我国近代气象事业的先驱。他首先创建了我国国人自办的气象机关和气象学术团体，为它们的生存和发展作了艰苦的努力。后来又主持青岛观象台和从事气象教育多年，其功绩已载入我国气象史册，为我国广大气象工作者所钦敬。至于个别人士在涉及我国早期气象史实的有关问题上，由于未能进行深入了解等原因，或有某些欠周详的言词，引起纷争，虽属难以完全避免，总是令人遗憾的事。

本文拟只就君宏先生长信中提及的两件具体事例，在可能范围内予以查证，并略抒拙见，供参考指正。

（二）

现先将君宏先生函中提及的两件具体事例分别摘抄其主要部分于下：

(1)“抗战前中国科学界所熟知的一件事，为中央研究院选举评议员，每一学科应选出评议员2人。气象一科，公认竺先生与先父（即蒋丙然先生——溶注）会当选。讵料开票结果，竟为竺、张（指张其昀先生）二氏。一时群情大哗，咸认为竺氏此举太过分（引天文学家李珩先生语)。当时有一位先生（惜不记其名）在刊物《科学》上为文对中央研究院大肆抨击。后以院长为蔡元培先生，乃道歉（?）了事。事后竺先生向先父解释，谓张氏之当选非干他事，乃张自己活动之结果。先父答以：‘我当选与否，不关重要，惟张并非气象界中人，而竟当选气象评议员，徒贻人笑柄。’因此，先父终其一生未曾任中央研究院评议员。”

（2）“抗战时中国气象学会在重庆开会。竺先生谓先父已附敌伪，应予开除会籍。幸高鲁先生（时任监察委员）仗义执言，未被开除会籍……先父是一科学工作者，青岛沦陷时未及撤走，将青岛观象台贵重仪器装箱预备运往后方，但不获政府反应。为生活计赴北平任沦陷区北京大学教授，继续教授沦陷区中国学生气象学，如何是附敌?”

（三）

对于选举张其昀先生为评议员问题，为了能说明原委，先介绍一下中央研究院组织的简况和第一届评议会成立的经过。

1927 年 10 月，中华民国大学院成立。11 月大学院根据国府公布的《中华民国大学院组织条例》第七条的规定，聘请了中央研究院筹备员二十余人，召开了中央研究院筹备会议。会上通过了《中华民国大学院中央研究院组织条例》，其中第四条对设立评议会作了规定。1928 年 4 月 10 日国府公布了《修正国立中央研究院组织条例》（本文以后简称《院组织条例》）。其中第四条有关评议会的文字，只将“本院”两字改为“中央研究院”，其他文字照旧。现将《院组织条例》中对本文有关的条款择抄或说明于下：

第一条定名该院为“国立中央研究院”（本文以后简称中研院），为“中华民国最高科学研究机关”。

第三条明确了中研院的研究范围暂限于“（一）数学（二）天文学和气象学……（十一）医学”等组的科学。

第四条谈中研院的组织：“国立中央研究院设院长一人，由国民政府特任之”“……设评议会，为全国最高科学评议机关，以院长聘任之国内专门学者三十人组织之。其人选按照第三条之范围每组一人至五人，本院院长为当然评议长，本院直辖之研究机关主任，为当然评议员，评议会条例另定之。”

由此可见，中研院设立评议会的事，早在1927年11月已提上议事日程，有了较详细的规定；然而中研院第一届评议会推迟到1935年才能够成立，除了由于中研院“各所设备未充，永久院址亦未筑成”外，主要是因为“评议会的条例未备”。如该会能早日组成，其第一届聘任评议员的人选很可能与1935年选出者大不相同，这不能不归诸机遇了。以下略述第一届评议会的成立过程。

中研院是在1928年6月9日召开第一次院务会议时宣布正式成立的。8月13日，竺可桢等九人参加的第三次院务会议上就按照《院组织条例》讨论了评议会的组织和人选等问题。关于人选，当然评议长为中研院院长和当然评议员为中研院各所主任（所长）已有明文规定，毋需讨论；所要讨论的是三十位聘任评议员的名额分配和具体的候选人这两个内容。根据《院组织条例》第三条中研院的研究范围，经过讨论，议决各组聘任评议员候选人的名额是：（1）数学1人，（2）天文学和气象学2人，（3）物理学2人，（4）化学3人，（5）地质学和地理学3人，（6）生物学3人，（7）人类学和考古学1人，（8）社会科学5人，（9）工程学4人，（10）农林学3人，（11）医学3人：共30人。这次院务会议还对各组人选先拟定下列各人，俟院长圈定、聘任：(1) 数学 姜立夫……等五人，(2) 天文学及气象学 余青松、高平子、张云(以上为天文)、蒋丙然(以上为气象)，(3) 物理学 ……(5) 地质学及地理学 翁文灏、朱骝先(以上为地质学)(地理学人选暂缺)……(11) 医学 刘瑞衡……等五人：共有候选人67人。蒋丙然先生在这次院务会议上曾被提名为候选人，而张其昀先生则否。

但此项决议，后来未见实行。

1929年1月13日中研院第四次院务会议又讨论了评议会的问题。当经决议，推定王世杰、竺可桢、李四光起草评议会组织条例。

一个月后的第五次院务会议对王世杰等人起草的评议会组织章程，作了“保留”的决议。

拖到6月21日，第六次院务会议再一次研究了“评议会组织条例应制定”一案。这次的决议是“除原有起草委员会负责外，加推徐韦曼、宋梧生为本院评议会组织条例起草委员，由徐韦曼负责召集开会，限七月底以前完成之”。然而，第七次院务会议在9月3日召开时，其第九项的决议却是“先设本院评议会，其组织章程，由原起草委员会负责人从速起草”。看来，“限七月底以前完成”的决议未能贯彻，而拟先把评议会设立起来的决议，后来也没有执行。第八次院务会议的记录没有有关评议会的记载。1930年1月4日第九次院务会议的第一项提案就是讨论“本院评议会组织章程草案”，这个草案大约是由徐韦曼负责召集的起草委员会经过半年多才搞出来的吧。该草案的最后命运仍是“保留”未能通过，其难产如此。以后五年中，中研院各届院务会议是否再讨论过评议会的问题，我因掌握的资料有限就不得而知了。

1934年，丁文江先生接任中研院总干事后，把早日建成中研院评议会作为当前重要任务。经过他的努力，1935年5月27日国民政府公布了修正过的《国立中央研究院组织法》（本文以后简称《院组织法》），同日公布的还有《国立中央研究院评议会组织条例》（本文以后简称《评议会条例》）。《院组织法》和1928年的《院组织条例》相比，其对设立评议会的规定主要部分基本未变，即评议会仍由当然评议员（中研院院长及各直属研究所所长）和聘任评议员的三十人共同组成，院长为评议会议长；但选出的评议员改由国府聘任，而不再是由院长聘任了。《院组织法》还取消了中研院的研究范围暂限于原先规定的那十一组科学。新公布的《评议会条例》共十五条。现仍只择与本文有关的条文于下：

第二条："中央研究院评议会第一届聘任评议员，由中央研究院院长及国立大学校长组织选举会，投票选举三十人，呈请国民政府聘任之。"

第三条："具有左列资格之一者，得为评议员之被选举人。一、对于所专习之学术有特殊之著作或发明者，二、对于所专习之学术机关领导或主持在五年以上成绩卓著者。"

第四条："聘任评议员应依中央研究院所研究之科目分配，每科目不得逾三人，但某科目无相当人选时得暂缺。"

第九条："在评议会选举评议员前，应由国立大学及独立学院各院系之教授就相当科目及有第三条之资格者加倍选举候选人。候选人不以国立大学及独立学院各院系之教授为限。选举程序由评议会定之。"

从以上几条条文可以看出：（1）中研院第三次院务会议拟出的评议

员候选人名单不再有效，新的办法是组织国立大学和独立学院教授初选加倍候选人；（2）第一届评议员要经过由中研院院长和国立大学校长组成的选举会选出，再呈请国府聘任，而不是由院长圈定、聘任了；（3）每个科目的聘任评议员不是一到五人，而是不逾三人，所以后来选出的第一届聘任评议员并未完全按第三次院务会议提出的各组分配名额，而且组数也有小的调整。

由于时间已隔了七年之久，候选人本身条件和当时的客观环境都有了一些变化，更由于评议员的加倍候选人改由教授选举产生，因此，1935 年的评议员候选人名单和 1928 年中研院第三次院务会议上推荐的名单其内容大相径庭，这是不难理解的。我统计了一下，当选的第一届聘任评议员中竟有 14 人①，未曾列在 1928 年的推荐名单内，接近聘任评议员总数的一半。

现在再回过头来谈谈竺、张二氏成为中研院第一届评议员的问题。

君宏先生在信中说，中研院评议员的选举，“气象一科，公认竺先生与先父会当选。讵料开票结果，竟为竺、张二氏”，显然不符合史实。竺先生当年是中研院气象研究所所长，按《评议会条例》是当然评议员，不是选出来的。怎么可能有竺、张二氏当选这样的“开票结果”呢？

张其昀先生则是先作为聘任评议员的候选人，后由选举会投票选出的。张其昀先生那时是中央大学地理系（内设地理和气象两个专业）的教授。《评议会条例》第九条在规定评议员候选人由大学教授选出的同时，曾特别指出候选人不以大学教授为限，然而他们被选为第一届评议

① 他们是化学组的侯德榜，工程组的凌鸿勋、唐炳源，动物学组的林可胜、胡经甫，植物学组的谢家声、胡步曾，地质学组的丁文江，心理学组的郭任远，社会学组的何廉、周鲠生，历史学组的陈垣，人类学组的吴定良，以及气象学组的张其昀。

员的人数，还是相当多的。我统计了一下，第一届聘任评议员中有十分之四是教授和校长。第一届聘任评议员中的气象组评议员，究竟谁最相宜，局外人未尝不可以各抒己见。但是，如果因为竺、张有师生关系，就肯定张得以选上，乃“竺氏此举太过分”之故，这种说法也是值得商榷的。我们知道竺先生在1928年身任中研院气象研究所所长以后，根据中研院第四次院务会议的决议：“在所外之兼职应即辞去。”到1935年他已离开中央大学多年，而他出任浙江大学校长则是在一年以后的1936年，似不可能对国立大学各院系大学教授选举评议员加倍候选人一事产生很大的作用。何况作为候选人，只是有了成为聘任评议员的可能性，起决定作用的是后面一次票选。据《评议会条例》，那是由中研院院长及各国立大学校长组成的选举会共同进行的。整个中研院只有院长一票，而国立大学校长却有多人，他们皆具有很高的地位和声誉，蔡院长也难以左右他们，况不能参加选举会的竺所长？据君宏先生信，事后，竺先生向蒋先生解释，“张氏之当选非干他事”，揆诸情理和竺先生的为人，似非饰辞。

君宏先生信中提及的某先生在《科学》上“大肆抨击”中研院一举，看来也与张氏入选一事无关。1935年出版的《科学》第十九卷第六期确实载有观化《国立中央研究院评议会成立》一文，但文内主要是对中研院的组织提了两点意见：（一）研究所应集中首都，（二）重新厘订各所组织，而对评议会的成立谈得并不多，曾说了一句在三十位聘任评议员中，有“极少数非科学家”，这个“极少数”他没有明指是谁，似难理解就是针对张其昀先生的当选而“为文对中央研究院大肆抨击”的。接着中国科学社理事会在《科学》上登了一则启事，大意谓该社《科学》所登的观化君之文"对于中央研究院之组织有所论列，措词并有欠妥之处，此自属观化君一人之意见，不能作为代表本社的言论"云云。所以观化君后来如果向蔡院长道歉（?）了事，看来也不是为了张氏之当选。

综上所述，现在不妨可以认为，当时的某些人士对中研院第一届评议会评议员的产生过程，缺乏全面的了解，以致弄错了某些事实，甚或以讹传讹，导致了蒋、竺两位气象界老前辈之间的这一"不愉快"事件。事情虽过了半个多世纪，而余波犹存，实在太不幸了。

（四）

关于竺先生在抗战期间的中国气象学会上谓蒋丙然先生已附敌伪，应予开除会籍一事，我查阅了有关文献，访问了某些有关人士，未能证明有此一段史实。

查中国气象学会在抗战期间只开过一次年会，即在1943年7月18日—20日该学会与动物、植物、地理、数学四个学会及中国科学社共六个学术团体在重庆北碚举行的联合年会。这次中国气象学会年会是第十三届，到会的会员只有20人。从《中国气象学会第十三届年会记略》（本文以后简称为《年会记略》，《年会记略》全文载《气象学报》第十七卷第一、二、三、四、合期上）中我们只能查出：（1）竺可桢会长因公务繁忙，未能从遵义的浙江大学赶到北碚去主持年会；（2）到会会员14人的姓名，其中12人①在年会上宣读了论文，2人②被推举出来审核该会账目；（3）请人代为宣读论文的会员7人③，他们多数在外地（贵

① 吕炯、涂长望、郑子政、张宝堃、朱炳海、宛敏渭、杨鉴初、方正三、朱岗昆、黄士松、吴和赓、杨守仁。

② 贺维城、张绍良。

③ 李良骐、卢鋈、叶笃正、谢义炳、张汉松、尹世勋、陈学溶。

州省遵义等地)，因抗战期间交通困难等原因未出席；(4) 年会只讨论了会章的修改和两个提案①；查不出有关对蒋先生会籍问题的任何提案、提议或言行；等等。

因此，关于年会上是否有过竺先生建议开除蒋先生会籍以及高鲁先生是否出席了这届年会，并在会上为蒋先生仗义执言事，需另作考证。事情已隔了将近50个年头，又经过多次动乱，现在要找人证、物证确非易事。

现在可以肯定的是竺先生没有参加这届年会。《年会记略》如是记载着，从《竺可桢日记》上也可以证实；他从1943年6月初起到12月上旬止，没有离开过贵州省一步。因此他不可能到会提出这样的提案或建议。从《竺可桢日记》上也未能查出他曾寄出过这样的书面提案或建议。由于《竺可桢日记》是删节本，或有遗漏，我请了北京友人细查了竺先生的原始日记本。他从1943年4月初，一直查到7月底，查的内容无所不包，不但有日记正文、附录、大事记、来往函电等共约八九万字，而且在他和别人的交往言谈中，以及他个人的感想、考虑等方面，都查不出有过类似此事的任何记载。

按照通例，任何提案在会上一经提出，总得有个下落；纵然未能为到会会员大多数所接受，亦当记录在案，写下诸如“保留”等字样。《年会记略》对此只字未提，亦可以算作没有这提案的佐证。

竺先生对蒋先生留在沦陷区任教的态度，还可以从下面两件事例中，从侧面得其大要。1940年11月30日，福建省气象局局长石延汉先

---

① 这两件提案是：(一) 请研究机关设置研究生名额案，(二) 呈请教育部于派遣一千名留学生酌留若干气象名额案。两提案前者通过，后者原则通过。

生在遵义曾提出欲物色气象人才，竺先生当即向他介绍了蒋丙然、杨昌业、马名海几位。我国著名汉学家冯承钧先生逝世后，竺先生在日记中写道：冯在“北平陷日伪后，基金会稿费中断，三十二年执教于伪北京大学。傅孟真之流多指摘，可谓苛矣”。

1943 年 7 月我正在重庆南温泉中央政治学校学习，不克参加年会。8 月，我返回北碚气象研究所后，杨鉴初先生曾向我介绍了年会情况，并未提及竺先生有此一提案和高先生“仗义执言”的事。鄙意这应该是年会上一件引人注目的事件，我们两人是无话不谈的，他不可能不向我提及。气象研究所参加年会的还有郑子政、张宝堃、朱岗昆、黄士松和宛敏渭等先生。会后他们也未同我谈过此事。我当时是郑先生的助理，工作之余，他常和我闲聊些题外话，我也没有听到过他对此事的议论，否则我不可能没有任何印象。

为了能进一步核实有关事实，在南京我就近拜访了参加那届年会的几位老教授。南京大学大气科学系朱炳海教授是当年中国气象学会理事之一，熟习会务，现虽年逾八旬而精神仍很健旺，他还能记得那届年会上，他自己曾宣读过的论文题目，但对开除蒋先生会籍一事和高先生的“仗义执言”却毫无印象。该校黄士松教授在 1943 年是第一次参加中国气象学会的年会，对这届年会印象较深。他也记不得开除会籍的事件。他还说，那一届年会，高鲁先生没有参加。高老是我国观象事业创始人之一，有很高的声誉，他孺慕已久，但缘吝一面，如果出席了，他不会记不得的。河海大学吴和赓教授和南京气象学院的王鹏飞教授也对“开除会籍”一事无任何印象。

我们知道高鲁先生在 1942 年出任闽浙监察使，驻节福建，1944 年方调离。1943年元旦，他在福建庆祝会上突患脑充血，经急救稍愈。中国气象学会第十三届年会时，他已66岁高龄，不久前又曾中风，健康堪忧。榕渝相距数千里，抗战后期，交通异常不便，似不宜长途跋涉。因此，在没有得到其他证明以前，参照上述旁证，认为他老人家未亲临这届年会还是合乎情理的，在会上仗义执言之说更可能是误传。

根据中国气象学会新章程草案，本届年会票选蒋丙然先生为该会候补监事（监事为翁文灏、高鲁、张其昀3人），足证蒋先生当时虽在沦陷区执教，仍得到会员们的尊重。

（五）

以上两件事例皆是五六十年前的往事了。当事人高、蒋、竺三位老前辈皆已与世长辞多年。张其昀先生也已于几年前谢世。由于几次大动乱，文献也颇多散失，很难有较全面的查证。为了澄清某些史实，消除误解，今仍不揣谫陋，爰本所知，略述梗概。但以见闻不广，才具不足，舛误之处，势所难免，惟海内贤达教之。

1990年初稿

1994年定稿于南京

在“修史热”中四处奔波

从1984年2月在科学会堂第一次作报告起，与我通信问询气象研究所情况以及民国期间气象事业发展情况的人也愈来愈多，无形之中这也成为我不断继续深入学习和研究的压力与动力。

我是1987年办退休手续的，单位里返聘我三年。在此之前，除了完成竺传的任务外，也写过几篇考证或纠错性的小文章。退休前后，正赶上全国性的科技志、地方志的修史热。修史修志的编书计划和学术会议，各机构配合本单位成立××周年纪念的宣传活动，也都要作历史的文章。一时间风起云涌，势不可当，我也就心甘情愿地随着这股“历史”潮流前行了……

1986年12月，中国气象学会第二十届理事会决定成立中国气象史研究会，第二十一届理事会将其更名为大气科学史研究会，自第二十二届理事会起改称气象史志研究会。从第二十一届理事会，我连续三届成为气象史志研究会的委员。自1986年起，我先后参加了一系列的学术会议和工作会议。

1986年6月1日至4日，在南京参加“中国气象史研究会第三次学术讨论会”。与会者：朱炳海、王鹏飞、赵恕、张丙辰、洪世年、我、蒋瑞生等20余人。

1988年5月20日至23日，我赴秦皇岛参加“中国大气科学史第四次学术会议及全体委员会会议”，同行者：王鹏飞、冯秀藻、林晔。在会上将《中国航空公司气象史实梗概》一文印发分送给会议代表。

1988年6月20日，在南京气象学院参加“中国气象学会气象史研究会会议”，与会者还有王鹏飞、林晔、王庆云等。会后自7月1日起，承揽审阅气象史稿件约30份。

同年10月29日至11月5日，与王鹏飞教授等赴江西庐山十里铺，参加由大气科学史研究会主办的首次“全国气象志编纂研讨会”，在会上作《气象史料的分析和考证》和《我国近代气象组织系统介绍》的报告。

1989年9月21日至25日，参加在青岛召开的第五次全国大气科学史学术讨论会暨全国气象志协会（筹）1989 年学术年会，提交《前气象研究所所属各台、所的概况》一文。

此后于 1991 年和 1993 年，还参加了第六次和第八次年会。

大约是在同一历史时期，在修地方志和地方科技志的热潮中，陆续有山东、湖北、贵州、广东、四川、浙江、上海、内蒙古等省市（自治区）的气象局就编纂“气象志”问题，或来家访，或来电咨询，或参加座谈会，要求提供资料或协助审查文稿等。

在当代中国气象事业史的范围内，我为连续出版的《新中国气象事业回忆录》撰写了《中航气象工作者记事》《民航专机气象保障琐忆》《河南 75 · 8 特大暴雨会战补遗》《华东空司和上海防司合并时的气象室》《隶属气象系统期间的中国民航气象工作》5 篇文章。

在官方或半官方推动的修史热中，由于主持者和参与人员的经验不足和急功近利，出现了一些明显的治学不严谨的“学风”问题。我在 1988 年 10 月至 11 月于江西九江举办的“全国气象志编纂研讨会”上所作的《气象史料的分析和考证》专题报告就是针对于此的。我为了准备这个报告下了很大的功夫，从已出版的气象学史著作和文章中，广泛收集了大量的例证，分门别类地分析一些常常遇到的问题。

附：

1988 年 10 月，中国气象学会大气科学史研究会在江西九江首次召开“全国气象志编纂研讨会”，下文为作者参加此次会议的报告，整理者增加了小标题并作了个别删订。

气象史料的分析和考证

气象史料是撰写气象史、志的基础。气象史料包括气象资料、文献和档案等。由于气象史料的某些舛误，以致所撰写的气象史、志出现可疑或导致错误的观点、结论的例子是屡见不鲜的。因此，在撰写史志之前，除了应当尽可能广泛地搜求各个方面的史料外，对这些史料，甚至原始性史料，进行认真地分析和考证，去粗取精，去伪存真，就成为撰写史志之前的必不可少的步骤。

对于气象史料的分析和考证，我也缺乏系统的探讨。最近几年由于工作需要，为了撰写我国近代某些气象史实，查阅了一些书刊，发现了一些问题，有了一些零星的认识和体会。现借此机会提出来，供大家参考指正。

明末清初，西风东渐，近代气象学的知识和气象仪器开始传入，我国气象事业开始走向规范化。在此以前，我国有关气象的记载多散见于古籍中，内容较简单，也不规范化。

我国近代气象观测虽开始于18世纪中叶，但只是在个别地方零星地进行，而且不久就中断了。较系统的开展，可以从19世纪60年代算起，至今已有百余年的历史，不过当时是外人越俎代庖。国人自己创办的现代气象事业是在民国建立以后，到现在将近80年了。我国大量的气象史料就是在这100多年，特别是最近80年中，虽然距今不远，但是由于战乱频仍，尤其是抗战和10年“文革”等期间，我国各种文献和档案，损失严重，气象部门也不例外，还有不少气象史料运到台湾去了。现在保存下来的为数不多，又分散在各地或私人手里，搜集不易。这些残存下来的气象史料中，错漏或不够确切之处，甚至互相矛盾的地方，亦复不少，曾给编写我国近代气象史的作者，带来不少困难，出现了一些问题。我现在主要就下列影响比较大的三本气象书刊：刘昭民先生编著的《中华气象学史》（“台湾商务印书馆”，1980年），洪世年和陈文言他们联合写的《中国近代气象学大事记》（《中国科技史料》1983年2月）和《中国气象史》（农业出版社，1983年）作为例子，就其中我认为史料存在的某些问题，提出鄙见。

一、要查原始性史料

在各类史料中，原始性的史料应该最可靠。因此，在史料内容有疑义时，应设法首先找原始性史料，加以校核。

由于查证了原始性文献而发现这三本书刊（有时只是其中一两种）在中国近代气象史部分，错误之处不下数十处之多。这里举个别突出的例子来说明。

1930年代，史镜清在施放气象风筝时，触电殉职。为了纪念他，曾设置过史镜清君纪念论文奖金。上述三个文献和其他某些文献，都曾认为这个奖金是中国气象学会设置的。他们的依据，非常可能是1936年2—6月《气象杂志》第12卷第2~6期所载的启事，这个启事的标题是“中国气象学会史镜清纪念奖金征文办法”，内文共11条。但是在《气象杂志》第12卷第2期上另有一条消息，其内容为：“中央研究院为纪念史镜清君，特设征文奖金……详细办法见本期第96页。”两者说法不一致。这个奖金究竟是谁设置的，中国气象学会还是中央研究院？按照当时的情况，中国气象学会是个民间组织，经费来源，除会员交纳的微薄会费以外，主要靠气象研究所等的补助，不大可能设置一个金额较大的1 000元的论文奖金基金。为此，我查了《国立中央研究院二十二年度总报告》。它的记载是："……本院亦拨千元，成立史镜清纪念基金委员会，聘高均、蒋丙然、竺可桢为委员。议定办法两条，以利息为论文奖金。征文事宜交中国气象学会办理。办法如下：（一）史镜清纪念基金1 000元交由本院会计处指定稳妥银行存储，存折交高均委员保管。（二）基金利息作为气象学论文奖金，每两年征文一次。预拟应征问题，由本委员会公布。"看了上述较详细的记载，问题就清楚了：史镜清君纪念论文奖金是由中央研究院设置的。中国气象学会只是办理征文事宜。

在这里顺便说一下史镜清殉职的日期。上述三个文献以及1984年10月中国气象学会60周年纪念大会上的报告中都认为是1933年9月7日。这很可能是根据《中国气象学会十周年纪念刊》中竺可桢会长在第九届年会中的报告记录。但是在《国立中央研究院二十二年度总报告》中却记载为9月8日。后来查了1934年铅印本《史镜清纪念刊》内的所有纪念文章，包括《史镜清传略》在内，都说是9月8日，与《国立中央研究院二十二年度总报告》一致。《史镜清纪念刊》可能已成为孤本，《国立中央研究院二十二年度总报告》也不如《中国气象学会十周年纪念刊》流传的面广，因此史镜清殉职日期就一直以讹传讹到现在。

下面只举出错例，就不一一说明查证的过程了。

筹建拉萨测候所应是徐近之、王廷璋二人。他们误为徐近之、胡振铎二人。

气象研究所开始实施自记仪探空气球应是1930年5月15日，他们误为1936年3月16日或7月。

接管徐家汇观象台应是1950年12月，他们误为1945年12月。

1933年春民国政府组成西藏巡礼团（徐、王随该团去筹建拉萨测候所），团长是黎丹，他们误为吴忠信。

气象风筝是中瑞联合组成的中国西北科学考察团廉价转让给气象研究所的。他们误为转给清华大学气象组或赠送该校气象台。

二、要下功夫考证

原始性的史料有时也会有舛误。遇有疑义时，需要查找一些旁证，进行考证。

气象研究所的年度报告（载于国立中央研究院各该年度总报告中）应该可以算是一种原始性史料了，但是舛错之处并不少。引用时必须参照其他资料予以考证。该所各年度的报告中，常将年份搞错一年。例如：(1) 根据出版的高空风观测资料，该所是从民国十九年一月十八日开始高空风观测的。但年度报告上记载为民国十八年一月十八日；(2) 该所图书馆是民国十九年二月设计的。年度报告上记为民国十八年二月；(3) 该所地震观测创始于民国二十一年六月。年度报告上记为民国二十年六月；(4) 在《中国降水资料》上，上海测候所的记录是从民国二十二年一月开始的。年度报告说该所是民国二十一年一月成立的……推其原因是写年度报告的人常把“年度”和“年份”两者混淆了。中央研究院年度的规定是从该年的7月1日开始，而于次年的6月30日结束。所以该所高空风观测始于民国十八年度一月十八日，即始于民国十九年一月十八日，而不是始于民国十八年一月十八日；以此类推，其他各条也是因此而记错的。

阿弥倭（Jesuit Father Amiot）在北京作气候观测的年代，在竺可桢的《前清北京之气象记录》（载1936年2月出版的《气象杂志》第12

卷第2期）一文中是“从乾隆二十年初到二十五年腊月底（1757—1762）”。这是见于我国文献中最早的报道，以后许多书刊都曾加以引用（竺可桢在本文中年代换算时错了两年，乾隆二十年初到二十五年腊月底相当于西历1755—1760年；如果1757—1762年才是对的，那应该约略相当于乾隆二十二年初到二十七年腊月底）。

(1) 基本上照竺可桢原文加以引用的，有《中华气象学史》、郑子政的《中国气象学术事业发达事略》、吴增祥的《中国近代气象台站史略》等。

(2) 引用时做了改正的，有《中国气象史》：“阿弥倭……于1755—1760年（乾隆二十年到二十五年）也在北京进行……观测。”《北京气候志》采用了这个订正过的年代。

竺可桢在另外几处的写法是：

(3)《竺可桢日记》（人民出版社，1984年）第九页记载了他1936年1月20日的日记：“……Amiot所做之工作越六年，自乾隆二十年至乾隆二十五年……”

(4)《中国之温度》序：“……阿弥倭于乾隆二十二年至二十七年（1757—1762）间曾在北平做有温度……之记载。”

(5)《中国过去在气象学上的成就》：“乾隆二十年到二十五年在北京做五年（应是六年）的观测。”

(6)《中国近五千年来气象变化的初步研究》：“……阿弥倭……测量了1757—1762年的北京每日最低温度和最高温度……”

从以上举例中，可以看到竺可桢自己在5处就有4种不同的记载：或是只提到乾隆若干年；或只提公历若干年；两历并举的2处；一处两历对照的年份错了，一处是对的。这一处对的又和《中国气象史》订正的年代不一致，真是众说纷纭，莫衷一是。这件事本来好办，查原始资料就行了。阿弥倭的原稿虽已不知去向，但这六年的统计却发表于巴黎的《数理杂志》第六卷中。竺可桢想必是据此写文的。但是在南京的图书馆中，我无法找到在1774年在法国出版的这卷杂志。

根据常理推测，该杂志既然是法国出版，而阿弥倭又是西人，这份资料很可能原先是用西历。竺可桢最先发表有关阿弥倭在北京观测的文章是《前清北京之气象记录》，着重在“前清”，因此又把西历换算为乾隆若干年，但错了两年。如果这个推算勉强可以成立，我们在未能查到《数理杂志》前就暂定阿弥倭在北京观测的年代是1757—1762年（乾隆二十二年到二十七年）似较合适。

《中国气象学会会刊》第七期封内有一张出席中国气象学会第七届年会会员合影留念的团体照片，上面注明的日期是二十一年十二月十日，实际不难查出该次年会是在二十年十二月十日召开的。如果以照片上的日期为证，这届年会就错了一年。这也是原始性史料出现差错的又一例证。

《中国气象学会十周年纪念刊》第161页的“（五）历届职员表”还出现了一个较难发现的差错。它把中国气象学会第八届年会上产生职员误为该会第八届的职员了，实际上应为第九届的职员了。该刊从这一届起，把以后各届的职员都相应地错了一届，而第八届职员则漏列了。查中国气象学会成立大会选出了第一届职员，第一届年会则选出了第二届职员，依同理，第二届年会选出的是第三届职员，两者的“届”相差一届。

三、当事人的忆述不一定完全可靠

当事人写的文献史料，也有弄错或不够确切容易误读的可能。

现举两个例子。

蒋丙然在《四十五年来我参加之中国观象事业》一文中提到，他在“民国十年……编成设立测候站计划……本拟设立二十所。因经费关系，先设十所。即张家口、西安、开封、兰州、肃州、迪化、拉萨、昆明、贵阳、成都等地。……但十二年政府欠薪，……余所手创之少数测候所，卒于民国十五六年因经费无着次第停办”。

蒋丙然在北洋政府时代是我国最负声望的气象学者，当时，他主持了中央观象台气象事业多年，为设立我国各地测候所作出了可贵的努力。但是他在民国十年拟先设的十个测候所①，实际只建成三个，张北、长安和开封，另外七所并未建成，不加说明，易滋误会。

郑子政在《中国气象学术事业发达史略》一文中提道，“徐家汇气象台……所从事观测项目有气象、地震、大气物理和校时部分……二次世界大战结束，上海徐家汇气象台往昔之任务，由笔者负责接收，……”。实际上上海徐家汇气象台在1945年底或1946年初，由于该台的神父龙相齐等人蛮不讲理，郑子政并未能把徐家汇气象台接收过来，其他的人也未能接收过来，直到1950年12月才由我国完全接管起来。

陶诗言等在《中国气象界的功臣——顾震潮教授》（载在《中国科技史料》第6卷第4期）一文中提道，“顾震潮夫妇……在广州……解放后的第二天回到了日夜思念的祖国”。这应该是1949年10月的事。

---

① 按另一个说法，十个所是：皋兰（兰州）、邢台、张北、西安、开封、迪化（乌鲁木齐）、贵阳、昆明、宁夏（银川）、拉萨十处。

但本文又提到1950年3月他在瑞典以留学生的身份，曾为斯德哥尔摩参加第一次世界和平（代表）大会的我国代表做了许多有益的工作。其时他尚未回国，两者似有矛盾。推测其原因，或是陶先生记得不清楚，也无暇考证；更有可能是有人根据有关资料和陶先生谈话组合起来而由陶先生署名发表的。

四、要掌握与气象史实有关社会、背景的历史知识

气象史实的叙述不符合当时历史情况的事例也屡见不鲜的。

《中国气象史》第104页："自1912年在南京成立了临时政府以后，为了开展国家的气象事业，当时的教育部便派人于六月去北京筹办中央观象台。"

按：中华民国临时政府在1912年春已由南京迁往北京。所以当时的教育部已在北京办公，"派人去北京"的说法就不确切了。

《中华气象学史》第253页："民国十年以后，德皇威廉二世有东渐之野心，并拟开辟中德航线……乃邀……斯文赫定……出面组织中德西北科学考察团，……气象考察为主要任务之一，……"

按：1918年德国已战败，威廉二世退位，他不可能在1921年（即民国十年）邀斯文赫定组织该团。

地名上，现在的北京在民国初年也叫北京，不叫北平；北平是国民政府统治时期改称的。南京汉中门不是原先的汉西门。

在换算中国历史纪年为公历纪年的时候，应该注意一下中国历史纪元某一年的日期是否已进入次一年的公历。一般在阴历十一月初十以后，就有进入次年公历的可能。岳飞被害于宋高宗绍兴十一年。查阴阳历对照表，绍兴十一年相当于公历1141年。但是岳飞被害的日期是绍兴十一年十二月二十九日，已是公历 1142 年 1 月 27 日了，应记为 1142 年。

溥仪是宣统三年退位的。宣统三年相当于公历 1911 年，因此个别文献曾记为溥仪在 1911 年退位。实际上他颁发退位诏书是在该年十二月二十五日，已是 1912 年 2 月 12 日了，说他在 1912 年退位才是。

我与中国气象学会（一）

民国成立后，国人就有组织中国气象学会的意图。直到 1924 年 2 月，蒋丙然接管了日本人强占的青岛测候所以后，高鲁、蒋丙然、竺可桢、彭济群、常福元等人为了“谋气象学术之进步与测候事业的发展”，发起组织中国气象学会。经过筹备，学会于 1924 年 10 月 10 日下午在青岛胶澳商埠观象台召开成立大会，会期半天，参加成立大会的个人会员 16 人。当时加入中国气象学会的团体会员有 6 个，个人会员据史料分析应是 31 人。成立大会上选出第一届学会职员：会长蒋丙然，副会长彭济群，理事竺可桢等 6 人，总干事陈开源。

在新中国成立前 25 年中，中国气象学会在介绍欧西近代气象知识、团结我国气象工作者、维护国家主权完整、促进我国气象事业的发展、提高我国气象科学研究的水平、保存我国气象科研的成果等方面，起到过一定的作用。

1937 年 4 月 1 日，中国气象学会第十二届年会在南京气象研究所图书馆举行，当时我还在泰山上，我为会议写了一篇《泰山之温度与雨量》，由杨鉴初代我在会上宣读，这是我对学会的进见礼。接着按程序，由许鉴明、杨鉴初介绍我加入了中国气象学会。

1984年10月，中国气象学会成立六十周年纪念大会在南京华东饭店举行。会前，纪念大会筹委会于1984年7月向台湾气象界发出邀请，欢迎他们派代表来参加庆祝活动。同时筹委会承诺：纪念大会后台湾代表如愿意，可安排游览祖国的名山大川，或回原籍访祖寻根，探亲访友。诸代表在大陆食宿交通之所用均由本会负责，并保证来去自由和人身安全。其实这哪里只是气象界的事情呢，但时机未到，他们没有人来。

为了表达对老一辈气象学家的敬意，中国气象学会第二十届理事会第二次全体会议决定，对32位从事气象工作五十年的前辈专家予以表彰，他们是：李宪之、张宝堃、吕炯、朱炳海、杨昌业、赵恕、宛敏渭、易明晖、齐惠民、卢鋈、李良骐、梁宗仁、王炳庭、程纯枢、么枕生、汪国瑗、郭用约、刘好治、谢光道、汪庆甲、顾钧禧、尹世勋、陈学溶、赵春吾、曾广琼（女）、陈世训、周淑贞（女）、何大章、秦善元、朱岗昆、刘赓汉、何明经。我也有幸位列其中。大会向我们敬赠了荣誉证书及纪念品——“祖国大好河山瓷版画盘”和《竺可桢日记》。历经沧桑，我有幸忝列于“老前辈”之中，自然心情激动。10月14日赵恕代表我们老会员向大会致谢。

从事气象事业五十周年纪念瓷盘（1984年10月）

这一年我69岁。

这次大会期间还有几个小插曲。受表彰“老前辈”的资格，应是有50年参加气象工作的人，朱岗昆先生是1936年参加气象练习班学习的，还差一点时间，但他经过争取，最终还是被评上了。

学会副理事长谢义炳先生不同意杨鉴初、王华文（彬华）入选，理由是他们有些什么小问题，所以最初定下来是32人。在会议期间后几天的进程中，不断有人提出：杨鉴初与王华文应该受表彰。认为表彰的是50年来对气象事业的贡献，不应该与什么小问题相混淆。10月17日中国气象学会第二十届理事会常务理事会第六次会议在南京举行。叶笃正、陶诗言、章基嘉、曾庆存、吕东明、高由禧、李泽椿、章淹、殷宗昭、冯秀藻、申亿铭出席（此时谢义炳已提前离开，没能参加这次临时性会议）。会议由叶笃正主持，决定对从事气象工作50年以上的老专家王彬华、杨鉴初予以表彰①，并承诺会后补发给他们荣誉证书、纪念瓷盘和《竺可桢日记》。

那次会议，程纯枢先生因前列腺手术未能来参加盛会。还有，当时尚健在的罗素人、金廷秀（池国英）、冯天荣、孙毓华、邹祥伦等也是够资格的，为什么没有选上，我不得而知。

斗转星移，情随势迁。1994年10月中国气象学会七十周年纪念大会在北京召开，台湾气象学会派出了以陈泰然博士为团长的代表团来参加此次盛会。大会分成许多小组进行座谈，我参加的是气象史组，提交的文章是《新中国成立前中国气象学会事略》，10月6日在会上宣读。

大会期间特意安排在10月7日举行了“大气科学发展暨海峡两岸天气气候学术研讨会”。开会时，我坐在陈泰然先生的附近。我知道他是台湾研究梅雨的权威。会议休息时，章基嘉先与陈泰然交谈，后因有事离开

① 中国气象学会. 中国气象学会史料简编［M］. 北京：气象出版社，2002：59.

了。我看到陈泰然先生独自坐在那里，就主动上前与他打招呼，交谈起来。他带来好多台湾气象学会的会刊，会议期间陆续发给了相关的人士。这时他拿出一本作为纪念中国气象学会创立七十周年专刊的《气象会刊》（第三十五期第一号），送给了我。我因为事先没有准备礼品，就拿出在小组会上交流的《新中国成立前中国气象学会事略》的打印稿送给他，并说："很对不起！我没有什么东西奉送给你，谢谢你给了我这本会刊。"

陈泰然先生回到台湾看了我送给他的文章后，觉得文章的内容很丰富，对民国时期的历届年会的举办、年会上宣读的文章以及历届学会会长和职员等有很系统的介绍，非常详细，后来他就把这篇文章的题目改为《中国气象学会早期事略》，全文发表在 1995 年 3 月的台湾《会刊》第三十六期第一号上。

在这次大会后，戚启勋也送给我一本庆祝学会创会七十周年的台湾的《气象会刊》第三十五期第二号。这两本会刊分别刊登了有关气象史的文章，一篇是《我国气象学早期的发展》，作者是刘鸿喜先生；另一篇是《四十五年来我参加之中国观象事业》，作者是蒋丙然先生。阅读后，我发现两者所述史实可资商榷之处较多，回到南京后写了一封信给陈泰然。他因出差回信很晚，信中说我提出的意见很好，让戚启勋、刘鸿喜和其他先生来审查这些意见，以证实其正确与否；同时告诉我说准备在第二年（1995 年）三月份出版的会刊上刊登。可惜的是，后来就没有下文了。

与叶文钦的交往

1999 年 8 月，台湾气象学会秘书处的叶文钦先生专门到南京、青岛、福建等地进行寻根之旅，声称计划要探访几位在 1949 年前就加入气象学会的“气象耆宿”。因为我的文章在台湾发表后，他就知道有我这么个人了。

陈学溶与叶文钦先生合影（1999年8月24日，于南京大学南苑宾馆）

叶文钦到南京后，江苏省气象学会根据他的要求，通知我到南京大学南苑宾馆叶先生下榻处会面。24 日晚上，我带着大儿子陈德群一同去看望他。

临行前我考虑第一次与叶先生见面，带点什么礼物呢？因为我曾经听陈泰然先生说过，有关气象历史方面的书在台湾很少，因此决定把在“文革”期间被抄走，刚从江苏省气象局要回来的《中国气象学会会刊十周年纪念号》和《气象学报》第二十卷（竺可桢先生六旬寿辰纪念专刊）送给他。

我们见面后彼此谈得很高兴。他很健谈，同陈德群聊了起来，谈得兴高采烈。德群是南京气象学院毕业的，因为我过去写文章所用材料都是德群收集的，所以有时候发表的文章上署两个人的名字。他们两人在交谈中才知道他比德群还小一岁。

叶文钦谈到了台湾的气象学会对 1949 年以前的情况不了解，看不到以前的刊物，这时我拿出两份刊物说："我带了两份来，你看看台湾有没有?"叶文钦一看，赶紧说："没有啊，很好，非常感谢!"他带了回去，并在后来写的一篇文章中还专门提到了送刊物一事。

叶文钦对气象史非常有兴趣，他将自己写的东西陆续寄给我。我也将文章和资料陆续地寄给他，特别是与台湾有关系的文章，例如：《我所知道的黄厦千博士》《石延汉先生的史迹片段》，我写成初稿后都是先征求叶文钦的意见，修改后才发表的。他还特别让我帮助识别中国气象学会开会合影的老照片中的人物，应该说，他们做这些事情要比我们的同志认真些。

2011 年 7 月 1 日高铁开始运行，叶文钦先生就乘北京到南京的首发高铁专门来看我。陈德群急急忙忙陪他去参观了北极阁山上新建成的气象博物馆，借交通之便，他当天就赶回了北京。

2013 年 10 月 22 日，叶文钦参加在南京信息工程大学召开的中国气象学会年会，会前又专程来我家看我。

我在台湾的气象练习班同学杨则久、许鉴明、戚启勋、严之永、殷来朝、毕梦痕、徐宝箴、斯杰……以及后来结识的王时鼎、万宝康等人多已陆续去世，到现在唯一与我保持联系的人就是叶文钦。

据说叶文钦原是台湾空军气象中心的中校，退役后到台湾气象学会秘书处担任执行秘书，原来并没有搞气象史，在与我们的交往中受到影响，也搞起气象史的研究了。在台湾方面后来出版的中国气象学会史的著作中，也大量引用了我的文章，这也算在两岸民间的交流中发挥了一点作用。

附：

叶文钦先生在退休前任职于台湾气象学会秘书处，近 20 年来一直热心推动两岸气象学界的交流，在得知大陆有关方面有为陈学溶先生出版传记的计划后，特撰此文忆述其与陈学溶先生历年过从之细节。我们征得作者同意，在本书中恭录叶先生大作，谨借此表达对叶文钦先生的敬谢。

我所知道的陈学溶老前辈

叶文钦[①]

一

“陈学溶”这大名，最早在《朱文荣先生九秩嵩庆纪念文集》中看到。这本书中的陈学溶和赵恕两位前辈作者，没想到两岸气象界双向交流之后，在南京、北京和他们见到面，而且还以为是多年不见的老朋友，相当有话说，一点也不生疏。最近空军气象联队成立60周年，气象退伍联谊会要编一本《史迹文献集》，责成我写一篇“参与空中探测任务”的文章，特别将我国最早于1930年起，在南京就开始执行这任务的朱文荣老前辈写在文内，让气象后进知道这段历史。当时抗战尚未爆发，朱文荣老前辈也尚未进入空军服务。陈学溶在纪念朱文荣先生的文集中所写的回忆，题目正是《敬贺我国高空测候开拓者朱师九秩大庆》。这本书是1992年出刊的，发起者是戚启勋教授，和陈学溶前辈是中央研究院气象研究所第三期气象学习班的同学，是朱文荣的早期学生。

二

1987年11月2日，台湾当局正式开放民众赴大陆探亲，接着海峡两岸各种交流也相继展开。此前，1982年11月，两岸气象局的局长

① 中国气象学会. 中国气象学会史料简编［M］. 北京：气象出版社，2002：59.

（吴宗尧、邹竞蒙）已在菲律宾马尼拉见过面了（当时没留下任何“正式纪录和照片”）。12年后，为庆祝两岸同源的气象学会70周年，两岸气象界实现了“双向互访”。

1994年3月，大陆气象代表团由陶诗言院士率团先来台北，10月来自台湾的气象代表团访问北京，参加“大气科学发展暨海峡两岸天气气候学术研讨会”。在返台之后的理监事联席会议上，陈泰然理事长提交大陆学者与他交流的一篇有关气象学会的文章，大家讨论一致认为全文应照登在学会会刊上，这就是由陈学溶、陈德群合著的《中国气象学会早期事略》（原题为《新中国成立前中国气象学会事略》，时间定位在建会初期（1924—1949年）这25年间，而后来两岸的气象学会的根源是一致的，早期学会的会长（或理事长）只有两位，创会期是蒋丙然博士（青岛观象台台长），后来是竺可桢博士（中央研究院气象研究所所长）。

作为学会秘书处的专职人员，我开始与作者陈学溶前辈联系，并将当时最近一期（1994年9月）完整记录3月份大陆气象界第一次来台活动的会刊，寄给陈前辈参考。而陈前辈的专文，就与我们参访大陆回来后，团员们所撰写的感想心得，一并刊登在1995年3月的会刊上。由于陈学溶前辈很仔细考证，也是见证者当事人，所以有关气象学会早期的历史纪录，不管“人、事、时、地、物”的记载，到目前为止还是以《中国气象学会早期事略》这篇专文最为详细。

三

大陆“文化大革命”之后，确立改革开放政策，向国际接轨，与台湾走向接触交流。各种学术性的学会纷纷恢复活动，由叶笃正院士领导的第20届气象学会，于1983年特设立“气象史志委员会”，谢义炳院士为主任委员，但这个单位实际挂靠在气象局系统的南京气象学院，而该校中对气象史志有兴趣的王鹏飞（副主委）、陈学溶等老师们，必然扮演很重要的角色。编纂相关书籍“叙事、供资、存史、传人、著录”是五项主体原则。1982年到1992年间，虽然在马尼拉、香港的五次两岸海外研讨会有形式的接触，但没有气象史志方面的交流。在个人方面，台湾《中华气象学史》的作者刘昭民（民航气象人员），最早从1988年就与大陆科技史方面有所接触交流，沟通了海峡两岸气象史研究的信息。这位较年轻的气象界同僚，最早成为陈学溶教授同行友人之一。也因为气象学会的关系，往后20年来，陈前辈是我最有交流的大陆前辈之一。他也是除叶笃正前辈之外，还有文章出现在我们学会会刊的学者，其主要的贡献是关于我国气象史领域给予的明确的“指正和描述”，除刘昭民和我的文章，连蒋丙然会长未提及或有误之处的文章，陈学溶均以“证据”予以补充说明。

气象学会70周年之际，1994年10月，陈学溶也到了北京参与庆祝，从《研讨会论文摘要汇编》得知，王鹏飞和陈学溶都有气象史的文章发表，陈学溶还主动向来自台湾的陈泰然理事长，交流这篇学会早期历史的全文。当时我尚未与陈学溶相识，往后才与之有书信文章及见面交流。气象学会75周年之际，我个人赴大陆做了一次正式的“学会寻根之旅”。在南京，陈前辈特别向我介绍北极阁种种，并告知当年竺可桢所长办公室之所在。那次参观时除北极阁上住了一班消防的火灾观察员外，整个气象研究所旧址显得有点荒凉，实在觉得有充分活化利用之必要，否则真是可惜。当时陈前辈特别送我们《中国气象学会会刊十周年纪念号》和《气象学报》第 20 卷（竺可桢先生六旬寿辰纪念专刊）这两本书，因他深知台湾的学会与大陆的学会完全是“同根同源”。

气象学会 80 周年之际，2004 年 9 月份，我们到北京参加两岸研讨会之后，代表团全体首途前往山东，参观学会的发祥地——青岛观象台。因当年 10 月份，大陆的年会有“气象史志研讨会”，我特别前往参加并作口头报告，有幸见到包括来自南京的黄士松、陈学溶等诸多气象前辈，他们前来接受了 80 周年大会的表彰。会后我另行前往福州，调查蒋丙然、石延汉两位先进相关事迹，可惜当地人不知有这两位气象前辈。后来陈学溶根据他所了解及考证，为蒋丙然、石延汉两先进写了介绍及补充文章，在两岸发表（本会《会刊》47、55 期），因为大陆气象后进对他们真的不了解，他的文章使两岸的气象后学，能多多认识前辈先进及历史贡献。

2011 年 6 月下旬，我到北京正逢京沪高铁通车，第二天就搭乘到南京，希望见到王鹏飞和陈学溶两位前辈，他们是我 1999 年“气象寻根之旅”时曾拜会过的先进，他们对我国气象史志都很有贡献，那时陈教授还陪我参观北极阁气象研究所旧址。大陆气象界在王教授八十及九十华诞时，先后出版有《王鹏飞气象史文选》和《王鹏飞气象文选 II》，有关气象史的内容非常广泛丰富，可惜这年（2011）3 月份王前辈就仙逝，不得再相见。而我再次参观北极阁时，看到经整建活化运用的“北极阁气象博物馆”已经开幕。在我离开南京时，陈学溶前辈特送我一本《余热集》，共收集 34 篇文章，而后来气象出版社托人（2012）所赠的《中国近现代气象学界若干史迹》，正是该集的正式书名，一共 38 篇文章，其中有关《我所知道的黄厦千博士》一文，还是 2004 年 10 月和他在北京第二次见面时提及的。陈教授有感，当月底就完成初稿，并征求很多人的意见，一直到2012年3月25日完成修订正式刊出。台大大气科学系王崇岳教授，曾捐款在我们气象学会设“黄厦千博士学术论文奖”，得奖人还必须在气象学会的年会上作学术报告。而刘昭民会友也曾在我们学会的会刊（43期）上，发表有关《黄厦千博士与中央气象局之成立经过》的文章。因黄厦千在1929年，首在清华大学开创气象专业，是国民政府时代首任中央气象局局长，又在中央大学担任第一个气象系的系主任，但1949年之后，黄厦千是反其道而行，于1950年离开大陆，也没来台湾而去了美国。所以这么重要的气象先进，要不是陈前辈写出来，一般的气象界人士，可能真的不知道有这位重要的气象先进。

四

陈学溶先生是目前我国气象界最资深的前辈。我因有机会进入气象学会服务，很重视气象史志的搜集，因而很注意大陆这方面的文献、专著，给我印象较深的作者有：王鹏飞（气象史志理论）、谢世俊（古代气象史）、陈学溶（近现代气象史）等很多同行。其中陈先生堪称“气象史志”的活字典，他对于人、事、时、地、物的气象史志之考证非常精准，他亲身经历不用说，别人的文章有误或不全，他的考据论证必有事实依循，其中以其恩师竺可桢所长的日记，为最常引用来佐证。而他这些年来除研究写作，投入最多心血的，我想也是为恩师作传及《竺可桢全集》的审校出版工作。

也因有机会到大陆作气象交流，先由文章书籍的交换，进而当面请益，这也是我和大陆气象界交流与别人比较不同之处。陈前辈有几篇文章有提及我的名字，因而使他写出很多位气象前辈的种种事迹来，让他们不因为政治因素而在我国的气象史上消失，也可提供后人再发掘、研究论著的依据。陈学溶前辈的著作不少，他曾赠书《中国梅雨图集》给我，这是非常不容易完成的一项大工程；他的史志文章，也填补了台湾气象界很多不知道的气象史。

2013年10月，我再赴南京参加陶诗言院士的纪念研讨活动时，先与陈学溶前辈见了面。在此，我要特别恭贺陈老，他不是院士，没有博士学位，亦无重要领导职务，而能获得国家有关单位主动遴选、为他出版科学家传记的殊荣，这是陈老一生最大的荣誉，也是气象界的光荣。2014年10月，是我国气象学会90周年纪念，也是两岸气象双向交流20周年纪念，两岸气象界在青岛召开纪念座谈会，会前播放了很多"刚出土"的历史纪念照，首播的是陈学溶前辈的祝贺影像。今年他迈入百岁人瑞，而且还有创作，真是仁者寿，祝陈老健康快乐。

2015年元月15日

我与中国气象学会（二）

2004年10月，"中国气象学会成立八十周年大会"在北京召开，我接到了特别邀请的通知。此时我的身体状况有点问题，儿女们希望老爸能及时去医院检查治疗。我对他们说："我再不去北京会会老友，就没有机会了。我这么大岁数了，出问题是正常的，你们不要紧张。说不定去了北京，回来后什么病都没有了呢。"在我的坚持下，他们只好放行，决定由我大女儿德红陪同我去北京。

10 月 16 日出发，我在南京火车站意外遇见了王式中夫妇，他们也是去北京参加纪念大会的。17 日抵京后，刘宗秀代表中国气象学会来接站，安排我们住在中国气象局招待所和中苑宾馆。

没过多久，涂多彬来看望我了。经她自己介绍，我才知道是涂长望先生的女儿，落座之后，我与她谈起涂师的许多往事。

赵恕老学长来了；天气处刘宏勋、张梦倩夫妇和胡绳照老同事来了；在梅雨研究和出版《中国梅雨图集》的过程中给了我们极大帮助的章淹先生也来了。与这些气象界的同仁相见，我太高兴了。

吃过午饭后，在德红陪同下，我专程去看望涂师母王回珠女士。晚上柏兰和韩志敏夫妇（都是南京气象学院 76 届的毕业生）开车带我们父女俩去游长安街，访景山东街横栅栏 2 号故居。这里涂长望局长住过，张宝堃、王鹏飞、谭丁等先生都住过。方齐和我家还是紧邻呐。不过，昔日静

陈学溶在北京看望涂师母(涂长望夫人王回珠,2004年10月17日)

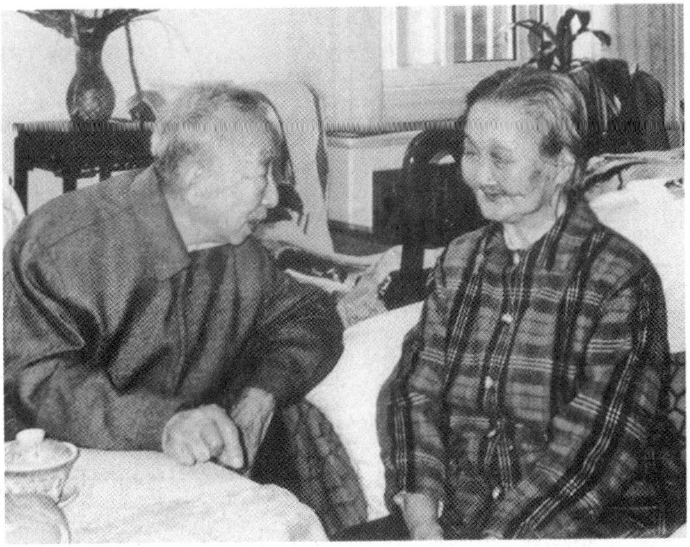

谧的四合院早已拥挤不堪了。

10月18日上午，在中国气象局大会堂召开“中国气象学会成立八十周年庆祝大会”。26位80岁以上气象界老前辈，被授予“气象科技贡献奖”，出席大会的14位是：赵恕（贵州省气象局）、叶笃正（中国科学院大气物理研究所）、我（南京气象学院）、陶诗言（中国科学院大气物理研究所）、束家鑫（上海市气象局）、黄士松（南京大学）、王式中（江苏省气象局）、仇永炎（北京大学）、祝启桓（浙江省气象局）、易仕明（中国气象局）、傅抱璞（南京大学）、樊平（云南省气象局）、王世平（国家气象中心）、葛学易（中国民航局）。未能到会的12位是：李良骐（贵州省气象局）、么枕生（南京大学）、刘好治（海军）、王彬华（青岛海洋大学）、张丙辰（空军气象学院）、盛承禹（南京大学）、王鹏飞（南京气象学院）、朱抱真（中国科学院大气物理研究所）、欧阳海（南京气象学

“气象前辈”在会场上留影(左起祝启桓、王式中、陈学溶、王世平、束家鑫)

院）、郭可展（广西区气象局）、牟惟丰（国家气象中心）、张国祥（总参气象局）。

10 月 18 日这一天下午，竺安和樊洪业两位先生来到宾馆看我，当然我们的话题离不开正在紧张进行中的《竺可桢全集》编纂工作。当天晚上，我不愿意太早休息，又去刘宏勋家拜访。我们当年在中央气象局天气处时，同事们称我为“长颈鹿”，称他为“猴子”，今天猴鹿重相聚，哈哈，50 年前的往事又重现在眼前了。

10 月 19 日在中国气象学会林芳曜同志陪同下，出席这次会议的老人们乘大客车游二环、三环、四环、亚运村、元大都遗址，饱览北京市容。从小在北京生活过的德红对我说：“不认识北京的路了，变化太大，只是到了景山东街一带，才觉得有老北京的影子，有老北京的味。”

19 日晚，我与南京大学傅抱璞先生一同返宁。去南京出差的柏兰与我们同一次车，她一路上细心照顾我们。德红对我说：“老爸，你的学生对你真好！”

回南京后，我专程去看望了因身体原因无法赴京出席大会的盛承禹、王鹏飞，向他们讲述了大会的盛况。

这一年我 89 岁。

再过四年之后的 2008 年，中国科协要编辑我国若干学会发展历史的丛书，让各个学会报名参加。中国气象学会秘书处综合协调部原部长黄锡成（他原来在南京气象学院读书时是我指导过的学生）找我帮助承担编写《中国气象学会史》的任务，我觉得这件事也很有意义，就答应下来帮他写新中国成立前的那部分。好在我这些年已经做了些工作，要我写的这部分，在全书中占的分量并不大。那时我已经 93 岁，成人之美吧，我很快就写出来交给了黄锡成。《中国气象学会史》出版后，我重读过一遍，又专门给黄锡成去信，告诉他书里有哪些地方需要改正。

1924年气象学会创办，1925年学会就出版了国内第一个气象类学术刊物《气象会刊》，1935年更名为《气象杂志》，1941年又更名为《气象学报》。这份刊物见证了中国气象事业的发展历程，也见证了中国气象学会发展的历程。各相关单位都存有一两份《气象学报》，但是没有哪个单位是完整保留的。

黄锡成来我家看到摆在窗户边小桌子上的这套刊物，很感兴趣，我与他讲起了该杂志的历史，创办的背景，遇到的困难，曾经有过因为没钱而办不下去的情况。我的这套杂志是经过千辛万苦保存下来的，但在“文革”中被抄家抄走了。后来又坚持不懈地追讨，要了回来，可惜的是创刊号不见踪影了。我写了几个线索给黄锡成，希望他能到中央气象局资料室和中国科学院大气物理所资料室找找，把它复印补上，但是黄锡成也没能找到。

黄锡成曾经与我商量，要我把这套杂志赠给学会，表示他们要以最好的方式保留下来。我说我现在还经常要翻阅。后来我请南京气象学院复印了两份，一份送给南京气象学院图书馆，另一份送给中国气象学会秘书处。南京气象学院的领导也很支持，就这样做了。

蜗居之内天地宽

我住了53年的老宅，曾是国民政府装甲兵司令徐廷瑶的别墅。刚住进来时，满院落绿阴遮盖，名花异草不少。经过“文化大革命”时期的破坏，加上几十年没有大的维修，原本宽敞的院子里又造满房子，环境逐渐变差了。紧靠院子北围墙外还搭起一排两层的“违建”，我住在这栋已沦为“破瓦寒窑”楼房的一层楼，终日室内阴暗，屋内的地板也是摇摇晃晃。我们在朝南的房间摆放了一个旧的三人沙发，如果有人来访，就打开一张活动的长形茶几，摆上茶水，招待客人。

为了方便与外界联络，女儿在2001年给我安装了电话。在这间陋室里，为征集气象史料，曾不断有记者、各省编撰气象志的同志来采访过；气象部门咨询、约稿的电话也不断响起过。

大约以75岁为界吧，以前我是经常走出去的，参加各种会议比较多，到我家里来访的也不少。随着年岁愈来愈大，走出去就愈来愈少了。后来要见面，就只能在家中接待了。老朋友逐渐凋零，来访客人主要还是谈修史工作。与前期修史工作相比，有些明显的变化，各地各部门有了前一段的积累之后，大多进入了一个新的阶段。来访者的身份往往比从前高，比如1999年3月31日，西藏气象局前局长马添龙，由江苏省气象局气象科学研究所所长朱盛明同志陪同来访，谈西藏气象界往事。2002年10月15日，中国科学院大气物理研究所党委书记任丽新同志带人来访，谈写大气物理研究所史事。从前来人大多是谈某一个人物、机构或事件，现在来谈的，多是要结集出版大部头著作了，拍系列电视片了，更高的就是要建博物馆了。这都是好事情，只要我身体情况允许，一般我都是来者不拒。中央电视台呀，上海电视台呀，中国气象局影视宣传中心呀，拍电视片是挺折腾人的事情。北极阁气象博物馆和我们学校向我征集历史资料，我都尽力支持。

从另一方面说，问题也是明显的，浮躁之风太盛。出版大部头的书，限在短时间内完成，我做资深的资料员倒也无所谓，但总是希望能有更多人沉下心来，多做些扎扎实实的研究工作，但这样的人太少了。回忆起来，我很欣赏的，印象很深刻的，是与山东泰安气象局陈建昌先生之间的交往。

陈建昌是山东省泰安市气象局的工作人员，担任过什么科的科长。20世纪80年代中期，泰安市气象局想编写一部反映泰山气象工作发展历史的书。领导知道他对泰山的历史、泰山气象站的历史有兴趣，就把这个工

日观峰气象台上的军政部与山东省政府布告(原载《风云前哨第一站80年》)
溶注：日观峰气象台于1936年6月全部建成后，为防止散兵、游人进台骚扰，竺可桢所长函请山东省军政当局颁布了严禁骚扰的布告，该布告装在一个小的玻璃镜框内，钉在日观峰气象台大门口的墙上。为策安全，竺师还托薛良叔从中向当时寓居在泰山的冯玉祥将军进言，借助其权威，出面向各方打招呼，很好地起到了保护泰山气象设施的作用。参见1936年4月8日竺可桢日记

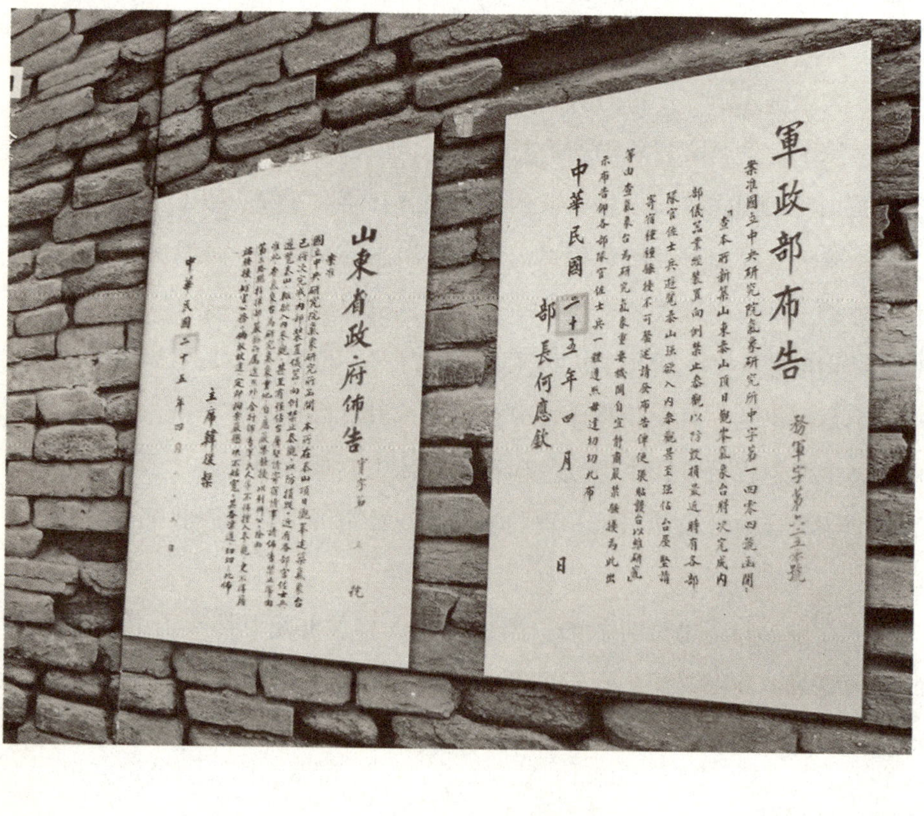

作交给他来做。

陈建昌对泰山站过去的一些事情不清楚，了解到我曾经在泰山站工作过，就写信给我。我也有这个兴趣，很愿意把自己知道的事情告诉他，这样，两人就一直书信不断。

1985 年 11 月 6 日，陈建昌曾到南京来见我，讨论泰山气象站历史情况，他觉得收获很大。后来他进步很快，工作做得很深入。

那时陈建昌写有关泰山站历史的文章，如《缅怀泰山气象事业奠基者竺可桢先生》等，需要一些史料。当时我也正在写《竺可桢传》的第三章，我给他看了正在写作过程中而还没有公开发表的书稿，他急切需要我文稿中采用的史料，征求我的意见。我告诉他："你完全可以无条件引用……"陈建昌后来发表了文章，评上了高级职称。

泰安气象局办公室主任徐德力告诉我说，陈建昌根据我提供给他的线索，锲而不舍地调查 30 年代泰山测候所的历史，到处寻找知情者、证明人，工作很有成效。

很可惜，陈建昌先生因脑血栓过早去世了。

泰山测候所是我国参加第二届国际极年计划而建的，1932 年 8 月 1 日首开气象记录，到 2012 年已有 80 年历史。这一年年初的 1 月 6 日，山东泰安气象局张兴强副局长来访，谈建台（泰山日观峰气象台）八十周年纪念活动的事情。我真想能去看一看，但我已 96 岁，身体不行了。2014 年 1 月 10 日，徐德力也来南京看望过我。他对我女儿说，能搞清泰山站的历史，我是对他们贡献最大的人。

其实在我与他们的交往中，我也是受益者。我过去写有关泰山测候所的回忆文章时，提到泰山开始建站时有哪些仪器，其中曾提到有日照计。我是 1935 年 4 月到泰山的，当时已有日照计装在无字碑的顶上，所以就错误地认为是早就有了。陈建昌告诉我，根据有关记载，泰山测候所刚成立时是没有日照计的，一直到1935年3月才有，是我到泰山之前一个月才安上的。因为陈建昌指出了这处错误，使我能及时纠正过来，我非常高兴，曾写信表示感谢他，这是1999年5月间的事情。

我还曾托陈建昌查找当年山东省主席韩复榘为防止士兵等干扰气象台工作所出的布告现在何处。当初这个布告是用玻璃框装订好，挂在气象台大门口的。因泰山风大，常被风刮走吹坏。当时我们曾写信给气象研究所，要所里再复印一份来，准备在布告被吹坏后再重新装订挂起来。

陈建昌在济南没有查找到布告的下落，后来是徐德力等人在编制泰山建站八十周年纪念册的过程中，从第二历史档案馆里查找到了，我很欣慰。

做学问就是这样的，你帮助了别人，别人也在帮助你。我从事测候工作是从泰山起步的，年近百岁了，还能在为破解泰山测候所历史之谜的过程中得到乐趣，我还能在蜗居之中接待泰山气象事业后继者一道遥想当年……真是很享受啊！

据我粗略地统计，在这四五年期间，气象研究所同仁共发表了60多篇气象文章，其中包括了涂先生的18篇气象论著。平均每年共发表不少于10篇，较前期多5倍以上，不但数量显著增加，而且质量也远胜于前期。如再考虑到抗战军兴后，全所精简到只有约20位职员，在兵荒马乱、数度播迁、颠沛流离的环境下能完成如此业绩，更觉难能可贵。

每当我回忆起那段难忘的岁月，涂长望先生那才华横溢、娓娓动听的演讲又回响在我耳边。惊回首，先生已诞辰百年。我对先生绵绵不尽的追念一直在继续中。

第 14 章 人物漫忆

涂长望

国立中央研究院气象研究所自 1928 年成立后，在 22 年中，气象科学研究曾有过两次蓬勃发展的时期。前者约在 1935 年涂长望先生受聘到所以后的几年，后者是在 1944 年 5 月赵九章先生担任代理所长之时起。

1934 年以前，气象研究所长期只有一位专任研究员：竺可桢先生。他还兼任了所长和中国气象学会会长等职务。又由于当时统筹全国气象行政的中央气象局还没有成立，他不得不主动承担了该局相当多的职责。因此，竺所长和所中一些职员受精力和时间的限制，不能不影响到该所气象科研的进展。在 1935 年以前，据我所知气象研究所职员只发表了气象论文 12 篇，平均每年不到 2 篇。

涂先生在 1934 年年底回国被聘为专任研究员以后，竺先生非常高兴，在交待给他的任务中，重要的一项就是希望他能把气象研究所的科研工作带动起来。原来的《中国气象学会会刊》每年只出版一或两册，1935 年 7 月该会刊改为月出一册的《气象杂志》，需要更多的稿件。此时涂先生被推举为《气象杂志》的总编辑。而竺所长于 1936 年 4 月任浙江大学校长后，虽仍兼任所长和专任研究员的职务，但长期身处杭州。因此在涂先生任职气象研究所期间（1934 年 10 月—1939 年 5 月，其中约有一年借聘到北京的清华大学），领导气象研究所的科研重任就长期落到涂先生的肩上。涂先生不负众望，经过努力，调动了大家的积极性，使该所的学术研究气氛空前高涨。据我粗略地统计，在这四五年期间，气象研究所同仁共发表了 60 多篇气象文章，其中包括了涂先生的 18 篇气象论著。平均每年共发表不少于 10 篇，较前期多 5 倍以上，不但数量显著增加，而且质量也远胜于前期。如再考虑到抗战军兴后，全所精简到只有约 20 位职员，在兵荒马乱、数度播迁、颠沛流离的环境下能完成如此业绩，更觉难能可贵。

涂先生在英年早逝以前，共发表了约 30 篇气象科学论文，而在气象研究所较为短暂的四五年中，竟完成了 18 篇之多，约占全部的五分之三，内容包括长期预报、中国气候、大气环流、中国的气团和锋面、旱涝灾害等许多方面。其中某些论文的论点引起了国际气象界人士的关注，至今仍有引用、参考的价值。

涂先生气象论文的特点之一是紧密地结合了中国的实际。气象科学和地质科学一样，具有地域性的特色。当时极锋学说盛行于世，国内气象人员多没有注意到气象科学区域性这个特性，盲目地崇拜挪威学派的学说，机械地把高纬度西欧的气象理论生搬硬套地应用到中国的天气图上。涂先生考虑到我国大部分地区处于中低纬度，和西欧的地理环境不一样，挪威学派的气象理论在西欧等高纬度地区应用得比较成功，不等于在中国也能完全适用。经过探讨和仔细研究思考，涂先生认为中国的低压也可以分为两类：厚低压（High Depression）和薄低压（Shallow Depression）。它们的成因和来源既有可以按照极锋学说解释的（多在我国的较高纬度），也有无法用极锋学说解释，而可以用其他学说如障碍学说、气柱移动学说或对流学说等解释的（多在我国的中低纬度）；我国的低气压和锋面可以独立存在，一些薄低压在吸引了锋面以后成为厚低压的在我国也屡见不鲜。

涂先生在气象研究所的学术报告会上，介绍了上述论点后，极大地引发了当时在座同事们的兴趣，在会上大家热烈地讨论了很久。涂先生后来为此总结出了《中国低气压的成因与来源》一文，发表在《气象杂志》第12卷第2期P83~P95。涂先生以后类似的多次学术报告也都受到欢迎，并成为学习的宝贵材料。

涂先生在为人处世方面率真单纯。1937年秋，一位原在气象研究所任职多年的测候员在美国进修了三年以后回到国内，提升为该所的专任研究员。但这位研究员工作不努力，不仅几年时间内未能拿出任何科研成果来，还嫉妒欺压涂先生。他作风又不正派，插足另一位正在国外进修的同事的家庭，深为所中同事们不满。涂先生疾恶如仇，几次和他争吵，甚至发生肢体冲突。竺所长多次劝阻无效，只得请他们两人皆离开，先请涂先生到浙大任教。万般无奈之下，1939年5月4日涂长望才去浙江大学任教。他离开重庆时并不知道重庆发生大轰炸，及知此事，很为妻儿担忧。

在气象研究所的几年，是涂先生一生中最专心致志于气象科学研究的时期。后来涂先生虽然仍为气象研究所在假的专任研究员，遗憾的是未能进一步充分展开研究。以后几年，气象研究所的科研活动徘徊不前，重现辉煌则是在赵九章先生到任以后的事了……

每当我回忆起那段难忘的岁月，涂长望先生那才华横溢、娓娓动听的演讲又回响在我耳边。惊回首，先生已诞辰百年。我对先生绵绵不尽的追念一直在继续中。

黄逢昌

在 1949 年以前，国内气象界有高级职称资格的，大约只有十个人而已。他们都是新中国成立前的气象界先驱。这十个人是：竺可桢、蒋丙然、吕炯、涂长望、郑子政、黄厦千、刘衍淮、李宪之、赵九章、黄逢昌。

黄逢昌，字仲辰，安徽省合肥人。1926 年毕业于南京东南大学，1928 年 5 月到气研所任职，1934 年黄逢昌离开气象研究所和黄厦千同船赴美入 CIT 深造，竺师对他寄予厚望。1936 年他要求在美国延期学习一年，申请中华教育文化基金赞助。竺师亲自帮他修改请款申请书，交诸葛麒（振公）翻译后寄出。同时申请此项基金赞助继续留学的还有黄厦千，竺先生却嘱其回国。1936 年 3 月 30 日竺先生又寄信给黄逢昌，答应如果他申请不到文化基金的赞助，气象研究所将继续每个月补助他 40 金元（美元）。

1936 年 4 月 13 日竺先生获知黄逢昌未能申请到文化基金的赞助，而黄厦千因有论文发表符合条件则申请到一年文化基金的津贴。这样黄逢昌只能由气象研究所再补贴一年留美的学习经费；黄厦千则继续在美国学习至 1938 年回国。

1937 年 9 月黄逢昌回到气象研究所。竺先生聘他为专任研究员，月薪三百元。当时抗日战争全面爆发了，气象研究所刚刚让两个副研究员留职停薪，一个是石延汉，另一个是“白俄”Grodin，而且不久气象研究所又第二次留职停薪，走了六个人（金咏深、陈俊玉夫妇，徐延煦、赵海、斯杰、李恒如）。当时气象研究所的经费只能按七成拨付，每月一共才有七千五百元。忽然增加这样一个月薪三百元的专任研究员，这件事在当时气象研究所里不少人还是有想法的。

黄逢昌拿着高薪，肩负着竺先生的殷切期望，在气象研究所又干了些什么呢？他自己未做研究，还制造事端，嫉妒有成绩的人。他不择手段排挤涂长望，与正在美国进修的郑子政的妻子有染，破坏别人的家庭。郑子政先生在美闻知此事，忧郁成疾，患上精神疾病。涂长望看不惯他的恶行，与他激烈辩论，两人的关系越来越紧张，以致后来集体吃饭时发生争吵，掀翻饭桌，继有肢体冲突。

尽管公务繁忙，但竺先生还是抽出时间进行调解。1939 年 1 月 6 日他在日记中记载："与涂长望谈，劝其与黄仲辰释嫌，言归于好。仲辰方面，余亦以'躬自厚而薄责于人'勉之。"然而，竺先生的一切努力未能解决问题，为了气象研究所的工作能正常开展，只好各打五十大板，将他二人调离气象研究所。当时涂长望是很不愿意离开气象研究所的，因为他在所里搞科研搞得很有成绩。1939 年 4 月 28 日竺先生在日记中记载："接涂长望函，不愿于本学期就浙大事，但渠自拳击黄仲辰以后，已不能在所中两人共事，实非离所不可，故又去一电，仍嘱其来校，黄仲辰拟另调往滇。若涂再不允，则可以二人同时停职矣。"

涂长望去了浙大任教，而始作俑者黄逢昌却没有立即离所，他是专任研究员，地位很高啊，可能在短时间内找不到合适的接收单位，一拖再拖，一年以后才辞职离所。竺先生为什么没有让他立即离开呢？在他给吕炯的信中谈道："……至于仲辰，以渠过去成绩而论，实应任其辞职。但因 Radio Sonde 方到昆明，渠不能以一去了事。"（《竺可桢全集》第 24 卷第 1 页）

Radio Sonde（无线电探空仪）是当时刚研制出来的探空设备。过去气象研究所是用气球携带仪器升空，记录数据。气球升到一定高度爆炸后，降落伞带着仪器不知落到何处，须等拾到者送到气象研究所才行。为此，气象研究所还曾以现金奖励过拾到气球而交来的南通村民。

现在有了新式设备，但由黄逢昌这位专任研究员施放，实在有些大材小用。后来赵九章组织人试验组装无线电探空仪成功，一般人员施放也没有问题。

在所内的三年中，黄逢昌扰得气象研究所不得安宁；工作上呢？"本年论文以宝堃、么枕生二人较多，蕴明与子政各一篇，而仲辰竟无只字。"

据我考证，他不只一年，非常可能是三年来竟无只字。

1940 年 4 月，黄逢昌到成都航委会气象总台担任副总台长一职。其实他是很不愿意的，因为气象总台台长是朱文荣（国华）。朱先生在气象研究所是观测员，相当于助研，连副研究员都不是。而他是专任研究员，却只是个副总台长，从级别上讲两人差两级呢！

他到了航委会后不久，又被调离了气象总台。我从赵恕学长来信得知，航委会把他调到设在机械学校旧址上的航委会参谋学校任教去了。可见在航委会气象总台，黄逢昌也是不能恪尽职守的。最后他在中国气象界居然无声无息了。人要是杂念太多，品行再不当，即使满腹经纶，到哪儿都是空有其才！

建国后竺师长久不知道黄逢昌的下落，直到"文化大革命"中北京师范大学外调人员杨树森和马善凯到竺老处了解退休教授黄逢昌以前的情况时，才知道他建国后曾在南京航空学院任教，后到北师大工作。（《竺可桢日记》1968 年 12 月 25 日）

钱逸云自气象研究所成立就是所内的职工，资格很老，但她为人尖刻，在气象研究所蛮不讲理，与吕炯、张宝堃等都闹矛盾，对郑子政更是刻薄，逼丈夫离婚，致使他旧病复发，影响工作。竺先生在1940年1月9日致吕炯函中这样写道："子政之病既系心病，非药石所能奏效，必须有优良而善于体贴之看护，且须长期的加以护视，或可恢复健康。"竺先生再三的劝解不奏效。（《竺可桢全集》第24卷第1页）

直到1944年5月赵九章担任气象研究所代理所长，大力整顿气象研究所，得到竺所长的支持，让钱逸云离开后，气象研究所的各项工作才不受干扰。

2006年我在撰写涂长望先生百年诞辰纪念文章时，提及涂、黄两位先生在气象研究所发生冲突之事。《中国气象报》的编辑在审稿时认为文章中要删除此段内容，否则文章不能见报，征求我的意见。我认为文章中的内容完全是史实且并不有损于涂长望先生的形象，因此不同意删除。最后这篇纪念文章未在《中国气象报》上刊出，仅刊登在《百年长望——纪念涂长望同志百年诞辰》一书中，但还是被删除了这一段。2012年我在结集出版的《中国近现代气象学界若干史迹》一书中才得以刊登了这篇文章的全文。

朱文荣

1992年2月，朱国华老师九十大寿，我曾敬述所知，撰文致贺。

1928年，国立中央研究院气象研究所建立后，在竺可桢所长的领导下，我国近代气象事业的某些方面，如地面观测、高空测候、气象广播、天气预报、科学研究等业务次第展开，在有志于我国气象科学的人士的共

朱文荣（1948年10月于南京）

同努力下，经过不到十年的奋斗，到抗日战争全面爆发前夕，业已立稳了脚跟，初步奠定了我国近代气象事业的基础。其中的高空测候，吾师朱国华先生实为开拓者，厥功甚伟。

朱文荣先生，字国华，生于清光绪二十九年正月廿七日（1903 年 2 月 24 日），浙江嘉善人，1926 年夏毕业于南京的国立东南大学地学系。1929 年夏，应他的老师竺所长之聘，到气象研究所任职，主管仪器管理并积极筹办高空测候。在此之前，我国各气象（观象）台站几无高空测候可言。

1930 年 1 月 18 日，我国的测风气球（Pilot Balloon）首次从朱先生手中释放升空。以后不论寒暑，只要天朗气清，朱先生每天都要亲自带领助手进行高空风的观测，经常要顶着烈日或冒着寒风在北极阁山顶上坚持约一小时，由此积累了极其宝贵的高空风资料。他每年都要把这些丰富的资料编纂成《高空气流观测纪录》一册，供研究和交流之用。朱师曾为文详细介绍高空风测候的原理和方法，论述高空风的演变及其与天气之间的关系，等等。这对于推动我国某些气象台站相继增添高空风观测业务产生了积极的作用。

气象研究所在 1931 年 10 月以前，曾用大号氢气球携带气象自记仪器升空测候，但皆未能收回，因此从 1931 年 10 月起商请参谋本部测量总局代为驾驶飞机，携带气象自记仪盘旋而上，升入高空，以记录各高度上的压、温、湿等项。此项任务最初由所中的许应期和黄逢昌两先生负责，但不久就改由朱国华先生主持了。

从 1930 年 5 月起，气象研究所按照国际规定的高空测候日期，常常施放探空气球（Sounding Balloon）。那时无线电探空仪（Radio Sonde）虽已发明，但量少价昂，尚未普遍采用。气象研究所施放的探空气球，在高空爆破后，其所携带的气象自记仪即利用展开的降落伞下降，虽经登报悬赏，请拾得者通知气象研究所，但皆杳无音讯，未能收回。直到 1936 年 3 月 16 日施放的那一次，才于三天后收到南通乡民何奎生的信，气象研究所遂派人前往给予奖金，并取回仪器。这次探空气球升高到 17 714 米，获得了东亚各国第一次进入平流层的压、温、湿气象资料，弥足珍贵。从那时起气象研究所又多次获得南京地区附近上空的探空资料。朱先生是我国这项高空测候的开拓者。

气象研究所还有一项高空测候的手段，即利用气象风筝。由于南京为民国首都所在，飞机过往频繁，而气象风筝使用质料坚韧的钢丝施放，不利于过往飞机的安全保障，因此改在北平施放。朱先生势难兼顾，遂由竺所长商请在北平清华大学气象台任职的黄厦千先生主持其事。

在气象研究所时，朱先生还与飞机师罗机合作进行高空观测，把观测仪器放在飞机的“翅膀”上带上天，等飞机降落后再把仪器中的数据校对好，记录下来。与他合作的飞机师罗机很欣赏他。气象研究所各项高空测候多由于日寇的全面侵略而被迫停顿。因此可以说朱先生不但是气象研究所高空测候的开拓者，而且几乎是始终参与其事的。

我国 20 世纪 30 年代有关气团分析的几篇重要论著，如赵九章先生的《中国东部空气团之分析》、涂长望先生的《中国的气团》等多取材于上述高空测候记录。

朱师在气象练习班时教授《实用气象学》，人非常正直，做事情有板有眼，有时学生送他一点小礼品，他一定要回赠同等价值的东西。你如果请他吃一顿饭，他也一定要回请一次。他办事情不管是学生还是其他人，基本一样。有时他反而对自己的学生要严格一些，学生升等（升级）都比其他人要慢一步，背后大家都叫他“方公”。

朱先生在气象研究所任职约八年，由于工作的需要，航委会的待遇比较高，七七事变前不久的1937年5月朱文荣离开南京，从气象研究所到航委会中央航校广州分校任气象室主任兼教官，离开南京。不久调任第二航空测候所所长。

他在抗日战争期间及以后奉命组织和领导航空气象的殊勋应在气象史上写上一笔。

在汉口，1938年3月航委会改组，朱文荣被任命为军令厅航政处第八科科长，主管空军气象业务。他对气象业务详加规划，力予扩充，以应军事之需。他改进测报，兴办预报，综管全军气象技术与督导。

罗机在航委会的职务升得较快①。他对朱文荣的品德修养和对工作的忠诚敬佩不已，非常信赖和支持他，不断提携朱文荣。1939年1月，航委会迁往成都沙河铺，朱文荣升为气象总台台长。后来因为航委会里两位司令之间关系不融洽，朱文荣夹在其中左右为难，但他仍很“方”，两位司令都不喜欢他。1948年6月朱文荣只好离开空军总司令部气象处，调为咨议室咨议，同年10月又调为部属员，派在监察室工作。罗机将军曾说过：“朱某没有对不起空军，是空军对不起他。”② 1948年12月6日因有七旬老母需要照顾，他的妻子徐玉蟾留在浙江老家侍奉婆母；朱文荣携镜瑜、震亚两个孩子离开南京，移驻台湾。12月29日到台北办公。1958年4月曾担任台湾气象局局长，出席过世界性气象会议。③

① 参见戚启勋《朱文荣先生传略》。《朱文荣先生九秩嵩庆纪念文集》。台湾，1992年，第78页。

②《朱文荣先生传略》，第66页。

③《朱文荣先生传略》，第3~5页。

1987年12月31日台湾资深气象人士合影(摄于台北忠孝东路鸿兴园饭店。前排左起:许鉴明、杨则久、朱文荣、万宝康、蔡石如;后排左起:周克强、严之永、曹淦生、吴宗尧、阎维琪、戚启勋)

戚启勋非常佩服老师，老师不但为人公正，而且非常清廉。在 1992 年 3 月 1 日（阴历正月廿七）朱师诞辰 90 岁时，由戚启勋出面组织了祝寿会，并出版了纪念文集。朱文荣在气象练习班时的学生赵恕、池国英、顾钧禧、蒋瑞生、戚启勋、徐宝箴、杨则久、严之永、斯杰、许鉴明和我，都写了纪念文章给朱先生祝寿。

遗憾的是，两个多星期后，1992 年 3 月 19 日朱文荣先生竟仙逝了。

附：

2012 年气象出版社出版陈学溶所著的《中国近现代气象学界若干史

迹》一书中有《民国期间空军气象界人士点滴事迹》一文，可作本节之重要补充，故附于此。附入本书时陈学溶有所增补。

民国期间空军气象界人士点滴事迹

承蒙台湾气象学会叶文钦先生寄赠王时鼎主任《记述我认识的空军气象前辈及其它》（载在《气象预报与分析》第121期），其中第二部分介绍了20位前辈往事。拜读之余，倍感亲切。这些前辈或者是我的师尊和学长，或虽无缘识荆但多为仰慕已久的前贤。今得重温他们的风仪和事略，欢欣之情，难以言喻。叶先生还建议我再提供一些50时代以前在国民党空军气象部门前辈的史实。此事虽属义不容辞，但我以往无缘厕身其间，所知非常有限，现只能记述一点支离破碎的一鳞半爪。又由于年代久远，记忆模糊，鲁鱼亥豕，更所难免，敬请教之。

现据参与国民党空军气象人士的出身，分述于次。

（一）在国立中央研究院气象研究所（以下简称气研所）工作过的人士。

国民党空军气象部门的早期三巨头：陆鸿图（展叔）、朱文荣（国华）和刘衍淮（春舫）先生中有两位（陆、朱）曾在气研所工作有年；刘前辈在1936年也有为气研所聘请主持武汉头等测候所的拟议，由于刘前辈当时已接受了中央航空学校的聘书，只能罢议。他们的丰功伟绩在台湾已有多篇专文报导，不赘。

现只简述一件史实：朱文荣师座同陆鸿图前辈一样，皆是在1929年12月的第五届中国气象学会年会上，经竺可桢和胡焕庸两位师尊介绍才加入该会的，并非该会的初创期的基本会员。从该会第七届起到第十六届（第十一届例外），朱师皆连续被选为该会的理事。

黄逢昌①。

孙儒范，浙江省余姚人，原在气研所地震仪室执勤。1937年夏调往定海测候所从事气象观测。1939年6月定海测候所停办后，投效航委会，在衢州空军总站任职。

刘治华，字声教，湖南省新化人，是我国气象界元老蒋丙然（右沧）先生的高足，中国气象学会（以下简称学会）早期的会员，曾被选为该会第六、八、九和十届理事。曾任前中央观象台观测员4年、张北测候所专任测候员2年。他是气研所开创时仅有的三名观测员之一，也是该所从事天气预报业务的早期人员。1934年2月底他在气研所留职停薪，前往南昌就任航空署的测候所职务，不幸于同年7月30日在任所病故。

吴持柔，字济刚，浙江省东阳人，学会的早期会员。1930年到气研所任职。其时北平测候所刚改组为北平气象台，气研所派他前往主持。1932年4月辞职。后在南昌第二测候所任职。

章克生，安徽省桐城人，1929年参加学会。1930年到气研所工作，不久派到北平气象台测候。1932年3月被介绍到湖南棉业试验场长沙测候所工作。后来他在洛阳航空分校和南京的航委会第一测候所任职。

吴、章两君很可能也是蒋老的及门弟子。

（二）气研所的各届气象班学员先后投效航委会气象部门的，据我所知有21人，其中第一届1人，第二届10人，第三届亦有10人。

① 见前文。

张季慎，安徽省宿松人，是气象班第一届学员。这一届气象班是气研所主要应航空署之请在1929年春设立的，共有14名学员，其中8名由航空署保送，另外6名是陕、甘、豫三省建设厅各保送的两名。航空署保送的8名学员中，我只了解到张季慎在学习期满后曾返该署测候所从事过观测，其余7名（朱立三、陈寿昌、李景昀、纪骏、毛显章、卢启迪和周朴）情况不明。

第二届气象班于1931年底结束，这一届学员共有40人，其中报考录取者27人，各机关团体保送者13人。学习期满毕业时只有21名（另有4名结业，15名中途退学）学员，先后参加航委会气象部门的有10人，将近半数。其简况如下：

姜亚光，字笑尘，四川省荣经人，1933年加入学会。第二届国际极年期间（1932年8月—1933年8月），他是峨眉山高山测候所的三名测候人员之一。1934年6月离开气研所参加空军，是第二届气象班学员中最早获得军籍的。全面抗战前，他曾在湖南衡阳飞机场测候所任职。1937年8月19日傍晚，气研所附近的中央大学、考试院等处遭日机轰炸时，他刚巧来到气研所，在北极阁气象台平台上和竺所长晤谈，空袭时，并一同躲进地震仪室，当时我见过他一面。1938—1939年期间，日侵略军有从风陵渡进窥西安之势，我被迫从西安头等测候所疏散到南郑测候所，其时他身任南郑航空总站测候班班长。为了西安头等测候所能在南郑恢复天气预报业务，他曾在解决电源问题上帮助过我。不久，他调任航委会气象科科员。后因病在家休养了较长时间。抗战胜利后，航委会派员到上海接管了美军在沪的气象器材和仪器等，成立了“空军气象器材库”。第一任库长因故离职后，亚光学长前往接任。听说不久他就逝世了。

徐宝箴，字康明，浙江省武义人。1932年参加学会，1934年8月辞职离开气研所，前往杭州笕桥出任中央航空学校气象台观测员。抗战后期，他曾任航委会气象科科员。抗战胜利后，奉派到各地接收美军的高空探测仪器、设备等。不久，被派往美国空军技术专科学校进修，返国后，复任空军测候训练班的教官，后去台。

毕梦痕，安徽省芜湖人。他和徐宝箴学长同时参加学会，也是同时离开气研所参加空军的。全面抗战初期曾任航委会气象科科员。太平洋战争爆发后，国民党空军建立了4个驻印度的气象台，梦痕学长被派到印度西海岸的卡拉奇（1947年印巴分治后属巴基斯坦）主持该台台务。1945年他奉调回国时路过加尔各答。其时，我在中国航空公司加尔各答达姆达姆（Dum Dum）机场气象台工作，在加城空军驻印气象台台长杨则久学长处和他有一面之缘。抗战胜利后，他被任命为空军总司令部气象处测候科长，后来并被提升为副处长，是初迁台湾时的空军气象界很有影响的人士之一。

邹新助，湖南省新化人。1935年参加学会，1932年6月他和另外3名气象员被气象研究所介绍到湖南省棉业试验场测候所任职，未能了解到他何时辞去了在湖南的职务。1935年他已是航委会第一测候所的观测员。1939年他在航委会气象总台负责总务。以后多年，他很可能长期担任总台、总队、联队的总务和器材等方面的工作。

赵恕，原名树声，字儒深，浙江省乐清人。1933年起为学会会员，多次参加学会的年会宣读论著。第二届国际极年期间的泰山高山测候所的观测员。极年期满后调到北平清华大学气象台工作。1937年5月到笕桥中央航空学校气象台任职。全面抗战开始后不久，杭州危急，中央航空学校内迁昆明，他和测候士刘振山先生留守杭州。上海沦陷后，中央航空学校留守人员撤退到浙江衢州的机场，成立了衢州空军总站，他出任测候班班长。1941 年底，太平洋战争爆发后不久，他离开衢州空军总站到温州建立空军气象台，并任台长。1946 年 6 月，他调到汉口空军测候区台工作。1946 年底，他出任气象处统计科科长。次年又被任命为空军第五气象大队（后改组为 505 气象大队）长，前往重庆就职。1949 年 11 月 30 日，他随国民党空军第五军区司令晏玉琮从重庆白市驿机场飞到成都凤凰山机场，12 月 2 日再随五军区副司令沈延世飞往昆明。以后随着时局的急剧演变，他留在昆明未去台湾。我是在 1958 年出差到贵阳才识荆的。以后又曾多次交往。赵学长学识渊博，又健谈，对往事如数家珍，每次晤面总能获得教益。他在贵州省气象局总工程师任上退休。

瞿鎏理，字雪如，江苏省靖江人，1933 年的学会会员。第二届国际极年期间的峨眉山高山测候所观测员。气研所的微尘观测员。1937 年夏到洛阳航空分校任气象助理，后来长期作为陆鸿图前辈的助手，任参谋主任等职。

殷来朝，字明廷，浙江省淳安人，1933 年的学会会员。抗战初期他参加航委会以前，曾先后在北平气象台、泰山高山测候所和江汉工程局等处任职。1935 年 4 月初，我被派到泰山测候所服务时，他和金加棣先生在那里工作。6 月底，因健康等原因，气研所又把他调回到北平气象台。我和他只有不足 3 个月的缘份，但得到他的教益很多，至今仍未忘怀。殷学长大约是在 1936 年到江汉工程局主持该局的气象业务的，对湖北省气象台站的建设和健全，做出了可贵的努力；对湖北省的降水，进行了研究，撰写了《湖北省雨量之分布》刊载在《气象杂志》第 12 卷第 12 期上。到航委会后，他在气象总台任职并曾任气象科科员。1945 年 8 月，抗日战争胜利结束，殷学长一行多人被航委会派到美国学习，两年后获得硕士学位返回大陆，任气象总队第三科（气象业务科）科长；一年后，随总队迁往台湾。

罗月全，字素人，以字行，四川省汉源人。1933 年加入学会。他是另一名第二届国际极年间的泰山高山测候所的观测员，1934 年 5 月调离泰山到北平气象台工作，直到日本侵略军强占北平以后的 1937 年 10 月，才只身冒险南下回到气研所，再返回故乡。不久，经同学介绍，到航委会工作，曾任职于成都机场、空军军士学校和西安空军总站。1939—1940 年期间，气研所的西安头等测候所与西安空军总站测候班合作时，他任该测候班班长，我被派往他那里协助工作。罗学长大我 8 岁，是一位忠厚长者，对工作一丝不苟，深得层峰信任。不久，他就离开了空军到民用气象部门任职，直到 1971 年在湛江气象学校退休，1995 年 7 月 9 日与世长辞，享年 87 岁。

吴永庚，江苏省阜宁人，1932 年加入学会，1933 年被气研所派到上海测候所工作，1937 年元旦上海测候所撤销，其人员和设备迁移到浙江省定海，另建新的测候所，吴学长于是调到定海。抗日战争全面爆发后，定海孤悬海上，经常受日舰骚扰，气象测候常被迫中断。1939 年 6 月气研所决定停办该测候所，吴学长即到衢州空军总站任职。听说他在抗日战争胜利前后病故。

邹祥伦，江苏省无锡人，1937 年加入学会。他在全面抗战前和全面抗战期间皆曾在航委会气象单位短期工作过，详情不悉。

气研所第三届气象班于1935年3月结束，毕业和结业的学员共约40人。据戚启勋学长了解，这一届学员（各部门、单位保送来的学员除外）原来是为空军培训的。由于当时在航委会任职的高振华先生提前把自己的一些亲友送到青岛观象台培训后，分配到航委会工作。因此，气研所只好为这一届学员另谋出路。全面抗战开始后，航委会急需补充气象人员，这一届的10名学员才先后前往投效。现就所了解的情况，简介于此。

杨则久，江苏省扬州人，是这一届学员中投效航委会最早的一人。他原在镇江的江苏省省会测候所任职。1937年冬，镇江沦陷前不久，他内撤到汉口，1938年经过体检合格，他投效航委会成功，被派到第一测候所。1939年他在气象总台担任测报工作，后调到昆明的空军军官学校气象台，向飞虎队提供气象情报服务。太平洋战争爆发后，他出任空军驻加尔各答气象台台长。1944—1945年，我在中国航空公司加尔各答达姆达姆机场气象台工作时，在他那里借住了相当长的时期，缓解了我起居的很多困难。抗战胜利后，他于1945年12月调回国内。不久，被派到美国空军技术专科学校进修气象探空业务等，1947年底返国，在总部教育处任科员，后调到上海供应司令部。他的办公地点在武进路，和在溧阳路我的家相距不远，常能晤谈，甚欢。大约在1948年底他去台湾，不久就离开空军到台湾气象局任职。

斯杰，字庚寿，浙江省东阳人，1935年6月上旬至11月上旬被派参与国立中央研究院组织的海洋渔业调查团，乘定海号军舰在渤海南部和黄海北部从事海洋气象的观测，备亟辛劳，并曾遇险。返气研所后，主要的任务是作为朱师文荣高空测候的助手。1937年4月我自泰山日观峰气象台调回气研所后和他同事了几个月。全面抗战爆发后，他去广州电讯局负责气象广播的加密工作。当年12月国立中央研究院决定第二次疏散职工。他和所中另外五名职员皆自愿离所，领取了三个月薪俸，另谋出路。不久，他就投效航委会，在衢州空军总站任观测员，后来调到空军气象总台。1948年，他是气象总队的监察室主任。年底，调到台湾，接任卢桢的551中队队长。

严之永，江苏省常州人，1935—1936年在福建省浦城测候所工作约一年，因病离开，后来到汉口的江汉工程局任职。全面抗战后进航委会，在气象总台测报，1944—1946年出任气象科员，后来和戚启勋学长等人一同去美国进修。回国后的情况不悉，不久去台湾。

戚启勋，字晓鸥，浙江省嘉兴人。为人博学多才，长袖善舞，晚年笔耕不辍，卓然成家。平生事迹和贡献在《风云一世》及其他在台出版的书刊中已有详细记载，不赘。

徐延煦，江苏省苏州人，比我们要年长10岁以上，是我们这一届气象班上的老大哥，我们称之为老夫子而不名。性直率而谦恭有礼。考入气象班以前已在中学执教多年，功底深厚，为师友所钦敬。1935年，派往福建省长汀测候所任职。约一年调回气研所，作为研究员涂长望先生的助理。激于爱国热情，他和赵海先生于1937年12月一同离所，参加了战地服务团。由于该团很不理想，遂退出，投效航委会，在气象总台任职。徐学长工作一贯积极，为层峰所称道，但性耿介，难以处理好复杂的人事关系，遂于1942年离开航委会，返回气研所。

蒋瑞生（即蒋萃），江苏省常州人。1935年派往上海测候所工作，一年后因病返里休养。1938年春到汉口的航委会投效，由于健康尚未完全恢复，未能如愿。当年夏，在程纯枢先生率领下和我一同到西安头等测候所工作。1939 年底，他在南郑又一次投效航委会，录取后到成都报到，在气象总台工作，1941 年，他被派往空军三路司令部，后来正式任命为该司令部的气象科员。不久，又调到昆明空军军官学校气象台。1944 年底接替毕梦痕学长出任空军驻印度卡拉奇气象台台长。抗战胜利后调回。出任昆明空军第五路司令部作战科的气象科科员。1946 年该司令部扩编为空军第五军区司令部迁往重庆，他被任命为气象科科长。1947 年调到上海大场机场空军第八大队。1949 年初随队调到台湾。同年 4 月下旬，解放军渡江后，他由台湾回大陆，脱离了国民党空军。

蒋瑞生的两个弟弟是中共地下党员，他的思想也左倾进步，但是他从台湾回到大陆后被怀疑了，审查也没查出问题来。1949 年 11 月他在上海参加了华东野战军第九兵团，到气象股报到。1950 年 11 月随华东野战军第九兵团调赴朝鲜，抗美援朝。1951 年 7 月底回国，即受政审。政审结果，开除军籍回家。回家后写信给赵九章希望在气象部门工作，赵九章也同意，上级政审通不过，一年后公安员通知他到南京大石桥的南京地质学校教书。1958 年被定为右派，工资降三级，接受群众监督劳动。1960 年底被送到南京农场甘家巷新合分场劳动改造。1962 年 11 月摘帽调回南京地质学校，工资定为 59 元，在地质学校一直工作到离休。

周桂林，字政国，湖南省长沙人。1935 年被气研所派到郑州与欧亚航空公司合作，在机场成立了郑州测候所。不久，因患慢性病，于 1936 年调往泰山日观峰气象台半休。1937 年到新成立的南岳（衡山）测候所工作。我不知道他是何时投效航委会的。据气研所大事记，1941

年1月下旬到2月上旬，他被空军第一司令部派到气研所实习绘制天气图和天气预报等业务。听说他在抗战胜利前就病逝了。

顾钧禧，字深君，浙江省绍兴人。在第三届气象班学习成绩冠全班，毕业前即派往上海测候所，不久调回气研所，为朱师文荣的助手。1936年夏考入清华大学物理系。1940年在西南联合大学毕业。入航委会任职后，于1941年底接任衢州空军总站测候班班长赵恕的职务。抗战后期，航委会谋取掌管我国民航事业，于1945年选派十多人集体到美国进修民航管理各业务，其中气象一门选派顾学长前往。1947年返国，他出任新成立的中国民航局气象科科长，在组织上脱离了空军。

钟侃，籍贯湖南，1935年被派往福建省长汀测候所。1940年，他在四川筹办了气研所直属的松潘测候所。我不知道他何时参加空军的，只从《江西近代气象史略》一文中，得知他在抗战胜利后的空军第五军区司令部第42测候区台任台长。（现据蒋瑞生学长补充：他大约在1942年曾任新津机场测候区台台长。）

王之耀（即周善朋），1935年在福建省浦城测候所工作。1936年以后在四川省的乐山、内江等测候所任职，直到1941年秋离开。抗战末期，他投效航委会，被派到成都滑翔训练班任气象教官。正准备由重庆前往成都该班报到，不幸在重庆化龙桥触电身亡。

（三）在气研所实习过的人士有以下5人。

高振华，河南省洛阳人，1929年12月加入学会，是该会第六和第七两届的理事。据《国立中央研究院十八年度总报告》："交通部中国飞运公司……特派技佐高振华君来所（气研所）实习测候、自记仪器管理、高空测候诸端，皆一一试习，弥月始归。"1930年8月，中国航空公司在中国飞运公司（China Airways Federal Inc.）和沪蓉航空线管理处合并的基础上成立，他转到中国航空公司任职，但只工作了约两个月就离开了。后来他转到航空署测候所工作，是国民党空军最早的测候人员之一。1938 年航委会在军令厅航政处下新成立了第八科（气象科），高振华任科员。以后，他任昆明空军军官学校气象台台长，并兼测候士训练班班长。1946 年第四军区空军司令部的气象室升格为科，他任该科科长。1947 年初，该气象科又改编为第四气象大队，他转为第四大队长。1948 年调任气象总队监察主任。后去台湾。

萧祖忠（即萧强），籍贯广西，1933 年参加学会。1933 年 6 月，国民党第四集团军司令部航空处航空学校成立了测候所，李宗仁总司令电请派萧祖忠到气研所实习。经同意后，萧先生在 7 月 29 日到达南京，11 月 6 日结束了实习，返回广西。次年，该校又派廖国侨先生到气研所实习。有关萧先生在航委会的经历，请见萧先生的《朱文荣先生与空军》一文（载于《朱文荣先生九秩嵩庆纪念文集》），不赘。

廖国侨（？—1990），我知情况不多。查了资料，得知他在 1934 年 3 月 4 日到 8 月 6 日在气研所实习，以后在柳州的测候所工作。1947 年参加学会，在气象总台期间，负责仪器管理，后曾任过气象处气象研究科长。

卢桢和其他 4 人（林孝涛、邱朝光、方兴亚和谢焕先）是在 1935 年 9 月由福建省建设厅派到气研所实习，以便在 1936 年返闽接替原先由气研所派往福建省的浦城、南平和长汀三个测候所任职的测候人员。后来，他经航委会第一测候所所长陈嘉棪的介绍在南京加入了航委会，没有回福建省建设厅。1937 年 7—8 月间，正值抗日战争全面爆发之秋，我在气研所见到他几次。可能是航委会派他到气研所联系工作。他每次来气研所都携带了防毒面具，所以我虽没有和他直接接触，但印象较深。全面抗战开始后，他曾任衢州空军总站测候班的测候员，抗战胜利后到台湾出任551空军气象中队长。

万宝康等人，1937年暑假期间，万宝康先生等人由山东大学派到气研所实习了约一个月。1938年夏，他在昆明借读的西南联合大学地质地理气象系的气象组毕业。万先生的《沧海萍踪话气象生涯》一文对他本人在国民党空军气象部门的工作等情况有详尽的记载。

（四）蒋丙然老前辈的及门弟子，包括前中央观象台、青岛观象台和山东大学的职员、学员在内，后来在航委会气象部门任职的人士，除了上述的刘治华、吴持柔、章克生和万宝康等先生外，我知道的只有魏元恒先生等6人，遗漏的肯定不少，只能暂缺。

魏元恒，字世民，河北省景县人。在1927年11月11日学会的第三届年会上，他和另外四人即被通过为会员，后来又在1931年12月20日的学会第七届年会上，经蒋丙然、王应伟两位前辈又一次介绍入会，并经大会通过；两次入会，未知何故。他参加了1936年史镜清君纪念奖金的征文，荣获第三名。全面抗战开始后，他投效了空军。抗战后期，在重庆成立了中美空军混合团司令部，下设有气象室，共有四名职员，中美各两人，魏元恒先生是其中之一。1944年末，该司令部迁湖南省芷江；抗战胜利后，再迁汉口。美方人员撤退后，该司令部改组为第四军区空军司令部，气象室的主任一职，由魏先生担任。不久，他作为空军派往美国空军技术专科学校深造的第一批学员，约一年半后回国去台。

高志学，河南省洛阳人，1931年的学会会员，曾在前中央观象台的长安测候所工作。抗战前在南昌的航委会第二测候所，抗战开始后，曾出任南昌12空军总站测候区台台长和长汀测候区台台长等职。

曹淦生，全面抗战前是青岛观象台的测候人员。1938年夏在汉口投效空军，派往空军气象总台测报，不久调到成都太平寺机场，后来又调到昆明的空军军官学校气象台任职，向飞虎队提供气象情报服务。太平洋战争爆发后，出任我国空军驻印度的汀江气象台台长。他的弟弟曹启生先生在中国航空公司电台工作时，和我同事了一段时间。

李重禄、牛振义、刘学英三位先生皆是山东大学的毕业生。前两人1935年加入学会，李先生是河北省高邑人，1943年12月到1944年5月任第六空军总站的衡阳测候区台台长。抗战胜利后出任在北平的空军第二气象大队长。牛先生在空军气象训练班曾任过教务组长。刘先生在抗战胜利后被任命为在西安的空军第三气象大队长。

（五）在西南联合大学和中央大学的毕业生各有10人曾参与国民党空军气象部门的管理、业务或教学工作，但不少人只是工作了一段时间就离开了。

全面抗战前在北平清华大学等高校学习，1938年夏在昆明西南联合大学气象专业毕业的学员有六人，其中四人在抗战期间参加了国民党空军的气象工作，他们是万宝康、亢玉瑾、钟达三和谢光道四位先生。前三位长期在台湾气象界任职，他们的经历大家较熟悉，不赘。谢先生在国民党空军任职但具体情况我不清楚。50年代以后，他长期在解放军空军气象部门担任高级职务，现仍健在。他们四位同期的同学还有周华章和陈鑫两位先生，毕业后的去向不明。

彭究成，1940年在西南联大毕业。1943年在昆明空军军官学校气象台任预报员、测候士训练班教官。抗战胜利后，接替（?）刘学英先生为西安的空军第三气象大队的大队长。

顾钧禧，1940年毕业于西南联大物理系。①

黄衍（即黄尔瞻），籍贯福建，1942年西南联大毕业，不悉他投效空军的年月，抗战胜利后曾出任上海江湾机场气象台台长（曾自动脱离空军，被通缉）。1947年春，我从重庆中国航空公司调到上海龙华机场中航气象台时，他已在中航气象台任预报员。

钱振武，1943年西南联大毕业，曾在成都出任空军测候训练班教官。

莫永宽，上海市人，1943年毕业于西南联大地理专业，曾任气象处气象室主任后又继任（?）黄先生的上海江湾机场空军气象台台长。1948年夏到上海龙华机场中航气象台工作。

曹念祥，1944年毕业于西南联大，投效空军后曾于抗战胜利结束后到延安接收美军气象仪器、器材等。其后他自昆明调往上海接管美军遗留的气象仪器、器材等，成立了上海气象器材库并出任第一任库长，不久去职。

在南京（1937年全面抗战开始以后在重庆）中央大学地理系或气象系（1944年8月脱离地理系，独立成系）的毕业生先后到航委会气象部门任职的有8人，连同该校其他系的汤彣和胡三奇两位先生则为10人。我未能获知后两位的情况，现只能对前八位的概况简介于此。

薛继勋，籍贯安徽，1937年夏毕业于南京中央大学地理系。气研所本拟聘用他，因全面抗战军兴，该所奉令紧缩编制，未果。他投效航

① 前文已述。

委会后，1939—1940 年在气象总台任预报员。太平洋战争爆发后，他出任航委会在印度设立的新德里气象台台长。抗战胜利后去美国 CIT 进修，约于 1947 年底前返国到气象总队任职，后去台。

冯秀藻，湖南省长沙人，1941 年毕业于重庆中央大学地理系。1946—1947 年为航委会选派赴美国进修。回国后曾任中央气象局技师、讲师、技正、航委会空运大队气象员、南京气象站和中央气象局南京办事处主任。新中国成立后，历任军委气象局技正、中央气象台负责人，中科院地理所与军委气象局的联合天气分析预报中心主任、测政处负责人、编辑室技正，全国农业展览馆气象馆副主任、农业气象研究室副主任，中央气象局、中国农科院和中科院地理研究所合组的农业气象研究室副主任。

1960 年参加筹建南京气象学院，先后任农业气象学系主任、教授、名誉主任等职。曾任中国气象学会副秘书长、常务理事、名誉理事兼农业气象专业委员会主任委员，中国农学会农业气象研究会副理事长，国家科委气象组成员，第七、八两届世界气象组织农业气象专业委员会（WMOCAgM-Ⅶ、Ⅷ）委员。他是江苏省气象学会创始人之一，历任省气象学会副理事长兼省农业气象专业委员会主任委员，是农业出版社特约编审顾问、《中国农业百科全书·农业气象卷》副主编、《中国大百科全书·农业卷》编委。

徐应璟，1943 年毕业于重庆中央大学地理系。他和我是南京市中区实验中学（1933 年夏改组为南京市立第一中学）的校友。他的哥哥徐应璜和我同班。他乒乓球打得很出色，在级际比赛中，我是他的手下败将。想不到他竟英年早逝。有关他在气象界中的功绩，在台同仁知之甚详，不赘。

陶永昕，徐应璟先生的同班学友，也曾在航委会工作，抗战胜利后也曾被该会派赴美国进修。

张丙辰，1944 年毕业于重庆中央大学地理系，随即到航委会任职，参加中美空军混合司令部气象室的工作。这个司令部的人员大体上是中美对等的。气象室共四人，中方是魏元恒和张丙辰两先生。因工作需要，该司令部气象室于 1944 年末迁湖南省芷江，次年日侵略军投降后，于 10 月再迁汉口。在美军撤出回国后，中美空军混合司令部改组为国民党第四军区空军司令部，所属气象室改为气象科。张先生在该气象室（科）任职约三年，于 1947 年离去，到气研所工作。

张鸿材，张丙辰先生的同班同学，曾任航委会测候训练班教官。

童文海，张丙辰先生的同班同学，曾任新津气候区台台长。抗战胜利后，被航委会派往美国学习，后去台。

王鹏飞（1920—2011），浙江省宁波人，1945 年重庆中央大学气象系首届唯一毕业生。曾任航委会气象总台测候附员和测候训练班教官，1947 年脱离空军。1950 年 4 月以后在军委气象局、中央气象局曾任编译室副主任、气象宣传出版处副主任等。1960 年 4 月奉调南京，参加南京气象学院建院及大气物理系创建工作。历任气象系副主任、大气物理系主任等职。曾任中国及江苏气象学会常务理事、气象史志研究会主任等职。

除了上述各气象前辈外，还必须提到的是陈嘉棪。陈嘉棪，字钧羽，福建省闽侯人，1929 年 12 月加入学会，是学会第六、七两届理事。我不知道他是否是蒋老的高足。他和高振华两先生在军政部航空署时代的1930年就到测候所任职，是我国空军气象元老派人物。当时航空署南京测候所，有所长一人，测候人员两人，他是所长。1938年3月航委会军令厅航政处第八科（气象科）成立以前，高、陈两人权重一时，皆曾争取该科科长之职。该科成立后，曾任科员多年。其他情况不悉。后去台湾。

石延汉

抗日战争胜利后，原为福建省气象局局长的石延汉先生随台湾行政长官陈仪前往台北成为光复后的台湾省气象局第一任局长，但是台湾现在的气象界人士对他生前的事迹已知之甚少。大陆的气象界人士，在回忆和记叙中国近代气象史实时提到石延汉先生之处也罕见。2004年10月台湾气象学会秘书处的叶文钦先生参加了在北京隆重召开的中国气象学会成立80周年庆祝大会后，曾专程去福建省探询石延汉先生（以及蒋丙然前辈）的事迹，也很少收获。

石延汉先生在1937—1955年的将近20年中，在大陆曾担任过《气象杂志》编辑委员、《气象学报》特约编辑和永安特约通讯员、福建省气象局局长、中国气象学会理事、浙江大学和南京大学教授等职务，是一位我国早期的知名气象学者，为他撰写一篇传记是一件有意义的事。叶文钦先生回到台湾以后，在《赴大陆参加“气象史志研讨会”所见及其他有感》一文中，根据大陆出版的《中国气象学会史料简编》的记载，并向台湾资深的徐明同教授查询，以及得到大陆率团去访的中国气象学会伍荣生理事长的告知，整理出有关石先生的一份史料，虽难完备，确也难能可贵。

为了在石延汉先生的事迹上能起到拾遗补阙的作用，现就我所知的点滴补充于下，深盼能得到关心此事的人士指正。

石延汉先生是皖南绩溪人。在杭州蕙兰学校毕业后去日本游学七年，在日本的第一高等学校和东京帝国大学毕业后，留在东京帝大物理系研究理论物理。因为受了日本著名的气象学者藤原笑平（Fujiwhara）的熏陶，他对气象学也很留意。1937 年春，他回到杭州后，已在笕桥航空学校担任气象台台长兼气象教官的刘衍淮先生曾邀请他到航校工作。4 月 23 日石延汉先生到浙江大学拜访了竺可桢校长，并递交了一封藤原笑平给竺校长的信。竺校长和他交谈以后，劝他到气象研究所任职，当时他可能希望能在浙江大学任教。三天以后，他又访问了竺校长。竺校长仍劝他去南京气象研究所，如果今年在航校，明年去气象研究所亦可，但浙江大学没有机会可以安插。5 月 12 日竺校长和他见面后，认为他可以去气象研究所代替张宝堃先生整理统计事务。石先生 5 月 20 日决定去气象研究所任副研究员之职。

我是 1937 年 4 月从泰山日观峰气象台调回南京气象研究所的，因此和石先生曾有过一面之缘。所中的一些同事对新来的石先生印象蛮好，感到他颇有朝气，办事利落。遗憾的是，不久，由于“七七卢沟桥事变”和“八一三淞沪事变”相继发生，气象研究所奉令紧缩，不得不精减部分员工。8 月 20 日气象研究所公布了留职停薪的办法，并公布了停职员工名单。石先生到所任职三个月就离所了。石先生的大作《交替事业的持续性理论及其对天气晴雨的应用》一文后来发表在《气象杂志》第 13 卷第 12 期上。1941 年 12 月《气象学报》第 15 卷 3～4 合期上又刊登了石氏的《交替事业的持续性理论及其对天气晴雨的应用（第 2 报）》。它们对统计预报中开展概率研究在国内有一定开创性意义。

抗战期间，1938 年福建省政府在永安县成立了测候总所，次年升格为福建省气象局，这是我国成立最早的省级气象局，比中央气象局的成立还早了两年多。石延汉先生从 1939 年开始荣任该局局长。其时陈仪是福建省政府主席。听说陈、石有姻亲关系。1940 年石延汉偕其妹由福建西行，在金华、桂林、贵阳等地皆停留，11 月 30 日路过遵义时拜访了已内迁的浙江大学校长竺可桢先生，谈到了福建省气象局的近况：该局隶属建设厅，现有职员五十余人，机构相当庞大，经费本年十万，下年可达十八万（次年，行政院中央气象局初成立时，编制才只有 45 人，经常费为年三十余万元——溶注），欲物色气象人才。竺校长当即向他介绍了杨昌业、蒋丙然、马名海等。

当时的福建省气象局还设有天文课，所以石延汉还向竺校长谈到闽省政府为明年观测日全食筹款两万元为招待费的事。

1941 年 9 月 21 日的日全食路径将要斜穿过我国的许多省（新疆、甘肃、陕西、湖北、江西、浙江、福建）的部分地区，全长七千余里。这是明朝嘉靖廿一年七月己酉（公元 1542 年 8 月 11 日）以后 400 年来，在我国人口密集地区难得一遇的盛事，弥足珍贵。

每逢一次日全食，世界各地天文学家、物理学家和气象学家都会不辞千万里长途跋涉的辛劳，奔赴预定的地点，去做短短的数分钟的观测。在这样的战争年代，国民政府仍派出两支日食观测队，一支奔赴福建霞浦，一支奔赴甘肃临洮。

那时我还在西安头等测候所代理，当我得知在西安只能看到日偏食，而在宝鸡可以看到日全食时，便毫不犹豫买了票，乘火车赶赴宝鸡。遗憾的是宝鸡当天是阴天，日全食发生时天暗下来，“食甚”时天漆黑如夜，只有六七分钟就结束了。

这次福建省东北各县都能见到日全食，福建省政府建设厅气象局局长石延汉先生认为这是毕生难遇的机会，必须抓住。他组织了气象局“日食观测委员会”，自任会长，局内各组主任担任委员，为研究、观测日全食各种景象做了周密的部署。要观测日全食轨迹是要经过沦陷区的，在那种情况下，要组织这么大型的一次科考活动是很不容易啊。

石先生当时亲赴重庆，向各国立大学及中央研究院接洽来闽观测日全食的各项事宜；他向省政府财政部门申请专项经费支持；他指令有关人员从速调查日全食经过地带的气候、交通、设备、名胜地等，以接待各方来客。

他领导的“日食观测委员会”经调查，对全省日全食带内各县衣、食、住、行的情况了解得非常详尽，在后勤上给观测活动提供了切实的保障。他们又编印了《福建日全食》小册子分发各方面。石延汉还派出本局天文课的沈文侯和林龚梅到武夷山参与了这次日全食的观测。

石延汉认为：“科学的基础要建立在广泛的人群之中，科学的工作要整个人群来合作、来推动。很幸运在我们生存的时代中，在我们所居息的土地上，能躬逢这难得的日全食机会。虽然没有良好的仪器、充实的准备，但至少要用尽可能的方法去使观测工作顺利进行。这不仅是对学术上有所贡献，更重要的是把科学普及到群众中去。希望这次日全食时不再听到撞钟伐鼓或放鞭炮的声音。”①

1945年8月抗日战争胜利结束，石延汉先生随同台湾省行政长官陈仪到台湾接收，并专任了基隆市市长和台湾省光复后的第一任台湾气象局局

① 参见沈文侯《福建日全食》。福建省气象局日食观测委员会出版，1941年9月21日，第31页。

长。1947年8月30—31日他参加了在上海召开的中国科学社、自然科学社、天文学会、气象学会、动物学会、解剖学会、地理学会七学术团体的联合年会。8月30日下午他在气象学会事务会上介绍了当时台湾省的气象事业概况：有气象台站26所；在海拔3 950米的新高玉山上建有高山测候所；有无线电气象广播电台三座，其中两座2kW，一座1kW；在爱子山上有可容100人办公的气象台，高度2 000米，有风洞；全台湾共有400名职工，在台北总台有200人；经费月2 000万台币，约合22亿法币；等等。

8月31日，年会在上海医学院楼上宣读天文、气象组的论文，其中气象论文有16篇，石延汉宣读了一篇《地候学》。

抗日战争胜利后，美国在华海军返国前赠予台湾省气象局的部分气象仪器留在浙江。浙江省建设厅气象所的刘仁厚主任得知这一消息后，想得到它们，专程到浙江大学请竺校长于石延汉先生来杭州时代为说项。1947年9月22日石局长慷慨地答应了。那时他曾有赴美进修之拟议，曾探询了美国对中国派遣进修教授的办法是否继续办理。

石延汉先生脱离基隆市市长和台湾省气象局（所）长职位是在魏道明到台湾接替了陈仪的台湾行政长官职务之后的事。大约是在1948年初，报上曾载有石延汉被魏道明所捕，台湾气象局局长继任者为蒋丙然的消息。此消息不尽确切。其时蒋老年事已高，因此推荐他的学生薛钟彝继任了台湾省气象局（所）长的职务。另据熟悉台湾官场的汤元吉说，石延汉之所以被免去台湾省气象局（所）长的职务，是由于与后任的基隆市市长有误会，而魏道明突然命令二十名警察子夜前往拘禁了石延汉，实属非法云云。台湾教育厅厅长许恪士则对石延汉何以被捕，不甚愿多讲。

石延汉先生回到大陆以后，曾卜居在杭州东平巷8号。1948年9月2日他和竺可桢先生同时参加了杭州扶轮社，为该社的新社员。10月10日他在南京参加了“十学术团体联合年会”的活动。这十个学术团体包括了中国气象学会。

石延汉何时开始到浙江大学史地系执教，我尚未能找到有关资料，估计是在 1948 年。1952 年，中国高等学校院系调整，新中国成立后一直在浙江大学教书的石延汉、么枕生，和当时所有在浙江大学攻读气象专业的学生（其中有朱乾根、王得民等）一同来到南京大学气象系。直到 1955 年，石先生皆在那里任教。

1955 年由于“胡风事件”引发了“肃清反革命运动”。国民政府时代国民党的党、政、军、特人员是“肃反”的重点对象。按当时的规定，保长以上的政府官吏就是“历史反革命”分子。石延汉曾为基隆市市长，在劫难逃，当即被逮捕，后被送到青海诺木洪农场劳改。他在劳动改造期间还写了几篇论文，自学了俄文，曾写信给顾钧禧，希望顾能寄一些俄文气象书刊给他。他愿意加以翻译，以利于我国的气象事业。

这些“历史反革命”分子经过若干时期的改造，后来陆续释放了若干批。到了 1975 年 3 月，当局认为全国各地所有尚在关押的“历史反革命”分子经过 20 年的思想改造，业已认清了自己过去的罪恶并且业已改过自新，能重新做人了，于是作为最后一批“历史反革命”分子全部释放。石延汉就是这个最后一批中的一个。

后来赵恕先生在 2006 年 4 月 8 日写给我的信中谈道：石延汉在被释放之前，劳改当局组织他们（共有 6 人）去西宁参观后返回兰州，在被遣返回家途中遭遇车祸，死于非命。

熟悉石延汉的人士多认为他是一个人才。开释以后，他本来可以继续为我国气象事业做一些事。想不到遭此横祸，惜哉！

本节承王鹏飞教授提供了信息和宝贵意见，特此致谢。

黄厦千

石延汉是相信党的知识分子政策的，留下来参加新中国的建设没有走。而黄厦千却“精”得很，1950 年就走了。

在 2004 年“中国气象学会成立八十周年纪念大会”之后，叶文钦告诉我，黄厦千的侄女婿王崇岳教授在台湾设立了一个奖学金，以纪念黄厦千先生。但是很多台湾气象界人士对黄先生是何许人并不清楚，叶文钦就到中国大陆来了解黄厦千，许多大陆气象界人士也不知道黄厦千的情况。叶文钦对我说：“像黄厦千这样的人，应该给他历史上应有的地位！”

我听了以后，就写了《我所知道的黄厦千博士》一文。

因这篇文章写得比较实际，涉及黄厦千的为人等负面的东西，成文以后，在国内征求意见时，各种看法都有一些。其中有两个较极端的意见。

第一种意见认为：这篇文章最好不要发表，怕影响两岸之间的团结。因为黄先生在台湾还是很有名的，而你所写的文章许多是对黄先生负面的东西，虽然写得很简略、很模糊，但一发表影响面大了不好。

第二种意见：有人特别是与黄厦千同过事的人，认为我写的黄先生在清华大学的那一部分，他知道的比我写的还要糟糕得多，他在信中甚至说：“黄已去世，我不想像伍子胥一样去做鞭尸之事了！”

这样，在征求意见后，这篇文章暂时没有发表。从 2004 年到 2012 年快十年了，国际、国内形势悄然发生着变化，人们对历史的认识更求真实，对历史上负面东西的暴露更趋宽容。许多过去的信友觉得我写的文章实事求是，有些话讲得还是有所保留，并没过分，发表后还可以接受别人的意见和批评。

我在校对《竺可桢全集》时，见到竺师1942年12月27日的日记，记载了黄厦千在中央气象局局长任上“不行”的事：“偕蔚光（吕炯）晤骝先（朱家骅），以各方对于黄厦千气象局办理不满，决建议行政院以蔚光代。”看到这一记述，我就有了一点信心。

附：

这篇文章以《我所知道的黄厦千博士》为题，收入《中国近现代气象学界若干史迹》一书。

（一）

黄厦千先生1928年1月被聘为中央研究院观象台（气象研究所的前身）的测候员，是气象研究所最早的4个职员之一。曾任清华大学气象台台长，并担任该校的气象教学工作（1929. 8—1934. 8）。赴美深造获得CIT博士学位后，回国任教于中央大学地理系（1938—1941年秋），后出任中央气象局首任局长年余（1941. 10—1943. 4），调离后又回到中央大学地理系执教，并曾兼任中美合作所气象顾问等职，1944年秋中央大学新建成气象系，黄博士荣任了首任系主任。在中国气象学会，黄厦千先生在第14~16届各届年会上票选为理事，在第11~16届各届年会后，被聘为《气象学报》特约编辑，在第5届年会后被任命为干事。新中国成立后不久，他就悄然离国赴港后转美并终老于异乡。他确是屈指可数的我国老一辈的气象专家，他的大名却已鲜为大陆气象学界的人士所知了。

（二）

黄厦千先生虽然没有到过台湾，但多年来他在台湾仍有一定程度的知名度，这主要是由于他的侄女婿、台湾大学前大气系主任王崇岳教授向台湾的气象学会捐款新台币10万元（20万?）设立了“黄厦千博士学术论文奖”，以其孳息奖励第一作者为台湾气象学会会员，且于国内工作期间完成最佳论文的台湾作者，这对于台湾大气科学的进展有积极的作用。然而黄厦千博士是何许人也，《中华气象学史》著者刘昭民先生也认为，恐怕台湾也没有几个人能知道，这是一件令人遗憾的事。有鉴于此，刘昭民先生，作为王崇岳教授的弟子，平日从其恩师处获知了黄博士某些生平事迹及其对我国气象学术的贡献，遂应台湾的气象学会秘书处之邀，写就了《黄厦千博士与中央气象局之成立经过》一文，刊登在该会会刊第43期上。这是一件很有意义的事。

我对于黄厦千先生离国前的业绩也略知一二，现不揣冒昧，愿做一些补充和订正，舛误和偏颇之处，势所难免，恳请海内外贤达不吝批评纠正。

（三）

黄厦千先生，名应欢，以字行，师从竺可桢教授主习气象学科，在1924年6月毕业于南京高等师范学堂文史地部第四班，毕业后，曾先后担任开封二中教员和南通七中教务主任等。1928年初，竺可桢先生筹备中央研究院观象台的南京气象测候时于1月12日聘黄先生为测候员，同年5月派他和另一位测候员沈孝凰先生到马尼剌观象台实习天气预报等业务。同年10月学成返国后，竺所长安排他俩积极筹办天气预报及相应的服务工作。在此期间黄先生和全文晟先生共同为气象研究所编著了一本《测候须知》。不久黄先生就去北平出任清华大学气象台台长了。

（四）

1932年4月，中德（瑞典）西北科学考查团结束了在我国内蒙古的气象风筝测候工作。在此之前气象研究所曾派徐近之、胡振铎两人随同赫德博士施放了123次，熟悉了全过程。经过协商后该团气象组主任赫德博士在回德国前将总值约为5 000马克的气象风筝等测候各件全部以1 600元（美金约500元）的廉价让予了气象研究所。① 后来该所又向德国购买了施放气象风筝所必需的优质钢丝2万米。由于当时首都所在地的南京飞机过往频繁，如触及气象风筝的钢丝易生危险，当局禁止施放，故最初拟改在该所所属的北平气象台由胡振铎等操作。但该台位于北平建国门附近的泡子河，场地狭窄，不能展布，因此改托黄厦千先生偕同该台的气象助理刘粹中、史镜清（他们两位曾是气象研究所第二届气训班优秀毕业生）等在北平清华大学旷地施放。黄先生为此由气象研究所授予他以该所特约研究员的名义以利工作的进行。

从1932年9月27日起到1934年8月中旬黄厦千先生等进行了不少于90次风筝测候。后来黄先生利用这些资料在美国撰写了博士论文*Air Masses of North China*（《华北之气团》）刊登在1940年的气象研究所集刊第13卷第3期上。

黄厦千先生在清华大学任职约五载，未能获得理学院院长叶企孙教授等人的器重予以提升，有另谋出路之意。其时，气象研究所已先后协助该所的测候员（助理员）吕炯、沈孝凰、金泳深等分赴德、日进修（陆鸿图也有此机会，后因故未能成行）。1934年该所又有了两个留学

①《国立中央研究院二十年度总报告》，第181和194页。

名额，竺所长除了派遣测候员黄逢昌外，并应了黄厦千的请求，同意他偕同黄逢昌于8月前往美国深造。从那时起，黄厦千先生就脱离了清华大学，以后也未再回到清华大学和西南联合大学去。

（五）

1938年初，黄厦千先生在CIT获得博士学位后回到祖国，到中央大学地理系执教但不是该系主任。该系系主任胡焕庸教授是南京高等师范学堂早黄先生一班的学长、法国留学生。黄教授在地理系开了航空气象、高空气象等课程并编著了一本《航空气象学》。1939年，在他的建议下，地理系下分设地理与气象两组，黄博士兼任气象组长。1941年，因形势的需要，经过多次磋商，国民政府决定筹设中央气象局。当局本属望竺可桢先生能出任或兼任该局局长。竺老考虑到他自己已有浙江大学校长和气象研究所所长两个重任在肩，势难兼顾，予以坚辞。在这种情况下，有关人士就将局长人选从资历等方面瞩目到吕炯和黄厦千两人身上。黄先生对中央气象局的事，很有兴趣，积极参与了中央气象局组织法的草拟等工作，有跃跃欲试之意（《竺可桢日记》，1941年3月13日）。

自此以后，也常和竺先生亦步亦趋。9月已进入局长提名的阶段，26日黄博士又来看了竺先生，表达了极愿担任气象局局长一职。竺先生也属意于他。但中央研究院代理院长朱家骅则主张吕炯，并认为须先征求吕的同意（《竺可桢日记》，1941年9月26日）。竺先生深知吕炯不愿意和黄博士相争，遂于9月30日写信给行政院政务处处长蒋廷黻推荐黄为局长。行政院的派令于10月15日下发，黄局长20日到局视事。27日启用关防官章，是为该局成立之始。年底气象研究所遂将其尚存的17个测候所和近百个雨量站的所有人员、器材、经费等全部移交给中央气象局接办。其中武汉头等测候所的卢鋈、曾广琼，还有当时在西安头等测候所的我，仍愿留在气象研究所工作，经双方协商未交接出去。

（六）

中央气象局开办伊始，宋楚白先生曾去任职一段时间，不久就辞职他往。另一说法是宋未去就职。李良骐先生以黔省当局坚决不放，只好打道回贵阳。竺所长介绍给黄局长的黄逢昌先生、王之耀先生等人不知何故也未到局。竺先生认为局中办事人员太多，技术人员太少，是其大缺点。黄局长席未暇暖已人缘欠佳，口碑不妙，而且廷黻、企孙均不喜厦千为另一致命伤（《竺可桢日记》1941年7月25日）。叶企孙先生是以前清华大学理学院院长，当时的中央研究院的总干事，蒋廷黻先生则是当时的中央气象局的主管，皆不喜欢黄局长的为人，那他在气象局的工作就很难开展下去了。偏偏黄局长在局内的某些举措上不但违反规定而且直接损伤了局内员工的切身利益，导致检举揭发黄局长的函件纷至沓来。局外各方也对气象局工作不满意。蒋廷黻先生乃邀请竺先生商讨对策。面对如此场面，竺先生虽对这位早期的弟子向来关怀备至，此时也爱莫能助了，只能考虑建议以吕炯替代黄厦千。吕炯也未便再推托。1942年12月27日竺先生偕同吕炯去拜访了国民党中央组织部部长朱家骅，次日将吕氏履历交与蒋廷黻以便行政院考虑任用。中央研究院和行政院经过研讨后，同意吕炯替代黄厦千为中央气象局局长。1943年3月9日黄局长只能呈请辞职，免职后遗缺派吕炯继任。1943年4月吕炯率领了气象研究所的卢鋈、程纯枢、曾广琼等到中央气象局与黄厦千办理了交接事宜。

黄局长几次找竺先生谈心，对于被调离气象局之举心中怏怏，竺先生认为这也是不免的事。为他设想：还是回到中央大学地理系好，因为他如果去气象研究所，恐难以与仍在代理所长的吕炯等人合作也，因为1940年吕炯曾邀黄厦千请其来所，唯语气间不甚客气引起黄的误会（《竺可桢日记》1940年4月23日）。而浙江大学的张其昀教授等对黄也不甚欢迎（《竺可桢日记》1943年4月2日）。

黄博士黯然地离开了中央气象局以后，心有不甘。5月他去行政院翁文灏先生处，请翁氏介绍黄本人去见空军中将周至柔将军，欲将中央气象局与房屋等归并与航空委员会。竺先生得知此事后，不禁喟然叹曰："可知厦千之不择手段矣。"（《竺可桢日记》1943年6月1日）。

（七）

黄博士的活动能力很强，他回到中央大学地理系执教不久，就建议将气象组从地理系中分离出来，并获得批准，建成了我国大学中最早的气象系，并身任该系首任系主任之职（1944年8月）。在此之前，他还接受了中美特种技术合作所（简称中美合作所）兼任了该所的气象顾问和教官之职，和郑子政先生等为该所培养了一批测候人员，先后建成了156个气象站为盟军服务，做出了对日抗战的贡献。但是所谓他在中美合作所以长期预报支援了徐焕升将军率领神鹰从新津机场出发远征日本东京，以纸弹昭告日本军阀的壮举①，则与史实不符。因为徐焕升、佟彦博两位飞将军率领两架神鹰是在抗战前期的1938年5月19日从汉口

① 详见《黄厦千博士与中央气象局之成立经过》。台湾《气象学会会刊》，第43期，第36~43页。

起飞，经过南昌、衢州、宁波等机场于20日清晨前飞达日本九州各地投掷纸弹的，而黄博士投效中美合作所则是5年以后抗战后期之事也。

（八）

当时中国有了三个主要的气象系统。除了中美合作所的以外，还有中央气象局和航空委员会的两个气象系统。在重庆的美军总部希望中国能够短期内在航空委员会成立一个统一的气象机构，并且组成一个全国的气象情报网，而且提出请竺可桢先生主持此事。为此在抗日战争胜利后的1945年10月1日召集了我国气象专家开会商讨。应邀出席者有竺可桢、赵九章、吕炯、黄厦千、涂长望、朱国华、朱炳海等人。竺先生认为统一气象机构是一事，而组成一个全国气象情报网又是一事，后者较易，前者一时不易实现，未谈出结果（《竺可桢日记》1945年10月1日）。

1946年4月10日军事委员会又一次召集开会讨论气象机构调整之事，参与会议者除中央研究院竺可桢先生外，尚有航空委员会的朱国华、中央气象局的吕炯、中美合作所的黄厦千以及行政院、交通部、农林部、军令部等代表十七八人。会议由军事委员会办公厅副主任姚琮主持，首述"蒋委员长"交议美国海军上将柯克以中国气象机构复杂，应在国防部下设立气象局，以程浚为局长，郑子政、黄厦千及航空委员会之一人为副云云。竺可桢先生当即在会上报告了去年10月会议的经过，决定仍分军民两系统。美方虽主张在航空委员会领导下统一，但"蒋委员长"复以民用仍归中央气象局为宜。吕炯、朱国华和行政院王秘书等也说明了情况。姚琮即综合意见仍主张军民分开，唯黄博士仍反对。此事很可能是黄博士再一次发动的，意欲揽权，而将并非气象专家的中美合作所要人程浚抬出来，拉拢航空委员会个别人，并把中央气象局的局长吕炯排斥在外。竺先生认为美国海军贸然推荐人员亦失体统（《竺可桢日记》1946 年 4 月 10 日）。

后来得知直到 1946 年 9 月国防部二厅的气象系统（前身是中美合作所的气象系统）并未归并到国防部空军司令部（前身是航空委员会）的气象系统。在一个国防部内竟同时有两个气象系统其情形真可谓复杂矣，盖由黄博士主持也。

（九）

1947 年 4 月美军顾问团向中国参谋总长建议将国防部的气象总站及其分站合并到中央气象局去。国防部于 5 月 28 日以 3751 号代电：“有关单位遵照办理，并限于 6 月 15 日交接完毕。”中央气象局于 6 月 22 日接收了该气象总站和尚存的 41 个分站，郑子政改任了中央气象局的上海气象台台长，空军司令部的气象系统照常运转。我国较复杂的气象机构问题终于得到了较简明的解决。

（十）

1949 年 4 月南京解放时，黄博士仍留在中央大学。20 世纪 50 年代初，黄博士感到政治形势很可能对他不利，就设计潜离大陆去了香港，1950 年 5 月任职于香港天文台，不久得美国信要他去美国（《竺可桢日记》1951 年 8 月 11 日）。

至于何时去美国以及到美国何处则不得而知。以后二十多年音信不通。“文化大革命”后，大陆逐渐对外开放，1972 年 10 月竺老接到黄博士来信才得知 Scripps Inst. 老师 Krick 邀请黄博士去美国 Colorado Denver 共同从事雨量长期预报保险工作。黄博士在香港等了 5 年之久才办好了去美国的手续。1967 年 Krick 迁回了 Cal. 州，黄博士跟着去了半年，不习惯，又回到 Denver 他的夫人处并在 Denver 买了住宅，预备终老于彼处了（《竺可桢全集》，第 21 卷第 227 页）。不久，竺老又接到黄博士的夫人黄吴孝振的信，得知黄博士不幸得了血癌，是一种不治之症。黄博士想到香港与他在北京第一机床厂的儿子黄晔相见。希望我国的外事处早日批准使黄晔能去香港（《竺可桢全集》，第 21 卷第 333 页）。以后的情况，我就不得而知了。

郭晓岚

美国总统尼克松于 1972 年 2 月访华后，中美交往的大门终于被打开，许多在美国工作、定居的华人纷纷回大陆探亲访友。在抗战胜利后留学美国的叶笃正于 1950 年、黄士松于 1951 年先后回国，郭晓岚则留在美国一直从事气象科学研究工作。待 1973 年 8 月第一次重返中国大陆时，郭晓岚已是国际气象界中的顶尖科学家，获得了气象界的顶级奖项——罗斯贝奖，并成为美国芝加哥大学的终身教授。

郭晓岚的学习能力非常强。程纯枢在 1936 年清华大学毕业后，曾对我说："今年我要想办法考留美，如果今年不考，到明年郭晓岚毕业就竞争不过他了。他读书太厉害了！书上的每个公式自己都要重新推导验证对否……"未料 1937 年全面抗战爆发，程纯枢没能留美深造，毕业后上了泰山。郭晓岚清华毕业后曾到南京北极阁气象所工作，与我成为同事。后来在重庆北碚时，我们两人曾住在同一间宿舍里。当时整个研究所只有二十个人左右，彼此都很熟悉。

跟随气象研究所的搬迁，在动荡中，1940 年郭晓岚考取涂长望的研究生，到贵州遵义的浙江大学学习去了。1942 年毕业后又回到在重庆北碚的气象所工作了一段时间。1943 年 5 月他考取公费留美，1945 年与叶笃正、黄士松等成行，赴芝加哥大学深造，很快就获得罗斯贝教授的欣赏。

郭晓岚 1973 年 8 月回国时，是先到南京气象学院讲学，然后才去北京访问的。当时在南京气象学院，他仅认识两个人：我是他曾经的同事；欧阳海是他在浙江大学时的学生。在南京气象学院接待他时，由我和欧阳海等作陪。1973 年“文化大革命”还未结束，负责接待郭晓岚的学院干部把主、客分开安排就坐，中间隔着一段距离。郭晓岚希望我和欧阳海两人能够与他坐得近些，说话方便，但得到的回答是：“就这样坐吧。”只能客随主便。几分钟结束了会面，郭晓岚就去作学术报告了。

报告内容主要是介绍美国气象科技的现状，我和南京大学黄士松教授、欧阳海等坐在台下进行一些中英文气象术语的翻译，如郭晓岚说到“Jet Stream”时不清楚中文应该翻译成什么，我们即连忙告诉他叫“急流”。

在食堂聚餐时，郭晓岚问起赵九章的情况，希望能见到赵九章。1968 年赵九章已经非正常死亡，我们只能回答情况不清楚。他本想再了解张宝堃、杨鉴初等其他人的情况，见我和欧阳海欲言又止、抖抖呵呵的样子，就没有再继续问下去了。

离开南京去北京访问时，8 月 21 日竺可桢先生在北京前门外全聚德烤鸭店招待了郭晓岚和夫人严筱眉、儿子郭林（21 岁）、郭聪（13 岁），有叶笃正、陶诗言、程纯枢、谢义炳、黄秉维等作陪。除了顾震潮因患肝炎、张宝堃因患肺炎没能出席外，郭晓岚在北京的气象研究所同仁基本都到齐了。

1985 年 3 月 21 日至 29 日，在桂林召开“大气环流异常问题学术讨论会”。我与郭晓岚在会上又见面了。这次是郭晓岚第四次回国，他告诉我说，自己已经 70 岁，很快就要退休了。当时国内的政治环境已大为宽松，两人互诉近况。却没有想到，这竟是最后一次相见。我 2006 年得知，郭晓岚先生在美国去世。

郭晓岚先生去世后，南京大学有位先生写了一篇纪念性文章，介绍郭从国内到美国留学的经历。我看了这篇文章，文中说 1942 年郭晓岚在浙江大学研究生毕业后，到南京气象研究所任职。1942 年南京仍是沦陷区，如此写法，郭晓岚不就成了投敌嘛！

真实情况是，1937 年郭晓岚在清华大学毕业时，正值抗日烽火盛起，他与女同学蒋宪端（金涛，后为新中国成立后中央气象局第一任气象科学研究所所长）商量后，他一人带了两个人的行李，从北平来到南京北极阁气象研究所报到，参加工作。当年气象研究所只聘用了三名大学本科毕业生：郭晓岚、蒋宪端、薛继埙（中央大学毕业生）。但蒋宪端直接参加了革命，没到北极阁来。中央大学的毕业生薛继埙也没来报到，后来他去航委会工作，再后来去了台湾。

1937 年 11 月 23 日，郭晓岚是与我们最后撤离南京北极阁的。

戚启勋

自 1973 年 8 月与从美国回来的郭晓岚教授进行了有限的接触之后，

引发了我要与在台湾的亲友联系的念头，但不知哪一天才能有这样的机会。

两岸隔绝了几十年，到1979年前后可以通过美国、中国香港等的过渡而互投信件了。我妻妹刘娴章的女儿李嘉妮当时正在美国俄克拉荷马州立大学留学，她看到同学中有人利用通信往来联系上了国内的亲友，就马上告诉了她在台湾的妈妈，刘娴章女士迫不及待，让女儿立即写信到南京堂子街38号祖宅，寻找自己的妈妈、姐姐一家人。此时婉章也在动心思，她曾到堂子街拜托老邻居钟师母（居民小组长），如果台湾有信来，请她帮忙送到自己的现住处。钟师母十分热情，答应了。果然有一天收到嘉妮的来信，她立即送来给婉章。这样，1980年的夏天，婉章、娴章姐妹就联系上了。

在书信往来的漫长等待中，我很想知道在台湾的老同学们现在怎么样了。我后来写信告诉刘娴章，非常想知道自己在气象研究所的老同学周克强、戚启勋、斯杰、姚善炯、杨则久、许鉴明等人的近况。经过她的努力，终于联系上了戚启勋和周克强，从此信函频频，往返不断。

戚启勋出生在浙江嘉兴南门莲花桥的祖宅。与戚启勋通信后，我了解到，在1935年气象练习班毕业后，戚启勋和高学文分配到福建省的南平测候所工作，在那里，工作、生活都很艰苦，两人关系又相处不好，都想早点离开福建。后来高学文设法先离开南平，戚启勋很有意见。经过气象练习班同学杨则久的帮助，1936年6月戚启勋调到了江苏省靖江测候所工作，1937年1月又调到江苏省句容县的茅山二等测候所（江苏省林业试验场）任测候主任。这位老兄，早年间思想比较左倾，人很活跃，常常排练一些剧目演出，说话口不择言，容易得罪人，空军里的国民党特工人员很注意他，有几次他的处境很危险。抗战后到航委会工作，因得罪了上司，几乎失业。

1943年12月，在原气象练习班老师朱文荣（国华）的帮助下，他被分派到新疆迪化（乌鲁木齐）任航委会16总台测候区台长。朱师在业务上、技术上给戚启勋很多帮助，最重要的是保护他免受国民党右翼势力的迫害。他一旦发觉戚启勋闯祸了，就想方设法为他掩饰，实在混不过去了，又想办法给他调动工作。1946年2月，调他任上海第八大队气象官，还未报到，因看见第八大队的人都在抢占日侨回国留下的房子而看不惯，不想去报到。在南京的朱文荣告诉他："在汉口的中美联队正需要一名气象官，你就改调那里好了。"戚启勋回上海办理离职手续时，正好遇到赴美进修的机会，他考取了。1946年9月他到达德州圣安东尼奥基地接受训练等。1947年底结业回国。淮海战役后，他随空军到了台湾淡水，1949年11月接替高振华担任台湾"空军气象总队监察主任"一职。他的气象官职在1959年4月最高曾至"气象联队副联队长"（上校军衔）。

1988年两岸的交流进一步开通，可以通航、通邮、通商了，不过还不能直航，大部分台胞都选择在香港转机。我在台湾的同学也陆陆续续回大陆访亲探友，其中来往次数最多的就是戚启勋。

戚启勋在台湾非常活跃，人能干，文章写得又快又好，自己牵头与别的学界朋友共同出资，合办了个小出版社，专门出版气象类书籍。回到南京主要是看望气象练习班同学我和蒋瑞生。我们见面谈论的话题除了往日同学老师的情况，就是两岸气象科技的发展现状和气象书籍出版问题。戚先生谈到大陆气象界出版的一些气象学讲义、气象科技研究方面的著作内容很好，要我帮助选择若干本书介绍到台湾去，把简体字改成繁体字出版。出版的条件是，卖出一本书给大陆作者一点报酬，但这种报酬不是付稿费，只能算作辛苦费。

我很赞同他的想法，就把南京大学气象系、南京气象学院和北京大学的《气象学》讲义推荐给他。后来他们的出版社陆续出版了 13 种大陆气象界人士编撰的气象学著作。而气象学教材因为销路受限，只出版了南京大学的《气象学》，另外还出版了南京大学盛承禹先生教学用的《世界气候》。后来因为台湾学习气象专业的学生不多，书籍销路有限，戚先生的出版社维持没几年就停办了。

戚启勋的这些努力，促进了台湾和大陆气象学界相互了解与交流，对改善两岸学术界的关系起到了好的作用。

高学文

因在福建南平工作的那段事，戚启勋一直对高学文耿耿于怀。两岸开放后，戚启勋到南京就曾向我问起高学文的情况："数年前听说，高某人在大陆死得很惨……"

后来在校对《竺可桢全集》的过程中，我从竺师 1936 年 5 月 14 日日记中知道，是竺师在 1936 年 5 月派张季慎（第一期气象练习班学员）前往福建省代替高学文。以为高学文使用手段先行离闽，应是戚启勋当时的误解。

1938 年，高学文被竺师派往陕西省水利局西安测候所工作。等程纯枢、蒋瑞生和我于 1938 年底去西安筹建头等测候所时，高学文已考取西北农学院学习农业气象专业去了。因为在 1938 年读大学一切免费，深造后的工作待遇，比在气象练习班毕业后的工作待遇要好很多。1942 年他毕业后就去了陕西省西安头等测候所工作。

高学文在陕西省水利局西安测候所工作时与所长李毅艇有矛盾，在西安头等测候所与主任孙毓华也有矛盾，高学文就去了甘肃省气象局工作。他在甘肃那里与同事的关系也较紧张，后来再到陕西省气象局工作，直到新中国成立。

1958 年“大跃进”时期，全国大批干部下放劳动锻炼，陕西省气象局要高学文下放劳动。高学文以身体不好为由拒绝，虽然局里再三动员，他也不愿下去，自己要求退职。陕西气象台的一位老干部劝他，千万不能退职，到农村劳动锻炼后很快就会上来的。高学文坚持要退职，拿了一两千元的退职金回到故乡南京。他原本以为可以像以前那样，凭自己的能力，托托人，不难再找个工作，谁知回南京后，再找工作就到处碰壁了。

那时他住在中山门外的苜蓿园，人烟稀少，野草丰盛，只能靠养几只山羊挤奶出售维持生活。但不久羊患了瘟疫，接连死去，高学文的生活变得更加艰难。1961 年我调到南京工作后，高学文曾找过我，希望能在气象局谋份工作。我去江苏省气象局人事部门推荐过，但人事部门在了解情况后立即就拒绝了，认为“这样的人怎么可能再回到气象部门工作呢”。

对这样一位穷困潦倒的老同学，我只能偶尔介绍一些誊写稿件的临时性工作或接济些钱帮他渡难关。居民委员会看到高学文家中实在困难，就介绍他在鼓楼邮局门口摆个摊位帮助有需要的人书写信件或填写邮寄单等。有段时间王鹏飞先生因眼睛不佳希望能有人誊写稿件，我知道后就介绍高学文替他誊写。高学文 1988 年 9 月去世后，我还曾写信给陕西省气象局的领导，请他们关心高学文遗孀的生活。

戚启勋先生知道事情的真相后，叹息不已。

许鉴明

1966年3月我在东莞召开第二次全国农业区划会议期间拜见竺师时，他最关心的是许鉴明的生死下落。与在台湾的同学重续前缘之后，我想，他们对选编本的头两册《竺可桢日记》是会感兴趣的，应该买两套送给他们，我首先想到的就是许鉴明和戚启勋。1990年我汇给吕东明30元钱，托他买两套日记寄到台湾去。吕东明说："我们也想送书给他们，但是没有邮费，正好你的钱来了可以做邮费。"这样吕东明拿了两套书（每套2本）分别寄出去了。

许鉴明接到书后一看很高兴，因为书里许多事情都是他的亲历。由于寄书时没有说清楚，最初许鉴明以为《竺可桢日记》是吕东明送给他的，直到1991年他才知道是我送给他的。他写信给池国英谈到了这件事。

许鉴明与妻子申涵合影（1989年，台湾左营三商职校校园）

许鉴明是无锡、江阴一带人，比我大几岁，师范毕业后在中学教了两年书。他的文章和字写得很漂亮，还很健谈。新中国成立前他在气象研究所时与竺先生很接近的，后来到了武汉头等测候所也很接近。武汉失守前不久，武汉头等测候所先撤退到湖南衡阳，再撤到广西桂林。那时竺先生已在广西宜山，但经常到桂林去，于是就把许鉴明他们也撤退到宜山，不久宜山形势又紧张了，只好又一起撤到贵州。

浙江大学撤退在贵州遵义，浙大的分校撤退到遵义东部的湄潭，武汉头等测候所也撤到湄潭。竺先生有时候到了湄潭要住几天，躲空袭警报时，就跑到许鉴明那里。许鉴明在宜山结婚，竺先生还送了贺礼。

到了1941年底，武汉头等测候所移交给中央气象局。当时卢鋈担任测候所的主任，卢鋈的夫人曾广琼不愿意在黄厦千手下工作，要求继续留在气象研究所。这时才把许鉴明提拔为武汉头等测候所的主任。

抗战胜利后，武汉头等测候所就留在湄潭，许鉴明回到中央气象局任职。浙江定海测候所恢复后，许鉴明调往定海测候所任所长，进行观测和预报工作。许鉴明对各项业务都能胜任，聘用了报务员两人、观测员一人（他的夫人也是观测员但从不参加工作）。定海测候所当时在水产学校借一间房子作值班室，租一间民房为职工宿舍，许制作每天的天气预报，只发给当时的定海日报和国民党海军。

原中央气象局观测训练班在1948年10月结业，学员三人强伯涵、李飏初和朱家善，分配到定海测候所工作，见习一个月，1949年元旦开始，正式轮班。此时许鉴明将观测组迁至一火神庙里，朱家善就在此破庙里栖身。1949年4月解放军已渡江，他们同学三人在定海举目无亲，万分焦急，由强伯涵陪许鉴明到上海气象台请示台长今后怎么办，台长程纯枢同意朱家善他们三人立即回上海，他们即离开了定海，许鉴明一个人还留在那里。

池国英说许鉴明在台湾出版的书写得很好。许鉴明回信告知："不是很好，是不写书就不能评职称。"以后他如愿评上教授，但终不如其他在台湾的气象练习班同学，一直不得志。他原是想到"中央气象局"工作的，但因为李鹿苹容不得他而去了高雄，在高雄海军学校干到退休。

1991 年 5 月我到贵阳参加"第六次全国气象史志学术交流会"时，池国英告诉我"许鉴明来信了"，并把信给我看，信中还夹寄了许鉴明自己的照片。谁知 8 月 3 日他就去世了。

最后有必要从许学长给我的来信（1988 年 7 月 11 日）中引述一段，来说明他与竺师之间的情谊：

> 卅五年（1946 年）我奉调定海，也是随浙大东归。到任以后，仍不时与浙大通消息，原因是该校有不少教职员工与我相捻。卅八年（1949 年）暮春因战局关系，浙江省政府撤离省垣，由宁波渡海抵舟山。我那时在浙江省立定海水产职业学校兼任教员，一日，教育厅长李季谷先生招集该校教员座谈。当我报告姓名时，李厅长马上说："你就是定海测候所许主任吗？你老师浙大校长竺先生在我离杭之前，面嘱到达舟山以后，请特别照顾定海测候所与该所主任、我的门生许鉴明。以后你如有任何困难，可直接来找我商量"云云。可见老师对我这不争气门生关爱何等深切！但自此之后，失却联络。再过若干时日，看到宁波《浙海日报》一则消息，标题是《竺可桢、张其昀同机飞台》，我闻关抵台，始知张来而师未来，惆怅无既！……六十三年（1974 年）二月十五日突见报纸上一个小方块，说是北平十四日消息，竺师于七日病逝，享年八十四岁。当下震愕，泣不成声，随即设奠祭拜。以后连续三年逢祭辰都以香花水果供奉，焚香行礼。

程纯枢

程纯枢，字忆凡，浙江金华人。1936 年清华大学地学系毕业后，10 月到泰山任日观峰气象台主任。我那时已在泰山工作了一年半，到 1937 年 4 月离开泰山与程先生在泰山同事了半年。

1937 年 12 月 25 日，日寇敌机轰炸泰安城。王履新和程纯枢主任坚守泰山日观峰气象台工作，至 12 月 28 日日寇逼近泰安城时，掩埋好仪器设备后才撤离。那时火车、汽车均已停运，他俩徒步八十多公里到兖州才乘上火车。12 月 31 日，日寇占领泰安城。后来王履新去河南固始县亲戚处，从此杳无音讯；程纯枢辗转回到已迁移在汉口的气象研究所。

1938 年 8 月程纯枢与我和蒋瑞生筹建西安头等测候所时任主任。程 1932 年在清华读书，是黄厦千的学生，黄厦千 1933 年至 1934 年在清华工作过。1941 年黄厦千担任中央气象局首任局长时，想调他去当科长，程不肯去。因为这些学生知道黄的为人，都不肯去。但 1943 年吕炯赴任中央气象局局长时，把程带去了。

我在印度时，程纯枢到美国去留学，那时到美国坐轮船一定要从印度加尔各答出发。程纯枢到了加尔各答才领到出国的经费，交给我一部分钱，让我帮忙回重庆时把这些钱带给程太太作生活费。那时通货膨胀厉害，如果等我回到重庆，手中的纸币将不知要贬值多少了。我就帮助程太太在印度买了黄金，等带回重庆给程太太时升值了几倍。

新中国成立后，程纯枢在华东气象处任副处长，因为我多年来跟着他，他很了解我的为人，对我比较照顾。1954 年我们一同调到北京，他分在中央气象台，我分在天气处，以后我们两人基本上没有工作关系。

当时他和爱人带上三个孩子和他一同赴京，他四个孩子中的老三因病致瘫，和他的继母留在了南京。我调回南京后，经常照顾这祖孙俩。程每月寄 70 元生活费给他们（相当于程当时 1/3 工资），因祖孙行动不方便，由我每月从邮局代领再转给他们。“文革”时期，他的继母被送回浙江金华，他们将三儿子接回北京。他继母在我这里存了 300 多块钱，我想，我随时都可能失去自由，这个钱一旦被冻结就麻烦了，就赶紧给程写信，决定把钱寄回给他，最后他同意了。我照当时的规定，分两次把 300 多块钱寄到北京，钱寄出我就放心了，不会出什么事了。

以后虽然他的亲人都不在南京，但如果到南京出差，他会来我家坐坐谈谈，我出差北京也一定会去他家看看，那个瘫痪的孩子还能认得我，虽然讲不出话来，但是看到我还会“喔喔”地表示亲热。

程很达观，很不容易。他爱人没有工作，全靠他的收入维持，但在经济上他很大方。他的家庭很坎坷。三儿子久病，在“文革”中去世了。四儿子在黑龙江插队因故身亡，他说“一切由组织上处理这件事吧”，自己没有去黑龙江。

他在工作中，处理问题比较干脆。身处领导岗位，没有架子，很随便。有一次我出差北京去看他，走到他办公室门口碰到他，两人随便就坐在台阶上谈起来。刚巧省局专门负责票务的一位同志看到了，很惊讶：“你们怎么坐在这块谈啊？”程答：“谈几句啊！”

平时爱人身体不好，家里买东西都是他的事，出去采购都是由他自己拎回来。到他担任副局长，当了科学院院士，也还是这样。

程纯枢是我的老上级，我和他可以说是知心朋友，可以无话不谈，亲密无间。

李宪之

对参与西北考察团的科学考察活动的成员之一李宪之先生，我是怀着深深的敬意的。

1927年世界上最著名的瑞典探险家斯文赫定要开辟一条由德国柏林到中国的航线，经过内蒙古自治区。北京大学的几个教授提出来一定要参加、组织和合作这次探险活动，参加的项目有地质、气象、考古……斯文赫定同意了。

气象项目决定招4个助手，李宪之、刘衍淮、崔鹤峰、马叶谦报名经过考试，合格后被录用。这4位学生或是刚进大学，或是在读预科，带领他们的是德国的郝德博士。郝德博士从张家口出发，沿着内蒙古设了不少气象站进行气象观测、高空风观测。不久，因工作需要崔鹤峰回北京，以后没再回去。马叶谦在内蒙古站工作了相当长的时间，那个地方非常寂寞，因太孤单得了精神病不幸去世。最后就剩刘衍淮、李宪之两人坚持工作到1930年。

原拟刘、李两人在工作结束后从新疆出去，经西伯利亚、东北回到北京。但当时东北张学良与苏联进行着“中东铁路”战事，因此他俩回不来了。郝德博士建议他们到德国去留学。1930年3月他们就经新疆、苏联到了德国，在郝德博士帮忙下学习气象专业。

1934年北平师范大学聘请刘衍淮教书。刘衍淮回来后很忙，因为清华大学黄厦千出国后，就没人教气象了。刘衍淮不但在北平师范大学教书，还要到清华大学兼课。后来他又去航空委员会所属的航校教书。大陆解放前夕，他去了台湾，成为台湾气象界的祖师爷了。

李宪之1934年没回来，多读了两年，于1936年回国。当时留学生地位很高，知道李要回来，气象研究所聘请他当研究员，并寄了500马克给他作路费。

清华大学在刘衍淮离开后，由校长梅贻琦与竺可桢先生商借涂长望1935年到1936年在清华教气象。1936年竺先生去浙大当校长后，气象研究所没有专任研究员了，一定要涂长望回气象研究所，清华大学不肯放。最后协商的结果是，由清华大学聘请李宪之，气象研究所停聘并要求李宪之还回旅费，旅费是经过一两年时间才慢慢要回来的。从那时候起直到退休，李宪之一直在清华大学（西南联大）和北京大学当教授，1946年任清华大学气象系第一任系主任。

在西北考察团考察这件历史盛事上，李宪之是有贡献的，在中国气象史上应有其大书一笔的地位。

李宪之先生在气象教学工作上确有成绩，在科研方面也有过不少的创建，写了一些文章，但有时行文似不够严谨，例如他在1958年应征北京大学六十周年纪念的征文《地球科学里类同现象的研究》中就有不少问题。他在文中把海洋中的赤道逆流问题特别提出，但出现的地点（大西洋、太平洋、东部、西部）、季节（夏、冬）许多都错了。他所引用的书统统是二十多年前出版的，对当时苏联和美国出版的《海洋大地图集》《海洋》似均未过目。他对于寒流特别强调，认为东亚的寒流可以直达澳洲为一大发现。竺可桢先生审阅此文后，认为此文要登出须大加修改（《竺可桢日记》，1958年2月22日）。

关于寒潮可以越过赤道为一大发现的论点，我国气象界不少人都认为：寒潮一般到了南海就已经大大变性了，它越走越慢，以致最后停滞不前，时间越长，变性越明显，到了赤道就没有寒潮的影子了，怎么可能越过赤道到澳大利亚呢？同理，南半球的寒潮能产生西北太平洋的台风，似乎也是难以想象的事，虽经某些气象学者认可，但仍未能尽释群疑，未知最近的研究有何进展。

徐近之

1936 年拉萨居然有5 000毫米的降水，后人看到这个记录怀疑可能错了，因为拉萨测候所后来很多年的平均雨量只有四五百毫米。我同样觉得这个记录是一个特殊的记录，但不一定是错的。

为什么呢？因为拉萨测候所的观测人员都是经过气象研究所训练的。

拉萨雨量，是拉萨测候所徐近之先生观测到的。徐近之是 1932 年的大学毕业生，他在去拉萨之前，也在西北考察团工作过一年。那时他是国防部的青藏调查员，气象研究所请他帮忙，在到西藏时帮助气象研究所在拉萨设立了一个测候所，所以徐近之是很有观测经验的。徐近之在西藏曾经写过两篇文章，一篇是《拉萨今年的雨季》，介绍 1935 年拉萨的降水情况，另一篇是《拉萨旱涝说》。拉萨第一年的雨量正常，而第二年有5 000毫米之多。后人只看到记录本身，而未必看过徐近之的那两篇文章，不知道这个观测记录是徐近之观测的，而且他还讲过这样的话："如果不是我在那里的话，大概连自己都要怀疑。"

《气象杂志》第十三卷第一期，中华民国二十六年一月（1937 年 1

月）出版（新年特大号上刊登）了徐近之的《拉萨旱涝说（民国廿四年与民国廿五年雨季之比较）》：“西极遐荒，为世瞩目，拉萨测候，弹指两年，所址虽未如理想，记载之价值已彰；客岁情形，仆尝揭其大要，昭告邦人君子矣。惟是记载时浅，所见不过一斑，加以他无文可征，立论流于武断，势所不免，今岁一切，迥异乎是，幸羁旅之身犹在，躬自得之，疑窦可去。于二年极短之时间，发如此其大之隐谜，谓非时会而何。旱欤涝欤？变化出此悬殊差异之主宰何物欤？不敢缄默，作一比较观，而成此肤浅说。”

与拉萨雨量记录相类似，是关于峨眉山的。

根据国际极年计划，中国设立了两个高山测候所，一个是泰山测候所，一个是峨眉山测候所。峨眉山在 13 个月的观测期间，居然下了9 000多毫米的雨量。世界上雨下得最多的地方在印度的乞拉朋齐，每年经常都是上万毫米的雨量。当时峨眉山的雨量应排在世界上第二或第三。

通过观测得到这样一个结果，知道峨眉山会有这么大的雨量，在国际极年计划中认为是一个很大的收获。但后来许多人可能没有认真查看当时逐日的雨量记载，看到这个总雨量都有怀疑，不相信。而我觉得这个雨量确实是很特殊，但是不一定不准确，不一定没有这个特殊现象。因为峨眉山的地形很特殊，何况雨量本身变动很大，如果站点设得很密的话，常可得到一些惊人的数字。

至于峨眉山测候所的观测人员，其负责人是胡振铎，他在西北考察团工作过一年，带的两个测候生都曾是第二届气象练习班的学员。

我仔细阅读了徐近之先生的那篇历史文献后，曾想到如果徐、胡两先生亲自观测到的拉萨和峨眉山的雨量都不可信，我们还能相信谁的观测资料呢？

池国英

池国英（1913—1999），曾用名金廷秀，浙江省温州人，是第二届气象练习班的学员。当时气象研究所招生都要高中毕业才能报考，池没有高中文凭，借了金廷秀的文凭来报考的，后来录取就是金廷秀了。这个名字一直到新中国成立时都在正式使用。圈内许多人都知道有金廷秀，反而是池国英这个名字知道的人不多了。1985 年年底我们在杭州参加竺可桢研究会的年会时，池去看望我，吕东明也来开会了。我对他说："来了个老朋友！"他说："谁啊？"我说："池国英来了，要见见你！""谁？池国英什么人啊？"我说："就是金廷秀唉。"吕说："金老板啊！我晓得！我晓得！欢迎！欢迎！"因为池国英胡琴拉得很好，会唱京戏，在北平时人家就叫他"金老板"。

正好大家聚餐，我们就一起吃了饭。

气象练习班毕业后，池国英被分配到北平测候所。再后，北平测候所交给了北平研究院，他回到南京又被派到西安工作，以后撤到汉中直到抗战胜利。因为他人很老实也廉洁，被派到北平接收北平气象台。新中国成立后到华东气象处工作，华东气象处撤销后被派到上海天文仪器厂工作至退休。

盛承禹

盛承禹（1919—），浙江嘉兴王江泾人。1943 年中央大学地理系毕业后，先在合川某中学任教，1944 年春应聘进入中航公司重庆珊瑚坝气象台任气象员。后到中航在昆明、汀江（印度）、上海龙华机场的气象台工作，曾任龙华机场气象台副台长。

新中国成立后在上海江湾机场气象台工作。因他的父亲在 1949 年初曾干过乡长，“镇反”期间，他给乡政府写信说明父亲的情况，被认为他没有站稳立场，不适合继续在解放军空军里工作，让他回家了。回家后，每个星期还要到派出所报到，这样的情况延续了大概有一年之久。当时正值院系调整，南京大学要找一个教师代课，在南大工作的朱炳海是他的老师，得知他闲在家里就介绍他来代课。派出所研究结果是同意他到南京代课。这年暑假以后南京大学还是需要老师的，他就留在南京大学工作了。南京大学政治学习时，他发言后，人家说：“你比我们还要进步，怎么还出了事呢?”老实的盛承禹无言。

盛承禹以后在南京大学气象系任教授，2004 年中国气象学会成立 80 周年大会上被授予气象科技贡献奖。

刘联华

1954 年 10 月，我到北京中央气象局之初，是在天气处工作。次年天气处下面设民航气象科和业务科，民航气象科科长是倪超成同志。不久倪调走，接任的同志是一位 16 岁就参加革命的山西老同志刘联华。他虽然文化程度不高，但比较通情达理。1956 年我被任命为民航气象科副科长，我们俩办公是面对面坐的，经常在一起研究工作。他在业务方面信任我，在政治方面帮助我，使我能平安度过 1957 年，我很庆幸自己那时遇到了这样一位好领导。

1958 年天气处撤销了，我在新成立的中央气象台业务科任工程师，刘联华调往民航局北京东郊首都机场任气象台台长，因为业务工作需要，后来联系仍较多。

在 1959、1960 年党内反右倾运动中，刘联华因赞同彭德怀的某些观点，据说是民航局准备要处理他的，而气象局则把刘联华调了回来，分配到内蒙古锡林格勒盟气象局去了，内情我不了解。

再后我也离开了北京，那年头，这运动那运动的，我背着历史问题的包袱，怕影响别人，很少与人联系。“文化大革命”过后，政治上大大松动，才逐渐与各方面的老朋友联系、来往。

原来在民航气象科有一位同事林祖缇，1956 年底随蒙古族丈夫调到内蒙古去工作的。我就托她找在内蒙古失联多年的朋友，一个是我在气象练习班的同学何明经，再一个就是刘联华。她很热心，都帮我找到了。

林祖缇找刘联华的过程很费周折，通过党组织一层一层地找，终于打听到的。但刘联华不便与她直接见面，而是让他的女儿见了林。刘联华后来与林祖缇通了电话。刘在电话里说着说着就哭了，说他什么都没有了，党籍没有了，工资也没有了，名义上还是个囚犯……

刘联华知道我在找他，他要林祖缇无论如何一定要到南京来看看我。

1989 年林祖缇来看我时告诉我，“文化大革命”一开始，刘联华就受冲击靠边站了，稍后又被解放，“三结合”，作为革命干部代表进了锡林郭勒盟气象局革命委员会。内蒙古在“文化大革命”滕海清主政期间，大抓“内人党”，制造了人间惨剧，不仅极大地伤害了为数众多的蒙古族同胞，还制造了“新内人党”，也伤害了不少汉族人，甚至包括后来由各地到内蒙古工作的年轻人。

锡林郭勒盟气象局上级是内蒙古自治区气象局，原来的局长是位老革命，蒙古族人，在“文化大革命”中抓“内人党”时被折磨致死。后来呢，中央把滕海清撤了，调到了其他地方。“内人党”的冤案推翻了，平反，落实政策。但“文化大革命”中的情况很乱，说不清楚人是怎么死的，应该由谁负责任。不知为什么，这笔账后来竟然算到了刘联华头上。

1991 年刘联华夫妇到南京游玩时住在我家，谈起他在内蒙古工作期间曾到中央气象局出差，本以为我还在局里工作的，到横栅栏去看我时才知道我那时已经调回南京了，他就把带给我的土特产转送给了横栅栏的邻居方齐。说到他在“文化大革命”中的遭遇，后期要处理他时，刘联华据理争辩：“我能负什么责啊？我能够指挥造反派吗？”司法当局的人认为：“死了人，是少数民族老干部，总得有人负责，你说你不能负责，他们年轻人不懂，但你是‘三结合’的对象……”这样，到最后就拿他“顶缸”了。拖了很长时间，直到 1987 年 5 月 20 日才突然收监，同时宣判，以故意伤害罪给刘判了个“无期徒刑，并剥夺政治权利终身”；1987 年 10 月 13 日再次“保外就医”，刘联华不服气，写了不少材料到处告状。他没有下监狱而长期闲居在家，太扎眼了，因此公安机关中的好心人私下建议刘联华外出走走，散散心。

刘联华的儿子后来师从李四光的女婿，著名的分子生物学家邹成鲁院士，以后到加拿大留学，发展很好。在留学期间，他在北京为刘联华买了房子。刘联华最后在北京去世，直到离开这个世界，也没等到一纸公平的说法。

在我人生中的一个重要阶段得以结识刘联华，是我的幸运。我感谢他，长期牵挂和思念他。当我知道这样一个好人头上顶着“囚犯”的罪名时，我感到悲哀和茫然。

今生今世，我注定做不成路见不平、见义勇为的英雄，但在年届百岁之时，闻说内蒙古有“呼格吉勒图”一案之报道。我想，每一个案件的案情是不同的，但枉法的弊端可能是同源的。

我没有什么能力，但还可以有一丝幻想的权利，能给刘联华一个真正立足于事实证据的、合乎法律的说法吗？

我期待着，让联华同志的亡灵得以安息！

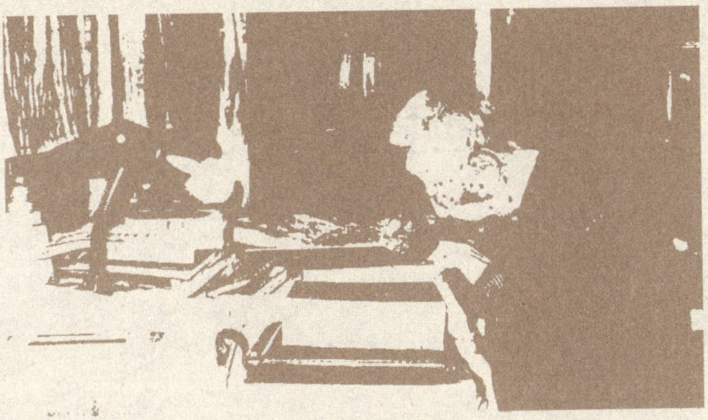

我从小生活在贫穷的家庭中，于百般困顿之时，80 年前幸得报考气象练习班的机遇。上学之后，深得竺师体恤，他知我求学之艰难，有临课迟到之时，从未责怪于我。感念师恩，每念及此，至今仍难禁泪夺眶出。早年受业于恩师，不仅使我学到了一生端饭碗的本事，更学到了许多做人的道理。

师恩永驻我心。因此，在近几十年纪念竺师的各种活动中，凡有要我尽力的事情，我从无推托，也从来不接受报酬。

第15章 晚年的精神家园

施雅风先生登门来谈《竺可桢全集》

2000年12月6日，施雅风先生来到我家中，商谈编辑《竺可桢全集》事宜。

施先生小我3岁，毕业于浙江大学史地系地理专业，又在浙大研究院史地研究所做了两年研究生，新中国成立后在中国科学院地理研究所工作，他所经历的这几个机构都是竺可桢先生一手创建的。他更有一段时间在中国科学院生物地学部任学术秘书，直接在竺老身边工作。与竺老接触过的人，都会钦佩其道德文章，感受其人格魅力。竺老去世后，人们对他的怀念是发自内心的，历久弥深。施先生是这些人中一位突出的代表。加上本人的学术地位、号召能力和古道热肠，在纪念竺老的各种活动中，他都是领头的人物。1984年2月，他被推举为竺可桢研究会理事长。这个“长”是没有行政级别的，纯粹是科教学术界的民间组织。这个研究会集合了一大批志同道合者，认认真真地办了许多事。在施先生的倡议下，南京也成立了竺可桢研究会。前面讲过了，我是一个积极参加者，我与施先生是在竺老逝世十周年纪念会上开始认识的，也是在这个过程中相熟的。我读过关于施先生的口述自传，书中专门有一章《纪念竺老，学习竺老》，讲他与竺老的交往，讲到了编《竺可桢文集》《竺可桢传》和组织竺可桢研究会的一些事情，其中又专门有一节讲《竺可桢全集》。关于《竺可桢全集》的筹划，我在这里可以引述一段他在书中的话：

“在 2000 年纪念竺老诞辰 110 周年的会上，叶笃正、黄秉维、我和陈述彭等十多位院士倡议，组织力量，增订出版《竺可桢文集》。当时许多具体的联系工作都是由沈文雄同志承担的。……当时竺可桢研究会已经停止活动了。我就召集了前段工作中的骨干在北京开会商议，大家说不要只是增订，应该出全集。这样我们就找到从事中国现代科学史研究的樊洪业同志，他当时还没有退休。”①

施先生来我家，就是谈这件事。那时，他已经准备将编纂工作向国家自然科学基金委地学部申请立项，为了抢时间，未等立项批准，有关人员已经在组织队伍，干了起来。全集粗分为“文集”和“日记”两大块，日记的体量非常大，内容极为丰富。日记以外的各种文献资料，都以“文集”代称，按时序先后编排，不只是文章，还有信函、批示、题词等。

施先生来过我家不久，就从北京寄来一部分文稿。2001 年 3 月 21 日，在北京召开了《竺可桢全集》编辑委员会，叶笃正、贝时璋、张劲夫、苏步青等大家人物为顾问。编委会主任是中国科学院院长路甬祥，他原来是浙大校长，很支持这项工作，亲自挂帅予以号召和推动。施雅风先生是第一副主任，我也被列在编委会委员的名单之中。我没有去北京开会，开会

① 参见《施雅风口述自传》（张九辰访问整理，湖南教育出版社，2009 年）第 299 页。

陈学溶与施雅风(右)(摄于施宅中,2009年2月14日)

的情况也可以引述一段施先生的忆述：

“2001 年 3 月，由路院长主持召开了《竺可桢全集》编委会全体会议，会上樊洪业同志汇报了编辑计划。他说，所收竺可桢文献的时间跨度从 1916 年到 1974 年，这段时间政治、社会、文化背景都有重大变迁，编辑加工以‘存真’为基本原则，力求如实保存文本原貌，如实展现竺可桢的人生道路和社会变迁的历史过程。这个考虑得比较周到的编辑计划在编委会上顺利通过，全集编辑工作正式启动。”①

编委会之下，有一个实际干活的班子，主编是樊洪业，副主编有李玉海、竺安、沈文雄、戚叔纬和竺松。沈、李两位都做过竺师的秘书，戚先生是老浙大毕业的，退休后在北京热心于浙大校友会的工作，其他两位是竺师的儿女。主编们组织了许多人参与进来做这件事，一部分是科学院的，一部分是老浙大人，一部分是竺氏家族的后人。在这个组合中，有不

① 参见《施雅风口述自传》第 300 页。

少是从事科学史研究工作的。上海科技教育出版社则挑起出版全集的重担，我很敬重他们。要知道，出版这种书是不可能赚钱的，敢于接这套书，要真正具备出版家的眼光、勇气和底气才行。

为了贯彻编委会对这套书提出的“求全、存真”的总原则，主编与出版社方面共同制定了比较详细的编辑规范，以便统一认识和实际操作。

“特邀校审”十三年

起步之时，首先面临的问题是，既然称“全集”，就要“求全”。客观上，达不到真正的“全”，但在主观上要尽量做到全。工作细节我不太清楚，但从我与之联系的过程看，从让我校审的文献看，从我们最后见到出版的本子看，他们的确是下了大功夫的。

我首先是响应他们的号召，对我家中收藏的资料，凡是符合选录标准的，即倾我所有，报告给他们。同时，我知道他们已在全面布置编订日记的工作，就把过去我为已出版的《竺可桢日记》做过的勘误表寄给了他们。

记得他们最早让我做的工作是校勘1979年出版的《竺可桢文集》，从21世纪第9天起，我就正式投入了工作。

我与几位主编、副主编虽然过去在不同场合见过面，但基本上没有直接打过文字上的交道。有了一段时间的信函来往后，他们就加封我为“特邀校审”。后来，我从最早（2004年）出版的《竺可桢全集》第1~4卷上看到，担任“特邀校审”这个角色的共有两个人，另一位是黄宗甄先生，比我还大两岁，他是位老浙大，科学出版社的资深编审。1990年代出版的后 3 辑《竺可桢日记》就是由他主持编辑的。

文集部分，他们收集到一定的数量之后，陆续由李玉海先生编订。早期给我审阅的，重点是在气象学方面，后来整合成卷时，让我对第一卷（1916—1928）和第二卷（1929—1949）做整卷校审。

对日记部分，先是全面铺开，各年日记都有人负责编订，交出初稿。根据质量，先请人初审，有的还要二审。然后进入校审阶段，我最初只想参与 1949 年以前日记的工作，没想到以后竟参与了大部分日记的校审。这个工作要比原来想象的难度大得多。竺师一般是在早晨或晚上写日记，因为他是留给自己看的，对文字、标点和句法不是特别在意，恐怕多数情况是一挥而就，不会复读和校对。再加上有大量的读书笔记，人名、地名和专业术语，广泛涉及各种学科，略语、方言、英法德俄各种文字混杂其间。

竺可桢在南京高师和东南大学时期教授《气象学》的讲义

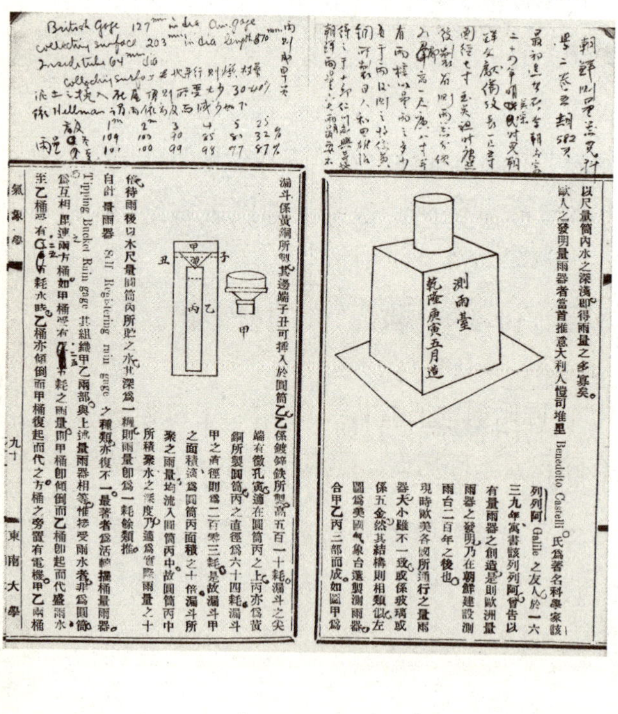
以尺量筒內水之深淺即得雨量之多寡矣。
歐人之發明量雨器者當首推意大利人愷司堆里 Benedetto Castelli 氏爲著名科學家該列列阿 Galile 之友人於一六三九年寓書該列列阿曾告以有量雨器之創造是則歐洲量雨器之發明乃在朝鮮建設測雨台二百年之後也現時歐美各國所通行之量雨器大小雖不一致或係玻璃或係五金然其結構則相類似左圖爲美國气象台所製測雨器合甲乙丙三部而成如圖甲爲

漏斗係黃銅所製其邊端子丑可插入於圓筒乙乙係鍍鋅鐵所製高五百一十耗漏斗之尖端有微孔實適在圓筒丙之上丙亦爲黃銅所製圓筒丙之直徑爲六十四耗漏斗甲之直徑則爲二百零三耗是故漏斗甲之面積適爲圓筒丙面積之十倍漏斗所聚之雨量均流入圓筒丙中故圓筒丙中所積聚水之深度乃適爲實際雨量之十倍待雨後以木尺量圓筒內所貯之水其深爲一糎則雨量即爲一耗餘類推。
自計量雨器 Self Registering rain gage 之種類亦復不一最著者爲活轉提桶量雨器 Tipping Bucket Rain gage 其組織甲乙兩部與上述量雨器相等惟接受雨水者非爲圓筒爲互相毗連兩方桶如甲桶容有[illegible]耗之雨量即甲桶即傾倒而乙桶即起而代盛雨水至乙桶容有[illegible]耗水時乙桶亦傾倒而甲桶復起而代之方桶之旁置有電機甲乙兩桶
氣象學 九十 東南大學

校审书稿遇到的问题，可以分为两大类：第一类是出在字迹辨识和断句上；第二类是出在词义解读和考证上。参与初稿编订的同志，应该说都是很认真负责的，但因专业、阅历各有不同，交稿的质量也就相差较大。当然，经过初审和二审之后，多数问题都会得到解决，即便如此，送到我手中的书稿，还会发现有各种各样的问题。无怪有前人说：校对如扫落叶，随扫随落。我也有这个体会，看一遍，找出错了，以为没有了，再看，又有了……

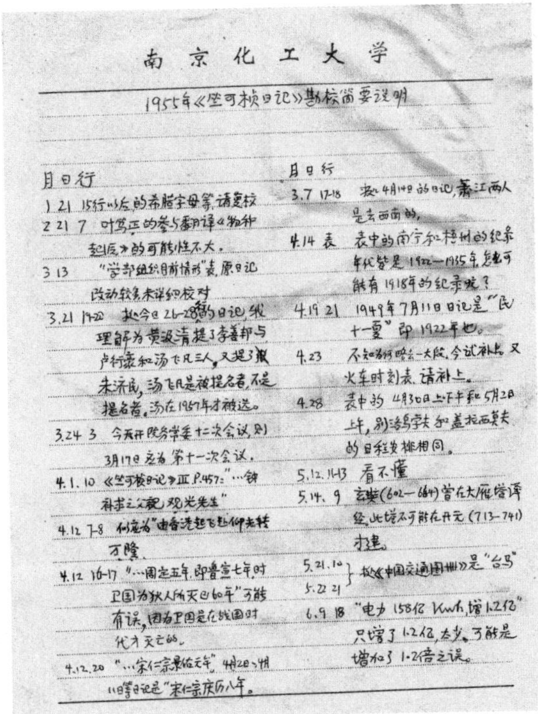
南京化工大学

1955年《竺可桢日记》勘校简要说明

月日行
1.21 15行以后的希腊字母等，请复校
2.21 7 叶笃正的参与翻译《物种起源》的可能性不大。
3.13 "学部组织目前情形"表，原日记改动较多，未详细校对
3.21 19-20 把今日26-28行的日记，我理解为黄汲清提了李善邦与卢衍豪和汤飞凡三人，又提了[illegible]朱济民，汤飞凡是被提名者，不是提名者。汤在1957年才被选。
3.24 3 今天开院务常委十二次会议，则3月17日应为第十一次会议。
4.1.10 《竺可桢日记》III P.457："…钟补求之父亲观光先生"
4.12 7-8 似应为"由香港起飞赴仰光转曼谷"？
4.12 16-17 "…周定王五年，即鲁宣七年时卫国为狄人所灭已60年"可能有误，因为卫国是在战国时代才灭亡的。
4.12.20 "…宋仁宗景佑元年"，4月20、4月11日等日记是"宋仁宗庆历八年"。

月日行
3.7 17-18 按4月14日的日记，萧江两人是去西南的。
4.14 表 表中的南宁和梧州的纪录年代皆是1922—1935年，怎么可能有1918年的纪录呢？
4.19 21 1949年7月11日日记是"民十一夏"即1922年也。
4.23 不知为何略去一大段，今试补上。又火车时刻表，请补上。
4.28 表中的4月30日上下午和5月2日上午，别洛乌索夫和盖拉西莫夫的日程安排相同。
5.12.11-13 看不懂
5.14.9 玄奘(602—664)曾在大雁塔译经，此塔不可能在开元(713-741)才建。
5.21.10 / 5.22 21 据《中国交通图册》是"台马"
6.9 18 "电力158亿Kwh，增1.2亿"只增了1.2亿，太少，可能是增加了1.2倍之误。

陈学溶对编订1955年《竺可桢日记》初稿的校审说明

在校审这一关，相对来说，纠正因初稿编订者误读误判而出现的问题比较容易，但要识别竺师本身因书写和记忆方面的错误则难度很大，哪些可以径改不注，哪些必须要加注说明，一要认真，二要慎重。从专业角度说，在气象学方面我就更为注意，而这方面的审读量也特别大，遇到的问题也相当多。竺师在每天日记的第一行，都要简单记录天气情况，涉及气温、气压、湿度、风向、云状等等。气温有摄氏、华氏，气压单位有毫巴和毫米，有时混用、混排，很易出错。对风向的书写有时不规范，比如"NEN"是什么风呢？如果是东北北风，应该写"NNE"；如果是东北风和北风，应该分开写成"NE，N"。再比如，把云状写作"Fr"，下面就没有了。"Fr"是碎的意思，云有碎积云、碎层云，原文中丢了字，这就要按编例的规定，在Fr之后补一个框框［　］，表示其后丢了字。

南京的冬季，室内没有取暖设备，冷得很。高楼门22号江苏省气象局的宿舍是国民党装甲兵司令徐廷瑶的旧官邸，房间又高又大，只有一只

蜂窝煤基炉发出微弱的热量。这个已住了半个多世纪的老房子，墙壁裂缝随处可见，家具油漆斑驳陆离。在这处陋室中，我最爱的是大床边的方桌。小女儿德奇遍寻南京城，为我买到一块能加热的玻璃台板，这样手放在上面就暖和些，否则手会冷得连笔都握不住。

我非常喜欢这张桌子，每天最多的时间，是坐在桌前台灯下，举着放大镜看书、看报和工作。为一个数据、一个人名、一个地名、一个典故……不弄清楚不罢休，常常是女儿向我大声喊“吃饭了，吃饭了”，有时我会诧异地问：“又吃饭啦，怎么又到吃饭时间了？”

这样一干就是 13 年，时间如此之久，是我事先没有预料到的。

工作起步不久，樊洪业先生让人给我寄来 500 元“润笔之资”。我随即表示：编撰《竺可桢全集》是自己应尽的义务，不能接受任何酬劳。他解释说，在研究所中按课题管理制度办事，他们已经从国家自然科学基金和中国科学院院长基金申请到了经费，专项用于编纂《竺可桢全集》的工作，参与工作的人都按工作的实际情况付给数额不等的报酬。我仍坚持不

陈学溶在家中伏案工作

能收这钱，我那时听力衰退，听电话已很困难，也不想为此事多费口舌，就让德红到邮局把钱退了回去。

钱，是我们每个人都需要的。但有些钱不能取。除不义之财以外，还有夺情之财不能取，这是个人内心感受的问题。竺老去世之后，为他老人家整理遗著出版，作为他的弟子，是义不容辞的事情。就像替父母做些事情是尽人子之孝道，要了报酬就会于心不安。这纯粹是个人感受，合法而不“合情”，不合我对恩师的情。

我从小生活在贫穷的家庭中，于百般困顿之时，80 年前幸得报考气象练习班的机遇。上学之后，深得竺师体恤，他知我求学之艰难，有临课迟到之时，从未责怪于我。感念师恩，每念及此，至今仍难禁泪夺眶出。早年受业于恩师，不仅使我学到了一生端饭碗的本事，更学到了许多做人的道理。

师恩永驻我心。因此，在近几十年纪念竺师的各种活动中，凡有要我尽力的事情，我从无推托，也从来不接受报酬。

病缠身，书萦怀

在《竺可桢全集》动工之前的两年多，1998 年 7 月，我曾突发心肌梗死，幸得及时入院抢救。此后每隔两三年都要与病魔搏斗一番。

2003 年 1 月 16 日晚，因发高烧入院，检查的过程中发现伴随高烧的心脏病并发，经治疗病情稳定，准备出院，谁知 1 月 27 日晨突发脑梗，我准备出院回家过春节，却因为脑部梗塞，又经一轮急救才转危为安。病情刚刚稳定，2 月 8 日，我让女儿把家中案头上等待校审的竺老 1938 年日记拿到病房来校对。

小护士们都很吃惊："陈老，你怎么开始工作了?"

我说："这是最好的休息的办法。"

果然，身体情况稳定，几天后即 2 月 12 日医生就批准我出院了。

每年都是冬日难熬。冬去春来，我的体力、精力一般就会明显转好。可是，2005 年的春天已经来一阵子了，我却日见消瘦，有时感到身上难受，坐卧不宁。3 月 5 日，北京来信告知已将 1948 年日记按四号字复印寄出。接到之后我就一头扎了进去。孩子们一再催我去看医生，我则一拖再拖，想把手头的工作告一段落，随之也延长了每天的工作时间，并敷衍他们说："等我校完这一卷再去医院，来得及。"

2005 年 4 月 28 日，刘宏勋夫妇来南京看望我，畅谈之余，劝我注意身体。等刘宏勋、张梦倩夫妇离宁去常州探亲，我才听从孩子们的安排，5 月 4 日住进江苏省人民医院消化科。

检查结果：结肠癌。

幸运的是，我虽已年近九旬，但体质还行，各项检查结果表明，可以进行手术根治。问题是哪位医师愿意承担风险，为我这九旬老朽实施这台手术呢？陈国立主任冒险挑起了这副担子。手术前，我已经知道自己的病情了，就冷静地和孩子们分析了情况，坚决要求尽快手术。"哪怕手术台上下不来，我自己负责！我只要两年时间，再给我两年时间，手上校审全集的事能做完，我就满足了！……"

孩子们理解我的心情，小儿子陈德东代表全家签了字，表示坚决地全力支持医生的工作。

5 月 21 日，陈主任以其精湛的技术施刀，很顺利，术后只几天时间我就从重症病房转入了普通病房治疗。接着，医院征求意见"要不要进行化疗”，我说：“手上的这一卷到年底应该能校审完了。你们答应我一定给我一年的工作时间，我够了，不要再节外生枝做化疗。如果做了化疗健康会受影响，我挺不过来，这一卷书的事就做不完了。”

手术后，我积极配合护士们要我锻炼体力的要求，对孩子们送来的各种食品尽量吃下去。手术后不到一个月时间，我就可以在德群、德奇的陪同下，从省人民医院步行去乌龙潭公园、清凉山公园了。这时，我又提出要求，先将家中书架上第几排上有绿皮包装的那本书拿来，我要翻翻；进而又提出：“你们把家中桌子上北京寄来的稿件拿一些来……”

在医院的精心治疗护理之下，我于6月22日出院。到家后，稍稍躺着休息了一会儿，我就又坐到了桌边，拿着放大镜……儿女们看到此情此景，相视一笑，老爸又回到原来的生活轨道上来了。

就这样，在结肠癌手术之后，我没做任何放疗、化疗，按预定计划，坚持校审了1948年和1949年的日记。我感谢江苏省人民医院的医护人员，帮助我圆了梦。

2009年初，我曾对孩子们说：“我是岁数越大越忙了，手术后我只要两年时间，现在都快四年了，知足了！再有什么事也不怕了……”

说了个四年，一语成谶。2009年3月24日，我突发“重症坏死型胰腺炎”，生命危在旦夕。会诊的结果，只有手术才有百分之一二的生存希望。

我一生中危急之时，总有贵人相助。此时我已94岁，经过再三协商，江苏省人民医院钱祝银主任率领他的团队（蒋奎荣、郭峰等），在麻醉科周钦海主任和心脏科的配合下，夜里零点左右为我进行手术，凌晨三点手术顺利完成，我过了第一关。

这种重症胰腺炎的术后护理工作是十分艰巨的。护理部李强副主任和

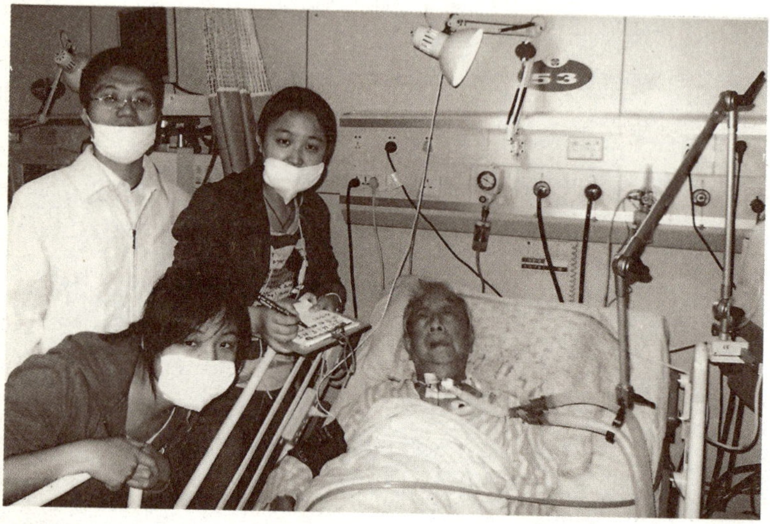

2009年5月16日在江苏省人民医院病床上的陈学溶。床前为孙女陈未翔(前)、外孙陈陆捷(后左)、孙女刘国平(后右)

方小萍护士长领导下的外科九病区的全体护士们，为此付出了艰辛的劳动，跨过感染、不能进食、摘呼吸机、心肾功能衰竭等多重关口，曾病危通知4次，我在重症监护室待了132天，几乎天天都能遇到险情。钱主任去美国进修3个月，还不时地来电话询问我的康复情况。在我的儿女们都信心不足的时候，医护人员仍然坚持着，终于又一次把我从死神那里拉了回来。

与五年多前相比，出院后的我，已步履维艰，耳聋眼花，反应迟钝。但我会经常念叨那些已扎根在记忆深处的、可亲可爱的九病区的小护士们——陈莉、王蓉、史红军、赵姗姗、陈娟、胡敏、陈明媚、朱元、李春燕、李思雨、董亚舒、张小给、吴大班、胡艳、陈婉如、黄灿灿、杨燕、汪婷婷、王亚运、“蓝衣大姐”小史……

近些年从电视、报纸上经常传出医患关系紧张的报道，但我所经历的却是这么温暖，人间自有真情在啊。

2009年9月4日，我终于又回到了高楼门22号大院老宅，我的心早已飞向《竺可桢全集》，还没等摘下尿袋，就急忙吩咐女儿德红："与樊洪业联系，让我再做点事情。"

附：

关于在医院的情况，"老科学家学术成长资料采集工程"项目研究报告《眷眷风雨情——陈学溶传》中有这样一段记述。

在医患关系日益紧张的现实社会里，陈学溶与九病区的医护人员为什么能相处得如此融洽？这里有许多细节，很平常，很琐碎，却很感人……说实话，有些操作还是违规的，她们为什么能连"风险"都不顾了，冒"犯错误"的危险，尽力施救呢？真要细究下去，则是另一篇文章了。这里还是写一些"上得了台面"的事情吧！

手术后，陈学溶排便困难。护士们帮忙清理秽物要凑近擦洗。一次陈学溶突然排气，喷了李春燕一脸脏污，小李只是默默擦洗一番，并无怨言。陈学溶的儿女非常过意不去，想送点礼品补偿小李，被她坚拒。

陈学溶长期卧床，胡敏便冒风险拉陈学溶起卧锻炼；赵姗姗冒风险撤掉监护仪、输液等缠在陈学溶身上的管、线，帮他走出术后下床的第一步；陈明媚、陈娟、朱元等千方百计帮陈学溶锻炼，排出体内二氧化碳，保证他脱呼吸机成功；王蓉为陈学溶管起"分外事"，请她爱人——泌尿科副主任吕强帮忙排除他的排尿障碍……

而九病区重症护理部副主任李强获知陈学溶肾功能忽然衰竭后，亲自推着他楼上楼下进行紧急检查，以找出原因好进行对症治疗。争分夺秒，时间就是生命，看着李主任飞奔着的背影，陈学溶的子女们感动万分。

所有这一切缘于江苏省人民医院九病区有一个得力而富有经验、具备高尚医德的领导班子：苗毅、钱祝银、李强、方小萍；有一支医术高超、敬业、善解人意的医生队伍：蒋奎荣、郭峰、陈建敏……即使多年以后的今天，陈学溶的子女回忆到此，仍心潮澎湃，激动不已：没有大家共同的努力，是不会创造出这一医疗奇迹的！

俗话说“两好换一好”，陈学溶本身的修养也赢得医护人员的尊重。他有礼貌，很自觉。接受几乎每一次医疗服务时，虽口不能言（戴着呼吸机），总不忘举起手，弯弯大拇指表示“感谢”。小助理护士们也常借着夜班空闲时，过来借助纸笔和他“聊天”（交流的纸张一大沓，现在仍保存着呢）。陈学溶从她们处得到安慰和医疗指导，小姑娘们也从这个有趣、比她们爷爷还年长的老人那里，得知过去的许多事情，病区门卫张师傅笑言：“我们全体都在跟着老爷子练习书法哦……”

陈学溶理解医护人员工作的艰辛，尽量不麻烦他们，甚至少吃、少喝以减少排泄物的处理。李强主任劝他说：“你应该尽量多进食，增加营养，护理病员是护士们的职责，不要有任何顾虑。”在这段时间里，陈学溶的病情时好时坏，在神志清楚时，他告诫子女要尊重医护人员，配合他们的工作……在病情一度危重时，他交待后事：珍藏的早期气象杂志等他身后捐给北极阁气象博物馆；不做大的抢救，后事从简、从俭；等等。

我们的民族，就是因为有这样千千万万平凡而可敬的人物，构成社会的基础，把中华文明延续下去。

从那时出院以来，身体弱是不可避免的，但一直没有再长期住医院。

参与全集工作以来，我与樊洪业来往信件频频，保留下来的就有近200封。他的工作头绪多，有时不能及时回信。有一次我很着急，就在信里写道：洪业先生，你要回我的信，我是随时都可能与你永别的呀！

他曾与我调侃说：你老人家要树雄心、立壮志，赶超周有光呀！

2014年4月28日，由《竺可桢全集》编委会、国家图书馆和上海科技教育出版社联合主办的《竺可桢全集》出版研讨会在北京国家图书馆召开。会议组织者明明知道我不能到会，还是给我发来了邀请函，说让我留着做个纪念，看着高兴就好。我在家中拍摄了讲话录像，遥祝会议成功。

回想这十三年来校审《竺可桢全集》的日子，终于到2014年初见到了24卷全部出齐，我心中真有说不出的高兴：一生碌碌无为，反而是退休后做了这样一件事，不只是对恩师的最好的回报和纪念，更是为学术界

“九十九岁‘老义工’”(《竺可桢全集》出版研讨会主题报告PPT中介绍陈学溶重要贡献的片段，2014年4月28日，摄于国家图书馆会议厅)

提供了一个珍贵且丰富的资料宝库，自己能在其中尽一份力，我心足矣。

百岁遐想

全集校审的事情已经不多了，我想把已经出版的全集各卷再用通读的方式校勘一遍，以利后世读者。其实，每一卷出版之后，我随时都在注意做这件事。只是因身体原因顾不上，会有缺漏。这时想补全。樊洪业说，这当然很需要，原来也是有这个打算的，勘误呀，人名索引呀，补编继续新发现的文献呀，将来再合成一卷，但这不是近一两年内就能做和能完成的事情。他劝我写回忆录，我不情愿，因为觉得自己一生确实没什么成就，不值得写，他也不好勉强我。

2013年7月，中国科协通过南京信息工程大学的领导，把我列为"老科学家学术成长资料采集工程"的采集对象。我担心会成为我国气象学界的笑柄!

怎么说呢？称"老"，高龄有多；称"家"，成绩有缺；"成长"，不大好说；"资料"，尚有一些。最后我只好遵从领导的安排，采就采吧。

11月份，采集工程在南京开了一次会议，现代中国科学史研究专家、采集工程办公室主任张藜研究员，于会议期间率员登门来访，由樊洪业先生作陪。因为他们事先打过招呼，我们在家做了准备，把一批资料"采集"走了，其中就有我最珍爱的历经劫掠的1935年气象练习班的合影原件，年底在国家博物馆举办的"科技梦　中国梦——中国现代科学家主题展"中，被置于专门展柜中。物尽其用，有利于社会文明进步，我窃喜于心。

2013年11月29日于南京在家中接待老科学家学术成长资料采集工程办公室主任张藜（陈学溶忆述1935年气象练习班合影的情况。右一为本书整理者之一樊洪业）

后来，我把1934年竺老编的《气象学讲义》也捐出去了，那可是我随身辗转了整整80年的宝贝。到我这把年纪，放在手里多是怀旧自娱（他们想得很周到，后来为我制作了1934年《气象学讲义》和1935年气象练习班合影的高仿真大复制件），放到采集工程去，是让公众了解中国科学走过的历史，何乐而不为呢！

历史已进入2015年。

中国老年人计算年龄，一般用“虚岁”。而中国人说年份，又往往把新年、旧年搅在一起，模糊一下，到2015年我就可以算是100岁了。

我从小就喜欢科学，竺师领我进了气象这一门，我“从一而终”。从

2013年12月在“中国现代科学家主题展”中陈列陈学溶捐赠的展品（左为1937年《泰山之温度与雨量》论文手稿；中上为1935年中央研究院气象研究所第三届气象练习班同学毕业合影；中下为对照片中全部人物做辨认和标示的复印件；右为亲笔记录的1937年中央研究院气象研究所职工名单）

泰山日观峰测候所起步，在抗日战争中曾为驼峰航线的气象服务，在新中国早期先后为军事部门、民航事业的气象服务，后拓展于农业气候区划。在研究工作方面，曾先行探索小尺度天气系统研究，后沉潜于《梅雨图集》的编纂。从观测到行政，从科研到教学，测候员、预报员、台长、参谋、副科长、工程师、研究员，在履历表中的名头有一长串，但说实在的，没什么大名堂。这也很符合我早已下定决心奉行的“不求有功，但求无过”的生存哲学。

然而，我在中国现代气象事业方方面面的经历，到了晚年，却转化成了宝贵的财富。把我所经历的事情写出来，并继续寻找那些被遗忘、被遮蔽、被混淆的历史事实，这里有我晚年的精神家园。

附　录

《中国气象史》一书中某些近代史实的商榷[①]

陈学溶

我通读了农业出版社的本书第四章和第五章。发觉在史实方面本书有一些笔误和可以商榷之处，现指出，请指正。

（一）P. 89，L. 6~8“阿弥倭……于1755—1760年（乾隆二十年至二十五年）也在北京进行气温……等观测”。

其中的年份改为“1757—1762年（乾隆二十二年至二十七年）”可能较好。详请见《中国近现代气象学界若干史迹》P. 213（气象出版社，2013年）。

（二）P. 92，L. 14“……上海法租界工部局”

上海的公共租界称“工部局”，法租界称“公董局”。

（三）P. 92，注②“赫德……1907年……退职返国”。

据《中国近代史词典》P. 730：赫德1907年并未退职，而是1908年请假返国，至死（1911年）始卸职。

---

① 1983年12月，洪世年、陈文言编著，由农业出版社出版的《中国气象史》一书，是当时在大陆最早出版的中国气象史著作，其中内容与史实不符的地方不少，1984年3月陈学溶完成了“《中国气象史》一书中某些近代史实的商榷”初稿，因故未能刊出。考虑到《中国气象史》一书影响较大，至今仍有引用者，为避免以讹传讹，他在2014年10月又做了增补修订。现在将这篇未曾发表过的文章附录于此，供研究者们参考。

（四）P. 93，L. 19 徐家汇观象台“台长龙相齐（E. Gherzi）……”

龙相齐（E. Gherzi）没有担任过徐家汇观象台台长，只是该台气象科的主持人。

（五）P. 94，L. 3-4“……直到 1949 年中国人民在中国共产党的领导下，获得全国解放后，徐家汇观象台才为人民接管”。

较明确的说法是“……直到 1949 年……全国解放后的 1950 年 12 月徐家汇观象台才为人民接管”。否则容易误会为 1949 年已接管。

（六）P. 94，L. 21“……1896 年（光绪二十年）”

似应为“……1896 年（光绪二十二年）”或“……1894 年（光绪二十年）”。

（七）P. 97，L. 6-7“1927 年北伐战争后，将青岛观象台划归为中央研究院领导”。

国立中央研究院是 1928 年成立的，直到 1949 年中华人民共和国成立，都没有见到该院领导过青岛观象台的文件。

（八）P. 99，注①中的“1589 年”似是“1859 年”之误。

（九）P. 101，L. 8“……又令在汉西门（今南京汉中门）内……”

汉西门是明初所建的南京城墙的十三个城门之一，历史悠久，而汉中门则是国民党政府定都南京后，由于新筑了汉中路才开辟的，只有约 80 年的历史。两者相距约百米，不是同一个城门。

（十）P. 104，L. 12“（一）北洋军阀统治时期（1911—1927）”

北洋军阀统治时期是从 1912 年开始。

（十一）P. 104，L. 15~16“自 1912 年在南京成立了临时政府以后，为了开展国家的气象事业，当时的教育部便派人于六月去北京筹办中央观象台”。

由于袁世凯接替孙中山出任临时大总统后，坚持不来南京就职，参议院遂于 1912 年 4 月 5 日决议将临时政府迁到北京。所以六月的教育部已在北京不在南京，不会再派人于 6 月去北京筹办中央观象台。顾名思义“中央”观象台在一般情况下是设在“中央”政府所在地。派人到另一地去筹设是罕见的。

（十二）P. 106，注②“气象丛刊”是“观象丛报”之误。

（十三）P. 109，L. 11“1923年……又开班训练十余人”。

据蒋丙然先生《四十五年来我参加之中国观象事业》，“民国十二年，中央观象台开第二期气象训练班……毕业学生约三十人”。

（十四）P. 110，L. 10~12“……1928年4月间中央研究院气象研究所由……初建的大学院观象台筹备委员会……而成立了”。

气象研究所是1928年2月筹备成立的。它是由“大学院中央研究院观象台筹备委员会……而成立了”。

（十五）P. 112，L. 16“……下设二、三等测候所10~13个”

应为“……下设二等测候所10~30个”。

（十六）P. 114，倒L. 2“……承担了1932年中国部分的观测工作”

改为“……承担了1932年8月—1933年8月共13个月中国部分的观测工作”较确切。

（十七）P. 114，倒L. 1~P. 115，L. 1“在1929年冬，国民党政府军政部成立了航空署”。

国民党政府军政部航空署在1928年11月已经成立。次年1月份该署曾派员到气象研究所洽商开办气象训练班事宜。

（十八）P. 115，L. 23~25“……气象研究所曾于1936年7月份起在13—18日国际规定的‘探空气球施放周’内延续到1937年5月间共10次……进行探空观测”。

气象研究所早在1930年5月15日起，就开始在“探空气球施放周”内施放探空气球，曾放了多次，但皆未能收回。1936年3月16日所放的探空气球是第一次收回的，弥足珍贵。该所的探空观测一直延伸到1937年7月15日，后因抗战军兴才被迫停止，施放次数不少于20次，但只获得了10次探空资料。

（十九）P. 116，L. 11~13“1932年7月北平清华大学地学系气象组用美金1 200元经转中央研究院气象研究所购得了这个气象风筝。其后每次测放的高度也不超过二千米”

这个气象风筝是气象研究所购得的，后委托清华大学气象台的黄厦千等人施放，产权不属于清华大学。《中华气象学史》认为是赫德博士将风筝赠送给清华大学，同样是误传。我在《气象风筝探空和史镜清纪念奖金》（《中国近现代气象学界若干史迹》PP. 150~154，气象出版社，2013 年）一文中曾作了较详尽的介绍，现不赘述。

《中国气象史》认为气象风筝“每次测放的高度也不超过二千米”，亦非事实。例如，从 1932 年 9 月 27 日到 1933 年 5 月 20 日共举行了 46 次气象风筝测候，其中高度超过二千米的有 19 次之多。

（二十）P. 116，L. 13~15“……史镜清于 1933 年 9 月 7 日施放时，不幸触电牺牲……中国气象学会为了纪念他还设置过征文奖金”。

史镜清是 9 月 8 日牺牲的。许多文献都误为 9 月 7 日。纪念他的征文奖金是中央研究院设置的，许多文献都误为中国气象学会设置。详情请参考《气象风筝探空和史镜清纪念奖金》一文（《中国近代气象史资料》P. 264~266）。

（二十一）P. 116，L. 18~P. 117，L. 1“1931 年气象研究所……先后在……泰山……峨眉山……设立了高山测候站。1933 年在天目山……方岩山……设站。1935 年在……翠华山……又成立了一个站。1936 年并协助安徽省建设厅在黄山再设立了一个高山测候站”。

气象研究所在泰山和峨眉山设高山测候站是在 1932 年 8 月（不是 1931 年）。其余的高山测候站，包括天目山、天台山、方岩山和翠华山，皆和黄山一样是协助有关部门设立的，不是气象研究所设立的。

（二十二）P. 119，注①认为西安的测候所是“全国经济委员会水利处与陕西省水利局合办”的。错了。当时西安有两个测候所。一个是西安测候所，是陕西省水利局单独设立的。另一个是西安头等测候所，是全国经济委员会与气象研究所合办的。

（二十三）P. 120，L. 12~14“1925 年后，国民党军政部海军署……全国海军巡防处所设的东沙岛观象台及厦门、坎门、嵊泗报警台均有气象观测”。

国民党政府的军政部海军署在 1928 年 12 月才设立。1925 年后的海军署全国海军巡防处当时是属于北京政府。

（二十四）P. 122，L. 11~13“1927 年……西北科学考察团……曾在我国新疆地区，短期设有哈密、迪化（今乌鲁木齐）、库车及若羌四处测候所”。

本文记载较简略。在考察期间，西北科学考察团，不仅在新疆，而且在甘肃和内蒙古设立了很多测候所，其中比较完备的气象台有葱都尔（Tsondol）、迪化、若羌、库车、七格腾木、瓦因托来（Wayin-torol）与和田等，另有短期测候所包头、胡加图沟（Hujertugol）、义成公（Ichangung）、新地（Shindi）、马杂塔格（Mazartagh）、莎车、且末等。另外还有山地测候7处。该团还放了测风气球343次，风筝探空123次等等。详细情况请见台湾《中国气象学会会刊》第七期刘衍淮文。

（二十五）P. 126，L. 18~21“1931年4月起……气象研究所……开办了两期气象练习班，每期均不超过四十人……另外各省建设厅可保送一名学员”。

气象研究所从1929年起，就开办了气象学习班，共办了四期，其中第三期学员有50余人。保送学员的单位，除建设厅外还有教育厅、水利局、省政府，等等，保送的学员每个单位也不限定一名。

（二十六）P. 128，L. 26~27“气象学会六届以前各次年会都是在青岛召开的。1931年第七届以后，开始改在南京召开了”。

《当代中国的气象事业》P. 333也记为“在青岛召开过六届年会”，都错了两届。实际情况是气象学会四届以前各次年会是青岛召开的。1929年第五届及以后则开始在南京召开了。

（二十七）P. 129，L. 5~6“……1925年即出版了第一期《会刊》，每年一期，到1933年止共出版了十期（不分卷）”。

实际上《会刊》并非每年一期，例如1929年未出版，1932年和1933年各出了两期。

（二十八）P. 129，L. 11~12“1941年改编为《气象学报》，每年一卷，到解放前1947年共印行到第十九卷”。

改为“1941年改编为第十五卷的《气象学报》，原拟每年一卷，因种种原因，到解放前1947年计七年间只印行到第十九卷”似较好。否则可能会被误会《气象学报》共出版了十九卷，而实际上它只出了五卷（第十五卷到第十九卷）。

（二十九）P. 130，L. 12~13“专业研究的主要报告，一般发表在气象研究所的《气象学报》《集刊》”。

应该为“专业研究的主要报告，一般发表在中国气象学会的《气象学报》和气象研究所的《集刊》上”。

（三十）P. 130，注①气象研究所的集刊“自1931年的第1集起到1948年间共印有多期，1949年5月气象研究所并刊印有论文集《竺可桢先生六旬寿辰纪念专刊》”。

除了本书以外，不少文献（例如《竺可桢文集》P. 124的注）都将《气象研究所集刊》第1号的出版年份误为1931年，实际上应为1929年，详请见“《气象研究所集刊》第一号的出版年份”（《中国近现代气象学界若干史迹》P. 98~99，气象出版社，2013年）。

《竺可桢先生六旬寿辰纪念专刊》不是气象研究所刊印的，是中国气象学会作为《气象学报》第二十卷出版的。

（三十一）P. 130，注②《气象丛刊》“仅于1944年在重庆印有四期”。

《气象丛刊》在1945年6月还印了三期，即第二卷第一号吕炯的《西藏高原及其四周之雨量》，第二卷第二号朱炳海的《本国锋之消长与气旋》和第二卷第三号徐尔灏的《等气压距常线研究》。

远去的奶奶、父亲和母亲

陈德红

读过《我的气象生涯》后，总感觉此书对父亲一生中最重要的两位女性——我的奶奶和母亲叙述得不多，有些缺憾。因此我做点补充。

1968年7月，在得知大儿子已被隔离的消息后，80多岁没有文化，一生要强的奶奶终于崩溃了。她不知道什么是"隔离"，只知道她的两个老老实实、勤勤恳恳的孝顺儿子都被关起来了（我叔叔此前也已被关进监牢）。她每天颤颤巍巍在家里转来转去找儿子，嘴里不停念念叨叨的，楼下邻居不耐烦，曾恶语相向。几天后，她体力不支，摔倒导致骨折。我的堂兄妹们当时都是十多岁的孩子，家庭遭遇这样大的变故，他们不得不硬着头皮借了板车推奶奶到处找医院治病。但这些医院都以"反革命家属，不予治疗"为由，把他们拒之门外。奶奶腿虽已摔断，可神志还清醒，几次被拒推回家中后，她不再吃东西，连水也极少喝，不再说什么了，12天后（7月20日），与世长辞。

"文化大革命"后，我从堂姐处才听说，奶奶在最后的日子里说的一句话："我今年81岁，九九八十一，算尽了！"（意指走投无路）因父亲在隔离审查期间，当时江苏省气象局的当权者只通知了我母亲去处理后事，不让我们兄妹前去，怕我们"串联"，即怕我们互通消息。母亲回来后说："只有我和你婶婶、×××（我堂姐），还有柯家表嫂去了火葬场。"其他情况一概没谈。

父亲解除隔离回到家中，已是1972年1月份的事了。在家住了几天后，临回"五七干校”，他见我一人在屋内，轻轻问了一句：“你奶奶、叔叔一家现在怎样了？”我们怕父亲伤心，曾说好不告诉他奶奶去世的细节，所以我也轻轻地回答：“奶奶 1968 年就去世了，叔叔一家下放在苏北农村。”父亲默默地走了，没再多问一句。几十年过去了，直到离开这个世界，他再也没提过有关我们奶奶的只言片语。

而叔叔一家，虽然现在家庭幸福，但对“文化大革命”期间不堪回首的往事，却绝口不提。

同样要强的母亲与奶奶很相像，宁折勿弯。就在奶奶去世的 1968 年夏天，省气象局的运动积极分子来到我家，动员我们家人揭发陈学溶，说他罪行很大。母亲当即拍案而起：“陈学溶是什么人我最了解！他不是坏人！我没什么可揭发的！”虽然由于家属的“不配合”，父亲后来的日子更难过了，但母亲维护爸爸而不顾自身安危的言行，对我们子女影响很大，在当时那个到处都有小辈揭发长辈，夫妻互相攻讦现象的恶劣政治环境下，即使做做样子，我们也没揭发我们的“反动资产阶级学术权威”的父亲，使他有个小小的避风港，平安挨过可怕的“文化大革命”时期。

过去对照父亲，我们总觉得他对母亲不如母亲对他的感情深，如果父母在日常生活上有小冲突，我们内心总是偏向母亲的。

回想起 1987 年初，父亲要在江苏省工人医院（现江苏省人民医院）进行脊椎手术时，我陪同母亲在手术前去吕君宁老师家了解情况，谈着谈着，母亲突然激动，哭着跪求吕老师，请他尽力保护父亲。见往日“硬汉子”一样的母亲这种举动，我也不能自持，泪流满面。在吕老师夫妇安抚下，她才慢慢和我走回家。谁知当天下午，她突然脸色大变，说：“难受，胸闷。”我劝她去医院，母亲流着泪说：“不要紧，你爸爸要是好了，我也好了；要不行，我们两人一起回‘老家’。”上天有眼，手术非常成功，术后父亲恢复很快。母亲后来笑眯眯地对我说：“气象学院的老师都说，你爸爸要活一百岁呢，身上一点毛病也没有！”

1987 年这一年，我家真是喜事相连，父亲手术成功后，光荣退休又被南京气象学院返聘，继续沉浸在他的工作中。但与母亲约定在他退休后，故地重游、访亲探友的

全家福（2013年7月30日摄于南京）

计划又成泡影。母亲一如既往支持着父亲，对父亲的“失约”毫不在意。

1987 年 11 月下旬，姨妈终于办好了一切手续，准备在新加坡与分离近四十载的母亲相会。因为要出国一个月，而母亲从没离开家这么久，这不放心，那不放心，最不放心的是父亲。我们全都劝她：“放心，大家一定会过得好好的。”她总算答应了，可办好一切出国手续后，她又突然对我说：“反正姨妈以后能回来探亲，我真不想去了！”我说：“姨妈就是要你去开开眼界，你能不去吗？家里不要担心！”母亲说：“话是这么说，我死了大家还是一样过，可就是不放心。你爸爸一辈子给人伺候惯了，他又随便，怕给你们添麻烦，还说要住到学校去呢！”

母亲去新加坡后，盼望多年的高楼门 22 号老宅修缮开始了。最怕麻烦的父亲这次没有一句怨言，全力配合我们。小外孙见吃饭只能捧着碗坐在小板凳上，哭着说：“我要婆婆回家，我要在桌上吃饭！”父亲微笑着告诉他：“房子修好了，墙刷得白白的，让婆婆回来高高兴兴地住新房子好吗？”小外孙喜笑颜开，再不提上桌吃饭的事了。

好日子总是过得太快了，不经意间时光已流淌到1990年，父亲继续气象史的研究，母亲则一如既往操持家务。年初时，母亲感到身体不适，但最怕求医问药的她对谁都不提，10月，母亲已连续呕吐，不能进食。在母亲病危之际，父亲时时流露出的真情使人心酸，让我们更加难受。

父亲日渐苍老憔悴，但他什么都不问，默默地看着我们进进出出地忙碌。10月23日确诊胰腺癌后，父亲双泪长流，经常不见他的人影。我们为此曾抱怨他："多陪陪妈妈吧，和妈妈谈谈！"父亲就一声不响走进母亲的卧室，静静坐在她的床边，望着病中的母亲。但母亲只要睁开眼睛见到父亲，就会催促他离开："快去干你的事去吧，不要陪我，我没事，休息休息就好了！"父亲遵命，走回自己书桌边坐下，下意识地翻弄着书籍报刊……

到现在我们才知道，那段时间，从不求助于人的父亲，也在四处托朋友寻找好医生。直到11月18日后，姨妈从台湾来南京看望重病中的母亲，父亲才接受这个残酷的现实，不顾母亲的劝阻，天天去肿瘤医院探视。他总是等在病房外，等母亲平静了才悄悄推门进去，默默陪伴到我们一再催促他回家才走。

12月7日凌晨，母亲已弥留。我赶去医院前，喊来大嫂靳娅，因她是医生，让她陪伴父亲以防不测。后来大嫂告诉我："爸爸默默坐着，忽然对我说：'今天我一定要告诉你妈妈，不是我们不找人给你开刀，是这个病已到晚期，开不了刀了……'"彻夜难眠的父亲在做出这个艰难决定后，似放下一桩心事，这才筋疲力尽和衣倒在床上休息。

母亲走了，远在台湾的姨妈突然来电给我们的亲家方桂老师，急切地问："我姐姐怎么样啦？我梦见她刚刚来向我告别。"方老师证实母亲刚走了，姨妈痛哭失声。亲人间，真是心有灵犀啊！

办完母亲的丧事，父亲对我说，人总有这一天的。你妈妈走了，我不愿拖累你们，我要去住养老院。我们子女都强烈反对，在大家的劝说下，父亲终于打消离家的念头。以后的日子里，他一天到晚埋头在书籍中，没人喊他吃饭他不动，没人喊他睡觉他也不动，外孙喊他，他只是默默地摸摸小孩的头，脸上没有任何表情。

直到今年3月，我去池国英先生的大女儿池正大姐家送书（《我的气象生涯》），才从她口中知道："陈伯伯对你妈妈感情太深了！当年得知你妈妈去世的消息，我爸爸约了蒋瑞生、盛承禹两位伯伯一同去看望你爸爸。你爸爸听到敲门声，站在房门后就是不肯开门，我爸爸他们就在门外安慰他。谁知听到你爸爸在里面痛哭失声，并一再让我爸他们回去，我爸他们只好回去了。"

亲朋好友的慰藉，时间的流逝，最主要还是工作使父亲终于从丧偶的巨痛中慢慢走出来。

2014年《竺可桢全集》全部校对完毕，顺利出全了。此时已近百岁的父亲身体越来越虚弱了。他说："江菊人先生在李清悚先生去世后，曾叹息：'我的老朋友们都走了，我也该走了。'时隔不久，江先生就驾鹤西去。我现在的任务也没了，我也可以走了。"我们只好安慰他："采集工程的任务你还没有完成，不能走！"他点头，算是同意。《我的气象生涯——陈学溶百岁自述》一书出版后，他又提出："我太无聊了，到我这个年龄，多活一天少活一天没有多大意思了，我能走了。"

2015年9月20日，程纯枢先生的大儿子程德保来访，邀请陈伯伯为他所著的《情系风云》一书进行校审，父亲说："史实错误我要纠正，至于文章的布局、章节、措辞等与写作有关的问题，实在是力不从心了。"以后程德保又请父亲为此书作序，当时的父亲身体很差，我本想婉辞，但父亲说："我与程伯伯的关系不是一般的，这个序我写。我这个年龄有病是正常的，没病倒奇怪了。能写是好事，如果为此一下子过去，倒是福气呢。"几天后父亲就拿着写好的稿子让我们修改，他深深缅怀着这位师长。

2016年3月16日，当《竺可桢年谱长编1928—1935》的校审稿打印好，送到他手中时，父亲精神为之一振，急着要看。德东、德奇准备推他去北极阁广场散步、晒太阳，他却固执地坚持不去，口中念念有词："忙不过来了，忙不过来了，我哪都不去了。"大家劝说："这是樊先生、李先生找点事让你干，别着急。细水长流吧，都干完了又没事干了。"父亲默然，但他一投入进去就停不下来，神采奕奕，没有倦容，真看不出是百岁老人。等校审告一段落，父亲又病倒了，虽然休息几天以后，他又能坐到书桌边，但他深知自己是有心而无力了。他开始与每个子女交待后事安排，嘱我们一切从俭、从简，不发讣告，不开追悼会，事后再通知亲朋好友。他说："如果不是你们妈妈墓地旁留有空穴，我的骨灰都不留，全部撒掉。”

阳光明媚、百花盛开的五月来了，但父亲的身体却更差了，越吃越少。因为记忆越来越差，他常把已校对过的《竺可桢年谱长编 1928—1935》又放在没校对的一堆资料中，找起来发现自己放错了地方，常自责不已。

5 月 9 日他开始整理校对好的《竺可桢年谱长编 1928—1935》。我告诉他：“你没休息好，夜里常做噩梦，有时会发出悸叫声?”父亲愣了半晌才说：“奇怪得很，我现在常常梦见过去的事情，梦见你们的妈妈。她有时会叫我做什么事情，我总是做不好，可能是着急吧?！你妈妈要叫我去了。”我不以为然：“老爸，你现在也迷信了吗?”父亲认真地说：“这几天我要集中精力把‘长编’的事搞完，等德东从北京回来你告诉他就行了。我现在什么都不想吃，你们不要逼我，我就这样每天少吃一点，慢慢的什么都不吃了，最后连药都可以停了。我不到医院去，就是这次能治好些，又怎样呢？还不是要再受罪。人总是要走的，少受点罪走不是很好吗?！你们要听我的！”还能说什么呢！我们终于理解父亲“无聊”的含义，有事可干，却无力去做，继续支撑活下去的动力没有了。他是真的想走，也要走了！哀莫大于心死，我们挽留不住啊，亲爱的老爸。

5 月 20 日以后的一天，我看见父亲站在书桌前，双手连续不断快速地整理《竺可桢年谱长编 1928—1935》的打印稿。到晚上他看上去很轻松的样子，我催他上床休息，他若有所思地说：“只能搞成这样了，惭愧得很。我想看《西线无战事》，或者《堂·吉诃德》，真是百看不厌。”我问：“《红楼梦》呢?”“也很好看，看一遍再看一遍都不厌。”

5 月 27 日是父亲的孙女陈未翔的生日，等大嫂靳娅来看父亲，他嘱咐一定要给未翔过生日，并拿出两百元交给我：“我知道你怕烦，但这碗生日面我一定要吃！”我们几兄妹奇怪：一向反对过生日，喜欢安静的父亲，今天是怎么啦？但想到父亲近来一直吃不下饭，是不是热闹一下，他能多吃一点？于是我们匆匆把各家的饭菜集中到父亲家中，下了面条，草草准备一下，扶“老太爷”上桌，给未翔过生日。久已不上饭桌的父亲勉强吃了一点面条，只顾着爷孙视频互开玩笑。孙女恭喜爷爷《我的气象生涯》一书被美国国会图书馆收藏了，祝爷爷幸福快乐，爷爷则祝福孙女小夫妻永远幸福。他说：“我只能幸福几天了，六月份就和你们‘拜拜’了！”看父亲比平日精神许多，我们只当是一句玩笑话哩。

5月28日上午，我们动员父亲去鼓楼医院插上了导尿管，以利排尿消肿，父亲一声不吭随我们折腾。午饭时，父亲全身除脚踝处，水肿全部消失。正当我们欣喜不已时，父亲重重地说了一句："我不愿意像王（鹏飞）先生那样活着（王先生病重时，我曾去看望，当时他的身上插满了管子。回来把这些都告诉了父亲），你们为什么不听我的呢?"还是大嫂出面一番劝解，父亲才平静下来。

可能肿消后，人舒服了些，父亲又忙碌起来，整理笔记和寻找资料……看我做完家务事，父亲招招手把我叫到身边，交给我一个包装好的信封："这是我准备处理后事的钱，交给你我放心，你不会浪费的，不会搞那些乱七八糟的仪式，干什么哪?!"我点头："一切都会照你说的去做!"我悄悄地给父亲拍了视频，发给外地的孩子们，想让他们放心——他们的公公（爷爷）现在还行！谁知孩子们看了视频，都吃了一惊：才两三个月不见，公公（爷爷）不好了！不约而同地没和我们这些长辈商量，立即买了飞机票、高铁票往家赶。

父亲曾嘱咐我们，如果他去了，不要让孩子们请假回来，"春节不是才聚过吗?"但他知道孩子们都在往家赶时，还是轻轻说了声"欢迎，欢迎!"天不遂人愿啊，2016年6月1日11时49分，父亲平静地走了，只差几个小时，没有等到孩子们都聚到身边——人生真的不能圆满吗？面对因为晚归而自责的孩子们，德群轻轻说出公公（爷爷）的遗言："丧，与其易也，宁戚。"

父亲一生坎坷，但在生命的最后几年却活得充实愉快：亲眼见到《竺可桢全集》二十四卷成功出版；亲手拿到了抗日战争胜利七十周年纪念勋章……最令他欣慰的是采集工程项目把他一生中无意的收存，把他视为珍宝的气象史料全部集中，使他一生的爱好化为对历史的见证和对民族有益的收藏，他身后没有遗憾了！

在父亲逝世三个月之际，伏在父亲的书桌上，我写下这篇短文，以告慰父母亲远去的灵魂……

2016年9月1日

卢伯伯

陈德东　陈德红

在父亲气象研究所老同事中，卢鋈夫妇是后来与我们家几十年来往最密切的。我们从小就和卢伯伯及卢妈妈熟悉，并喜欢他们。卢妈妈也是与父亲同在第三届气象练习班学习的同学，她就是父亲常直呼外号“曾胖子”的曾广琼。因为是同学，所以和父亲一同直接受教于竺可桢先生，都算入室弟子。卢伯伯曾留学美国，但没亲聆过竺先生教诲。在家里，贵为局长大人的卢伯伯，对卢妈妈也只好甘拜下风：“……没办法，谁让我没人家地位高呢?”

卢妈妈没有自己的亲生子女，喜欢我们这群孩子，视为己出。而我们则少不更事，在卢伯伯家就像在自己家一样随性，不拘束。记得五十年代后期，物资供应匮乏，在家里吃饭要“计划供应”，经常饿肚子。卢伯伯是中央气象局副局长，按高级干部标准供应，生活条件要比我家好。卢妈妈常让父亲带我们这群孩子到她家“改善一下生活”。印象最深的一次是吃午饭，他们老两口显得特别高兴，原来儿子的女朋友正巧来做客。卢伯伯见我们来了，兴高采烈地从另一间卧室里，拽着一位年轻阿姨又粗又长的大辫子出来了，大声宣布：“这是卢××的女朋友，来见见陈伯伯、陈伯母!”我们虽然不懂“女朋友”的含义，但朦胧中还是觉得有点不平常，不约而同拍手怪叫，臊得阿姨涨红了脸，躲回卧室去了。卢妈妈笑着对父母亲说：“这就是卢先生的西洋做派!”

卢妈妈家的北方保姆十分能干，尤其面食做得好。这天中午她烙饼，烙了足足尺把高的饼端上桌，让我们“别客气，多吃点。吃完阿姨再去烙！”她哪想到我们风卷残云，一盘烙饼说话间已一扫而光。阿姨又去厨房，烙了一盘饼端出来：“还要吗？”“要，还要！”我们高喊。如是者三。卢伯伯、卢妈妈看着笑得前仰后合。最后在父亲“不许再吃了！”的命令声中，一顿午餐才热热闹闹地结束。

1961年底回到南京后，我们一直没见过卢伯伯、卢妈妈了。直到“文化大革命”期间，我哥哥1966年8月底趁着毛主席第二次接见红卫兵的浪潮，蹭车到了北京，想去看看卢伯伯和卢妈妈，但到了门口，见到了“庙小妖风大　池浅王八多”的对联，犹豫再三，没有敲门进去。

直到“文化大革命”后，父亲去北京开会，才专程去看望了他们。回来后，他告诉我们：“卢妈妈还好，比较开朗、健谈。而卢伯伯经过‘文化大革命’的批斗、折磨，一直想不开，郁郁寡欢，性格大变，不想说话，不愿见人。所以卢妈妈的日子也不好过。”

1986年暑假，德群经过选拔考试，被单位选送北京外国语学院进修英语。因住宿要自理，父亲给卢伯伯写信，想让德群借宿卢伯伯家，卢伯伯一口答应，但提出了：1. 不要带人来家；2. 不要抽烟；3. 不要看电视到深夜。德群听了一笑，全是他平时不会做的事，一定遵守。

以后德群在南京气象学院求学时的同学郭子田正要去澳大利亚工作，把住房借给德群住，卢伯伯家就没有去住了。但卢伯伯、卢妈妈的眷顾之情，我们永难忘怀。

可能在1992年底或1993年初，德东去北京出差，父亲嘱咐他一定要去看看卢妈妈。德东专程去中央气象局找到卢伯伯家，但久敲无人开门。对面邻居出门告之：“两位老人都生病了，老先生给儿子接去家中伺候，老太太孤零零一人留在家里。人一定在家，只是很久不出门，也不见任何人了。”德东无法，只得走了。

回家后，德东把此情景告诉父亲，父亲长久不语，后慢慢说：“有好事者把卢妈妈不是亲生母亲一事告诉了卢伯伯的儿女，家庭就不和睦了。没想到卢妈妈这样开朗的一个人，晚境这样凄凉！”

不久就传来卢妈妈病逝的消息（1993年11月19日），父亲闻讯，抚纸大哭。我们赶紧劝慰父亲，他挥手让我们离开，“只想一个人静静”。此时我母亲已去世两年多了，父亲是要独自一人品尝着生离死别的苦酒，送自己的挚友西去啊！谁想不到一年，1994年6月23日卢伯伯也走了。

父亲生前希望能在《我的气象生涯》一书中加入一小结，用来叙述他与卢伯伯、卢妈妈的友谊，但现在父亲也去天国了。作为子女，尽我们所记忆的简单记录一些于此吧。

我和爷爷

陈未翔

我的爷爷陈学溶，在98岁高龄收到国家“老科学家学术成长资料采集工程”项目的邀请，以中国气象学界年龄最高的长者身份留下一生重要的史料。资料采集与传记编写历时两年，在项目即将结束之际，我受采集小组之托写一写孙女眼中的爷爷。殊荣所致，万不敢辞；虽然提笔写爷爷对我来说是难之又难的情感历程，还是在这里勉强记下不足为外人道的几件小事。

我出生时爷爷已届古稀之年，家中孙一辈堂（表）兄妹四人，我是最小的一个。幼年的印象里，爷爷总是和“糖”联系在一起的，因为我最小，承欢膝下，也总是家中大人最爱逗弄的一个。家里吃饭有一张红木色的大方桌，我的个头踮起脚来还只能勉强摸到桌的边缘。爷爷总是拿一块椰子糖或山楂片，算好了距离摆在桌面靠近边角处，任我艰难地踮着脚探来探去，往往快摸到了还要把糖果往里再推上一点。这个游戏百玩不厌，我也常被逗得气呼呼，可也傻呵呵地抵挡不住椰子糖的诱惑。直到我的个头一天天长高，慢慢可以踮起脚来看见糖果的方位，后来更是可以攀凳上桌，椰子糖摆在任何一个角落都难不倒我了。于是游戏又被变换了玩法。爷爷把糖果牢牢攥在手里，在我面前虚晃一枪引起注意，诱我使尽吃奶的力气掰开他手指才能拿到。印象中只记得，爷爷力气好大，得到每一颗糖果都是一番无比艰难的搏斗；我也逐渐学会了掰拳技巧，一个个手指从边缘掰起，方向和巧劲都很重要。爷爷的手指障碍从三指加到四指乃至全部五指，等我上了中学，力气此消彼长，我掰开爷爷的拳已经毫不费力了。那怀旧的椰子糖对我也不再有太大吸引力，可为应景还要装模作样地掰一下。不知何时，爷爷终是发觉我已不再是那个拿不到糖就要急得哭的小孩子了。上大学后，回家机会益少；每次风尘仆仆地到家放下行李，第一件事便要向爷爷报个到，顺便摸走几个小零食。结了婚第一次带先生回家，伏案的爷爷抬头看见我们，还是很高兴地问："要吃什么？"然后立即吩咐大姑妈搬来零食罐让我们挑。零食罐往往掐着我们到家的日期被屯满，我们在爷爷那儿如果没拿到什么山楂啊枣儿的走，也会有点口腹之外的小失落。随着大姐二姐相继生子，爷爷那儿的糖果罐，估计已经是在为曾孙（女）们准备的了吧。

在我学会攀凳上桌的年纪，还发展了一项爱好，听爷爷讲《东周列国志》，尤其是《伍子胥过昭关》。晚饭过后，母亲姑母们撤走碗筷清出桌面，大姑父奉上一盘削成小片的梨子，上面还细心为爷爷插好牙签，便到了我的听故事时间。书架上抽出《东周列国志》，我"点播""伍子胥"，大家又吃惊又好笑，"怎么又是这一段"，然后爷爷就用一口南京方言的白话给我讲伍子胥怎么被费无忌陷害，怎么带着太子建逃亡，怎么在昭关下一夜白头，怎么拜相吴王，直到怎么鞭尸楚平王报父兄之仇。少年好动，我听故事时是很难老老实实坐在板凳上的；更何况故事听了很多遍早已烂熟于胸，听着听着便会忍不住攀上板凳爬上饭桌。故事会结束时往往我已盘腿端坐在爷爷面前，以致常被打趣为一盘"菜"。印象中如《水浒》《三国演义》或是《东周列国志》的其他故事也讲过，但统共都不如《伍子胥过昭关》讲得多：这个故事即使没有讲上一百多遍，三五十遍总是有的。至今我也不明白为什么我总是点播这个故事，也不记得自己为什么要爬上桌去；或许爬上了桌才可以看见讲故事的爷爷的脸，而伍子胥过昭关这个故事充满着玄幻、智慧和正义，那满头白发的伍子胥，应该就和满头白发的爷爷一样又聪明又厉害吧！印象中爷爷就是我知道的最厉害的人，什么故事都知道，历史的年代也都记得一清二楚，辅导我奥数题目还都会做；后来中学英语练听力，《美国之音》广播里我听不懂的，爷爷都可以很清楚地给我一句一句写出来。这个印象如此之深刻，到现在我还偶会向先生炫耀：“我爷爷最厉害了！”

小时候因为是全家呵护的中心，不免也有调皮捣蛋的时候。爷爷向来脾气比较好，宠我格外多一些，也时常喜欢拿个枣儿啊糖的逗弄逗弄，所以和爷爷捣蛋的机会也比较多。平时比如和爷爷争个糖啊，偷偷把开着的书合上啊，手心手背打不到就赖皮啊等等，爷爷从来没有生过气。记得有一次盛夏，爷爷在里间伏案劳作，我蹑手蹑脚地潜过去，突然从他背后拿出大蒲扇一扇，想吓他一跳来着。殊不知爷爷正在修改一篇文稿，用老式的方法需要从一大张透明幻灯片上把小方块字一块一块剪下来再贴到底稿上，桌上正整齐排列着不少剪下来的小贴片。爷爷已经屏息凝神工作了一上午，我这么突然一扇可好，小贴片飞得满桌满地。爷爷一下就急了，瞪起眼睛喝了我一声，我也吓得赶紧落荒而逃，躲在门外不敢进去。闻听此事，连姑妈都慌了神，因为爷爷做的是精细活儿，一上午的功夫全部作废不算，扇飞的小贴片如果找不到还得另想办法补救。我吓得不敢再进门，躲到后来还是爷爷先找到我，为他吼了我先向我赔不是，解释过他生气的原因，再拿糖安抚了大哭的我才罢。从此以后我懂了分寸，在爷爷工作的时候格外小心不敢再胡闹。伏案工作的爷爷也日复一日，从写文章，到一字一字校对几大本的《竺可桢全集》，到编写《余热集》，少有间断。二十几年的印象里每次回家爷爷都是在工作，心无旁骛，偶尔高兴了也会哼哼小曲。青年人不易留心时间的流逝，爷爷和家也好像觉得会永远在那里；我只在不经意间注意到爷爷的背又弯了一点，手又枯瘦了一点；老花镜渐渐不够用了，加上放大镜，小放大镜又换作大放大镜。现在回到家，轻轻地唤一声伏案的爷爷，待他高兴地抬头，悄悄用另一只手从背后把他放大镜藏在身后，闲聊完毕爷爷低头发现工具没了，我再装作不知情，爷孙俩嬉皮笑脸地玩闹几个回合才罢。大学回家有时看到爷爷伏案劳作辛苦异常，面前的书稿上布满密密麻麻的小字，我还半开玩笑地吹捧他：“这么辛苦啊！歇歇吧？厉害哦！”爷爷便会笑呵呵地用南京话回答：“没得你厉害咯！清华大学，了不起！”后来来美国读博士，又骄傲地换成：“哪有你厉害呢，啊？清华大学高材生，加州大学博士，乖，不得了！”每每此时，我便要汗颜，因为学历不过是能读书加一点小聪明而已，若论不懈的坚持与细致，我实在差爷爷太远。

爷爷的藏书很多，我常囫囵吞枣地翻看，遇见喜欢的就拿回家放在床头随时翻阅。记得常驻床头的几本书包括《水浒》《红楼梦》，上面都有爷爷的小字批注，抄写的金圣叹批文或甲戌本修正。除此以外停驻时间最长的是一本《杨绛散文》，其实当时我并不知杨绛先生为何人，亦不知默存就是钱钟书之字，可翻来覆去读着满口余香，竟也爱不释手。少年之时，更多是读故事，杨先生写猫，写早年的生活，写新中国成立后历次运动中的经历，读来或趣味盎然或催人泪下；随着年岁渐长，越多被文字后的情怀所动。十几年中慢慢读懂了中国老一辈的文人在面对世事变幻时，竟能保得如此一份豁达而不失幽默，内敛却又洞若观火。掩卷，心中是一片恬淡清明。很久以后才知道，这本散文集是爷爷听闻《干校六记》的好口碑特意让爸爸找来的。爷爷自己在运动中的经历，即使问起也讲得不多；偶尔聊上几句，那份淡然的口吻让我想起杨先生的文字，有一种似曾相识的亲切。

因为不经意间熟读了《杨绛散文》，竟然还让我在爷爷面前有了一次小露脸的机会。小学毕业顺利升入爷爷的母校南京一中，爷爷奖励我一套书，我便点了心痒已久的《约翰·克里斯多夫》。爷爷兴冲冲地陪我走到儿童医院旁边的先锋书店去买，厚厚的四大本 60 元，再走三四站路回家。我为人生中第一次拥有属于自己的大部头兴奋不已，全然没注意到爷爷的体力；走到一半穿过南大校园时，他终于要求在梧桐树下的石凳上歇一会儿。我扶着爷爷用自带的海绵垫坐好，心中蓦然升起一个念头——爷爷老了。印象中的爷爷，还是那个几年前带着小不点我上九华山，那个高大挺拔、健步如飞，军人般无所不能的爷爷呢！这是我第一次意识到，爷爷的体力变得不如我了。在夏日梧桐的阴影下，爷爷跷起二郎腿，小幅地摇晃着轻哼一首歌，顺便和我开开玩笑，“你也要看《约翰·克里斯多夫》，嗬！你晓得这是谁翻译的呀?”这个我知道，忙得意地答：“傅雷!”爷爷继续追问：“你知道傅雷是谁嘛？你说他儿子是谁?”其实我并不知道傅雷是谁，但拜杨绛先生《记傅雷》一文，我隐约记得里面有一个儿子叫阿聪，还有一个却不记得了，便硬着头皮蒙道：“叫傅聪!”这一下，轮到爷爷吃惊了：“哟！你还真知道嘛！不简单!”我像作弊蒙混过关的小学生，赶紧吹嘘了几句就把话题岔到别处。大学之后读到《傅雷家书》爱不释手，这才真正知道了傅聪是谁，傅雷又是怎样一位大家；那套简装版的《约翰·克里斯多夫》也陪伴了我的青春，助我认识人生挚友，助我窥见另一个精神世界，让我成为现在的我。这么多年来，只要想到傅雷，想到《约翰·克里斯多夫》，便会回忆起那个夏日的梧桐华盖，和在爷爷面前蒙混过关的小得意小慌张。

大学之后离家益远，大表哥也远赴新加坡攻读博士，每年过年的时候全家从五湖四海聚拢到爷爷脚下，热闹竟只增不减。年夜饭过后，兄妹四人齐聚，在姑妈叔叔等挤眉弄眼的暗示下，好戏就要正式开演了。打头阵的一般是哥哥，凑到爷爷身边嬉皮笑脸地做出捻钱的手势，“公公，有一个红色的东西，今年放在哪里啦?”爷爷便装出不知所云的表情：“啊？什么红色的东西?”我们几个小的脸皮也薄，扭扭捏捏，在爷爷身边揉肩捶背，直到大姑妈出来解围点破，“在问你要压岁钱呢!”爷爷就做出大吃一惊的表情：“啊？还要压岁钱啊？今年想着你们都上大学了，是大人了，没准备啊!”这一下可炸了锅，大家一拥而上，各种辩解求情撒娇蛮憨，爷爷也都机智地一一挡回，我们只好使出浑身解数，有人撒娇有人告白，有人冲锋陷阵有人旁敲侧击。个中唇枪舌战几十回合，纯是一场口才与智力、俏皮与耍赖的比拼，更让围观的姑妈叔叔们笑得乐不可支。中场爷爷有时还会放几个烟雾弹，佯装回屋，结果拿回来几包红纸包裹的云片糕，引发哄闹一片；偶尔讨红包一方一时口拙词穷，大家埋头苦思之中小堂姐突然涨红了脸，凑到爷爷耳前一字一句大声说道：“祝爷爷福如东海，寿比南山，长命百岁!”于是大家一愣，继而哄堂大笑，爷爷也笑得眼泪鼻涕手帕齐上。闹腾一个多小时后，还是大姑妈出来收场，假装不经意间翻到了红包让爷爷辨认，爷爷再做出心痛的表情，“哎呀怎么就给你找到了!”于是几个小的一拥而上，乐不可支地又是作揖又是滚在怀里揉搓，直到各自磕头领走红包，大年夜的饭后节目才算告落。来美之前最后一次在家过年，饭菜一如以往丰盛，气氛却稍有落寞；孙辈们嬉笑着讨要红包，我心中暗感不知以后何时才有机会回家过年满堂欢乐；领红包时，叩头，泪落。

旅美已近八年，中间每两三年才能回家一次。大姐二姐陆续结婚生子，爷爷也奇迹般地闯过重症胰腺坏死的鬼门关，重又坐回桌前日日审稿写稿，把时间、稿费和名利一概置之度外。每每打越洋电话回家，问到爷爷一切安好，心里便多一份安定。前阵子99岁的爷爷又玩起了新花样，用上了iPad，还申请了微信，不禁让我莞尔——其实爷爷向来是个跟得上时代的人呢。想起大学时爸妈为我终身大事没有着落百般催促，倒是爷爷慢悠悠地和我谈话："这些事是急不得的，慢慢找，错了也没关系，没什么不得了。"爷爷此次身列百分之五没有院士名号却受邀参加成长资料采集项目的老先生中的一员，也算为自己平淡低调的一生留下了点笔墨纪念。虽然项目开头他还稍有抗拒，担心自己被过度拔高有悖一生行事；成稿之后，于吾等孙辈却也感到一丝庆幸。爷爷生平很多经历我只零星听过，可前后左右都对不上；拿来初稿先睹为快，才知道原来如此。

爷爷的一生是低调小心的一生，在孙辈眼中，他也是慈祥俏皮、业务上文化上功底厉害到深不可测的一个爷爷。于我私心里，爷爷对我还有一个深厚的影响：因为他，我读懂了中国传统文化中所谓"文人"二字。他们平和、谦逊、谨慎小心，洞察世事、洁身自好，心态开明、精神安定。治，则奋发向上；乱，则退以修身，保得内心一方净土光明长存。旅美多年，处在中西方文化的夹缝中，世事纷乱，也悲伤过，也愤怒过，也感叹过；周围夜郎自大者有，妄自菲薄者亦不少。迷茫中想到如爷爷般的老一辈中国文人，心里便会多一份清明，多一份平和；如此的文化必不灭，如此的民族必会走向光明复兴。

谨以此文兼祝爷爷百岁期颐之寿。

二零一五年一月于美国洛杉矶

陈学溶年表

1916年 3月2日（农历正月廿九日），生于江苏南京市仓巷92号。父陈松涛，母陈祁氏。

1919年 5月22日（农历四月廿三日），弟弟陈学洵出生。

1921年 入族中私塾。

1923年 夏，自私塾转入读南京公立第二小学读三年级。

1925年 夏，南京公立第二小学初小毕业，入江宁县第一高等小学读五年级。

1927年 夏，江宁县第一高等小学毕业。因年龄小，转南京朝大宫小学六年级复读。

1928年 夏，朝天宫小学毕业。改入首都中区实验学校读初中。

1931年 夏，首都中区实验中学初中毕业。入该校高中普通科。

1934年 夏，首都中区实验学校（1933年改组为南京市立第一中学）高中普通科毕业。

10月，考入中央研究院气象研究所第三届气象练习班，师从竺可桢先生等学习气象专业。

1935年 3月，气象练习班毕业。

4月，赴泰山测候所任职（测候生）。

1936年 1月，泰山测候所改称为泰山日观峰气象台。

1月，发表论文《民国二十四年泰山之峨眉宝光》（《气象杂志》，1936年第12卷第1期）。

1937年 4月初，加入中国气象学会。

本月，调离泰山日观峰气象台，回南京北极阁气象研究所，任天气预报组助理职务和填图员等。

“八一三”事变之后，气象研究所大部分职工迁汉口。天气预报组留南京，其间一度奉命与航空委员会合作。

11月20日，国民政府西迁重庆。

11月23日，与天气预报组其他人员一起撤离北极阁。

11月30日，抵汉口。

12月21日，天气预报组离汉口赴重庆。

1938年 1月10日，随天气预报组抵重庆。

6月，奉调随程纯枢筹建西安头等测候所，任技术员。

12月，日寇逼近风陵渡，被疏散到汉中，继续气象观测。

1939年 继续在汉中南郑测候所工作。年底，调回西安头等测候所。

1940年 在西安头等测候所工作，并协助空军总站测候班工作约一年。

1941年 春，暂时代理西安头等测候所主任。

年底，气象研究所所属各测候所全部移交给中央气象局后，仍作为气象研究所职员留守西安头等测候所，等待工作移交。

1942年 4月，由中央气象局派孙毓华接替在西安的工作。

6月，回北碚气象研究所，任技佐。

秋，参加民国三十一年秋季的考试院“高等文官考试”（属建设人员气象科），初试及格。

1943年 3月至8月，在中央政治学校公务人员训练部学习；参加“高等文官考试”，复试及格，得到高考气字第三号毕业证书。在校期间被动员集体加入国民党。

9月，返回气象研究所任职。

1944 年　2 月，呈请气象研究所辞职获准，到中国航空公司重庆珊瑚坝机场组建气象台任气象员及该台负责人。

7 月，调印度加尔各答达姆达姆机场中国航空公司气象台任气象员。

1945 年　8 月 15 日，抗战胜利。

10 月，调重庆珊瑚坝机场，任气象台负责人。

12 月 25 日，与刘婉章女士结婚。

1946 年　12 月 25 日至翌年 1 月 28 日，任中航公司广州白云机场气象台代理。

1947 年　3 月至 5 月，奉派在中航公司南京、武汉的机场气象台装置气象仪器和协助其他工作。

5 月，调中航公司上海龙华机场气象台从事国际航线的天气预报工作。

12 月 7 日，长子德群出生。

1948 年　11 月，任中航公司龙华机场气象台副台长。

8 月 20 日，父亲陈松涛在南京病逝。

1949 年　3 月，任龙华机场气象台台长。

5 月 27 日，上海解放，中国航空公司留沪人员一律留用。

9 月至 10 月间，中航气象台留用人员划归上海龙华航空站。

1950 年　2 月，上海遭大轰炸后，与在航空站工作的留用人员一起集中学习、受审查。抵南京，调入华东气象处，后曾派在上海防空司令部气象室工作。

冬，抗美援朝战争爆发，调回南京华东气象处天气组工作，任预报员和气象参谋。

1951 年　在华东气象处审干工作中主动交代集体加入了国民党事并同时缴验国民党党证。

5 月 13 日，长女德红出生。

1952 年　参加华东气象处“三反五反”运动。

7 月 1 日，子德东、女德奇出生。

1954 年　总结该年梅雨期江苏四次暴雨过程，发现第三次暴雨是由一个范围约一百千米的小尺度系统造成。该研究成果先后在华东气象处和中央气象局作大会报告，题为《一九五三年梅雨季节六月江淮地区和长江两岸的暴雨》，后收入1955年的《全国灾害性天气分析预报经验讨论会文集》，被认为是中国有关副热带中小尺度系统分析的开端。

10月，华东气象处撤销，调中央气象局天气处工作，任科员。

1955年 3月15日至28日，在北京中央气象局参加全国灾害性天气分析预报经验讨论会。

年初，全家迁居北京，先住西直门南面的安成胡同，年底迁北京东城区横栅栏2号。

1956年 1月，在北京参加“气象和民航两系统双重领导联合委员会”会议。

3月，与民航局洪从道同志同往上海、广州、南宁、昆明、重庆、武汉、沈阳、哈尔滨、齐齐哈尔等机场气象台检查、指导工作。奉命起草《民航气象专业建设方案（草案）》等有关文件

6月，奉命起草《民航气象服务规范》，任天气处民航气象科副科长。

7月，被评选为“社会主义建设积极分子”。

10月23日至31日，在北京饭店召开的越、中、朝、蒙、苏五国水文气象局局长和邮电部代表会议（涂长望任会议主席同时担任中国代表团团长）中，参与了民航气象部分的组织工作。31日晚7时，在七楼参加会议闭幕宴会。

1958年 夏，天气处撤销，调任中央气象台业务科工程师，负责管理民航气象业务。

4月5日，与北京民航局航管处马处长前往海拉尔检查工作。

8月20日，与北京民航局洪从道参加在乌鲁木齐召开的“我国西北地区的民航气象会议”。

本年底到翌年6月，为做好国庆十周年专机民航气象保障工作，到各地机场巡视检查。

1959年 4月7日至20日，参加中央气象局联合空军、海军气象部门在武汉洪山宾馆召开的“航空气象技术经验交流会”。

6月5日至12日，在京参加由中央气象局和中国民航局共同召开的“全国民航气象联席会议”。

9月15日至10月25日，在首都机场做国庆十周年期间气象局及民航局之间的联系工作。

1960年　2月至11月，下放辽宁省兴城县劳动。

11月，任中央气象局业务处工程师。

1961年　4月，任中央气象局气象台资料室工程师。

11月5日，被中央气象局精简离京回江苏，入住南京市高楼门22号。

11月，任江苏省气象局局级工程师。

1963年　5月下旬　江苏省“农业区划委员会”成立，兼任江苏省农业区划委员会自然条件区划组副组长和农业气候区划组组长。

8月，参加中国气象学会年会。

1964年　4月，参加在无锡太湖饭店召开的中国气象学会气候学术会议。

4月，由其综合执笔撰写的《江苏省农业气候区划（初稿）》完成，为南京气象学院农气专业、江苏省农科分院农业气象组和南京气象台合作项目。

5月9日至19日，在无锡出席第一次全国农业区划工作经验交流会期间提交了《江苏农业气候区划（初稿）》。

5月下旬，在苏州参加全国农业气候区划工作会议。

1965年　秋，参加江苏省气象局“四清”运动，接受审查。

冬，去苏北农村调研民间天气预报方法。

1966年　3月25日，在广东东莞出席第二次全国农业区划现场交流会。

1968年　5月16日，在江苏省气象局隔离审查历史。

7月20日，母亲陈祁氏在南京逝世。

12月，四子女赴江苏省句容县插队。

1969年　5月，下放句容县石山头江苏省“五七干校”劳动并继续接受审查历史问题。

1972年　2月20日至6月，在江苏省中级党校学习。

6 月 21 日，到南京气象学院实习台报到，任预报员。

1973 年　8 月，美国芝加哥大学终身教授郭晓岚先生来南京气象学院访问并作学术报告，与陈学溶（在印度分别 28 年后）、欧阳海、顾钧禧等会面。

1974 年　3 月 25 日至 4 月 2 日，在江西贵溪参加华东地区气象会议。

1975 年　4 月 18 日至 23 日，在武汉参加长江流域长期水文气象预报讨论会。

4 月 23 日至 7 月 19 日，带 8 名“72 级”工农兵学员到广西气象局毕业实践。

9 月，撰写《1975 年 5 月 9 日—10 日桂北地区暴雨的初步分析》。

1976 年　2 月 10 日至 3 月 31 日，在南京参加“75・8”河南特大暴雨会战。

12 月，在山西运城参加全国气象会议。

1977 年　3 月 30 日至 4 月 9 日，在江西九江参加“长江流域长期水文气象预报讨论会”。

1978 年　1 月，被评为南京气象学院 1977 年度先进工作者。

3 月，任南京气象学院气象科学研究所天气气候研究室副主任。

6 月 15 日，参加江苏省气象学会年会。当选天气专业组副组长。

10 月 12 日，成为研究生导师。

本年，以论文《东亚副热带高空西风急流的位移同长江中下游入、出梅关系的初步探讨》获 1980 年江苏省科技成果三等奖；以与徐文金、田永祥共同参加的“75・8”河南特大暴雨成因分析和华北内陆台风预报项目获 1978 年全国科学大会奖；以与周允中等合作论文《对梅雨期一次暴雨过程水汽特征的某些分析》获南京气象学院科技奖。

1979 年　3 月 6 日至 8 日，参加在北京召开的“1979 年长江流域暴雨计划讨论会”。

6 月 3 日，岳母徐性诚在南京病逝。

6 月 23 日，获南京气象学院“第三届科学报告会教学科研”一等奖。

7 月 6 日，在北京参加中央气象局召开的高等教育座谈会。

8 月 28 日至 9 月 9 日，在安徽屯溪参加华东地区暴雨会议。

1980 年　2 月 25 日至 3 月 3 日，在北京参加“长江流域暴雨协作工作会议”。

10 月 3 日，晋升为副研究员。

11 月 21 日至 27 日，在上海参加“1980 年长江流域暴雨科研学术讨论会”技术组扩大会议第三次会议。

1981 年 5 月 15 日至 19 日，在武昌湖滨饭店参加“1980 年异常天气分析预报技术交流会”。

10 月 12 日，主持南京气象学院 1981 届（首届）硕士研究生学位论文答辩会。

本年，与安徽省气象局气象科学研究所合作实施“梅雨、暴雨的诊断预报”科研项目，获安徽省 1981 年度省科技成果一等奖。

1982 年 2 月，任南京气象学院气象科学研究所天气气候研究室主任。

6 月，在合肥参加“长江流域暴雨学术交流会”，作《梅雨期间江淮地区低压内一次中小尺度分析》的报告。

本年，以“长江流域暴雨”科研项目获 1982 年度国家气象局科学技术研究成果三等奖。

1983 年 5 月 3 日至 5 日，在国务院一招参加“长江流域暴雨科研协作技术组扩大会议”。

12 月，当选为江苏省气象学会第七届理事会咨询服务工作委员会副主任。

1984 年 2 月 7 日至 8 日，在北京怀仁堂参加竺可桢逝世十周年纪念会。代表江苏省气象学会作《竺可桢在北极阁气象研究所》的发言。

10 月 13 日至 18 日，在南京华东饭店参加“中国气象学会六十周年纪念大会”，获得中国气象学会从事气象工作五十年的前辈专家表彰。

1985 年 3 月 21 日至 29 日，在桂林参加全国“大气环流异常问题学术讨论会”，作《梅雨期前后东亚副热带高空西风急流天气气候特征初步分析》的报告。

9 月 10 日，获南京气象学院“优秀教师”称号。

11 月 1 日至 4 日，在杭州浙江宾馆参加“竺可桢研究会学术年会”。

11 月 6 日，泰安气象局陈建昌来访，讨论泰山气象台历史情况。

本年，以参与《长江流域暴雨及其预报》课题获国家 1985 年度科技进步三等奖。

1986 年　1 月 1 日，参加江苏省九三学社南京气象学院支社。

2 月 20 日，在南京北极阁前气象研究所图书馆阅览室参加“南京竺可桢研究会”成立大会，当选为副理事长。

3 月 14 日，在北京气象中心 8 楼参加气象攻关项目专家组会，任长江三角洲组组长。

6 月 1 日至 4 日，在南京参加中国气象史研究会第三次学术讨论会。

1987 年　6 月 15 日至 19 日，在北京气象学院参加中国气象学会水文气象委员会第一次会议，受聘为专业委员。

10 月 7 日，办理退休手续，被返聘三年。

11 月 19 日，在北京参加“三峡工程课题会”。

1988 年　4 月 21 日，评定为研究员。

5 月 20 日至 23 日，在秦皇岛参加中国大气科学史第四次学术会议及全体委员会议。

10 月 29 日至 11 月 5 日，赴江西庐山山麓十里铺参加“大气科学史研究会”主办的首次“全国气象志编纂研讨会”，作《气象史料的分析和考证》和《我国近代气象组织系统介绍》的报告。

10 月，戚启勋（第三届气象练习班同学）第一次自台湾来访。此后多次来访，商议两岸学术交流事宜，后将盛承禹著《世界气候》和南京大学气象系的《气象学》等著作在台湾出版。

1989 年　9 月 21 日至 25 日，在青岛参加第五次全国大气科学史学术讨论会暨 1989 年全国气象志协会学术年会。

1990 年　12 月 7 日，妻刘婉章病逝。

1991 年　5 月 22 日至 26 日，赴贵阳参加第六次全国气象史志学术交流会暨气象史志研究会委员会议。

1992 年　12 月，《新中国气象事业回忆录》出版，收录由其撰写的气象史文章 5 篇。

1993 年　11 月 18 日至 20 日，在南京气象学院参加第八次全国气象史志学术研讨会。

1994 年　3 月 8 日，入选《中国当代地球科学家大辞典》（气象出版社，1994 年）。

10 月 5 日，在北京参加“气象学会七十周年纪念大会”，翌日在会上宣读论文《新中国成立前中国气象学会事略》。

10 月 7 日，在北京参加大气科学发展暨海峡两岸天气气候学术研讨会，与台湾气象学会理事长陈泰然教授交流气象史研究信息。

1995 年　2 月，与周允中合作编辑的《中国梅雨图集》出版。该图集由章淹作序。

6 月，《中国近代气象史资料》出版（气象出版社，1995 年），收其气象史文章 9 篇。

1996 年　12 月 19 日，校阅《南京军区空军气象工作大事记：1949—1990》，致信该书主编夏宝仁先生，提出修改意见。

1997 年　2 月 4 日，在北极阁 1 号宋公馆参加南京北极阁气象纪念章首发式。

11 月 17 日，刘昭民先生（台湾《中华气象学史》作者）来访，陪同参观南京气象学院。

1998 年　8 月 27 日，绍兴气象局局长王益镛等来访，谈在竺可桢先生家乡绍兴建“竺可桢纪念馆”事宜。

1999 年　3 月 31 日，西藏气象局前局长马添龙来访，谈西藏气象界往事。

8 月 24 日，台湾气象学会秘书处叶文钦来访。

2000 年　3 月 7 日，在南京参加纪念竺可桢先生诞辰 110 周年纪念会。

2001 年　1 月 9 日，开始校审《竺可桢全集》，翌年担任《竺可桢全集》特邀校审。至 2013 年结束。

2002 年　10 月 15 日，中国科学院大气物理研究所党委书记任丽新等来访，谈写大气物理研究所所史事。

2004 年　10 月 18 日，在北京参加中国气象学会八十周年纪念大会，荣获气象科技贡献奖。

2005 年　5 月 21 日，在江苏省人民医院做结肠癌手术。

2006 年　11 月 29 日，陪同中国气象局影视宣传中心（华风集团）《风云志》栏目摄制组，登北极阁拍摄纪录片。

2007 年　12 月 16 日，弟弟陈学洵在南京病逝。

2008 年　4 月，向北极阁气象博物馆捐赠《气象杂志》《气象学报》《中国气象学会会刊》早年学会刊物。

2009 年　3 月 24 日，在南京因重症胰腺坏死住江苏省人民医院手术。

2010 年　3—4 月间，向南京信息工程大学图书馆捐赠气象学历史书刊资料。

2011 年　5 月 16 日，参观北极阁气象博物馆。

2012 年　1 月 6 日，山东泰安气象局张兴强副局长来访，谈泰山日观峰气象台建台八十周年纪念活动。

10 月，文集《中国近现代气象学界若干史迹》由气象出版社出版，陶诗言先生为之作序。

2013 年　8 月，由“老科学家学术成长资料采集工程”立项列入采集计划，随后开始接受采访，忆述平生经历。

10 月，在《大气科学学报》2013 年第 5 期上发表气象史研究论文 3 篇：《1946 年圣诞节上海空难与天气预报服务》《追述 1953 年一个引起暴雨的小低气压》《重读〈四十五年来我参加之中国观象事业〉之后》。

11 月 29 日，在家中接待采集办公室负责人张藜等，捐赠一批有珍贵历史价值的资料。

本年，完成《竺可桢全集》校审工作后，继续对已出版的《竺可桢全集》各卷进行校勘。

2014 年　2 月，在《大气科学学报》2014 年第 1 期上发表气象史研究论文《谈竺可桢 1934 年〈气象学〉讲义残本》。

4 月，在《大气科学学报》2014 年第 2 期上发表气象史研究论文《梅贻琦、竺可桢函件发挥了史料的作用》《档案证明竺老是公正的》。

4月28日，《竺可桢全集》出版研讨会在京召开，发送祝贺谈话录像。

9月，在《中国科技史杂志》2014年第3期上发表气象史研究论文《〈“中国西北科学考查团”八十周年大庆纪念册〉勘误》。

10月11日至14日，2014年海峡两岸气象科学技术研讨会暨中国气象学会成立九十周年座谈会在青岛召开，发送祝贺谈话录像。

10月，为编纂《竺可桢年谱长编》投入史料编选和考证工作。

10月，在《大气科学学报》2014年第5期上发表气象史研究论文《南京北极阁曾是中国气象人才的“摇篮”》。

2015年　1月9日，委派其子陈德东在科技会堂接受中国科协领导颁发采集工程捐赠证书。

10月，《我的气象生涯：陈学溶百年自述》出版。

2016年　6月1日，病逝。

（陈德红，陈德东，倪东鸿整理）

陈学溶主要著述目录

一、论文

[1] 陈学溶．民国二十四年泰山之峨嵋宝光［J］. 气象杂志，1936，12（1）：43-45.

[2] 陈学溶，祝启桓. 1952年台风的分析报告：6月19日—25日、8月13日—19日、8月30日—9月4日［C］//台风技术会议会刊. 华东军区司令部气象处编印，1953：40-42. 47-51. 52-56（机密）.

[3] 陈学溶. 1953年梅雨季节六月江淮地区和长江两岸的暴雨［C］//全国灾害性天气分析预报经验讨论会文集. 1956：61-78.

[4] 陈学溶，方齐. 霜和霜冻预报经验综合报告［C］//全国灾害性天气分析预报经验讨论会文集. 1956：217-228.

[5] 陈学溶. 民航气象服务规范（试行本）［S］. 中央气象局，1960.

[6] 陈学溶. 太湖地区的气候和农业气候概述（1-3节）［R］. 1964.

[7] 陈学溶. 江苏省农业气候区划（初稿）［C］//江苏省农业区划研究资料. 1964.（南京气象学院农气系、江苏省农科分院气象组和南京气象台合作项目；陈学溶综合写成）

[8] 陈学溶. 东亚副热带高空西风急流的位移同长江中下游入、出梅关系的初步探

讨［J］. 南京气象学院学报，1978，1（1）：24-31.

［9］陈学溶，周允中，等. 梅雨期前后东亚副热带高空西风急流天气气候特征初步分析［C］//全国大气环流及其异常问题学术讨论会论文集：上册. 1985：1-7.

［10］陈学溶. 拉萨测候所之沿革［J］. 竺可桢研究会通讯，1985（4）：3-5.

［11］陈学溶. 竺可桢先生在气象研究所所任职务的两个问题［J］. 竺可桢研究会通讯，1985（4）：5-10.

［12］陈学溶. 梅雨期暴雨的中尺度分析［M］//梅雨期暴雨的诊断预报. 合肥：安徽科技出版社，1986：174-216.

［13］陈学溶. 气象史料的分析和考证［R］. 九江：《气象志》编纂研讨讲座，1988：1-9.

［14］陈学溶. 竺可桢与中国气象事业［J］. 中外杂志，1992，51（6）：125-127.

［15］陈学溶. 竺可桢先生与中国气象学会［C］//竺可桢逝世20周年纪念文集. 合肥：中国科技大学出版社，1994：60-64.

［16］陈学溶. 培育之恩　山高水长［C］//南京市第一中学建校九十周年纪念文集. 1997：40-41.

［17］陈学溶. 隶属气象系统期间的中国民航气象工作［J］. 新中国气象事业回忆录，1998（4）：28-34.

［18］陈学溶. 漫忆南京市立中区实验学校［C］//为了理想. 南京：江苏教育出版社，2006：26-27.

［19］陈学溶. 1946年圣诞节上海空难与天气预报服务［J］. 大气科学学报，2013，36（5）：635-636.

［20］陈学溶. 追述1953年一个引起暴雨的小低气压［J］. 大气科学学报，2013，36（5）：637-638.

［21］陈学溶. 重读《四十五年来我参加中国观象事业》之后［J］. 大气科学学报，2013，36（5）：639-640.

［22］陈学溶. 琐忆首都中区实验学校前身的“一高”［J］. 南京一中《校友通

讯》，2013 年 11 月，第 113 期。

［23］陈学溶. 谈竺可桢 1934 年《气象学》讲义残本［J］. 大气科学学报，2014，37（1）：127-128.

［24］陈学溶. 档案证明竺老是公正的［J］. 大气科学学报，2014，37（2）：243-244.

［25］陈学溶. 梅贻琦、竺可桢函件发挥了史料的作用［J］. 大气科学学报，2014，37（2）：245-247.

［26］陈学溶.《“中国西北科学考查团”八十周年大庆纪念册》勘误［J］. 中国科技史杂志，2014，35（3）：362-366.

［27］陈学溶. 南京北极阁曾是中国气象人才的“摇篮”［J］. 大气科学学报，2014，37（5）：671-672.

二、著作

［1］陈学溶，周允中. 中国梅雨图集［M］. 北京：气象出版社，1995.

［2］陈学溶. 中国近现代气象学界若干史迹［M］. 北京：气象出版社，2012.

参考文献

[1] 竺可桢全集：（第1-24卷）[C]. 上海：上海科技教育出版社，2004—2013.

[2] 国立中央研究院（十七到二十四年度）总报告 [R]. 南京：国立中央研究院总办事处. 1929—1936.

[3] 新中国气象事业回忆录：（第1-4集）. 北京：新中国气象事业回忆录编委会，1992—1998.

[4] 朱祥瑞. 中国气象史研究文集 [C]. 北京：气象出版社，2003.

[5] 安徽省气象科学研究所. 梅雨期暴雨诊断预报 [M]. 合肥：安徽科学技术出版社，1986.

[6]《中国民航史料通讯》1983年第2期、1984年第4期、1985年第16、19期、1988年第80期。

[7] 竺可桢传编辑组. 竺可桢传. 北京：科学出版社，1990. [5]

[8] 中国气象学会. 中国气象学会史 [C]. 上海：上海交通大学出版社，2008.

[9] 温克刚. 涂长望传 [M]. 北京：当代中国出版社，1997.

人名索引

N

O

P

Q

R

S

X

图书在版编目(CIP)数据

风雨百年：陈学溶口述自传／陈学溶口述；樊洪业执笔整理．—长沙：湖南教育出版社，2018.3
（20世纪中国科学口述史）
ISBN 978-7-5539-6023-4

Ⅰ.①风… Ⅱ.①陈…②樊… Ⅲ.①陈学溶—自传 Ⅳ.①K826.14

中国版本图书馆CIP数据核字（2017）第319132号

书　　名	20世纪中国科学口述史 风雨百年——陈学溶口述自传 Fengyu Bainian——Chen Xuerong Koushu Zizhuan
陈学溶口述	樊洪业执笔整理
责任编辑	曹卓卓
责任校对	崔俊辉　王怀玉
出版发行	湖南教育出版社(长沙市韶山北路443号)
网　　址	http://www.hneph.com
电子邮箱	hnjycbs@sina.com
客　　服	电话0731-85486979
经　　销	湖南省新华书店
印　　刷	长沙超峰印务有限公司
开　　本	710×1000　16开
印　　张	32
字　　数	450 000
版　　次	2018年3月第1版　2018年3月第1次印刷
书　　号	ISBN 978-7-5539-6023-4
定　　价	85.00元